# Pearl Harbor

## Warning and Decision

# パールハーバー

## 警告と決定

ロバータ・ウォルステッター
北川知子 訳

日経BP

ロバータ・ウォルステッター

Photo: AP / AFLO

# PEARL HARBOR

WARNING AND DECISION

Roberta Wohlstetter

大好きなマジシャンに捧げる

目次

## 主要登場人物

［ワシントン、東京］

| | |
|---|---|
| フランクリン・ルーズベルト | 大統領 |
| コーデル・ハル | 国務長官 |
| ジョセフ・C・グルー | 駐日米国大使 |
| ヘンリー・スティムソン | 陸軍長官 |
| フランク・ノックス | 海軍長官 |
| ジョージ・マーシャル | 陸軍参謀総長、大将 |
| レオナルド・T・ジェロー | 陸軍戦争計画部長、准将 |
| シャーマン・マイルズ | 陸軍参謀本部G2（参謀第2部）主任参謀兼陸軍情報部長、准将 |
| ルーファス・S・ブラットン | 陸軍情報部極東課長、大佐 |
| ハロルド・スターク | 海軍作戦部長、大将 |
| R・K・ターナー | 海軍戦争計画部長、少将 |
| R・E・シュアマン | 海軍作戦本部中央部長、大佐 |
| T・S・ウィルキンソン | 海軍情報部長、少将 |
| A・H・マッコラム | 海軍情報部極東課長、中佐 |
| レイ・ノイエス | 海軍通信部長、少将 |
| 野村吉三郎 | 駐米日本大使 |
| 来栖三郎 | 特命全権大使 |

［ハワイその他］

| | |
|---|---|
| ハズバンド・E・キンメル | 太平洋艦隊司令長官（1941年2月就任）、大将 |
| ジェームズ・C・リチャードソン | 太平洋艦隊司令長官（1941年1月まで）、大将 |
| トーマス・C・ハート | アジア艦隊司令長官、大将 |
| C・C・ブロック | 第14海軍区司令官、少将 |
| パトリック・ベリンジャー | ハワイ海軍哨戒隊司令官 |
| ジョセフ・J・ロシュフォート | 第14海軍区戦闘情報部隊、少佐 |
| エドウィン・T・レイトン | 海軍太平洋艦隊情報参謀、少佐 |
| ウィリアム・ハルゼー | 海軍第8任務部隊司令官、中将 |
| アービング・メイフィールド | 第14海軍区情報将校、大佐 |
| ウォルター・ショート | 陸軍ハワイ軍管区司令官（1941年7月就任）、中将 |
| チャールズ・ヘロン | 陸軍ハワイ軍管区司令官（1941年6月まで）、中将 |
| ケンドール・J・フィールダー | 陸軍ハワイG-2、中佐 |
| ジョージ・W・ビックネル | 陸軍ハワイG-2、中佐 |
| エドワード・W・レイリー | 陸軍ハワイG-2、中佐 |
| C・A・パウエル | 陸軍ハワイ通信隊長 |
| F・L・マーチン | 陸軍ハワイ軍管区航空隊司令官、少将 |
| ダグラス・マッカーサー | 駐フィリピン極東軍司令官、大将 |

# パールハーバー　警告と決定

凡例

陸海軍人の階級については、一九四一年当時のものを用いた。その後、ほとんどが昇進し、一九四二年～四六年の議会での調査などでは昇進後の階級で呼ばれている。本書では可能な限り、最初にフルネームと一九四一年当時の階級を示し、以後は略して記した。当時の階級が明らかでない場合には、軍が真珠湾攻撃に関する上下両院合同調査委員会に提出した組織図を用いている（同委員会報告書、Part 21, p.4552ff を参照されたい）。

# 本書に寄せて

真珠湾を奇襲されたのは、まさに並外れた大失態だった。そう考えれば気も休まるだろう。心中穏やかでいられないのは、これがあまりにもありふれた失態だったという点である。実際のところ、「失態」だったことはあまりにも明白だ。真珠湾が驚くほど無防備だったのは、日曜の朝だったからでもなく、ハワイならではの現象でもなかった。十分すぎるほどの情報を持つ政府が、緊張が高まる危機的状況において敵に次の一手を打たせてしまうという、まさに劇的な失敗だった。

　政府全体、世界各地に配置されている軍事・外交組織のことを考えれば、真珠湾が攻撃されたときに居眠りしていたとは言えない。これ以上の備えができる政府はめったにない。ただ、その備えが間違っていたのだ。そして一番の落ち度は、警告のあり方ではなく戦略分析にあった。わが国は日本の「あからさまな」動きばかりにとらわれ、彼らが実際にとる選択に対する防衛策を講じていなかった。

日本の選択は、アメリカにとって「あり得ない」ものだった。たとえ真珠湾攻撃が奇襲ではなかったとしても、多少は驚かされただろう（もっとも攻撃目標を敵に与えていなければ、攻撃は中止されていただろう）。しかし、まったくあり得なかったわけではない。日本人にとって真珠湾攻撃が一か八かの賭けだとしたら、アメリカとの戦争もそうだった。彼らがすでに開戦の決断を下していたなら、攻撃も無謀だったとは言えない。計画を立てるとき、われわれは馴染みのないことをあり得ないことと考えがちだ。真剣に検討したこともない不測の事態は、不可解に見える。不可解に見えることはあり得ないとみなされ、あり得ないことは真剣に検討する必要もないと判断される。

そのうえ、われわれはとんでもない過ちを犯した。優れた抑止力が敵にとって最高の攻撃目標になりうることを忘れるという過ちだ。一九五〇年代にも、同じ過ちを繰り返しそうになった。

奇襲は、受ける側の政府にとっては複雑で得体が知れず、官僚的対処に走りがちだ。責任の放棄を招くこともあるが、責任が明確に定義されない場合や漠然と委ねられた場合にも対応はあいまいになる。奇襲は情報の欠落による場合もある。機密情報は高価すぎて普段は身につけない真珠のネックレスのようなもので、厳重に取り扱われるために必要とする者に届かない。警報が鳴らないために奇襲を招くこともあるが、しょっちゅう鳴ってうるさいからと切られている場合もある。見張りが警戒を怠っていたために奇襲を招くこともあるが、寝ている上官を起こせば叱責されるとわかっている見張りもいる。奇襲は誰も経験したことのない不測の事態であるため、誰もが自分以外の誰かが対処してくれていると思い込む。明らかな先延ばしも奇襲を招きかねないが、内部の不一致によって決定が先送りされることもある。そのうえ人間は、そのときが来たと確信を持てるまではそのときが来ていることに気づかず、気づいたときにはたいてい遅すぎる（映画とは違って、現実の生活では音楽がクライマックスを告げることもない）。結局のところ真珠湾でそうだったように、奇襲は敵がもたらす純粋に新しい手段によるものであり、まったくの不運にもよるのかもしれない。

奇襲が、真珠湾の地で突如生じた劇的な出来事である一方で、失敗は、蓄積され広範囲に及ぶ退屈なほど馴染み深いものだった。だからこそ奇襲を受けた政府は、国民を驚かせたという点だけを強調すべきではない。真珠湾であれベルリンの壁であれ、その結果に驚かされるのは、政府（あるいは同盟国）が的確に予測を行えなかったためだ。
本書は、わが国がなぜ奇襲を予測できなかったのかを入念に探究した類のない研究である。ウォルステッターの努力によってわれわれが易々と轍《わだち》にはまった（そして日本人に気づかれた）ことが示されれば、今まさに同じ轍にはまり込もうとしていると気づけるはずだ。危機は、シグナルや兆候を読み取るスキルが足りないためにもたらされるわけではない。危機は見込み違いによって生じる。起こりうる危機ではなく馴染み深い危機に、われわれは常にとらわれるからだ。同盟国との外交、軍種間の駆け引き、予算の公聴会、国民の議論においては、少数の差し迫った、過度に単純化された危機に焦点を当てる必要があるように見える。計画立案者は、もっと緻密に、もっと多面的に考え、幅広い不測の事態を斟酌しなくてはならない。ところがウォルステッターが示すように、重責を担う「計画立案者」は、同盟国との外交や軍種間の交渉、予算の公聴会、国民の議論にも責任を負う。彼らはとにかく忙しい。これはまさに政府の抱えるジレンマだ。その結末の一部については、この優れた本の中で容赦なく描かれている。

トーマス・C・シェリング
ハーバード大学国際問題研究所

# はしがき

本書は、真珠湾攻撃に関する上下両院合同調査委員会報告書三九巻（一九四六年刊行）、四一年以降に刊行された日米の政治家や軍指導者の回想録、歴史家による二次資料、特に陸軍の第二次大戦公刊戦史シリーズとしてまとめられた優れた客観的研究やロバート・ビュートー、ハーバート・ファイス、ウィリアム・ランガーとエベレット・グリーソン、ウォルター・ミリス、サミュエル・エリオット・モリソンなどの著作に基づくものである。ハイドパーク・コレクションのフランクリン・D・ルーズベルト文書など未刊行の私文書や、ハーバード・ロースクールのトレジャールーム所蔵の極東国際軍事裁判記録なども参考にした。一九四一年当時の陸海軍関係者へのインタビューは、その頃の官僚主義的な雰囲気について確認し、文書に記されたのとは異なる生の伝達経路を明らかにするうえで役立った。ただし、人間の記憶というものは恐ろしくいい加減であるため、意見の分かれるテーマについての正確な日付やタイミングを確定する根拠としては用いていない。

執筆を思い立ったのは、友人であるアンドリュー・W・マーシャルの示唆による。研究に取り組んだ五年というもの、私をたえず励まし、助言を与えてくれたマーシャルとバーナード・ブローディ、ハーベイ・デウェールトには本当に感謝している。奇襲と偶発戦争に関する分析を長年行ってきたヘンリー・ローエンとアルバート・ウォルステッターによる指摘のほか、経済学、工学、歴史学、法学、戦略論等の多数の専門家からも貴重な助言を得た。特にマイケル・アーンステン、ジェームズ・ディグビー、A・M・ハルパーン、ソリス・ホーウィッツ、ビクター・ハント、ウィリアム・W・カウフマン、F・M・サラガーに負うところが大きい。

アドルフ・A・バールJrは、当時の日記を私に見せてくれ、引用を許可してくれた。ハーマン・カーンは、ハイドパークにあるフランクリン・D・ルーズベルト大統領図書館の文書閲覧を許可し、戦域への警告発令決定に関する章に対して批判的な意見をくれた。陸軍軍事史部長ケント・ロバーツ・グリーンフィールドは、軍事史部の文書閲覧を認めてくれた。同部のイスラエル・ワイスは関連情報源を紹介してくれ、歴史家のステットソン・コンは草稿を読み、意見をくれた。海軍のロバート・G・ロックハートとスチュアート・S・マレー両提督、ハリー・サンダース、チャールズ・L・フリーマン大佐、陸軍のジョージ・C・ラインハーツ大佐、ケネス・P・バークイスト大将のおかげで、四一年当時の陸海軍組織の職務や権限をある程度明確にできた。

幸運にもインタビューできた大勢の方々の中では、特にエドウィン・T・レイトン少将とA・H・マッコラム少将にお礼を言いたい。レイトンは、ホノルル固有の問題について独自の見識を示し、ハワイに関する情報を綿密に批判した。マッコラムは、海軍査問委員会報告書ではあいまいだった点を明確にし、ワシントンの官僚機構の仕組みについての知見を披露してくれた。

最後に、優れた暗号解読官であるウィリアム・F・フリードマン大佐と、「マジック」情報の解読に貢献した陸海軍チームにお礼を言いたい。言うまでもなく安全保障上の理由から、フリードマンからは本書に掲載した暗号解読情報への意見はもらえなかったが、その知恵や機知を時間を惜しまずふんだんに提供してくれた。フリードマンはじめ、帽子の中からウサギを取り出したマジシャンたち――名前を挙げることはできないが、その功績を称え、感謝したい。

編集者として、執筆過程で支えてくれたエレナー・ハリスにもお礼を言いたい。

著作権のある資料については以下の出版社から引用許可を得た。*Roosevelt and Hopkins: An Intimate History*, 1948（邦訳『ルーズヴェルトとホプキンズ』村上光彦訳、みすず書房、一九五七年）についてはハーパー・アンド・ブラザーズ社、*F. D. R.: His Personal Letters: 1928-1945*, Vol.II, 1950, edited by Elliott Roosevelt and Joseph P. Lash についてはデュエル・スローン・アンド・ピアス社、*The Lowering Clouds*, Vol.III of *The Secret Diary of Harold L. Ickes*, 1954 と *The Cause of Japan*, 1956（東郷茂徳『時代の一面』の英訳）についてはサイモン・アンド・シュスター社、プロシーディングス誌に掲載された淵田美津雄著 "I Led the Air Attack on Pearl Harbor" (Vol.78, September, 1952)、福留繁著 "Hawaii Operation" (Vol.81, December, 1955)、島田航一著 "Japanese Naval Air Operations in the Philippine Invasion" (Vol.81, January, 1955) についてはアメリカ海軍協会の許可を得た。

一九六二年四月　カリフォルニア州ロサンゼルスにて

ロバータ・ウォルステッター

## はじめに

真珠湾攻撃は、数多くの多様なシグナルという予兆がありながらも、奇襲として完全で圧倒的な成功を収めた劇的な事例であり、文書でも十分裏づけられている。真珠湾攻撃の分析や歴史研究の多くにおいては、個人や党派の責任が取り沙汰されたり、外交という幅広い脈絡での真珠湾攻撃の役割が検討されたりしている。これに対して本書では、警告と奇襲との関係が実際にはどうだったのか、現在の私たちにとってどういう意味を持つのかにもっぱら焦点を当てる。もともとは一九四一年当時のアメリカの意思決定機能への関心から出発したものだが、水爆時代に突入した現在、奇襲の持つ意味は一層大きくなっている。

今、水爆による奇襲が行われれば、何億人もの命が奪われかねない。攻撃を受けた国は、即座に反撃することも、戦争のための準備を徐々に整えることもできないだろう。こういった理由から、奇襲の可能性を減らす試みは、ここ数年、西側諸国のソ連との交渉でも重視されている。少なくともアイゼンハワー大統領の「オープンスカイ」構想はその一つだ。真珠湾には、奇襲をもたらす状況に関する事例研究としての現時点での意義もあるだろう。

最初に、情報とその伝達についての比較的単純な問いをいくつか投げかけ、シグナルの探知と伝達について具体的に論じよう(最近の情報理論においても「シグナル」という語が用いられているのは興味深いが、本書では専門用語としてではなく、特定の危険、特定の敵の動きや意図を示すカギ、兆候、断片的証拠を意味するものとして用いる)。

次に、こういった情報が行動にどのように影響したかを検証する。シグナルとして察知されてから意思決定の中枢に到達するときまでに、シグナルになにが起きたのかを知りたい。具体的には、次の問いに対する答えを明らかにしたいと考えている。

- 一九四一年当時、アメリカは、米領への日本の攻撃が差し迫っていることを示すどのようなシグナルを入手していたのか。言い換えれば、ホノルルとワシントンDCにある政府、軍、民間のすべての機関において、どのようなシグナルを把握していたのか。

■ホノルルの軍司令部では、シグナルについての情報をどれくらい把握していたのか。そのうちのどれだけがワシントンから送付されたもので、どれだけがホノルルで得られたものだったのか。ホノルルで得た情報の中でどれくらいが、ワシントンに伝えられたのか。

■公開されている情報源に比べて、秘密情報はどれほど正確だったのか。

■どれほどの数のシグナルが見逃されたのか、あるいは見過ごされたのか。それらは真珠湾攻撃のずいぶん前から存在していたのか、奇襲直前に突如あらわれたのか、あるいはその両方か。

■どのようなシグナルが、行動の指揮権限を持つ者の手に届いたのか。

■それらはどのように解釈され、どのように意思決定に用いられたのか。

■入手可能なあらゆる情報を手にしながら、アメリカの指導者はどのような意味で真珠湾攻撃に驚かされたのか。

そして最後に、次の問いについて検討する。

■真珠湾攻撃を上回るほどの、おそらくは致命的な被害をもたらす奇襲が現在起きる可能性について、真珠湾攻撃からなにを学ぶことができるのか。

これらの問いに答えるため、ハワイでは陸海軍司令部によって、ワシントンでは陸海軍省の幹部やスタッフ、国務省、ホワイトハウスによってシグナルがどのように受け止められ、決定が下されたのかを示すつもりだ。これらの機関が利用できた情報源や知識について、さらには軍の作戦部門と政府の最高意思決定者とのコミュニケーションの手段、頻度、タイプについても検証する。

秘密情報の入手には、大きなリスクとかなりの劇的要素が伴われると誰もが考える。その一方で、情報の解釈に伴う危険や、公開・非公開を問わず膨大なデータの中から関連した兆候を見出す際の危険についてはほとんど理解されていない。だが推論の飛躍は、たとえそれほど劇的ではないにせよ、それ自体きわめて危険なものだ。

特に差し迫る真珠湾攻撃に対する警告については、一般には単純明快にとらえられているように見える。日本の計画を漠然と示す証拠は記録の随所にある。「東の風、雨」というマジック情報はとりわけ有名だ。しかし実際には、ホノルルという限定された場所でのシグナルの様相は驚くほど複雑であり、多くの機関が集まったワシントンでは一層込み入った、あいまいなものになる。ワシントンでもホノルルでも、真珠湾攻撃を告げるシグナルは、矛盾するか相反するシグナル、この惨劇の予測には役立たないあらゆる種類の情報を常に伴っていた。こういった相反するシグナルを、ここでは「ノイズ」と呼ぶ。奇襲の真相を理解するためには、奇襲後に振り返れば明らかに攻撃を予告していたかに見えるシグナルはもちろんのこと、ノイズの性質についても検証する必要がある。

シグナルにはノイズがつきものであることを理解すれば、アナリストの仕事に謙虚に敬意を示さずにはいられない。たとえば一九四一年には、彼らは大西洋やヨーロッパ地域からの危機を示す大量のシグナルはもとより、パナマ運河からも、サンディエゴ、サンフランシスコ、バンクーバー、南アメリカ、カリブ海、フィリピンからも危機を告げるシグナルを受けていた。真珠湾では、その前に敷かれていた複数の警戒態勢がノイズの遠因となっていた。そのうえ、訓練や遠隔諸島強化の問題は、関連する兆候から注意をそらせるよう働いた。ワシントンでは、ヨーロッパと大西洋での警鐘によって注意がそらされ、極東では、大量の矛盾するシグナルが、日本は北へ向かい、シベリアへの攻撃準備を行っていると告げていた。何年もあとになって振り返れば、当時見落とされた兆候に気づくことができる。だが残念ながら、意思決定者にとって大事なのは振り返りではなく予測だ。本書では、一九四一年当時に見えていたシグナルの全貌を再現してみたいと考えている。

真珠湾攻撃について書かれたものは多い。それらは一九四〇年から翌年にかけての奇襲に至る歩みを論じ、複雑な外交的駆け引きや、ヨーロッパから極東への関心の移行に言及している。本書では、わかりやすくするために真珠湾攻撃の時点から出発し、こういった背景的議論は除外する。まずは、攻撃開始数時間前のホノルルの状況を見てみよう。

# Pearl Harbor
## Warning and Decision

第1章

# ホノルルに送られたシグナル

平和が破られる前の数時間、急を告げるシグナルの探知と伝達は、計器類の速度と効率性、個々の操作員の機敏な反応に頼るほかなかった。一二月六日夜から七日早朝にかけて、土壇場のシグナル、攻撃が差し迫っていることを告げるシグナルを受信し送信するホノルルの態勢はどのようなものだったのか。シグナルはどのようなもので、誰がそれらを受け取ったのか。

## 土壇場のシグナルの受信と送信

### 陸軍の沿海空中哨戒

陸軍は、航空機による沿海哨戒とレーダー網の設置、海軍は、艦艇による沿海哨戒と遠距離偵察を担っていた。偵察任務のこの分担は、チャールズ・D・ヘロン陸軍中将のハワイ軍管区司令官時代に始まったもので、「沿岸地帯統合防衛計画」(一九四一年四月一一日付)によって、陸海軍が真珠湾防衛に関して共同責任を負うことが確認されていた。ヘロンは、真珠湾攻撃に関する上下両院合同調査委員会(以下、合同調査委員会)において、任務分担の発端を次のように説明した。

……海軍は、陸軍機の海上飛行に警戒心を抱くようになっていたが、われわれがハワイ諸島を行き来するためには、当然ながら海上を飛ぶ必要があった。

当時、陸軍ハワイ軍管区の保有機によって実施しうる偵察行動で、軍事的重要性を持つものは対潜水艦警戒だけだった。海軍は、陸軍による近海での対潜警戒をかなり懸念していた。そこで海軍との衝突を確実に避けるため、海軍は遠距離偵察を担うことが明記された。遠距離飛行と滞空が可能だったのは海軍機だけだったのだから、これは理にかなっている。文書では明言されなかったものの、陸軍機は、海上飛行を可能にするために近距離偵察を任務とした。これは実際には、海岸に接近する敵潜水艦を発見するための訓練になった。それ以外には軍事的意義はなかった。[*1]

ヘロンは、陸軍の沿海空中哨戒を沖合四〇マイル（約六四キロメートル）まで延長しようと考えたが、真珠湾攻撃時にハワイ軍管区航空隊司令官だったF・L・マーチン少将は、沖合四、五マイル（約六〜八キロメートル）を想定していた。二人とも偵察を、海上または海中の「不審な対象物」の探知に限定していた。[*2] マーチンにとっては、沿海哨戒は常に他の任務の一部であって「訓練に付随」したものであり、「その区域の組織的偵察」[*3]を目的としてはいなかった。陸軍の沿海哨戒によって潜水艦が発見されたことは一度もなかったが、伝達経路はハワイ航空軍司令部、陸軍省、海軍の順と定められていた。この経路は一度も使われなかったため、緊急時にどのように機能したかはわからない。使われていれば海軍に届くまでに優に三〇分はかかったと思われる。哨戒中に敵の攻撃に気づいたなら、数分もあればハワイ航空軍司令

＊1 *Hearings before the Joint Committee on the Investigation of the Pearl Harbor Attack*, Part 27, p.118f.（「上下両院合同真珠湾調査委員会報告書」、以下、*Hearings*）。
＊2 *Ibid.*, Part 28, p.964.
＊3 *Ibid.*, p.954.

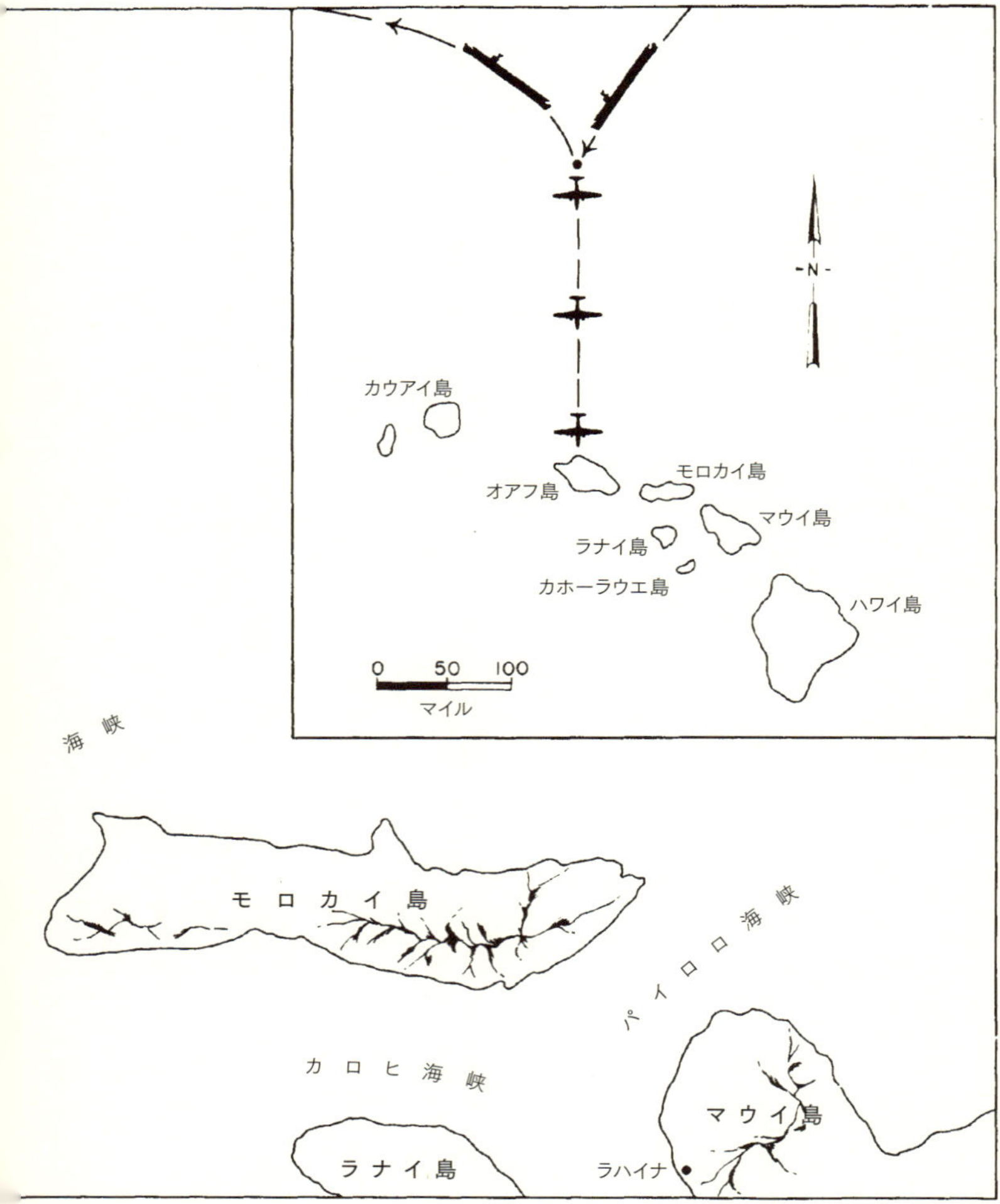
-N-
カウアイ島
オアフ島
モロカイ島
マウイ島
ラナイ島
カホーラウエ島
ハワイ島
0 50 100
マイル
海 峡
モ ロ カ イ 島
パ イ ロ ロ 海 峡
カ ロ ヒ 海 峡
マ ウ イ 島
ラ ナ イ 島
ラハイナ

図1　オアフ島の陸軍対空警戒　1941年12月7日

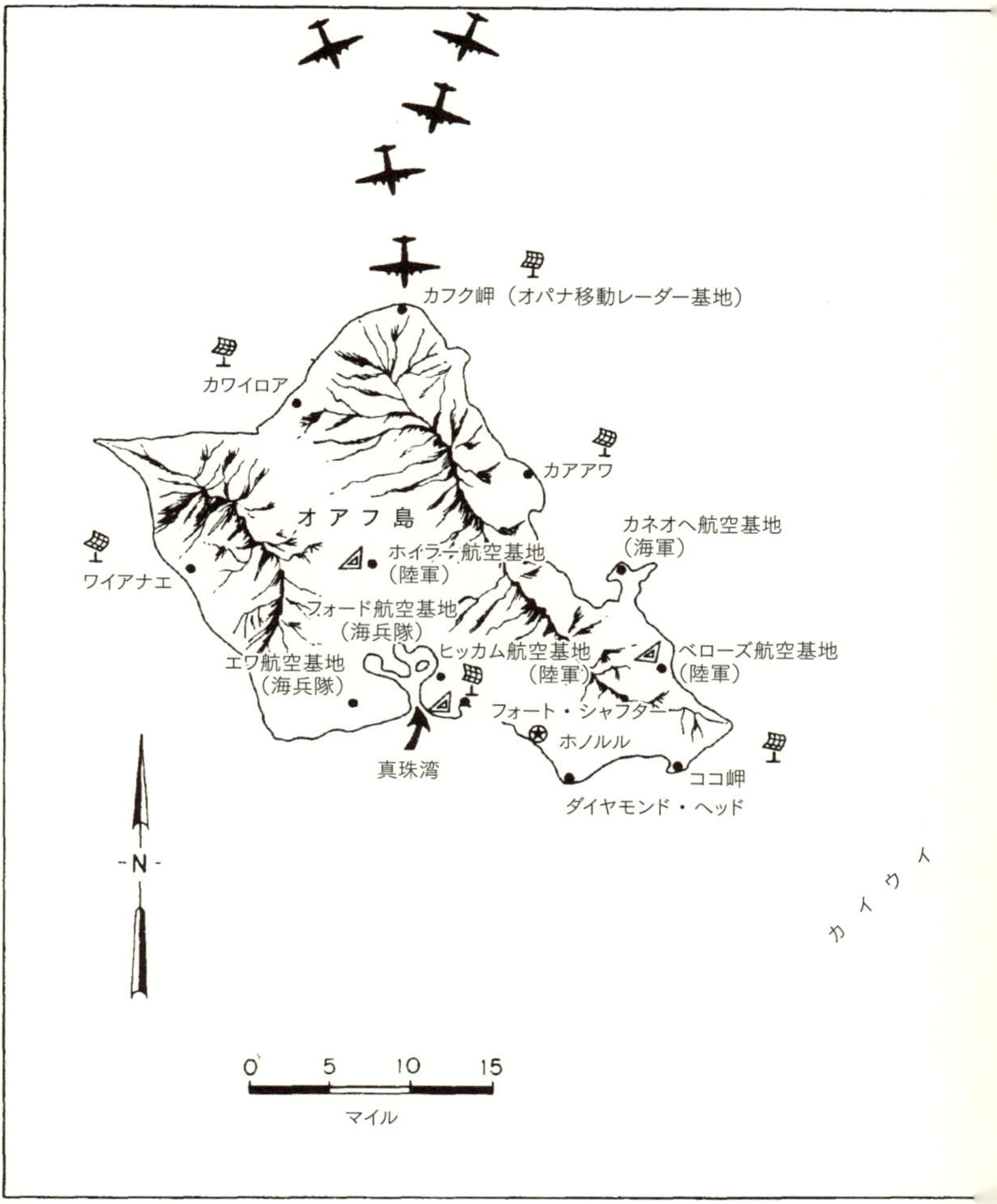

部に警告を打電できたはずだ。しかし、一二月七日の朝はそうはいかなかった。空に陸軍機の姿はなかったのである。

## 陸軍対空警戒部隊

一二月七日、対空警戒部隊にはオアフ島フォート・シャフターに建設されたばかりの情報センターがあり、トラックに搭載された移動レーダー(SCR-270)数機を用いて警戒に当たっていた。レーダーは、カワイロア、カフク岬(またはオパナ)、カアアワ、ココ・ヘッド、フォート・シャフター後方のほか、おそらくワイアナエにも配備されていただろう[*4](二八、二九ページの図1参照)。これらは、頻繁に使うと故障する電動発電機によって作動していた。[*5]探知できるのは高度三〇～一三〇マイル(約四八～二〇九キロメートル)の範囲のみであり、低空やレーダーから三〇マイル以内の飛行物は探知できなかった。[*6]モロカイ島北方二〇度の区域もまったく探知できなかったが、このことは一二月七日以降にレーダー装置をようやく調整したときに明らかになった。オアフ島では、レーダー操作員と情報センターとの連絡に商用電話回線が使われていた。遠隔諸島からの連絡には無線が使われていたが、「不十分だった」。情報センターとウィーラー飛行場を結ぶ電話線一本を除けば、他のさまざまな拠点との伝達経路は存在しなかった。一一月のテストでは、海岸から五マイル（約八キロメートル）以上離れると戦闘機との連絡が取れないことが確認されていた。対空警戒部隊に配備された隊員が情報センターへの報告を担ったものの、地上での監視要員はいなかった。

対空警戒部隊は、数カ月前から訓練を中心に活動していた。移動レーダーは四一年八月に受信を開始し[*7]、仮設情報センターと連携して操作されていた。一一月一七日頃には、情報セン

＊4　移動レーダーの数と位置についての証言と証拠は錯綜している。ここでは、*Hearings*, Part 12, p.322 の図を参照した。

＊5　一二月七日以降、電動発電機は商用電源に置き換えられた。

＊6　一九四一年当時は、レーダー装置の設置位置が高ければ高いほど受信感度も高いと考えられていた。ハワイ諸島では地形による反射（グランドクラッター）によって高度三〇マイル以内は受信できなかった（その後、丘を背にして低い位置にレーダーを設置すれば反射を取り除けることが明らかになった）。そのためレーダーは、ハワイ諸島の高い位置に設置されていた。反射や地形湾曲によって、これらのレーダーは低空飛行する機体を探知できなかった。

＊7　三台の監視レーダー（SCR-271）は一九四一年七月に届いたが、設置場所となる情報センターの完成はまだ先だった。ワシントンからセンターの建設許可が下りたのは四一年一月六日のことで、議論ややり取りに一年を費やしたのちのことだった。建物二カ所の設計と認可のためのすべての手続きは三月には完了していた。一カ所は五月二九日までに内務省からの許可を得る必要があった。ところが陸軍工兵隊は、ハワイが行楽地であるために少し混乱していたようだ。対空警戒部隊の施設設置を担当していた陸軍工兵隊セオドア・ワイマン大佐は、真珠湾での情報センター設置をめぐる苦労や非効率について長々と証言している。

ターの建物が完成し、位置表示板が設置された。その後、担当将校は表示板の設定が半径二〇〇マイル（約三二〇キロメートル）になっていることに気づく。それではハワイ地区が非常に小さく表示されてしまう。調整によって表示範囲を狭めるのに一週間かかり、表示板を実際に活用できるまでにはさらに一週間かかった。しかし一一月半ばに海軍から対空警戒部隊に派遣されたレーダー専門家ウィリアム・テイラー中佐は、一二月七日までには、「レーダー表示員は十分な訓練を受け、航空機の統制官がいなくても確認できるようになっていた」[*8]と証言している。一九四一年一一月には、陸軍と海軍の両方が参加する訓練が何度か実施されたが、すべてのレーダーセンターに人員が配置されたことはなかったため、どの訓練も万全とは言えなかった。それでも目標の識別と迎撃については十分だと考えられたようで、ハワイ陸軍通信隊を率いるC・A・パウエル中佐は、陸軍長官スティムソンの特別補佐官ハーベイ・H・バンディ宛に一一月一九日に送った覚書で訓練の成功を報告している。[*9]先立つ八月五日には、ハワイ軍管区司令官ウォルター・ショート中将が太平洋艦隊司令長官ハズバンド・E・キンメル大将に対して、対空警戒部隊は「すみやかに完備されつつある」と報告していた。ショートが意図していたかどうかは別にして、この手紙を読んだキンメルは、四一年秋には対空警戒部隊が迎撃部隊の一部として活動できるだろうとの印象を持った。

言うまでもないが、対空警戒部隊を実際に動かす者は、ショートやキンメルほど楽観的ではなかった。装備の調達は遅れ、レーダー装置は故障しがちだった（レーダー画面上の原因不明の光点、島を取り囲む丘陵による電波干渉、電源故障など）。本質的には人的ミスに起因するトラブルもあった。対空警戒部隊は、いまだに訓練態勢で活動していた。通信部隊が訓練段階にある限り部隊長として「作戦統制」権限を持てるパウエルが、そのために権限を手放そうとしなかったのだ。ハワイ迎撃部隊の作戦担当官ケネス・P・バークィスト少佐は戦闘機パイロットの訓練を担い、一一月には訓練生全員が航空部隊の一員として活動できると考えていた。証言によれば、航空部隊と通信部隊は統制権をめぐってかなり揉めていたが、結局は通信部隊が勝ったようだ。そのため一二月七日の時点では、情報センターとレーダー監視は通常の二四時間体制になかった。同じ理由で連絡担当官はいなかったし、任命されてもいなかった。したがって、航空機を即座に正しく識別し、迎撃することは不可能だったのである。作戦全体の指揮官も任命されていなかったのだから、連絡担当官の派遣が重視されなかったのは当然だ。海軍はレーダー専門家を派遣したが、連絡担当官は任命しなかった。海兵隊、陸軍爆撃部隊、連

*8 *Hearings*, Part 27, p.560.
*9 *Ibid.*, Part 18, p.3187.

邦通信委員会も訓練に将校を派遣していたが、状況は同じだった。訓練に参加した将校の間でさえ、「かなりの混乱」[*10]があった。というのも、ハワイ諸島周辺では常時多くの軍用機が活動しながら、どれも敵味方識別装置を搭載していなかったし、統合訓練中は米艦隊司令官によって、すべての航空機に対する無線封止が求められたからだ。陸軍査問委員会のフランク少将によれば、「対空警戒部隊は、陸軍内部でさえ、明確な指揮系統に基づいてではなく、航空隊と通信隊の協力によって活動していたことに私は驚いている」[*11]。この発言は、言うまでもなく、真珠湾防衛計画がそもそも混乱していたことを示すものだ。ハワイ諸島が敵の攻撃を受けた際の防衛を担う最高責任者の名前さえ、誰も知らなかった。

一二月七日朝、対空警戒部隊レーダーセンターには、午前四時から同七時まで要員が配置されていた。この時間帯への配置は、ショートがワシントンからの戦争警告電報を受けて一一月二八日に定めたものだった。それまでは午前六時から同一一時三〇分までと午後の数時間だったが、日本の空母艦載機による攻撃の「危険が最も大きい」のは午前四時から七時だと、ショートは判断した。ショートは、この変更理由を対空警戒部隊幹部に伝えなかったようで、誰もがレーダー装置の消耗を抑えるためだと考えていた。時間が少し繰り上がった以外に警戒態勢に目立った変更はなく、訓練は日曜を除いて毎日午前一一時まで続いた。

バークィストは、時間帯の変更理由を知らなかったと証言した。迎撃部隊は通信部隊の統制下にあり、彼はなにも知らされなかったという。航空隊のハワード・C・デビッドソン准将は対空警戒部隊を指揮する予定だったが、ショートが一一月二八日に定めた破壊活動に対する警戒態勢[*12]について問われると、次のように答えた。「実は私は、第一号［破壊活動に対する警戒態勢］が敷かれたときにはハワイにいなかった。迎撃部隊編成について検討するため、一〇月一五日に本土に向かい、［一二月］三日まで戻っていない。そのため、警戒時間帯がなぜ変更されたのかなど考えたこともなかった……われわれへの影響は、警戒時間が実際に二倍になったことぐらいだ」[*13]。パウエルも同じように知らされていなかった。デビッドソンに同行していて、ハワイに戻ったのも同じ日だったからだ。警戒時間帯の変更理由については、「私にわかっていたのは、本土の新聞で読んだことぐらいだった」[*14]と証言している。パウエルとバークィストは、ともに対空警戒部隊の早期配置に尽力していたが、警戒態勢第一号を命じられて

*10 テイラーの証言。*Ibid.*, Part 27, p.558.
*11 *Hearings*, Part 27, p.274.
*12 ショートが定めた警戒態勢の区分と手順については補遺を参照されたい。
*13 *Hearings*, Part 22, p.110.
*14 *Ibid.*, p.213.

も危険が差し迫っているとは感じていなかった。彼らの部下はなおさらだった。

一二月七日朝[*15]、オパナ基地でレーダーに向かっていたのは二人の一等兵で、ジョーゼフ・L・ロッカードが操作を、ジョージ・E・エリオットが表示を担当していた。エリオットがオシロスコープの操作法をもう少し学びたがったため、二人は午前七時になってもすぐには持ち場を離れなかった。午前七時二分、操作席にいたエリオットの目の前のスクリーンに、「普段はまったく目にしないもの」があらわれた[*16]。ロッカードと席を替わったエリオットは、オアフ島北方一三七マイル（約二二〇キロメートル）の地点から出発する飛行物体を表示すると、情報センターの交換台を呼び出した。誰もいないので対応できないとオペレーターは答えたが、数分後に折り返し電話があった。カーミット・タイラー中尉からで、気にするなと二人に言う。航空隊で訓練中のタイラーは、午前四時から八時までの当直をバークィストから命じられていた。それでもロッカードとエリオットは、午前七時三〇分まで謎の飛行物体を追い続けた（その頃には、その物体はオアフ島から約三〇マイル（約四八キロメートル）に達していた）。というのも、それが「格好の目標[*17]」だったからだ。

タイラーは、フォート・シャフターで警戒管制部門で追撃（迎撃）担当だった。対空警戒部隊の警戒管制の担当要員は仕事を終え、午前七時には持ち場を離れていたが、タイラーは午前八時まで残るよう命じられていた。陸軍査問委員会のマクナーニー准将は、「警戒と追撃の両方を担当していたのか」とタイラーに質問している。「私は任務の内容を知らなかった。そこにいて仕事を続けるように言われただけだ」[*18]とタイラーは答えた。彼にとってははじめて経験する仕事だった。その前に一度、「施設内を歩き回って説明を受けた」[*19]という。タイラーがそこにいたのは、訓練のためと、交代要員が来るまで監視を続けるためだったようだ。午前七時二〇分にオパナ基地から電話を受けたときには、経験が浅かったにもかかわらず、二人が目にしているのはその朝、本土から到着する予定のB-17だろうとタイラーは判断した。事実、

*15 一二月七日の朝は、この六週間の間で、迎撃部隊司令部が陸軍対空警戒部隊に対して艦隊航空隊との訓練を命じなかった最初の日曜の朝だった（陸軍高射砲部隊バーギン少将の証言を参照されたい。*Ibid.*, Part 28, p.1357）。訓練では実弾が配布されなかったため、これは幸運だったとも言える。そうでなければ銃への装塡に時間がかかっただろう。

*16 *Hearings*, Part 27, p.520.

*17 サミュエル・エリオット・モリソンは、海軍情報部長イングリス少将からの情報をもとに、この二人は午前六時四五分から同七時の間に、「巡洋艦搭載水上機一機が爆撃機の行く手を捜索しているのを確認し、すぐに報告したが、当直将校はこれを聞きながらなにもしなかった」と主張する（「太平洋の旭日　一九三一年-一九四二年四月」（*The Rising Sun in the Pacific: 1931-April 1942*, p.138.（『太平洋戦争　アメリカ海軍作戦史　第1巻』サミュエル・E・モリソン著、中野五郎訳、改造社、一九五〇年））。

*18 *Hearings*, Part 22, p.223.

*19 *Ibid.*

同機は日本軍による攻撃のさなかに着陸している。午前七時五五分頃、屋外に出て様子を見たタイラーは、「海軍の爆撃機が真珠湾上空で爆撃訓練をしている」[20]のだと思った。

対空警戒部隊が最良の条件下で二四時間態勢を取っていたなら、陸軍に対しては日本軍による攻撃開始の四五分前に、海軍に対してはおそらく三〇分前に、警告を発することができただろう。

## 海軍の哨戒

海軍は、沿海の空中哨戒を続けていたものの、哨戒はハワイ諸島周辺の艦隊行動水域上空に限られ、対象水域も日によって違っていた。遠距離哨戒は警戒態勢に入ったとき以外は散発的で、もっぱら訓練のために実施されていた。たとえば一二月七日の前週には、月曜から木曜までの毎日、三〇〇～四〇〇マイル（約四八〇～六四〇キロメートル）北方と北西方のさまざまな区域で行われていた。主な目的は、パイロットの訓練と、到着したばかりのPBY（飛行艇）群の試運転だった。哨戒を行う海軍機は、毎週金曜日から週末にかけては整備のために基地に戻ることになっていた。海軍戦争計画に記されたように、対日宣戦布告の際には、日本の南洋委任統治領を攻撃することになっていた。[21]

搭載機を迎撃できるタイミングで敵空母の所在を報告するためには、八〇〇マイル（約一二八七キロメートル）の遠距離哨戒が必要であることは十分認識されていたが、ハワイ諸島の全周囲が偵察対象とされたことは一度もなかった。これについては、ハワイ軍管区航空隊司令官マーチン少将とハワイ海軍哨戒隊司令官パトリック・ベリンジャー少将による一九四一年三月三一日付の合同報告書で明確に指摘されている。その中で二人は、一二月七日のような攻撃を受ける可能性を分析し、実際にはある程度予測もしていた。しかし、彼らがこの種の航空偵察に必要だと考えて要請したB－17の数は当時の保有数を一八〇機も上回り、当時の米軍の保有総数さえ超えていた。すぐには用意できなかったため、ベリンジャーは効果的な哨戒の実施を断念したようで、その次に重要だと考えた拡充訓練に注力した。[22] 直属の上司である第一四海

＊20 *Ibid.*, p.221.

＊21 カロリン諸島、マリアナ諸島、旧独保護領のマーシャル諸島は、第一次世界大戦後、国際連盟によって日本の委任統治領とされた。本書ではこれらの島を総称して、「南洋委任統治領」と呼ぶ。

＊22 真珠湾の海軍は、拡充訓練、作戦訓練、特殊作戦に従事していた。ベリンジャーの作戦担当官ラムジー中佐によれば、「拡充訓練においては、分遣隊の乗組員全員、任命されたばかりの戦隊の中核を形成するために本土に送られる予定の乗組員全員を訓練する必要があった……それには広範囲にわたる訓練計画が絡んでいた。海軍基地防空部隊の活性化は、この取り組みの実質的な中断を意味していただろう」（*Hearings*, Part 32, p.449f）。

軍区司令官C・C・ブロック少将や太平洋艦隊司令長官キンメル大将も、現状では完全な哨戒は不可能だと考え、ベリンジャーの対応に同意した。

一二月七日朝、海軍は多数の哨戒機を飛ばしていた。PBY三機（ベリンジャー率いる第二哨戒飛行隊第一四哨戒隊）による明け方の哨戒では、その日全艦隊が活動する海域での通常の探索が行われた。これら三機は信管を装備した爆雷を搭載し、行動許可水域外で近接護衛艦を伴わずに潜航中の潜水艦を発見した場合には撃沈せよとの命令を受けていた。さらにPBY四機は、通信・識別訓練のため、カネオヘ湾沖で潜水艦数隻と行動を共にしていた。彼らはライナ・ローズ方面を探索していた。PBY五機は明け方にミッドウェー島を離陸し、半径四五〇マイル（約七二〇キロメートル）の区域を一二〇度から一七〇度の範囲で探索した。同時にミッドウェー島を離陸したPBY二機は空母レキシントンと合流し、同艦の海兵隊偵察機の護衛を担うことになった。こうして空中では、ベリンジャーの指揮下にある一四機が探索を行っていた。しかしベリンジャーは、ウィリアム・F・ハルゼー中将指揮下の第八任務部隊がその日、ウェーク島から真珠湾に戻ること、この部隊が通常の偵察飛行を行う予定であることを知っていた。第八任務部隊は、真珠湾西方約二一五マイル（約三四〇キロメートル）の海上で母艦を離れ、一五〇マイル（約二四〇キロメートル）前方を四五度から一三五度の範囲で探索しながらエワ海兵隊基地に向かえ、との命令を受けていた（この部隊の七機は、真珠湾に到着したときに日本軍によって撃墜された）。第八任務部隊の警戒態勢は万全であり、一二月七日のハワイ西方海域は、その前の一週間同様、十分に警戒されていた。しかし北方海域は対象外だったため、日本海軍の機動部隊は発見されないまま北方から接近できた。[*23]

第一四海軍区は、これら空中哨戒に加え、港湾哨戒を常時行い、さらには特別防潜網哨戒も行っていた。三隻の沿岸警備隊警備艇と駆逐艦一隻が常に待機し、掃海艇二隻が港口掃海を日課としていた。真珠湾攻撃の二カ月ほど前、キンメルは部下宛の極秘文書で、[*24]日本が奇襲を仕掛ける可能性が高いことを強調し、潜水艦が攻撃された場合の指示として以下を加えていた。

一度攻撃を受けたなら、ほかにも潜水艦が攻撃待機中である可能性を忘れてはならない。

潜水艦一隻による攻撃を受けたなら、空母を伴う高速艦で構成される相当数の水上艦部

*23 米軍哨戒飛行に対する日本軍のラジオ放送傍受については、七二八ページを参照されたい。
*24 一九四一年一〇月一四日付の極秘文書、2CL-41(rev.)（*Hearings*, Part 33, p.1162）。

隊が存在する可能性があることも忘れてはならない。それゆえ任務部隊指揮官は、対空探索などによって所在が確認された敵艦の追跡あるいは交戦に備えるため、情勢と日中の状況が許す限り、すみやかに任務部隊を集めなくてはならない。*25

キンメルが、防衛海域で敵の潜水艦一隻を目撃しただけで、敵の機動部隊が接近する可能性があるとまで言ったわけではないことは重要だろう。「潜水艦一隻による攻撃［傍点は著者による］」が、敵による攻撃の決め手になるとキンメルは述べた。この言葉の背後にある目的がなんであれ、部下はキンメルの指示を注意深く読み、宣戦布告後の状況に当てはめるべきものと解釈した。

一二月七日早朝、哨戒任務に就いた駆逐艦ウォードは真珠湾口沖合を警戒していた。掃海艇コンドールとクロスビルは湾口の定期夜間掃海を行っていた。午前三時五五分頃、コンドールはウォードに明滅信号を送り、潜航中の潜水艦を発見したと知らせた。両艦の間で短い無線交信が行われた。ウォードの方は探知できなかったため、アウターブリッジ艦長はコンドールに謝意を示し、探査続行を命じたのち引き揚げた。コンドールもウォードも、この件を第一四海軍区（ハワイ）作戦部の港湾防衛統制所には報告しなかった。

同所は、緊急時に海軍が発信するシグナル・ネットワークの中枢だった。普段は当直将校二人、電話交換手一人が配置されていたが、訓練時には陸軍連絡将校と「テレタイプオペレーターの中で参加可能な全将校」が加わった。この日の朝の当直はハロルド・カミンスキー中尉で、そのほかに電話交換手補助一人だけが詰めていた。彼は、「まったく役に立たなかったし、なんの指示も受けていなかった」。[*26] カミンスキーは、敵の攻撃があれば、参謀長と海軍区司令官副官に電話連絡するよう命じられていた。

言うまでもなく、訓練時には要員配置は万全で、連絡は適切に行われた。四月中旬から一〇月中旬にかけての数度の訓練を通して大きな問題点が修正され、その後は特に改善点はなかった。[*27] 平常業務従事者が口頭で問題点を指摘することはあったが、真珠湾攻撃後の証言によれば、文書による指摘以外は重視されなかったという。上級当直将校のポール・ベイツ大尉は、一二月七日の当直ではなかったが、以前から補助員の増員を求めていたと証言している。「攻撃を受けたときには、ダイヤル式電話で一〇カ所ほどに連絡することになっていた。とこ

*25 *Ibid.*
*26 *Hearings*, Part 23, p.1036.
*27 海軍ラムゼー大佐の証言による。

ろが補助員は一人、以前地方の基地で予備兵だった者だけだった。彼は野外電話機で待機していた。われわれを補助するのは彼だけだった……」[*28]。カミンスキーも同じような証言を行っている。「私だけでは万全の態勢はとれないと感じていた……電話当番の男には不満だった。配置されていたハワイ人たちは英語を話せず、電話で適切な指示を受けてもいなかった……テレタイプも読めない。一人では荷が重すぎると私は感じていた」[*29]。

日曜の午前六時五三分、駆逐艦ウォードからの連絡を受け、カミンスキーらは対応に追われた。その後も湾内哨戒を続けていたウォードは、補給艦アンタレスの航跡に潜水艦の艦橋を発見していた。今度は間違いなかった。六時四五分、ウォードのアウターブリッジ艦長は砲手に攻撃開始を命じ、六時五一分に第一四海軍区港湾統制所に打電した。「防衛海域で活動中の敵潜水艦に爆雷投下」。そして、クジラではなく敵の潜水艦に間違いないことを強調するため、六時五三分に第二信を発した。「防衛海域で活動中の敵潜水艦を攻撃、爆雷投下」。

カミンスキーは、アメリカが「戦争に突入した」と確信した。最初に海軍区司令官副官に伝えようとしたが、連絡がつかなかった。そこで艦隊当直将校に連絡し、次に自身の判断で、「直ちに出港して、防衛海域の駆逐艦ウォードと連絡を取れ」との通信を待機中の駆逐艦に送った。通信室に対しては、この通信の写しをウォードに送るよう指示した。その後、参謀長ジョン・B・アール大佐に連絡したところ、ウォードからの確認を取るよう求められた。しかし確認が得られないまま、同艦から第三信が届く。「サンパン（木造船）を拿捕《だほ》、ホノルルに護送する。受け渡しのため警備艇を派遣するよう沿岸警備隊に連絡されたい」。カミンスキーは沿岸警備隊と戦争計画担当将校に連絡したのち、各部署の長全員に電話をかけ始めた。そのさなかの午前七時五五分、日本軍の最初の攻撃が始まる。カミンスキーもほかの誰も、陸軍司令部に報告しようとはしなかった。

ウォードからの通信に対するカミンスキーの反応は他の者とは違っていた。誰もが、それが潜水艦だとは信じようとしなかったし、差し迫った危険を示すものだとも考えなかった。潜水艦を攻撃したことを繰り返し伝えたアウターブリッジ艦長は、目標を撃沈したと確信していた。サンパンの船長が白旗を振ってきたときには戸惑いも感じたが、攻撃音に対しては、「真珠湾からホノルルに通じる新道の爆破作業だろう」[*30]と部下に告げた。

アールは、カミンスキーから知らせを受けると、「第一四海軍区司令官ブロック少将に電

*28 *Hearings*, Part 23, p.1033.
*29 *Ibid.*, p.1036.
*30 *Ibid.*, Part 36, p.59.

話で状況を伝え、どのような行動を取るべきかをしばらく議論した。潜水艦の視認についてはこれまで何度も誤報があり、今回もそうだろうと考えた。しかしもし誤報でないとしても、ウォードはこの事態に対処できるだろうし、援護の駆逐艦も協力できるだろう。一方、太平洋艦隊司令長官には、望ましいと考えられるなんらかの行動を取るために必要な権限が与えられていた。われわれはなにが起きているのかを明確に確認しようと力を尽くしていた」。さらにアールは次のように続けた。「警報は漠然としていて、具体的な脅威には見えなかった……攻撃が事実であるなら、ウォードが潜水艦を攻撃しておきながら、そのままホノルルに行ってしまうとは考えられなかった……たとえ攻撃が事実だったとしても、われわれは、太平洋艦隊司令長官に知らせることによって、できる限りのことをしたと考えている」[*31]。言い換えれば、この件は今や上層部の手に移っていた。ところが上層部でさえ、この報告には疑問を抱いていた。午前七時五五分になっても、キンメルはウォードからの確認報告を待ち続けていた。

海軍の哨戒機も明け方に類似の経験をした。一二月七日（日）午前七時、哨戒機一機が真珠湾口一マイル（約一・八キロメートル）沖合で敵潜水艦を撃沈した[*32]。パイロットは海軍航空隊当直将校に暗号で打電した。つまり、この知らせが回付されたのは午前七時三〇分になってからだった（後日キンメルは、このパイロットは緊急時には平文を用いるという指示に違反していたと証言している)。

午前七時三〇分、当直将校は受信内容をベリンジャー配下の作戦担当将校ローガン・C・ラムゼー中佐に電話で伝え、ラムゼーはそれを司令部の当直将校に伝えた。キンメルは午前七時四〇分にその知らせを受けた。陸軍にはなにも連絡されなかった。

ラムゼーもまた、半信半疑だった。

本当なのかと尋ねた。訓練での情報が誤って流された可能性があると考えたからだ……私はすぐに指揮センターに向かい、なぜだか自分でもわからないまま、当日の状況をふまえて航空機の探査計画を作成した……その間も、情報の真偽の確認を待っていた。*33

ラムゼーは、日本軍の爆撃機が一機、フォード島めがけて急降下するのを見たため、飛行規則違反の報告書を作成しようとした。若いパイロットが「無茶な低空飛行」をしていると思った

*31 *Ibid.*, pp. 268-270.
*32 この潜水艦がウォードによって爆撃された艦だったかどうかは、記録からは明確ではない。
*33 *Hearings*, Part 32, p.444.

からだ。そのとき爆発音が聞こえた。ラムゼーは無線室に駆け込むと、あらゆる周波数で、平文で流すよう命じた。「真珠湾に敵機襲来。訓練にあらず」[*34]。

通信システムの効率性に関するラムゼーの次の証言は、ベイツとカミンスキーの不満を裏づけるものだ。

……飛行中の航空機に対しては、われわれは無線を用いていた。エワ基地の海兵隊所属航空機に対しては電話を用いなくてはならなかった。それは特殊な電線を使った野外電話機だった。陸軍爆撃機との連絡用には、陸軍が設置した野外電話機があった。これは、陸軍爆撃機との直接的連絡手段だった。真珠湾、フォード島、ヒッカム空軍基地との野外電話での通信を除けば、海軍基地防空隊の偵察攻撃両部隊に対する直接連絡手段はなかった。カネオへの全戦闘機を指揮していたデビッドソン准将との連絡はきわめて困難だった。直接連絡する唯一の手段は、真珠湾交換台を経由した電話での連絡だった。正確な数は今思い出せないが、このほかに二台か三台のテレタイプ印字装置があり、各所との連絡に使われていた。だが、末端の部署には常時人員が配備されているわけではなかった[*35]。

一二月七日の朝、海軍はその沿海哨戒態勢によって、日本軍による攻撃の約一時間前には警告を発することができたのかもしれない。

## 遠距離偵察の備え

当然ながら次に生じるのは、技術的欠陥、人員不足、不適切な訓練などが影響したにせよ、土壇場の危機を知らせるシグナルに対してほぼ無反応だったのはなぜなのか、という疑問だ。これは一言では説明できない問題で、ホノルルとワシントンの諜報活動や意思決定の領域に踏み込むことになるだろう。しかし奇襲間際の真珠湾から離れる前に、一九四一年当時のハワイ陸海軍が、警告伝達の責任をどのように担っていたかを資料からたどることとしよう。ここでは遠距離偵察を例として取り上げる。

責任の分担は、文書上は次のようになっていた。一九四一年四月一一日、陸軍ハワイ軍管区司令官ショート中将と第一四海軍区司令官ブロック少将は、「沿岸地帯統合防衛計画」とし

*34 *Ibid.* 訓練の場合には、通信文の冒頭に「訓練」と記すことになっていた。
*35 *Ibid.*, p.440f.

て知られる文書に署名した。これは、「統合陸海軍基本戦争計画　レインボー第1号」と、一九三五年の「統合陸海軍行動綱領」に基づくものだった。四月一一日付文書の冒頭には、「(陸海軍の) 指揮統合が必要とされるまで、かつ、必要となった場合には……両軍の調整は相互の協力によるものとする」[*36]と記されていた。陸軍には以下の任務が課された。「陸海空からの攻撃と、敵国勢力との同調者[すなわち「第五列」]の攻撃からオアフ島を守ること。海軍部隊を支援すること」。海軍には、「沿岸地域の哨戒を行い、同水域内の船舶を統制し保護すること。陸軍部隊を支援すること」が求められた。さらに陸軍に対しては、「海軍の沿海哨戒に協力してオアフ島沿岸防衛海域の航空機哨戒を行うことと……遠隔諸島の航空偵察システムとハワイ諸島に対する航空警戒部隊[*37]」の整備が求められた。海軍に対しては、沿海哨戒、外海哨戒、遠距離偵察を求めている。この文書の付属第7号には、統合航空作戦の指揮に関して詳細に言及している箇所もある。

敵水上艦隊に対する陸海統合航空攻撃は、海軍が戦術的指揮を執る。軍管区司令官は、各任務に参加する陸軍爆撃機の数を決定する。現下の戦術的状況を熟考のうえ、海軍の統制下に置く爆撃機の数は可能な限り最大とする。この戦力は、要請があれば、反復攻撃のために海軍に留め、任務完了後は陸軍の統制下に戻すものとする。

オアフ島上空および近辺の防空作戦は、陸軍が戦術的指揮を執る。海軍基地防衛担当将校は、この任務に参加する海軍戦闘機の規模を決定する。戦術的状況に十分配慮したうえで、できる限り多数の戦闘機を陸軍の指揮下に置く。この部隊は、哨戒や戦闘の継続、必要な警戒実施のために陸軍が使用し、戦術的状況が変化した場合には、海軍基地防衛担当将校(第一四海軍区司令官)によって撤退が命じられ、海軍の統制下に戻されるものとする。*[38]

付属第7号は「統合航空作戦協定」とも呼ばれた。陸軍のマーチン少将と海軍のベリンジャー少将が作成し、四一年三月二八日に海軍のブロック少将と陸軍のショート中将が署名した。施行は同年一二月七日。追加の作戦協定(「海軍基地防衛航空作戦計画A－1－41」)は、四一年四月九日にマーチンとベリンジャーが署名したもので、航空機戦闘準備態勢や目標の優

*36 *Ibid.*, Part 15, p.1430.
*37 *Ibid.*, p.1432.
*38 *Ibid.*, p.1435.

先順位など細部についても規定している。[*39]

シグナルの伝達については、複数の異なる文書に規定があった。四一年三月五日付作戦計画1－41号の付属文書Dによって設置された第一四海軍区作戦部の港湾防衛統制所では、直接電話連絡の配員と運営が次のように定められている。

港湾防衛統制所からの連絡先

- ハワイ軍司令部（フォート・シャフター）
- 独立海岸砲兵旅団司令部（フォート・デラシー）
- 指揮所（フォート・カメハメハ）
- 指揮所（ヒッカム基地）
- 第二哨戒航空隊司令部
- SOPA[*40]（ドックにいる場合）
- 海軍工廠信号塔
- 海軍工廠発電所

港湾防衛統制所は、陸海軍の通報、通信、諜報を担う機関と共同で、「空襲や奇襲に対して、両軍が「警戒」態勢に入れるよう準備し、両軍の防衛手段の調整を支援」し、「空襲、灯火管制、警報解除を知らせる際には、工廠発電所に指示を与える[*41]」。

さらに、

■取った行動を陸海軍の直近の上層部にすみやかに報告し、判明した情勢の変化を漏れなく常に知らせる。

■沿海哨戒隊司令官、海軍工廠長、海軍区公共土木事業担当将校と協力して、陸軍港湾防衛隊に対して、港湾統制所区域内で航行許可を得ている艦船の動静を常に通報する。

……

■沿海哨戒隊司令官から、指揮下の哨戒・掃海実施艦艇のその日のリストを入手する。陸海軍の防衛態勢および戦闘準備態勢に関する最新のデータを維持する。

*39 *Ibid.*, Part 22, pp.348ff.
*40 Senior Officer Present Afloat（海上部隊先任指揮官）の略。
*41 *Hearings*, Part 33, p.1305.

港湾防衛統制所のために定められた準備態勢は以下のように区分されていた。

■第一区分　配員を万全にし、あらゆる局面で直ちに行動を開始する。

■第二区分　陸海軍の警戒担当将校、電話およびテレタイプのオペレーターを警戒のために配置する。

注　第一、第二区分は「警戒」態勢に該当する。

■第三区分　平常。電話交換手が部署に就き、海軍区と工廠の当直将校が待機する。

すでに述べたように、一二月七日の港湾防衛統制所では第三区分の態勢が取られ、カミンスキーと不慣れな電話交換手一人だけが配置されていた。

作戦計画付属文書E（四一年七月一九日追加）[*42]は、使用すべき無線周波数と信号を示したもので、フォート・シャフターの情報センター（当時は陸軍対空部隊に所属）と第一四海軍区司令部との「即時」無線連絡を行うための通信計画だった。対空警戒部隊はまだ活動していなかった。しかし四月には、付属第7号で次のように規定されている。

■対空警戒部隊編成によって、遠距離の敵味方航空機の位置情報伝達が行われる。特別な有線・無線回路を海軍連絡将校用に設置すれば、彼らは入手情報を独自に評価し、所属部署に伝達できるだろう。海軍筋を通して入手したオアフ島沖合での敵航空機の出現や動向に関する情報は、対空警戒部隊情報センターに遅滞なく通報される。

……

■対空警戒部隊施設が完成するまでの間、海軍はレーダーなど適切な手段を用いて、起こりうる敵の攻撃に関する警報を発するものとする。[*43]

ハワイ防衛のための取り決めを記したこれらの文書に目を通したワシントンの関係者はみな、これで警戒は万全だと考えただろう。「オアフ島近辺」の定義次第で、航空機の統制権が陸軍から海軍へと移ることには疑問を感じたかもしれない。しかしさらに読み進むと、ベリンジャーとマーチンが実施する毎週の航空訓練のための規定によって、こういった細かい問題が

*42 *Ibid.*, p.1306.
*43 *Ibid.*, Part 15, p.1435f.

解決されることを知り、安心しただろう。[*44]

一九四一年二月一四日、ブロックとショートは、航空機奇襲に対する統合防衛策を確立しておくため、陸海統合委員会に対して一連の毎週一回行う統合訓練のための計画を検討し準備するよう命じた。ショートは、二月一七日付の別の覚書で、多様な状況下での責任範囲の決定、効率的で迅速な対空態勢、艦船と沿岸での対空砲戦との調整、敵航空機探知のための特定作戦区域への米軍機の飛行制限など、「空、地を問わず、陸海軍のすべての航空作戦での連絡を万全にする」ための詳細を定めていた。ショートが不測の事態を考慮できていなかったとは言えないだろう。

海軍が遠距離偵察計画実施のための細部規定を持たないことを、ワシントン筋が問題視したのは当然だろう。しかし、マーチンとベリンジャーが作成した四一年三月三一日付の「統合見積もり」――オアフ島に敵が攻撃を仕掛ける場合の方法と最善の対応策について理論的想定を行ったもの――からなんらかの情報を得ることはできただろう。この文書において、二人は次のように述べている。

(a)　宣戦布告に先立ち、以下が想定される。

一　作戦区域の艦船への潜水艦による奇襲
二　オアフ島への奇襲攻撃。真珠湾内の艦船や施設への攻撃を含む。
三　両者を組み合わせた攻撃

(b)　オアフ島への攻撃で最も可能性が高く、危険であるのは空からの攻撃だろう。現段階では、このような攻撃は、おそらくは三〇〇マイル（約四八〇キロメートル）以内まで接近した一隻以上の航空母艦から行われると考えられる。

(c)　最初の攻撃は、その攻撃によって防御側航空機が引き揚げたのちの攻撃に備える潜水艦または航空機の存在を示唆する場合がある。

(d)　潜水艦一隻による最初の攻撃は、空母を伴う高速艦で構成されるはずの相当数の未発見の水上部隊の存在を示唆する可能性がある。

(e)　明け方の航空攻撃では、わが軍が哨戒を行っていたとしても完全な奇襲となり、追跡

*44　証言によれば、これらの訓練に参加した将校らは、訓練が毎週行われ、航空機がうまく配備されていたという印象を持っていた。実際には一九四一年の統合空爆訓練は初回が四月二四日、最後が一一月一二日で、合計一三回にすぎなかった。一一月二九日にも予定されていたが、出撃によって中止となっていた。ワシントン関係者は、建前と実際とのこの矛盾に気づいていなかったのだろう。

開始が遅れる可能性が高い……。

わが軍の対応

(a) 海上あるいは空からの奇襲を成功させないため、全周辺海域を毎日可能な限り広範囲に哨戒する。これが望ましいが、現在の人員と資材ではきわめて短期間しか効果的な持続はできない。したがって、他の情報によって水上艦艇攻撃がかなり限定された区域でしか起こり得ないことが明確でない限り、現実的な対策を取ることはできない。*45

「統合見積もり」では、すべての稼働可能な航空機に対する資材の準備や準備態勢の度合いが定められていたが、マーチンとベリンジャーは、二時間以内に準備態勢に入れないなら、また航空機の四分の一以上を探索と攻撃に確保できないなら、通常の訓練計画を大幅に縮小しなくてはならないだろうと指摘していた。

オアフ島は、フィリピン諸島のための訓練基地として使われていたし、訓練と偵察のために十分な数の航空機は確保されていなかった。そのためワシントンでは、遠距離偵察は望ましいとしても実際には行われず、ベリンジャーは遠距離偵察を実施する前に、最新情報に基づく警戒態勢が敷かれるのを待つだろうと、考えた者もいたかもしれない。しかしそう考えた者も、「統合見積もり」では敵の行動が現実的に推察されていることに、少なからず安堵したことだろう。

さて、敵の奇襲が迫っているとの警報を海軍が受けたなら、誰がこの全周辺海域の偵察態勢を発動させるのか。それとも、警報を受けると自動的にその態勢に入るのか。その答えは一二月七日以前の文書にはない。真珠湾攻撃後の合同調査委員会においては、当然ながら海軍哨戒隊司令官ベリンジャー少将にこの点が問われた。彼は調査を経て、自分自身に対しても調査委員会に対しても、彼自身の多様な指揮責任を明確にすることができた。彼は哨戒機の指揮を執ることになっていたものの、遠距離偵察を命じる権限は持たなかったようだ。この権限を握っていたのはブロックだけだった。ブロックは航空隊には所属していなかったものの、航空機の戦闘準備態勢の区分を指定する権限を持っていたと考えられ、そのためにベリンジャーに対して彼が言うところの「監督統制権」を持っていた。

一方、ベリンジャーの権限は、第一に、ハワイ哨戒航空隊司令兼第二哨戒航空隊司令（前

*45 *Hearings*, Part 15, p.1437f.

者には第一、第二哨戒航空隊所属の哨戒飛行隊と水上機母艦が含まれていた)。第二に、第九機動隊司令。この部隊には第一、第二哨戒航空隊と所属水上艦、太平洋艦隊司令長官が定めるその他の部隊が含まれていた。第三に、艦隊航空隊真珠湾分遣隊司令。これには、真珠湾海軍航空基地を実際に使用する全航空機に対する管理権限が含まれていたが、作戦上の権限はなかった。第四に、ミッドウェー、ウェーク、パルミラ、ジョンストン島を含む第一四海軍区内の航空展開のために同区司令官との連絡、第五に、海軍基地防衛航空隊司令。

ベリンジャーは、次の上官の下でこれら多様な権限を担った。

一　偵察航空軍司令官。サンディエゴに本拠地をおく哨戒航空団に属する同種司令官（タイプコマンダー）として。

二　偵察軍司令官。第一・第二哨戒航空団はその隷下にある。

三　太平洋艦隊司令長官。第九任務部隊の司令はベリンジャーが兼任していたため、太平洋艦隊司令長官の直隷下にあった。

四　特定の任務のための哨戒機の作戦における第一、第二、第三任務部隊の司令官。

五　第一四海軍区（ハワイ）の総司令官。ベリンジャーが海軍基地防衛航空団司令官としての任務がある場合、その上官の地位を本人が兼ねることになる。

ファーガソン上院議員は、キンメルの参謀長ウィリアム・W・スミス少将に対して、ベリンジャーの任務について次のように質問した。「これらの順序について、部下が混乱することはなかったか」。スミスは「いいえ、すべて間違いなく覚えていた」[*46]と答えた。

ベリンジャーの証言はさらに続いたが、ワシントンの連中でもおそらく理解できないものだっただろう。「海軍基地防衛航空団は実体のない組織で……具体的任務のために人員を配置し装備を整えたものではない。正当な権限のある者が要請した場合［陸海軍の統合作戦］……または緊急事態によって必要になった場合にのみ編成された……その構成は一定していなかった」。この部隊が訓練命令で発動したときでも、ベリンジャーの権限は「海軍基地防衛航空団の偵察・攻撃隊に対して及ぶだけで、陸軍の追撃機と海軍の戦闘機には及ばなかった。これらは陸軍航空隊司令部の管轄だった」[*47]。第一四海軍区司令官ブロック少将は、海軍基地防衛航空団を「ボランティア消防隊」のようなものだと述べている。

ベリンジャーはもちろんいつでも遠距離偵察を進言できたが、戦争警告電報を受け取ることは一度もなかった。「一〇月、一一月、一二月の三カ月間、対日関係や戦争の切迫について

＊46 *Ibid.*, Part 8, p.3544.
＊47 *Ibid.*, p.3452.

海軍

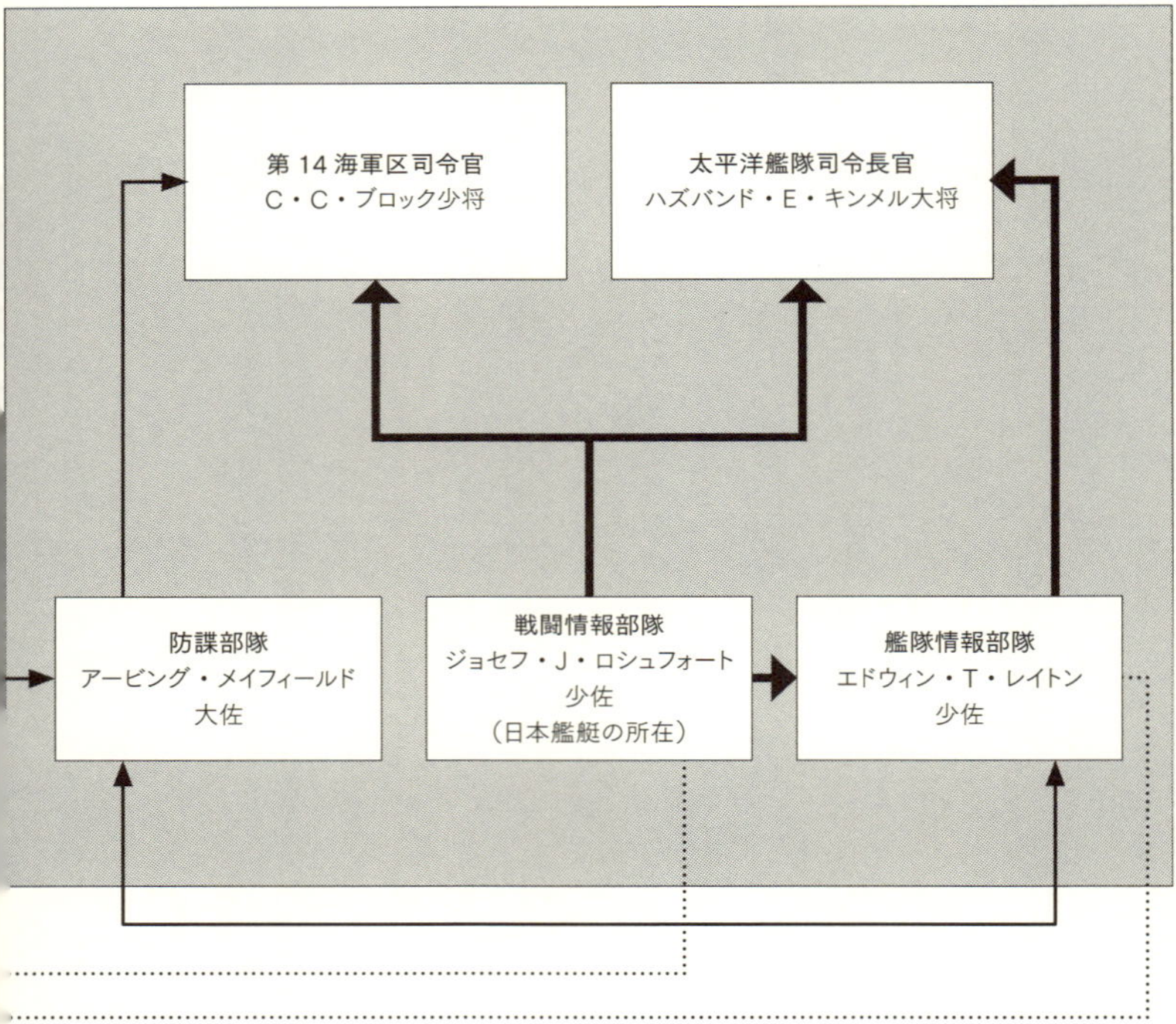
第14海軍区司令官
C・C・ブロック少将
太平洋艦隊司令長官
ハズバンド・E・キンメル大将
防諜部隊
アービング・メイフィールド
大佐
戦闘情報部隊
ジョセフ・J・ロシュフォート
少佐
（日本艦艇の所在）
艦隊情報部隊
エドウィン・T・レイトン
少佐

主要伝達ルート

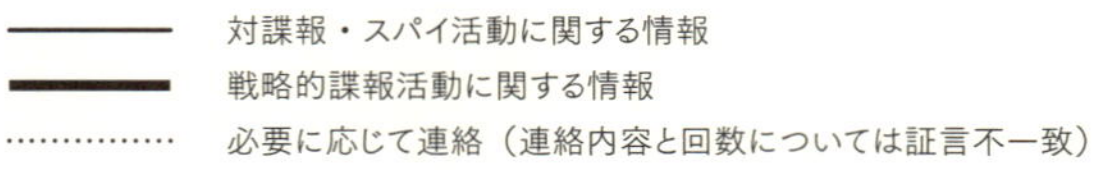
対諜報・スパイ活動に関する情報
戦略的諜報活動に関する情報
必要に応じて連絡（連絡内容と回数については証言不一致）

**図2　ハワイの陸海軍諜報機関**

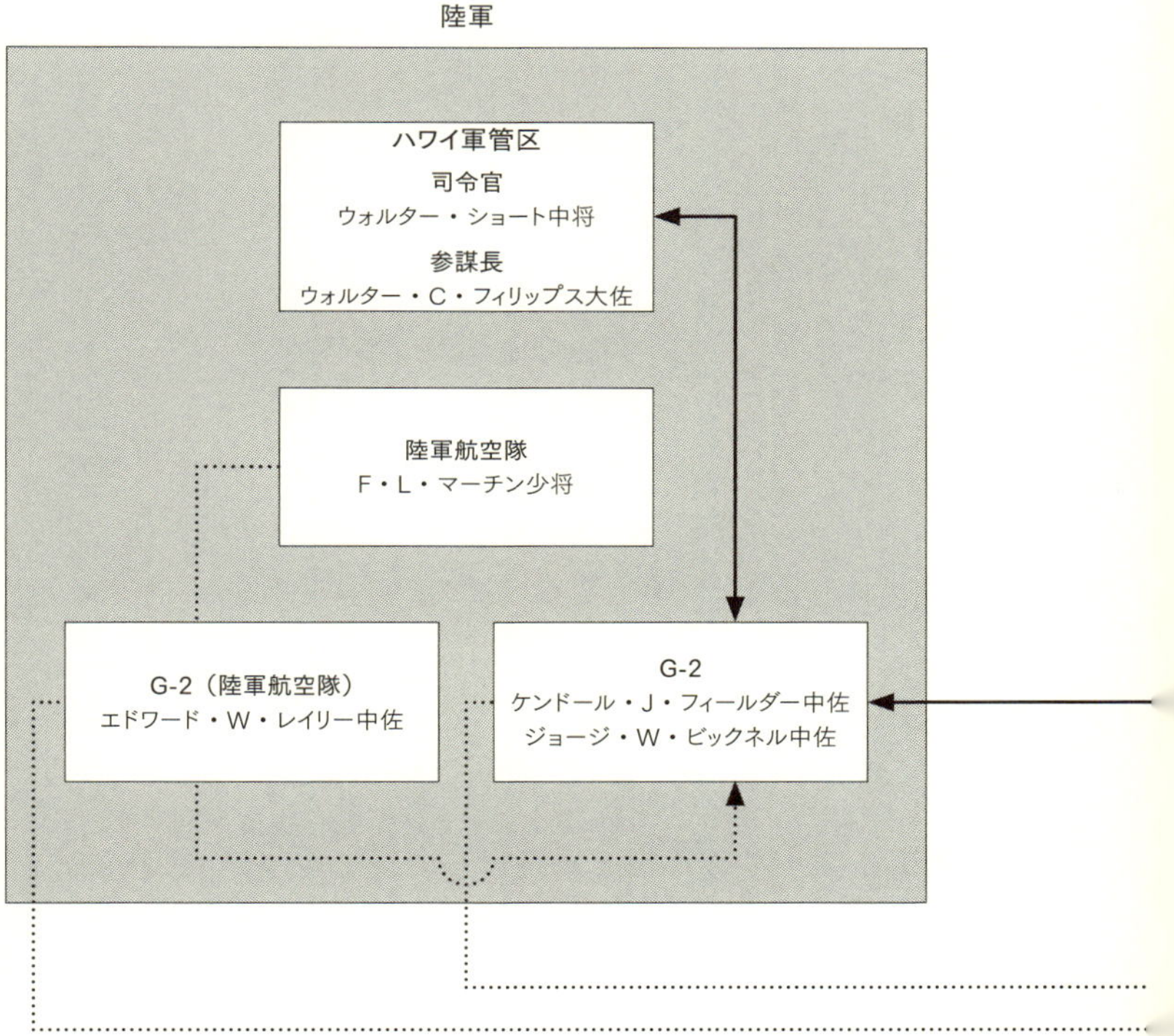

私が唯一得ていた情報はホノルルの新聞からのものだった……私が入手できる情報は部分的で非公式なものであり、当時、太平洋艦隊司令長官に対して、真珠湾の安全のために遠距離哨戒飛行を申し出るよう私を促すようなものではなかった」*48。

情報を得ていたブロックとキンメルは、一一月二七日に警告を受け取ったときも、ベリンジャーに伝えたり、偵察について議論したりするべきだとは考えなかった。もっともブロックは、偵察についてなんらかの決定を下せばベリンジャーの耳に届くだろうと考えていた*49。

ベリンジャーが海軍基地防衛航空団司令だったときに、陸軍で同等の地位にあったマーチン少将は、海軍の航空偵察が十分でないことを承知していた。統合作戦計画は作成されたものの、遂行組織を伴わないこともわかっていた。しかしマーチンも陸軍の同僚たちも、海軍にはこの任務を他の手段で遂行する能力があると確信していた。

統合航空作戦協定によると、マーチンは海軍の要請があればいつでも、遠距離偵察のために稼働可能な全航空機を提供することになっていた。一二月七日に遠距離哨戒用として提供可能だったのは、当時フィリピン航空隊の乗員訓練用に使っていたB－17六機だけだっただろう。いずれにせよブロックからの要請はなかった。そのためショートもマーチンも、海軍がなんとか自力でやるつもりだと思い込んでいた。海軍には通信分析部隊があり、日本艦隊の所在を常に把握していることをショートは知っていた。米軍艦艇の一部にはレーダーが装備されていることもわかっていた。事実、ショートの部下には、一九四一年夏にこれらの艦艇でレーダーの操作法を学んだ者もいた。任務部隊が常に偵察任務に就いていて、大掛かりな偵察が行われていることもわかっていた。もっとも彼には、参加する艦艇のスケジュールも位置も知らされていなかったのだが。さらにショートは、真珠湾での海軍の存在そのものが一種の防衛手段であり、「海軍と任務部隊はきわめて強力で、日本が全艦隊を投入する場合を除いて、いかなる戦力の集結に対しても脅威であるため……日本側がこの地域に機動部隊を送り込むことに対するきわめて明確な抑止力になっていただろう」[*50]とのマーチンの意見に賛成していた。

陸軍高射砲部隊を率いるヘンリー・T・バーギン少将は、海軍の偵察についてショートと同じ確信を抱いていた。「哨戒機は毎朝飛び立ち、午後遅くに戻ってきていた。その飛行ルート、目的地、哨戒区域について知らされたことはなく、知ろうともしなかったが、私はショー

*48 *Ibid.*, p.3455.
*49 ファーガソン上院議員は尋ねた。「どうやってだね？　そういう噂でもあったのか」。上層部が得ていた情報については、あとで詳細に論じる。
*50 *Hearings*, Part 28, p.972.　ショートの証言も参照されたい（*Ibid.*, Part 27, p.192）。

ト中将と同じように、海軍が偵察を行っているのだから、敵が近づけば知らせてくれると思い込んでいた」。[*51]

それぞれの態度や思惑がどうあれ、海軍は文書上は遠距離偵察の責任を担っていた。陸軍にとっては、それが安心感の基盤となっていた。しかし、陸軍が当てにしていた海軍の他の偵察手段についてはどうだったのか。艦載レーダーは丘陵に囲まれた湾内では機能しないだろう。艦艇に設置されたばかりの新種の「射撃用レーダー」は、キンメルのワシントンに対する抗議によれば、航空機探知にはまったく役立たなかった。[*52] ワシントンの海軍作戦部長が一〇月一六日と一一月二五日の二度にわたって全機に南方へ向かうよう命じたため、任務部隊の偵察範囲は真珠湾北方の半円区域には及んでいなかった。無線交信分析に関しては、決定権を持つ将校に警告が伝わらなかったというシグナルをめぐる別の顚末《てんまつ》がある。これについては、ハワイ諸島における陸海両軍の諜報活動全体に関連して述べるつもりだ。

陸軍の海軍に対する信頼は、陸軍の能力に対する海軍側の悪意のない軽視と対を成していたようだ。海軍パイロットは、陸軍のたいていのパイロットは訓練不足だとみなしていた。海軍情報部は陸軍G－2にはなにも期待していなかったし、ワシントンからの指令によって、独自に入手した情報をG－2に流すことを禁じられていた。[*53] 熱心な機密保全と結びついた、海軍のこの種の自己充足的姿勢は上下を問わず共通で、陸軍側の幻想を一層助長しただろう。

キンメル自身は、海軍のこういった姿勢とは無縁だったかもしれない。しかし、この点についての彼の証言は事後の正当化とも取れる。敵航空機の接近探知については対空警戒部隊に頼っていたと証言したが、キンメルの部下は誰一人、この部隊に期待していなかった。たとえばベリンジャーは、奇襲後に情報センターに電話をかけようともしなかった。対空警戒部隊の存在すら知らない者が多かったのだ。

陸軍は、海軍の姿勢にまったく異議を唱えなかった。ショートは、海軍のやり方について事細かにキンメルに問いただすつもりはなく、キンメルもショートを尊重し、同じように距離を置いていた。ショートは次のように述べている。「キンメル大将は階級が上なので、私が艦艇出入のたびに報告を求めるようなことがあれば気分を害しただろう。キンメル大将が重要だと考えた情報であれば、どんな情報でも躊躇《ちゅうちょ》なく私に知らせてくれたと思う」[*54]。海軍との連絡

＊51 *Hearings*, Part 28, p.1356.
＊52 キンメルからスタークに宛てた手紙、一九四一年一〇月二二日付。*Ibid.*, Part 33, p.1172.
＊53 エドウィン・T・レイトン少将へのインタビュー、一九五六年七月一一日。
＊54 *Hearings*, Part 27, p.194.

を密にする重要性は、陸軍参謀総長マーシャル大将がショートに与えた最初の指示において強調された。ショートはこの指示を字義どおりに実行した。両軍の親密な関係は、ゴルフ場でも見られ、公式会見からも明らかだったが、だからと言って情報が自由にやり取りされていたわけではなかった。

## 真珠湾の諜報組織

海軍はハワイに三つの諜報部門を置いていた。ジョセフ・J・ロシュフォート少佐率いる戦闘情報部隊、エドウィン・T・レイトン少佐率いる艦隊情報部隊、アービング・メイフィールド大佐率いる防諜部隊である。メイフィールドは第一四海軍区情報将校で、ロシュフォートとともに同区司令官ブロック少将の直属だった。レイトンはキンメルの指揮下にいた（六二〜六三ページの図2参照）。

一九四一年一二月七日、レイトンは任務に就いて一年を迎えたところだった。ロシュフォートは同年五月一五日前後から、メイフィールドは三月一五日から任務に就いていた。ロシュフォートは、海軍有数の暗号専門家とみなされていた。一九二五年から二七年まで、「ワシントンで海軍省のあらゆる暗号関連業務を担当していた」。語学将校として日本で三年間過ごし、「戦争に関するさまざまな問題について暗号研究を行っていた」。[*55] そのうえ部下には、熟練した暗号解読者や無線通信分析者が大勢いた。真珠湾の彼の部隊には、約一〇人の将校と二〇人の下士官、遠隔地には一〇人の将校と五、六〇人の下士官が配置されていた。レイトンは、三七年四月から三九年三月まで日本で海軍武官補佐官を務め、日本語を流暢に話した。メイフィールドはワシントンで二週間、諜報業務に就いていたことがあり、チリで二年間、海軍武官として過ごした経験もあった。日本語の専門家ではなかった。

陸軍はハワイに二つの諜報部門を置いていた。G－2（参謀第2部）本隊を率いたのはケンドール・J・フィールダー中佐と補佐役のジョージ・W・ビックネル中佐である。さらにG－2特別部隊は陸軍航空隊の諜報を担当し、エドワード・W・レイリー中佐が率いていた。フィールダーとビックネルはショートの部下であり、レイリーはマーチンの部下だった。真珠湾攻撃時には、フィールダーは着任四カ月目で、「過去にG－2での経験はなかった」。[*56] 彼のフォート・シャフターの部隊は将校一人、事務官二人による管理部隊、将校二人、事務官三人

＊55 *Ibid.*, Part 10, p.4673.
＊56 *Ibid.*, Part 35, p.88.

による広報部隊、将校二人、事務官数人による戦闘情報部隊から成り、緊急時には即座に増員することになっていた。もう一つの防諜部隊はホノルル市内に置かれ、「連絡事務所」と呼ばれていた。そこには約一二人の将校と三〇人の諜報員がいて、ビックネルが指揮を執っていた。ビックネルは四〇年一〇月にヘロンのもとでこの任務に就いた。真珠湾攻撃時には、およそ一年二カ月の経験があったことになる。レイリーは、一二月七日までに約一年間、ハワイ航空隊G－2を率いていた。レイリーの部隊の特徴については公開された記録はない。*57

### 海軍の諜報活動

ロシュフォート率いる第一四海軍区の戦闘情報部隊は二つの極東野戦部隊の一つで、本部はワシントンにあった。もう一つの部隊は第一六海軍区のカビテ（フィリピン）に置かれていた。二つともワシントンからの指令を受け、海軍作戦部長のほか、相互にも、アジア艦隊司令長官と太平洋艦隊司令長官にも情報を送っていた。重要な通信は独自の暗号システムを用いて無線で送るか、施錠した袋に入れて航空便で送られた。古い情報はすべて海軍の輸送艦で運ばれた。第一四海軍区戦闘情報部隊の主な任務は、日本軍艦艇の位置を無線通信分析によって確認することだった。第一六海軍区の部隊は、この種の分析のほか、日本の外交通信(「マジック」として知られる)の傍受と解読を担当した。傍受した暗号文はほとんどがワシントンへ直送された。四一年七月以降、外交通信が第一六海軍区から第一四海軍区の戦闘情報部隊に直送されることはなかった。ただし、トーマス・C・ハート大将とマッカーサー大将には直送された。

ロシュフォートは、ダッチハーバー、サモア、オアフ、ミッドウェーの四つの無線方向探知施設、アイエアの無線電信部隊(カビテとワシントンで処理するものを除くすべての日本海軍暗号電報を傍受)、暗号解読以外の手段で得られる日本に関するあらゆる情報を集める無線電信部隊から情報を得ていた。そのほかハワイの陸軍G-2、ハワイの連邦捜査局(FBI)と連邦通信委員会(FCC)、海軍情報将校であるレイトンとメイフィールド、ワシントンの海軍情報部(ONI)からも情報を得ていた。ロシュフォートの部隊は、技術的で限定的な役割を担うものとみなされていた。「われわれが提供していた情報は、特殊な、かなり限られた範囲の

*57 真珠湾攻撃に関する記録から判断すると、職務経験の豊富さは、シグナルを手にしたときにそれを警告として認識する能力と大きくかかわっている。レイトンとロシュフォートは入手したデータを正確に判断する権限を持ち、自身の仮説をはっきり示していた。ビックネルはこの二人に次ぐ。しかしこの印象は、レイトンとロシュフォートの証言が他の情報将校よりも多いという事実によるのかもしれない。二人はクラーク委員会以外のすべての調査委員会で証言している。

ものだった。私は外国についての情報のすべてがわれわれのところに送られてくるとは想定していなかったし、それは今も変わらない」[*58]。

ロシュフォートの証言によれば、海軍が傍受した通信のうち、彼の部隊で解読できたのは一割程度だったという。日本海軍の重要度の高い暗号については、どの部隊も解読できなかった。[*59]ロシュフォートの部隊は、暗号化された日本の外交通信の傍受を試みなかったし、実際一度も傍受していない。仮に傍受していたとしても、電文はワシントンに送られ、そこで処理されただろう。翻訳された電文が第一四海軍区に戻ってくることはなかったはずだ。必要があれば、ロシュフォートの部隊でも日本の外交暗号で最も単純なPA－K2の解読は可能だったが、一二月三日までその要請はなかった。

当時の無線通信分析技術は難解で、幾分不正確だった。レイトンが合同調査委員会で説明したように、敵の無線通信を解読する際には分析者は「その通信文を読むのではなく、本来なら、誰が、どのように行動するだろうかと考え、それに基づいて、その人物が今、どのように行動しているかを見出さなくてはならなかった」[*60]。分析によって、四一年一一月三〇日には、日本の南洋委任統治領に空母戦隊一隊がいると思われたが、のちにこれは間違いだったことがわかった。レイトンの説明は次のとおりである。

日本海軍は、複数の空母または空母戦隊を第一、第二艦隊に割り当てる形で編成されていた。一九四一年半ば頃にはこの編成は解消されていたようだ。われわれがこの事実を確認できるまでには少し時間がかかった。空母群は一組織にまとまっていた。しかし日本海軍には航空機救難駆逐艦を同一の空母戦隊に常置する傾向があり、第一、第二艦隊から空母艦隊への編制替えは駆逐艦を伴うものだった。

南洋委任統治領に航空機救難駆逐艦がいて無線封止を行っているなら、通常それは空母の存在を示す確実な、おそらくは唯一の兆候だろう。空母は実際にはそこにいなかったかもしれないが、通常の状況では存在を想定するのが理にかなっている……しかしあとになって、この駆逐艦戦隊は空母群から離され、南洋艦隊強化のために委任統治領へ派遣さ

＊58　*Hearings,* Part 32, p.369.

＊59　L・F・サフォード大佐は、カビテの部隊は一九四一年一一月の時点では、日本海軍の作戦暗号JN－25を少なくとも部分的には読むことができたと証言している。新しい解読鍵は四一年一二月四日に導入され、第一六海軍区によって報告されていたが、旧暗号による未解読の通信が優先された。この点に言及しているのはサフォードの証言だけである（*Ibid.,* Part 18, p.3335）。

＊60　*Ibid.,* Part 10, p.4836.

れていたことが明らかになった。[*61]

無線通信に対する諜報活動は、真珠湾、カビテ、ワシントンでは厳重に秘められていた。ハワイの陸軍においては、その存在はショート以外には知られていなかった。ワシントンでもこの部隊の活動は謎に包まれていたため、陸軍省幹部はもちろんのこと、海軍省でも多くの者がこの部隊を一種の秘密兵器とみなし、真珠湾には訓練を受けた四〇〇人の要員が配置され、外交を含むあらゆる種類の暗号を傍受・解読していると考えていた。[*62]

ロシュフォートは、口頭と文書の両方で、キンメルに伝えてもらうためにレイトンに、ブロックに、そして稀にはキンメルにも直接、日報を伝えた。その一方で、防諜部隊のメイフィールドにはまったく情報を送っていない。ハワイ陸軍G－2を率いるフィールダーとは「たぶん一週間に二回程度」[*63]連絡していたと、ロシュフォートは証言している。なにを伝えたかは明らかにしていないが、「ウルトラ（機密）」に該当するものはまったく含まれていなかったと断言した。ロシュフォートが証言したように、フィールダーの名前は「私が持っていた、ウルトラ情報を受け取る権限を持つ者のリストにはなかった」。合同調査委員会では次のようなやり取りがあった。

問　ところで、そのリストは誰が作成したのか。
答　部隊内で維持されていたリストだ。最初に作ったのは部隊の責任者で、その後、代々受け継がれてきた。
問　責任者とは誰か。
答　一九四一年六月からは私だった。
問　だとしたら、あなたがその職務に就いていたときには、陸軍の誰がその秘密情報を受け取るべきか否かを判断する権限を持つのは、あなただけだったのではないか。
答　そのとおり。ただしワシントンかキンメル大将のどちらかから逆の命令を受けた場合は別だが。[*64]

*61 *Ibid.*
*62 詳細については第3章を参照されたい。
*63 *Hearings*, Part 10, p.4675.
*64 *Ibid.*, p.4703.

重要な情報をフィールダーに流さないことも情報源を隠すことも、ロシュフォート自身の判断であって、フィールダーにはその情報を評価する術がまったくなかったことが、合同調査委員会の最終段階になってようやく明らかになった。しかし、調査委員会では提示されなかったが、情報提供先を少数の海軍将校に限定するようワシントンがロシュフォートに命じていた証拠がある。*65 ロシュフォートは、陸軍将校の誰とも接触していなかった。またロシュフォートは自分とさえ接触がなかったと、フィールダーは真っ向から対立する証言を行っている。

レイトンは艦隊情報担当で、キンメルとその配下の参謀長、戦争計画担当参謀、作戦担当将校には直接報告を行い、ワシントンの艦隊最高司令部と海軍作戦部長に対しては文書で情報を伝えていた。情報源は、ＦＢＩ（ハワイとワシントン）、海軍情報部、ハワイ海軍のロシュフォートとメイフィールド、極東の英諜報機関、米海軍の駐在武官や偵察員、極東の領事や国務省駐在員のほか、レイトンが「完全に信頼できる」、あるいは「おおむね信頼できる」と考えた匿名の人物だった。

レイトンの記憶では、ショートやキンメルから個別に情報を提出するよう求められたことはなかったという。ショートが、キンメルや真珠湾に帰港したばかりの任務部隊司令官にブリーフィングを行う際に同席したことは何度かあったらしい。ショートの部下であり、ハワイ

G－2を率いるフィールダー中佐とはまったく接触していなかった。フィールダーを補佐するビックネル中佐とは、四一年の一〇月か一一月に一度話したという。[*66] 陸軍航空隊マーチン少将の下で情報将校だったレイリーとは接触していた。一部の機密情報を、情報源は明かさず慎重に言葉を言い換えて伝えたことがあったという。「レイリー中佐が陸軍を代表していると……考えた[*67]」からだった。レイトンによれば、レイリーの申し出による接触は、真珠湾攻撃のわずか三カ月前だったという。その後二人は、一〇月には週二回、奇襲前の一〇日間には一日おきに会っていたようだ。

一九四五年、レイリーはレイトンとの関係を次のように振り返った。

一九四一年一二月七日までの約一年間、私はハワイ陸軍航空隊G－2に所属していた。就任後まもなく……レイトン少佐（当時）を通して海軍と接触することになった。私は、

*65 レイトンへのインタビュー、一九五六年七月一一日。
*66 何年も経ってから、レイトンは著者に対して、ビックネルとは「一度ではなく何度も」会ったと語った（一九五六年七月一一日のインタビュー）。
*67 ヘンリー・C・クラウゼン大佐に対する供述書、一九四五年四月二五日、*Hearings*, Part 35, p.51.

ハワイ陸軍航空隊を代表して接触することをレイトンに伝えた。この約一年という期間に私の方から連絡してレイトンと話したのは、せいぜい六回ほどだったと思う。この時期に接触を繰り返し、奇襲前に最後に話したのは一〇月頃だったと記憶している。

レイトンは、私にとって海軍の唯一の情報源だった。彼が知り得た日本海軍の動きについては、それがハワイ諸島の安全に影響する可能性があれば私に知らせると言っていた。この点に関して実際に私が得た情報は、マレー半島に対して日本軍が軍事行動を起こす可能性と、南洋委任統治領での日本軍の艦隊施設について彼が調べたものだった。これは、真珠湾攻撃の少なくとも二カ月前だったと思う。*68

レイトンは、陸軍から情報をもらったとも要求したとも言っていないし、陸軍情報が貴重なものだった可能性も示唆していない（日本軍の動きに関する詳細な情報はおそらく別だが）。自身の情報源の方が優れていると思っていたのは明らかで、それは正しかった。キンメル、艦隊最高司令部、ワシントンに報告すれば、レイトンの役目は終わった。キンメルは、さまざまな任務を担う部下だけではなくショートにも、海軍の重要情報をもれなく送っている、防諜担当のメイフィールド大佐も、陸軍G－2を介してもっと下のレベルで同じように情報を流していると、レイトンは考えていた。*69

メイフィールドは、第一四海軍区の情報将校で、同区陸上区域の対破壊活動および対諜報活動を含むあらゆる諜報活動について、同区司令官であるブロックと海軍情報部長に対して報告する義務を負っていた。彼の情報源は、ハワイFBIのロバート・シバーズ、陸軍G－2のビックネル中佐、四一年一二月一日以降日本領事館が発信・受信した通信に関するRCA社

*68 ヘンリー・C・クラウゼン大佐に対する供述書、一九四五年三月一一日、*ibid.*, p.38f. これらの供述はほとんど信頼できないものとして知られている。レイトンの証言からは、レイリーとレイトンの接触が、実際にはレイリーが述べているよりも頻繁だったような印象を受ける。

*69 「真珠湾攻撃時の陸軍の相手方は誰だったのか」という問いに対するレイトンの回答の一部は次のとおり。「［陸軍との］連携はメイフィールド大佐を通じてやっていた……陸軍とFBIと彼との間で週一回以上会合を持っていた。私も一度参加したことがある。私が出席して全面的に協力を惜しまない旨を伝えたすぐあとのことだ。しかし、私が陸軍の相手方を探さなくてはならなかったとか、ハワイG－2は情報源を私に頼るべきだと示唆するのはおかしなことだ。ワシントンの陸海軍は歩調を合わせ、諜報においては長年密接な関係を築いてきたのだから。海軍は知り得た情報を陸軍に伝えていたし、陸軍も同じだ。戦場で互いに協議したいことがあれば、そうしてきた」。レイトンは次のようにも述べている。「フィールダー中佐がワシントンから得ていた情報に少しでも満足していなかったのなら――、彼がなにかを得ていたのか、そうでないのかを私は知らないが――、その場合には私と連携を取ろうとしただろう」（*Hearings*, Part10, p.4865）。レイトンは頻繁に海上にいて、無線封止もされていたのだから、フィールダーと定期的に連絡を取るのはあまり現実的ではなかっただろう。

残念ながら、海軍情報部とワシントンG－2の大半は、レイトンがワシントンでの連携について感じていたのと同じように、ハワイでの陸海軍連携に自己満足していた。

ファイル（解読・翻訳のためロシュフォートに送られた）、一二月二日までの一年一〇カ月分の日本領事館の電話盗聴記録だった（盗聴は一二月二日で中止された）。メイフィールドは、対諜報活動に関してブロック、レイトンと話をしたが、戦争の可能性について議論したのはその場に限られ、相手もこの二人だけだった。二人からは、いかなる情報も受け取った記憶はないという。ロシュフォートからもなにも情報は得ていない。陸軍で接触していたのはビックネルだけだった。

## 陸軍の諜報活動

ハワイ軍管区G－2を率いるフィールダー中佐は、ショート中将の参謀長ウォルター・C・フィリップス大佐をはじめ幹部と毎週定例の会合を持っていた。「幹部に最新の世界情勢について伝える」[*70]ことが彼の役割の一部だった。月に一回程度は、「経済、共産主義、人種問題などについてのハワイの状況」[*71]を文書で報告した。一二月七日以前は文書による戦略見積もりを提出したことはなかったが、その後は毎週提出した。ワシントンから国際情勢に関する情報を受け取った記憶はなく、「［日本陸海軍の行動予測に関する］情報は、海軍を通してのみ得ていた」[72]と証言している。ただし、陸軍省と海軍省が持つ情報は入手していたと付け加えた。その他の情報源は、アジアから帰国した著名人へのインタビューや、現地のＦＢＩだった。フィールダーは、情報源として新聞に頼ることは明確に避けていた。ハワイの海軍情報部との連携については次のように証言している。「対諜報活動に関してはきわめて密接だった。ハワイ在住日本人の調査と要注意人物リストについては毎週必ず意見交換をしていた。しかし戦闘情報部隊（ロシュフォート）や艦隊情報部隊（レイトン）との関係は、実際には共通事項がなかったため、あまり密接ではなかった。当時は戦闘がなかったからだ[73]」。

クラウゼン大佐に対する供述によれば、フィールダーは、ロシュフォートからもレイトンからもいかなる情報も得たことはなかったと述べている。他の証言でも、この主張は一貫していた。レイトンがマーチン経由でレイリーに提供しようとした情報については、その内容を問わず知り得たはずだが、陸海軍のこの連携については一二月七日まで知らなかった。フィール

*70 *Ibid.*, Part 28, p.1555.
*71 *Ibid.*, p.1551.
*72 *Ibid.*, p.1544.
*73 *Ibid.*, p.1561. フィールダーによれば、「陸軍の考え方によれば、戦闘がなければ戦闘情報もない」という（フィールダーのクラウゼンに対する発言、一九四五年五月一一日、*ibid.*, Part 35, p.88）。

ダーが実際にはもっと情報をほしがっていたことを示す証拠もない。彼は、どのような情報であれ、ワシントンからもハワイ海軍からもさらに情報を求めることはなかった。フィールダーもレイトンも、ビックネルとメイフィールド、ショートとキンメルの陸海軍連携に満足し、それ以上のことは自分たちの任務ではなく、不十分であればワシントンの陸海軍情報部間で解決されると思っていたのは間違いない。

ビックネルは四〇年一〇月、G－2の補佐になった。合同調査委員会では、「FBI、海軍区情報将校［メイフィールド大佐］、連邦通信委員会（FCC）のほか、関税や移民、財務にかかわるハワイおよび連邦政府のすべての機関と直接関係を持つようになった」と証言している。彼の主な情報源は、アジアから帰国した実業家、ハワイに立ち寄った英政府関係者や他国の軍関係者へのインタビュー、傍受した日本語のラジオ放送、ハワイで入手できる日本語新聞、アジアの新聞数紙だった。ビックネルは、ハワイ軍管区の全部門に配布する国際情勢見積もりを四一年九月から隔週で作成するとともに、自身の見解を毎週のスタッフ会議の席上で口頭で述べた。最初の見積もりでは、一一月末までに、さもなければ翌年四月までに、日本との戦争が始まると予測している。見積もりのどれに関してもショートからの質問はなかった。後日ビックネルは、「軍管区司令官から……質問が出なかったのはめずらしいことだった」[*74]と述べた。しかし実際には、ショートがスタッフ会議に顔を出すことさえめったになかったのである。ビックネルは、レイリーとレイトンの連携を知っていたし、レイトンの持つ情報のすべてをレイリーから得ていた。[*75]

残念ながらレイリーは、クラウゼン大佐以外の誰からも調査を受けていない（クラウゼンに対する供述についてはすでに紹介した）。レイリーはマーチンに直接報告していた。彼は四一年一〇月に開かれたビックネルとレイトンとの合同会議に言及しているが、フィールダーにもショートにも言及しなかった。

記録によれば、ハワイG－2の主な任務は破壊活動や妨害工作に関するものだった。G－2本来の任務が中心で、日系人が多いというハワイの特性にも影響を受けていた。三人の陸軍情報担当将校はみな現地の海軍を情報源として頼るとともに、奇襲や戦争勃発の危険を示唆する国際情勢にかかわる情報に関しては、ワシントンに頼っていた。

レイトンとロシュフォートとキンメル、ブロックとメイフィールド、メイフィールドとビックネルは、密接に連絡を取り合っていたように見える。メイフィールドの担当は防諜活動

*74 *Hearings*, Part 10, p.5119.
*75 *Ibid.*, p.5112.

のみだったため、国際情勢に関するいかなる情報もキンメルから海軍関係者やショートに流れるしかなかっただろう。ところがキンメルは、ブロックとショートが連携していると考え、ブロックの方はレイトン同様、ショートとキンメルが連携していると思い込んでいた。実際にはショートとの連絡ルートは主にビックネルを通じてだった。誰もフィールダーには情報を流していなかったからだ。フィールダーによれば、レイリーはレイトンから得た情報をマーチンにだけ報告する立場にあった。マーチンがフィールダーかショートになにを伝えたかはどこでも述べられていない。いずれにせよ、レイトンとレイリーがめったに連絡を取らず、取ったとしてもその内容が限られていたことは明らかだった。

したがって国際情勢に関する重要な情報は、陸海軍の間ではほとんど共有されていなかったことがわかる。ショートやG－2は、彼らが必要とするこの種の情報を海軍が流してくれるのを根拠もなく期待していた。陸上や艦隊での対諜報活動に関しては連携はかなり密接だった。しかし、メイフィールドとビックネルがどれほど連絡を密に取っていたとしても、国際情勢や日本軍による攻撃可能性が明確に示されることはなかっただろう。なぜならメイフィールドでさえ、海軍情報部の主要情報源に接することはなかったからだ。

興味深いことだが、これら六人のうち、情報不足や要員配置の不備に不満を訴えていた記録が残っているのはレイトンだけだ。[*76] ロシュフォートの部隊でさえ、訓練を受けた暗号解読者や語学専門家が足りないとは感じていなかったようだ。むしろ効率的な業務遂行を妨げる主な障害は、日本人の本国への通信やハワイ諸島内での通信の検閲、盗聴、監視を禁じたアメリカの法律だと考えていた。海軍やＦＢＩはこういった法的な歯止めを無視したが、Ｇ－２は法律の文言に忠実だった。

レイトンの不満は興味深い。それは戦域に対する情報伝達方針に向けられたものであり、のちほどワシントンの諜報機関について論じる際に触れるつもりだ。彼は四一年二月と七月に、日本の外交暗号システム「パープル」[*77] に基づいた情報を受け取った。フランスのヴィシー政権に対する日本の要求と、それが拒まれた場合の対応を告げるものだった。その前にもレイトンは、海軍情報部極東課長Ａ・Ｈ・マッコラム中佐に対して、解読した外交通信から得られた情報を送り続けるよう文書で求めている。マッコラムの返答は、ワシントンの見解を簡潔に

*76 ホノルルのＧ－２は、一九四〇年～四一年にかけて事務員の増員と情報入手のために予算（一万五〇〇〇ドル）を割り当てられていたが、それを使い切ってもいなかった。
*77 「パープル」は日本の外務省が使用していた最重要外交暗号。合同調査委員会報告書では「パープル暗号」と呼ばれている。本書でもその呼び名を用いる。

伝えるものだ。

外交情報が手に入れば、日々の見積もりに大いに役立つという主張は十分理解できる。だが、それによって機密保全等をめぐる非常に厄介な問題が生じるだろう。この件に関する貴官の立場は十分理解しているが、とはいえ、この種の情報をご提案のように提供することはできない。ワシントンの海軍省の方が、どの大規模な海上部隊よりもスタッフが多く、情報の入手可能性が高く、政治的結果を評価できるため、海軍省が最初に政治情勢を評価すべきだと考えるのは妥当だろう。そのため海上部隊は、政治情勢の評価については海軍省に頼らざるを得ない。

海上部隊は、一般的に、行動すべき時期が来たときに直面する可能性のある戦略的・戦術的状況の分析に専念すべきである。政治的行動は政府が全面的に決定するものであって、海上部隊がかかわるものではないため、貴官が言及した材料は一時的関心の対象にしかなり得ない。

海軍情報部門と役割が重複する海上組織を作るのは、現実的ではないように思える。当然ながら誰もが目先の出来事に関心を持つため、貴官が窮地に置かれることは理解できる。しかし、関心の対象たる情報と、行動の基盤として望ましい情報とは、明確に区別されなくてはならないと私は考える。

言い換えれば、貴官と太平洋艦隊は政治に強い関心を持っているだろうが、それについて貴官ができることはない。したがって政治的に重要な情報は、艦隊の行動に直接的影響を及ぼすものを除けば、貴官の関心の対象ではないし、役にも立たない。*78

マッコラムのこの主張は思慮深いものだが、まったく矛盾がないとは言えないだろう。最初に、外交情報は日々の見積もり作成に役立つかもしれないが、送信時の機密保全のリスクが入手の利益を上回ると述べている。次に、レイトンの評価はワシントンの評価と重複するだけだから不要だとし、最後に、「マジック」情報はレイトンにとって興味深いものかもしれないが、役にも立たないという。政治面での行動に関連しているだけであり、そういった行動は、政府が全面的に決定すべきものだからだ。第一の論点については見過ごせない。そこには本当のジレンマがある。一方、最後の論点は、政治行動に関する知識が現地のシグナルを探知し分

*78 マッコラムからレイトンに宛てた手紙、一九四一年四月二二日付、*Hearings*, Part 10, p.4845f.

析し、正確に解釈するための基盤になるという事実を見落としている。マジック情報が、レイトンにとってコストを上回るほど有益だったのかとの疑問もあるかもしれないが、有用であるのは確かだ。

本書の目下の目的にとっては、マッコラムがレイトンの要求を拒否する一方で、情報を制限する根拠について明言しなかった点が重要だ。マッコラムの返答は、明確な拒絶に近いにもかかわらず、パープル暗号に基づく行動があれば必要な情報を受け取れると、レイトンに思わせた。真珠湾攻撃後、ごまかされていたことに「激怒した」とレイトンは述べている。

## 真珠湾攻撃前のシグナル

ここまで論じてきたハワイの諜報組織の状況を踏まえれば、次のような疑問が生じる。六人の情報将校と部下たちは、一二月七日に先立つ緊迫した数週間に次々に入ってくるシグナルにどのように対処したのか。誰が、どのような情報を受け取り、それらを誰に送ったのか。ハワイでは、すべてのシグナルを受け取った者がいたのか。

## 海軍の諜報活動

一九四一年一一月一日、ロシュフォートの部隊は、レイトンに宛てた日報で、日本軍がコールサインを変更したと伝えた。一二月一日にはサインは再度変更された。四一年一二月一日付のロシュフォート部隊からの日報は次のとおりだ。

日本艦隊のコールサインは、一二月一日零時にすべて変更された。従来の変更は六カ月以上の期間を経たのちに行われていた。前回の変更は一一月一日。わずか一カ月での変更は、積極的行動の準備が大規模に行われていることを示すものだ。[*79]

短期間での二度の変更は、それ自体が一種の警告だった。ロシュフォートの経験では、これほど短期間での変更ははじめてだったという。そのうえ、これらの変更によって敵部隊の識別が非常にむずかしくなった。[*80] しかし一一月末までには若干の成果があり、ロシュフォート部

*79 *Hearings,* Part 17, p.2636.

隊は、一一月二五日、そして三〇日にも、潜水艦と少なくとも空母戦隊一隊のマーシャル諸島への集結を報告した。第一六海軍区は、潜水艦については同意見だったが、空母については同意しなかった（のちに、こちらが正しいことが明らかになった。南洋委任統治領に空母戦隊はいなかった）。同区無線施設から交信の報告がなかったため、日本の第一、第二両艦隊の既知の空母は呉、佐世保近海にあると考えたのである。[81] 一一月半ば頃、ワシントンは第一六海軍区部隊の方が第一四海軍区よりも信頼できる情報を持っていると判断し、第一六海軍区の報告に頼るようになった。[82] 日本が二度目のコールサイン変更を行ったあと、ロシュフォート部隊は一二月二日に次のように報告した。「本日の空母情報はほとんどなし」。[83] 一二月三日には、「潜水艦及び空母の情報なし」。[84] その日から一二月七日まで日本の交信量に目立った変化はなく、空母交信も傍受されなかった。[85]

キンメルは、一一月一六日以降、日本空母の無線通信を傍受できなくなったことに困惑していた。一二月一日には艦隊情報将校に対して、日本海軍の所在表を作成し、カビテ（第一六海軍区）に問い合わせるよう命じた。カビテからの回答は安心できるものだった。もっとも一二月二日に所在表を確認したときには、レイトンに冗談めかしてこう述べている。「空母がどこにいるのか知らないって？　ダイヤモンド・ヘッド沖を迂回するかもしれないのに、知らないと言うつもりかね」。レイトンは、その前に発見したいと答えた。
こんな風にのんきに安心しきっていたのも理解できる。一九四一年にもその前にも、空母だけではなく戦艦、巡洋艦、その他の軍艦の所在が無線では探知できなくなることは何度もあったからだ。レイトンは次のように述べている。

*80 レイトンは、日本側の変更によって一二月二日には探知が困難になっていたことに言及し、次のように証言した。「これはコールサインの変更からまだ二日目のことだった。通信は二万近くにのぼるだろう。世界中の人間をかき集めない限り、できる［特定できる］ものではないだろう。何日も傍受したあとではじめて、特定の通信を探知し特定することができる。当時でさえ、司令官は複数のコールサインを持っていたが、艦艇のサインは一つだけだった」（*Ibid.*, Part 36, p.134）。

*81 これらの空母（「赤城」と「加賀」（第一航空戦隊）、「飛龍」と「蒼龍」（第二航空戦隊）、「翔鶴」と「瑞鶴」（第五航空戦隊）は、真珠湾攻撃に参加した機動部隊の主要戦力だった。

*82 一一月二四日付電報、*Hearings*, Part 14, p.1405f. ローレンス・F・サフォード大佐によれば、第一六海軍区は無線受信状態が良く、日本海軍の呂暗号（JN－25）を解読し、シンガポールの英通信情報部との情報交換や翻訳を行っていたため、第一四海軍区よりも信頼性が高いとみなされていた。JN－25の解読能力については、カビテの無線分析担当者がこれを否定する証言を行っている。どちらの証言が正しいかを示す記録はないが、担当者の方が実情をわかっていた可能性は高い。

*83 *Ibid.*, Part 17, p.2638.

*84 *Ibid.*, p.2639.

*85 これは、一二月一日～七日の無線通信について、きわめて単純化された説明だ。詳細な分析については、ヒューイット委員会でのレイトンの証言を参照されたい。*Ibid.*, Part 36, pp.116-141.

これは、空母や他の種類の艦が領水、母港、本土演習領域に入ったときには、低出力の無線を用いて陸上基地と直接交信するためだ。その場合には、通常は、方向探知施設や傍受施設による探知を防ぐために陸上電信線が用いられる。われわれはその間、日本艦隊は「領水内」にいるとみなすのが常だった。*86

これが方針であり、過去の経験によって正当化されてきた。レイトンは次のように説明した。

空母側が沈黙していても、海軍参謀本部からの無数の通信の中に空母や空母艦隊の司令官、参謀に宛てたものがあったなら、無線封止の可能性が高いと考えるのが当然だっただろう。しかし実際にはそういうものはただの一度もなかったため、一九四一年七月の空母艦隊と同じ状況だと判断せざるを得なかった。あのとき日本軍は最後通牒《つうちょう》を突きつけ、仏印に向けて部隊を南下させていた。*87 空母は、われわれの対応に備えて……領水域に留まっていた。*88

四一年七月、レイトンがこのように考えていたのは、日本が最高機密通信に用いていたパープル暗号による一連の通信文の解読情報に目を通していたためだった。パープル暗号やその他の日本の暗号を解読して得られた情報は、「マジック」と総称されていた。これらはきわめて詳細で正確であり、日本の空母の所在についてのレイトンの仮説を裏づけるものだった。一九四一年一二月の時点でレイトンが入手していたのは、パープル暗号に基づいた二つの情報だけだった（海軍作戦部長からの三つの通信文に含まれていた）。彼は、「中国にいる偵察員、海軍武官補佐官、商船の船長、領事館関係者から、日本戦艦が船荷を積み出港したことや、南に向かうのを目撃したこと、商船が護送船団を組んで南に向かうと言っていたとの報告を受けていた。つまりそれらの行動のすべてが日本軍の南進を示していた」*89。さらに一二月六日朝には、レイトンはアジア艦隊司令長官から、シャム、カムラン両湾で同艦隊偵察部隊が日本海軍部隊

*86 *Hearings*, Part 10, p.4838.

*87 当時の危機についての詳細は第2章を参照されたい。

*88 *Hearings*, Part 10, p.4839. のちにレイトンは次のように強調した。「戦艦が無線封止を行なえるという事実はよく知られていたが、私が日本海軍の通信を観察した時期には、そういった状況［空母との通信の完全停止］は一度もなかった」（*Ibid.*, p.4904）。レイトンは、日本側の証言とは裏腹に、真珠湾を攻撃した戦艦は一一月一六日以降、一度も通信を受けていないし、攻撃のための暗号「ニイタカヤマノボレ」も送信されてはいなかった」と信じていた（*Ibid.*, p.4906）。

とその付属部隊を視認したとの情報を得ていた。これらの目撃情報は、イギリスの報告と上海の海軍武官補佐官からの報告によっても確認された。レイトンは、六日午前中に戦艦カリフォルニアのW・S・パイ中将にこの情報を自ら伝えた際、シャム湾への日本軍進軍は「きわめて重大であり、残る唯一の問題は側面の敵としてわれわれを放置するのか、南下しながら排除しようとするのかだ」[*90]と述べている。「われわれ」とは、真珠湾ではなく、フィリピンとグアムを意味していた。レイトンの証言は次のとおりである。

日本海軍の空母が無線封止を行い、オアフ島に接近しつつあったことを、私はいかなるときにもほのめかしたことはなかった。そうしていたらよかったと思う……私自身の意見では、また、われわれの見積もり作業でも、日本空母は領水域で作戦準備中であり、日本が東南アジアで攻撃を仕掛けたとして、アメリカが反撃した場合に備えて所在を隠そうとしていると考えていた。[*91]

レイトンのこの意見は、「強力な一部隊が、その一部をパラオ及びマーシャル諸島を拠点として活動させる一方で、東南アジアでの作戦行動の準備をしている」[*92]という一一月時点でのロシュフォートの主張と一致していた。

レイトンは、一二月七日までに、この見積もりを裏づけるどのようなシグナルを受け取っていたのか。真珠湾の情報将校の中では、彼はおそらく最も情報に通じていただろう。本人の証言によれば、「真珠湾に入ってきた入手可能な情報のすべて[*93]」を手にしていたという。

ここに、太平洋艦隊司令長官宛の二通の警告電報がある。一通は一一月二四日付、もう一通は一一月二七日付のいわゆる戦争警告だ。

一九四一年一一月二四日

発　海軍作戦部長

宛　アジア艦隊司令長官、太平洋艦隊司令長官、第一一、一二、一三、一五海軍区司令官

＊89　*Ibid.*, p.4835（Exhibit No.27, *ibid.*, Part 37, pp.789ff 参照。ここに複製された報告書は、ファイルから一部を選んだものにすぎない）。
＊90　*Hearings*, Part 10, p.4859.
＊91　*Ibid.*, p.4840.
＊92　*Ibid.*, Part 6, p.2815.
＊93　*Ibid.*, Part 10, p.4859.

通報先　大西洋艦隊特別情報官（ロンドン）
24200５*[94]
対日交渉成功の見込みはきわめて低い。この情勢と日本政府の声明、日本陸海軍部隊の行動とを踏まえると、フィリピンやグアムを含むどの方面にも奇襲の可能性がある。陸軍参謀総長は本電に同意し、各送付先に対して、それぞれの地域の陸軍幹部にも知らせるよう求める。すでに緊迫している状況が悪化しないように、また、日本軍の行動を刺激しないように、最大限の秘密保持を求める。グアムには別途連絡する。
写し送付先　陸軍省戦争計画部、ＯＰ－１２のみ*[95]

一九四一年一一月二七日
発　海軍作戦部長
宛　アジア艦隊司令長官、太平洋艦隊司令長官
通報先　大西洋艦隊特別情報官（ロンドン）
27233７
本電を戦争警告とみなすこと。太平洋の情勢安定を目指した対日交渉は終わった。日本

は数日内に侵略行動を開始するものと思われる。日本軍の兵力、装備、海軍機動部隊の編制は、フィリピン諸島、タイ、クラ地峡のいずれか、またはボルネオへの上陸作戦を示唆する。海軍戦争計画第46号に定める任務遂行に備え、適切な防衛配備を実施せよ。地域部隊及び陸軍部隊に通報せよ。陸軍省からも同様の警告が発せられている。

特別情報官はイギリスに通報せよ。本土、グアム、サモアは、破壊活動に対して適切な措置を取るよう命じられた。

写し送付先　陸軍省戦争計画部[*96]

一一月二四日付電報に対するレイトンの反応は次のようなものだった。

海軍作戦本部はわれわれと同じ情報を持ち、同じように日本軍の南進に注目し、日本軍

*94　ワシントンの海軍情報部から送られた日時を海軍天文台時報で示したもの。「242005」は「一一月二四日二〇時五分（ワシントン時間では午後八時五分）」を示す。
*95　*Hearings*, Part 14, p.1405.
*96　*Ibid.*, p.1406.　戦争計画第46号は、極東で戦争が起きれば、太平洋艦隊がマーシャル諸島を攻撃するよう定めていた。

はわれわれを側面に放ってはおくまいと判断した……私自身の印象も同じだった。ロシアは別として、日本は強敵を側面に放置したことはないと私は述べた……私の見積もりでは、日本海軍第二艦隊には二つの機動部隊があり、一方は台湾、海南島、馬公から南シナ海を南下し、クラ地峡かその近辺、シャム湾を目指す。もう一方は、西カロリン諸島のパラオを経て、おそらくはチモール、セレベス、あるいはその地域の他の蘭領を脅かす意図で進む……日本がわれわれを側面に放置するなら、われわれが英、仏印、タイを支援する作戦を取る決定をすれば、フィリピンに配備されたわが軍は、日本の通信線を脅かすことになるだろう。*97

一一月二七日付電報に対しては、レイトンは次のように考えた。

この電報は、最新の状況を的確に示し、日本が来栖、野村両大使による妥協工作でわれわれをなだめつつ、フィリピン側面を開放せずに南下策を取るなら、まもなく戦争が起こることを示唆していた。私には、われわれの想定は正しく、おそらく完璧だろうと感じる一方で、事態は深刻であり、海軍省はすでに緊迫している状況をこれ以上悪化させまいと、土壇場での打開に望みをかけているかに見えた。[*98]

レイトンは、一一月二七日付電報にはグアムへの言及がないとの指摘があり、「どっちにしてもグアムは落ちるのだから、入れる価値はないと考えたんだろう」[*99]と、おどけて言う者がいたと振り返っている。

再三出てくるのは、対日戦争は、一一月二七日以降いつでも起こり得たが、真珠湾で起こるとは考えていなかったという主張である。レイトンが受け取った他のどのシグナルも、この見方を後押しするものだった。彼が当時入手できた情報を踏まえれば、その見積もりは現在も妥当に見える。

一一月二七日の警告を裏づける別の電報が二八日に送られているが、それには陸軍の警告電報の全文が含まれていた。陸軍電報特有の命令調で、国民の不安をかき立てないこと、日本が先に公然と行動を起こすのを確認してから行動することなどが述べられている。この二八日

＊97 *Ibid.*, Part 36, p.144f.
＊98 *Ibid.*, Part 10, p.4860.
＊99 *Ibid.*, p.4867.

付海軍電報でも、日本に先に手を出させるようにと強調されていたが、レイトンは驚いたとも疑問を感じたとも言っていない。二八日付電報の内容は以下のとおりである。

発　海軍作戦部長
宛　北太平洋沿岸地帯防衛司令官、南太平洋沿岸地帯防衛司令官
通報先　太平洋艦隊司令長官、太平洋沿岸地帯防衛司令官
272338［海軍破壊活動警告］参照。[*100] 陸軍は以下を西部防衛司令官に送った。

対日交渉は事実上終了したと思われる。かろうじて残る可能性は、日本政府が交渉の場に戻り、交渉再開を申し出ることだけだ。日本の今後の行動は予測できないが、いつでも敵対行動に出る可能性がある。戦争が避けられない場合には、わが国は日本が最初に公然たる行動に出ることを望む。この方針は、貴部隊の守備を危険にさらすような行動を求めるものと解されるべきではない。日本の敵対行動に先だって、必要と考えられる偵察などの措置を取ること。ただし、一般市民を脅かすことや意図を悟られることがないように遂行されたい。取った措置については報告すること。第九軍管区G－2に対しては、国内での破壊的行動に関して別途電報を送る。開戦となった場合は、日本に関係する限り、「レ

インボー第5号」計画に定める任務を遂行せよ。この極秘情報の配布は極力限定せよ。引用不可。戦争計画第52号[*101]は太平洋地域には適用されない。南東太平洋地域やパナマ運河沿岸で目下実施中の区域を除き、太平洋地域では実施しないこと。日本が公然たる行動に出るまでは攻撃行動を取らないこと。戦争が起きれば、日本に適用しうる部分に限り[*102]、戦争計画第46号[*103]に定めた任務遂行に備えること。

レイトンは、一一月二七日夜、陸軍が「戦闘準備態勢に入り、トラックや部隊を移送するのを目撃した。兵器が市内に運ばれているのだと思った。真珠湾周辺やオアフ島の他の重要地点に対空火器などの移動兵器を配備するなど、陸軍が完全な準備態勢に入ったと思い込んでいた[*104]」。そう考えたのはレイトンだけではなかった。海軍の警戒態勢には三区分あり、警戒態勢第一号

*100 *Ibid.*, Part 14, p.1406. キンメルの太平洋艦隊司令部には送られなかったが、本土地区、グアム、サモアには送られた。
*101 戦争計画第52号は、海軍西半球防衛計画第5号であり、これに基づいて、大西洋艦隊は西大西洋で遭遇する独・伊の陸海空軍に対する撃墜命令を得た。
*102 *Hearings*, Part 14, p.1407.
*103 戦争計画第46号は、極東で戦争が起きれば太平洋艦隊がマーシャル諸島を攻撃するよう定めていた。
*104 *Ibid.*, Part 10, p.4860.

が厳重警戒態勢で、第二号、第三号と進むにつれ平時態勢に近づく。陸軍の区分は逆で、破壊活動を対象とする第一号から、空襲に対する第二号へと進み、第三号が厳重警戒態勢だった。[*105] 陸海軍の態勢区分がまったく異なっていたことは、両軍が互いに敬意を示しながらも、そのコミュニケーションが形式的だったことを示すもう一つの典型例だった。

レイトンがその夜目撃したのは、陸軍ショート中将による警戒態勢第一号、すなわち対破壊活動警戒態勢の発動である。海軍ブロック少将は、陸軍が第一号警戒態勢に入ったと聞いて大いに満足した。レイトン同様、誤解していたのだ。事実、海軍側の証言は、誰もがそう思っていたことを示している。[*106] 海軍自身が厳重警戒態勢に入っていないというのに、陸軍は入っていると海軍の誰もが考えたのはなぜなのか。合同調査委員会で質問に立った議員の一部が奇妙に感じたのも当然だ。質疑の結果、一九四一年には、海軍艦艇は、湾内では常に限定的警戒態勢を敷いていたことが明らかになった。

ここで、これまで述べた真珠湾攻撃のシグナルを時系列でまとめておこう。

一一月　一日　日本軍、コールサイン変更。
一一月中　　　日本艦艇南下の報告。

一一月一六日　アメリカ、日本空母を見失う。
二四日　海軍、「どの方面にも奇襲の可能性」の最初の警告。
二五日　第一四海軍区、マーシャル諸島での日本の空母戦隊発見を報告、第一六海軍区は同意せず。
二七日　海軍、戦争警告（二八日受領）。
二八日　海軍、陸軍の戦争警告伝達（二九日受領）。
三〇日　第一四海軍区、マーシャル諸島に一空母戦隊を確認。
一二月　一日　日本軍、コールサイン変更。無線封止の兆候もあり。一一月一日の変更後のことできわめて異例。戦争準備を示唆するものと思われる。
六日　アジア艦隊司令長官から、カムラン湾に日本軍艦艇視認の電報。

レイトンは、これらの他にもシグナルを受け取っていた。戦争の勃発は時間の問題だとするものもあれば、東南アジアが舞台になると指摘するものもあった。マジック情報に基づく三

*105　ショートの警戒態勢については、補遺を参照されたい。
*106　*Hearings*, Part 6, p.2853f. これについてのキンメルの証言。

通の電報のうち一通は一二月一日に受け取ったもので、イギリスがタイに侵入するよう仕向け、タイ防衛の目的で同国に進駐するという日本の計画の概略を示していた。これは、バンコクの日本大使が一一月二九日に東京に送った無線電報の傍受に基づくもので、*107 南方(「南部仏印、台湾南部、海南島南部」)*108 への日本の動きに関する多くの報告と、偵察員からのクラ地峡への攻撃予測を裏づけていた。「タイ南端のシンゴラ飛行場は、「マラヤ」国境からわずか数マイルのところにある上陸作戦には格好の場所だった」*109。レイトンはこの点について、一二月六日朝の会議でキンメルと検討を行っている。

マジック情報に基づく残り二通は一二月三日に送信されたもので、日本の外交暗号機のほとんどが破壊されたことを伝えていた。一通目の五分後に二通目が送られている。この二通の内容については、合同調査委員会で何度も言及された。というのもワシントンの多くの将校は、真珠湾奇襲後、これらを戦域司令官に対する最も重要な警告であり、万全の警戒態勢を求めた明白なシグナルとみなしたからだ。

一九四一年一二月三日

発 海軍作戦部長

宛　アジア艦隊司令長官、太平洋艦隊司令長官、第一四、第一六海軍区司令官
031850
きわめて信頼度の高い情報によれば、暗号機および暗号表の大部分をただちに廃棄し、他の重要秘密文書を焼却せよとの明確かつ緊急の指示が、昨日、香港、シンガポール、バタビア、マニラ、ワシントン、ロンドンの日本大使、公使、領事宛に送られた。

一九四一年一二月三日
発　海軍作戦部長
宛　アジア艦隊司令長官、第一六海軍区司令官
通報先　太平洋艦隊司令長官、第一四海軍区司令官
031855

*107　011400号、海軍作戦部長発、アジア艦隊司令長官宛、通報先、太平洋艦隊司令長官、一九四一年一二月一日付、*ibid.*, p.2540. 傍受電報については *Hearings*, Part 12, p.203 を参照されたい。
*108　*Ibid.*, Part 10, p.4882.
*109　*Ibid.*

一二月一日、東京発第2444番電報は、ロンドン、香港、シンガポール、マニラに対してパープル暗号機の破壊を命じた。バタビアの暗号機はすでに東京に送られた。一二月二日、ワシントンにもパープル暗号機の破壊が命じられた。他の暗号機も一機を除いてすべて破壊を指示され、秘密文書はすべて焼却を命じられた。ロンドンの英国海軍省は本日、在ロンドン大使館は指示を実施したと通報した。*110

この二通に続いて一二月四日、海軍作戦部長からグアムに宛てて、すべての秘密文書を破棄し、必須の連絡のために最小限の暗号のみを維持することを指示した命令の写しが、太平洋艦隊司令長官と第一四海軍区司令官に送られた。一二月六日、レイトンはキンメル宛の次の電報を受け取った。

発　海軍作戦部長
宛　太平洋艦隊司令長官
通報先　アジア艦隊司令長官
061743

国際情勢や太平洋諸島の状況を踏まえ、ただちに、あるいは重大な緊急時における機密文書破棄の権限を与える。ただし、わが軍の現行作戦及び特別情報活動を支える重要な通信手段は、当然ながら最後の瞬間まで保持すべきである。*[111]

レイトンは、日本海軍が、東京の海軍駐在武官や天津を含む中国国内の海軍機関に対して、暗号関係資料の破棄を命じたことも知っていた。一二月五日には、海軍の平文電報を受け取っている。記されていた「ブーメラン」という言葉は、暗号機や文書すべてが破棄されたことを示す暗号だった。

ワシントンと極東からの暗号破壊命令に加え、一二月六日には、ホノルルの日本領事館が二日続けて書類を焼却していたとの情報をレイトンは得ていた。ロシュフォートは第一四海軍区司令官ブロック少将の署名で、次のようにワシントンに報告した。「ホノルルの日本領事館

*110 *Ibid.*, Part 14, p.1407f.

*111 *Ibid.*, p.1408. キンメルがこれを真珠湾攻撃前か後に読んだかどうかは明らかではない。受領日付を示す記録はない（*Ibid.*, Part 9, p.4288）。この電報は「遅延承知」で送られてきた。そのためキンメルは、見たかもしれないが、重要だとは考えなかったという（*Ibid.*, Part 6, p.2829; cf. *ibid.*, Part 11, p.5498）。通信には、至急、重要、通常、遅延承知の区別があった。

では、一台を除くすべての暗号機を破壊したものと思われる。ただし、一二月三日付1855番［暗号破棄に関する通報］は含まれていないだろう」*112。レイトンはこの通信文を見ていなかったが、ロシュフォートから「内容を知らされた」という。ハワイのFBIから情報を得たメイフィールドが、ロシュフォートに伝えたのだった。

レイトンは、いわゆる「風」暗号通信を探知するため、日本の全短波放送を二四時間監視せよというワシントンの海軍通信部からロシュフォート部隊に宛てた一一月二八日付指令についても、ロシュフォートから知らされていた。一一月一九日、東京からワシントン宛にJ－19暗号で二つの通信が送られた。J－19の翻訳は、いつもパープル暗号の後回しにされていたため、この二通は、海軍では一一月二六日、二八日まで処理されなかった。第一六海軍区も東京・シンガポール回線から同種の通信を傍受していたし、蘭印（オランダ領東インド諸島）やジャワからも同種の二通の連絡があった。これら五通は、「風」暗号の存在を示すものだ。東京・ワシントン間の通信文は次のとおり。

東京回章2353号
非常時特別の放送に関して

非常事態（外交関係断絶の危険）及び国際関係断絶の場合、毎日の日本語短波ニュースの途中で次の警告を流す。

(1) 日米関係緊迫の場合　東の風、雨

(2) 日ソ関係緊迫の場合　北の風、曇

(3) 日英関係緊迫の場合　西の風、晴

この合図は放送の中間と最後に天気予報として挿入され、それぞれ二回繰り返されるだろう。これを聞いた際には、暗号文書類をすべて破棄されたい。これは今のところは完全な極秘事項である。

至急通信として［一一月二八日翻訳*113］

東京回章2354号

対外関係悪化の場合、一般情報放送の冒頭と最後に次の文言を流す。

(1) 日米関係の場合、「東」

*112 *Ibid.*, Part 14, p.1409.

*113 *Ibid.*, Part 12, p.154.

(2) 日ソ関係の場合、「北」

(3) 日英関係（タイ、マレー、蘭印を含む）の場合、「西」

上記を、放送の冒頭と最後に五回繰り返す。

リオデジャネイロ、ブエノスアイレス、メキシコシティ、サンフランシスコに伝達されたい［一一月二六日翻訳］*114

ロシュフォートは、彼の部隊が「風」暗号通信を傍受したことは一度もないと一貫して証言した。天気予報に関する情報を彼に伝えるようにとの陸軍省G－2からハワイG－2への指示を聞いたこともないとも述べている。「風」暗号通信の傍受に関するいかなる情報も、ワシントンから受け取っていなかったという。

一二月七日以前にワシントンかどこかで「風」暗号通信が傍受されたか否かは、真実はどうあれ、今ここで明らかにしたい点とは無関係だ。「風」暗号が設定されていたことは明らかであり、そのことは、暗号破壊やその準備に関する情報に匹敵する警告のシグナルだった。

レイトンとキンメルは、マジック情報に基づく電報二通を「ごく手短に」検討した。二人とも「パープル」という言葉がなにを示すのかがわからず、キンメルの艦隊保全係将校ハーバート・M・コールマン少佐に問い合わせた結果、それが日本の「電気式外交暗号機」であることを知った。レイトンはキンメルとの会話を振り返り、「重視したのは、［海軍作戦部長からの電報で使われていた］〈大部分（most）〉という言葉で、日本の暗号や暗号機のほとんどを指していた」と述べている。キンメルも、合同調査委員会で同じように証言し、日本の暗号のすべてが破棄されようとしていたわけではないため、「その電報を受け取ったときも……重大な内容だとは思わなかった[*115]」と述べている。この証言よりも前にキンメルは、「当時私は、入手していた他の情報と併せて、日本はタイ侵入の準備をしていて、侵入後は、イギリスかアメリカあるいはその両方が襲いかかり、日本の暗号や暗号機を押収するかもしれないと考えたのだろうと思っていた[*116]」と述べている。このことは、目新しくも重大でもなかったため、キンメルはショートに伝えなかった。遠隔諸島の秘密文書破棄を命じられていたとしても、キンメルにとってはたいした違いはなかった。「ワシントンがこの指示を出した理由の一つは、太平洋艦隊の通信組織上きわめて重要な秘密暗号が彼ら［諸島］に渡されていたためであり、本来は決

＊114　*Ibid.*, P.155.
＊115　*Ibid.*, Part 6, p.2764.
＊116　*Ibid.*, p.2596.

して持つべきものではなかったため、安全のために即座に破棄させたかったからだ」[*117]。ホノルルの日本領事館の文書焼却については、キンメルは次のように証言した。

こういった報告は、その年に入ってから三、四回、私のもとにもたらされた。最初に受けたときはかなり懸念し、徹底的に調べようとした。その後も同様の報告を受けるたび、私はそれについて明らかにしようと試みた。

……

しかし、日本領事館が実際に暗号を破棄していたかどうかはわからない。それを裏づける確かな情報はみつからなかった。私が得ていた報告は、彼らが複数回、書類を燃やしていたというものだ。[*118]

そのときのキンメルの反応は、ロシュフォートほど緊迫してはいなかった。というのも、ロシュフォートの場合には、文書だけではなく暗号までもがホノルルの日本領事館で燃やされていることを、彼自身がワシントンに前述のように報告していたからだ。レイトンは、キンメルの判断に基づいて自分なりの結論を導いたのだろう。少なくとも推測できるのは、これらのシグナルのいくつかを受け取って抱いていた切迫感や不安が、日本軍の南東への進軍に対するキンメルの確信によって和らいだのかもしれないということだ。ともあれレイトン自身は、ロシュフォートの報告をキンメルに伝えたかどうかを覚えていなかった。当時は、これを「暗号機破棄の追加証拠」とみなしていただけだった。

したがって、真珠湾攻撃のシグナル（一〇二、一〇三ページ参照）に次の項目を加えておく必要があるだろう。

一一月二八日　「風」暗号の実行を監視せよとのロシュフォートへの命令
一二月　一日　イギリスのタイ侵入を挑発するための日本軍工作に関するマジック情報。
　　　三日　主要日本大使館での暗号機と極秘文書の破棄に関するマジック情報に基づく二つの電報。
四日～六日　グアムに対して暗号及び秘密文書の破棄を命じる電報傍受。他の危険地域（東京、天津、重慶、香港、サイゴン、ハノイ、バンコク）における暗号破棄

*117 *Ibid.*, p.2765.
*118 *Ibid.*, p.2793.

命令の傍受。

一二月　六日　遠隔諸島における暗号や秘密文書破棄をキンメルに命令。

同　ホノルル日本領事館が書類焼却中とのＦＢＩからの通報。

このほか、ハワイで察知されながら、レイトンには知らされなかった三つのシグナルがあった。レイトンによれば、そのうち一つだけが、真珠湾の攻撃可能性に対する彼の見積もりに影響したかもしれないという。一つは、一九四一年一二月六日に補助艦艇ライトがハワイ水域で国籍不明船を目撃したことだ。*[119] 無線封止の命令を受けていた艦長は、これを報告しなかった。もう一つは、一一月末にかけて、軽巡洋艦ボイシがグアム島に隣接した米領海内で敵性艦を複数確認していたこと。これも報告されてはいない。レイトンは、この情報によって、日本軍がパラオ島に向かっているという情勢になんら新たな情報が加わったわけではなかっただろうと述べている。さらにもう一つは、ホノルル在住のモリ*[120]という日本人歯科医と東京の新聞社の誰かとの国際電話の盗聴である。一二月六日、メイフィールドは、ホノルルのＦＢＩによるこの通話記録に目を留め、翌朝、レイトンに見せた。*[121] 会話は、主にハワイの飛行状況や日米関係についてだったが、この時期に咲くさまざまな花についてのくだりは、いまだに不可解だ。

これを読んだレイトンが、オアフ島への攻撃が迫っていると解釈したかどうかは疑わしい。

ワシントンで察知していた他のシグナルについては、のちほど検討する。それらはハワイの情報将校はもとより、ホノルルの陸海軍の誰にも届いていない。一九四一年を通して、国際情勢に関して公式情報源に基づく一連の見積もりを受け取っていた軍人は、ハワイではキンメルだけだった。これらは、海軍作戦部長ハロルド・R・スターク大将との私信に含まれていた。情勢の推移についてのスタークの私見を非公式に伝えるという形を取っていて、ワシントンで集められていた一連の情報に匹敵するものでは到底なかった。

レイトンが入手できたシグナルをざっと眺めてみれば、近々戦争が起きることを示唆しているように見える。おそらく一一月三〇日の週末か、さもなければ一二月七日の週末だろう。日本の攻撃目標は東南アジアで、陽動作戦としてグアムやフィリピン、場合によってはハワイ沖の遠隔諸島が対象となるだろう。ハワイ諸島への攻撃は、キンメルの言葉を借りれば、日本にとって「国家的自殺」に等しかっただろう。現在であっても、これらのシグナルを踏まえれ

＊119 *Ibid.*, Part 17, p.2829.
＊120 あるいはモリ夫人。
＊121 「海軍ではまだ翻訳されていなかったため、日本語での通話記録を見ただけだ」とレイトンは述べている。

ば、日本の主な狙いはグレートブリテン、特に英領マレーであって、アメリカではない（あるはずがない）と予測したくなるだろう。これが、一二月六日時点でのレイトンとキンメルの意見だった。彼らが手にしていた証拠からすれば妥当な見方だ。妥当ではなかったのは、そのような状況のもとでは起こる可能性も妥当性も低いが、仮に起これればはるかに大きな損害をもたらす事態を真剣に考えなかったことだった。

今になって振り返れば、キンメルとレイトンの見積もりを批判したくなるが、それが「いろんな情報が飛び交う大混乱」の中で作成されたことを忘れてはならない。真珠湾攻撃前のシグナルを時系列に列挙した前述の短いリストは、七つの異なる調査委員会と一人の調査官（クラウゼン）による質疑応答という陰気な場面で明らかになったものだ。当時の見積もりを評価する場合には、ノイズや、諜報活動で得た情報とは対立する無駄な情報も存在していたという背景を踏まえておかなくてはならない。レイトンは、「中国筋や外交筋……領事や海軍武官補佐官、蔣介石の代理人などから、日本軍が来週ロシアに侵入しようとしているという五〇件にものぼると思われる情報[*122]」を得ていた。ロシュフォートの部隊は、毎週、日本の現地放送を受信し、記録しては破棄していたし、メイフィールドの部隊は破壊活動についての無数の断片的情報の真偽確認や、ハワイ在住日本人の電話内容の分析などに追われていた。膨大な資料が評価と廃棄の対象となっていたに違いない。そして廃棄されたものは、若干の例外を除いて記録には登場しない。

ハワイでの軍の行動が統一されなかったことも混乱の一因だった。ショートとキンメル、それぞれの部下は、ウェーク島とミッドウェー島強化という喫緊の課題について、一一月二七日午前にふたたび、そしてその後も数回にわたって協議している。誰がなにを供給するか、誰が指揮を執り続けるかといった細部をめぐって議論は紛糾した。ハワイよりも遠隔諸島を重視する方針に加えて、こういった任務についての徹底的な検討はきわめて重要だと考えられていた。日本の南洋委任統治領に対する偵察任務を陸軍と共同で行う、という細心の注意を要する任務もあった。というのも、必要性が非常に高い軍事情報を提供し、日本空母の出現に関して、第一四、第一六海軍区の無線情報部隊間で生じていた意見の相違を解消するためだった。一九四一年には多数の警告が発令されたことにも留意しなくてはならない。そのために「オオカミ少年」に似た感覚が蔓延《まんえん》していただろう。[*123]

ノイズの中から重要な音を聞き分けるためには、なにかに、複数のものの中の一つに耳を

*122 *Hearings*, Part 10, p.4856.
*123 これらの警告については、一九四〇年、四一年に敷かれた警戒態勢と関連してのちほど論じる。

傾けなければならない。そのためには、耳だけではなく、考察の指針となるさまざまな仮説が必要である。本書ではこれまでのところ、真珠湾攻撃前に軍幹部が受け入れていた軍事、政治をめぐる多様な仮説を無視してきた。これらは、情報将校を含む部下たちには必ずしも明らかにされるとは限らなかった。レイトンが、日本軍の敵対的意図の指標として、艦船の航行方向や無線封止状況、外交暗号破壊など一定の活動を認識しさえすればよかったことや、一つの単純な方程式、つまり、敵イコール日本であり、敵とは「あらゆる方面での奇襲」を意味すると知ってさえいればよかったのも事実だ。だが現実は、ここで述べてきた一連の要因が示す結果よりもはるかに複雑だ。ワシントンの高官が現状についてどう言おうと、職務に熱心な情報将校は、日米双方の政治行動や心理について推測し仮説を立てるようになっていたに違いないだろう。その場合には、日本の内閣の構成、天皇や軍閥の特性や権力、米国民や国務省の大統領への影響力など微妙に関連したさまざまな要因を考慮に入れることが必要だった。ワシントンが、実際のところ、日本軍の行動に関する情報のみを戦域に送ることを真剣に考えていたのなら、日本側の行動可能性についての推測ではなく、型どおりの単純な警告が必要とされたはずだ。

レイトンは、キンメルの言葉や表情、地元の新聞や雑誌の政治欄、艦隊で流れている政治をめぐる噂を頼りに、政策についての情報を得るしかなかった。たとえば、日本がイギリスに対してだけ直接攻撃を仕掛けた場合の政府の方針を知っていたのかと問われたときも、彼の答えはノーで、自分は「上の方の政策」にはかかわっていなかったと答えた。とはいえこれに関しては、キンメルが「これからどうなるのかがわかっていればなあ」と口にするのを少なくとも四、五回は聞いていたし、次のような噂を耳にして、陸軍のレイリー中佐に伝えたこともあった。

上層部だけが知っている地理的境界線があった。日本がそれを越えれば、イギリスかオランダか、あるいはおそらくわが国が行動を起こすことになるだろうというものだ。このことを具体的に示した文書はなかったし、上層部の誰かの発言があったわけでもない。廊下で小耳に挟んだ噂話にすぎなかった。しかし私はそれを重要だと考え、レイリー中佐に伝えた。*124

*124 *Hearings*, Part 10, p.4995. 一九四一年八月一一日のチャーチルとルーズベルトの合意に言及したもの。ルーズベルトは八月一七日、野村駐米大使に警告を与えた。

ペンシルバニア州選出のマーフィー下院議員は、「つまり、ハワイの艦隊主任情報将校として、廊下での噂話を伝える義務があったわけだ」と、とがめるように述べた。このときマーフィーは、ハワイで入手しうるあらゆる情報にアクセスできた唯一の情報将校と向き合っていることを、忘れていたのかもしれない。他の情報将校が受け取っていた情報はレイトンよりも少なかった。

さらに言えば、レイトンはアメリカや敵国の政治的意図を評価する立場にはなく、この種の事柄には関与しないことになっていた。ここにも、特定の職位に割り当てられた文書上の任務規定と実際との不一致があった。太平洋艦隊司令長官が定めた一九四一年当時の規定によると、レイトンの任務は次のようなものだった。[*125]

214項　情報将校（25）

(a) 敵情報の収集を指揮し、評価するとともに関係スタッフに配布し、行動を要する場合にはそれを示す。

(b) 現状見積り（小論にまとめる）に必要な情報を作戦担当将校、戦争計画担当将校に提供する。

(c) 状況見積もり（敵兵力）第2項（a）（b）（c）（e）（f）（g）を維持する。想定される敵または同盟国艦隊の所在確認を継続する。

(d) 防諜及び対情報活動を指揮する。

(e) 情報記録を維持する。

(f) 他の海軍部隊の手順あるいは行動について入手した情報を評価し、太平洋艦隊内部で取るべき行動について明確な提言を準備する。

(g) 艦隊情報会報を作成する。

(h) 検閲を担当する。

(i) 艦艇内での安全を確保する。

(j) 偵察写真撮影を監督する。

情報将校補佐官（26）は次の任務を負っていた。*126

*125 *Ibid.*, Part 37, p.812.
*126 *Ibid.*

情報任務のすべてにおいて情報将校（25）を補佐するほか、次の業務を遂行する。

(a) 商船隊の航跡追尾と分析を行う。

(b) 艦隊への配布のため、わが軍と敵の艦艇及び航空機のシルエット画像を準備する。

(c) 敵の情報を収集、評価、配布する。

(d) 敵部隊状況見積もりの最新版を維持し、予想される敵または同盟国艦隊の所在表示を継続する。

214項（a）にある敵情報の「評価」や「行動を要する場合にはそれを示す」という文言は、レイトンに単なる情報収集以上の役割を求めているようにも見える。しかし、繰り返しになるが、これは文書上の規定にすぎないことを忘れてはならない。現実にはレイトンには、「想定される敵の行動方針を明確にする」[*127]ことは求められていなかった。むしろ、敵戦力、特に艦隊の構成を詳細に調べることが求められていた（レイトンは、敵の陸空軍戦力に関して自身が持つ情報は、「細部がきわめて不十分」[*128]だとみなしていたが、こういった情報も含まれることになっていた）。厳密に言えば、戦力構成に基づいて敵の行動予測を試みたなら、戦争計画部のなわばりを侵すことになっただろう。そのうえ、「どこで行動が必要か」[*129]を指示することは、たいへんな「越権」行為だっただろうとレイトンは証言している。彼が越権行為を犯すことは一度もなかった。レイトンは作戦本部と戦争計画部に情報を渡し、行動が必要であれば両者から指示を受けることになっていた。土壇場のシグナルに対する規定については、レイトンは陸軍にレーダーがあることを知らなかったし、「沿岸地帯統合防衛計画」もその付属文書もまったく見たことがなかった。なぜなら「それは、他の部隊で作成されたもの」[*130]だったからだ。自身が集めた敵情報に基づいて、航空偵察の実施またはそのいかなる変更をも進言する権限は自分にはないと、彼は考えていた。

自身の任務に関する文書上の規定に対するこういった制限については、いずれもレイトンが司法次官補ジョン・F・ソネットの質問に答える形で、海軍のヘンリー・ケント・ヒューイット中将の前で証言したものだ。幸いなことに、レイトンの無線についての知識や当時の政治情勢についての理解は、敵についての限定的な情報よりも幅広いものだった。マッコラムか

*127 *Ibid.*, Part 36, p.146.
*128 *Ibid.*, p.147.
*129 *Ibid.*, p.154.
*130 *Ibid.*, p.147.

らの手紙に記されたとおり、彼は任務の制限に苛立っていたように見える。

ロシュフォートの得ていた情報は、海軍情報将校の間ではレイトンに次いで揃っていた。無線情報を担当していたため、日本軍のコールサインの変更、空母の所在不明、南への全般的な動きを示すシグナルをすべて把握していた。海軍省からの一一月二四日付警告は見ていなかったが、それ以上に重要な二七日付警告には目を通している。そのほか、日米の暗号破壊についての主な通知やタイ工作についての通信にも接していた。ホノルルの日本領事館での文書焼却についてはメイフィールドから知らされ、領事館は一つを除くすべての暗号システムを破壊したと判断していた。「風」暗号も当然承知していて、部下四人が二四時間体制で監視していた。レイトンの入手したシグナルの中でロシュフォートが入手していなかったのは、一一月二四日付警告と、一二月六日のキンメルに対する遠隔諸島に関する暗号破壊命令だけだった。

メイフィールドはそれほど情報に通じていたわけではない。対諜報活動を担っていたため、陸軍G－2将校に匹敵する地位にあったが、「ウルトラ」情報はほとんど受け取っていなかった。日本艦隊の所在や他の無線情報については、直接的にも間接的にも知らされていない。「風」暗号についても同様だ。一一月二四日、二七日の電報についてもなにも知らなかった。入手していたのは、日本軍が暗号の大半を破壊していることを述べた通知と、日本領事館が文書を焼いているというハワイFBIからの通知、一二月六日の朝、FBIから送られたモリ医師の通話記録だった。最後の情報については、「どうも奇妙」で「支離滅裂」だと感じた。モリ医師は「幾分混乱しているように思われた」ため、メイフィールドはこのとき、この通話についてはさらに調査する価値があると考えた。しかし、直ちに警戒が必要だとまでは考えなかったため、一二月七日以前にブロックに報告することはなかった。メイフィールド自身の関心は、ハワイでのスパイ活動にあった。彼の一貫した姿勢は、ヒューイット委員会での結びの発言から明らかである。

ソネット　一一月二七日から一二月七日の間に、キンメル大将、ブロック少将、レイトン大佐、ロシュフォート少佐と、日米開戦の可能性について話をしたのか。したとすればどのような話だったのか。

メイフィールド　よく覚えていないが、キンメル大将とそのことを話した記憶はない。ブロック少将やレイトン大佐とは、情報収集、特に防諜活動に関して話し合ったが、戦争が迫っていると言われた覚えはない。緊張が高まっていること、特に対諜報活動との関連でそう考えられることは議論したように思う。*131

メイフィールドは、真珠湾攻撃の可能性については、どの時点でも誰とも話した覚えはないと述べた。

## 陸軍の諜報活動

ハワイG－2も、情報量においては、海軍情報将校の中で情報が一番少なかったメイフィールドと同程度だった。フィールダー、ビックネル両中佐は、一一月二七日のスタッフ会議で、陸軍の警告電報*[132]が大きな声で読み上げられるのを聞いたが、メイフィールドは、これに匹敵する海軍の警告は聞いていないと主張している。ビックネルは、一一月二四日付海軍宛通信の文言を「おぼろげに覚えていた」が、海軍による二七日付戦争警告の中身については知らなかった（フィールダーはどちらにも言及していない）。メイフィールドは暗号焼却についての情報をG－2の誰にも伝えなかったが、ビックネルはハワイ以外の地域での日本公館による暗号焼却についての噂を耳にしている。しかし情報源には言及しなかった。いずれにしても裏づけが取れなかったためにフィールダーには伝えなかったという。ファーガソン上院議員が指摘したように、そしてビックネル自身も認めたように、「その情報はたわいのない噂でさえなかった」[133]。ビックネルは、ホノルルの日本領事館が文書を焼却しているという情報をＦＢＩから得て、一二月六日の参謀会議で伝えた。この情報に対するショートとフィールダーの反応は、次のように述べたキンメルと似たようなものだったようだ。「日常業務だよ。われわれだってしょっちゅう秘文書を焼いている」。

ビックネルの証言には幾分矛盾があるとはいえ、このシグナルが察知された経緯を示すものとして興味深い。

一二月三日か四日頃だったと思うが、ハワイ海軍情報将校メイフィールド大佐はＦＢＩのシバーズに電話をかけ、日本領事館が暗号を焼却しているのを知っているかと尋ねた。ＦＢＩはそのことを知らず、ホノルルの領事館のことを言っているのだと考えた。そしてハワイの日本領事館に対する監視を強化し、暗号焼却の事実を突き止めた。そしてその旨

*131 *Ibid.*, p.338
*132 一一月二八日付海軍電報で引用されたのと同じ（一〇〇～一〇一ページ参照）。
*133 *Hearings*, Part 10, p.5113.

を海軍に伝えた。しかしこのとき、ＦＢＩはメイフィールドが別の電報のことを話していたとは気づかなかった。[*134]

文書類は日本領事館の屋内で燃やされたため、ＦＢＩはそれを目撃したわけではなかったが、領事館の日本人コックがホノルルの誰かに電話をかけ、重要書類がすべて焼かれていると興奮しながら話しているのを傍受した。ビックネルは一二月七日までこの電話のことを知らず、秘文書をいつもどおり裏庭で焼いているのが目撃されただけだと思い込んでいたようだ。しかし他の噂も耳にし、「戦争らしきもの」がどこかで、まもなく起こると考えるようになった。[*135]この電話についての情報が伝えられていれば、文書焼却についてのＦＢＩの情報も明確なシグナルとして評価されやすかっただろう。さらにメイフィールドが、暗号焼却についての問い合わせという形ではなく、丁寧にＦＢＩに説明していたのなら、ＦＢＩや陸軍Ｇ－２は一つではなく二つのシグナルを得られたに違いない。暗号焼却については、アメリカもまた遠隔領土の一部で暗号破棄を開始していたことを、ハワイＧ－２の誰も知らされてはいなかった。

ビックネルはまた、一二月二日か三日に、ホノルルのイギリス代表から、インドシナの日本軍増強に関してマニラ発の電報を受け取っている。そこには、日英間で近々戦争が始まる可能性があると示唆されていた。一二月六日には、FBIからモリ医師の通話記録を受け取った。花が満開だという怪しげな会話が気になり、その日の午後遅くにフィールダー、ショートとの面会を強く求めた。一緒に夕食に出かけるところを引きとめられた二人は、不満げに見えた。それでも五分時間を取って電文に目を通すと、ハワイの光景そのものだと述べた。そのためビックネルは、二人は電文に警戒すべき内容があるとは感じていない、自分はたぶん「情報に過敏になりすぎている」のだと確信した。

G－2は、海軍とは別に二つのシグナルを受け取っていた。一つは一一月二七日付で、ワシントンで陸軍省G－2を率いるシャーマン・マイルズ准将からハワイG－2に宛てられたものので、日米開戦時にはあらゆる破壊活動に注意するようにと述べられていた（マイルズによれば、それがG－2の担うべき「仕事」だからだ）。文面は以下のとおり。

対日交渉は事実上暗礁に乗り上げた。戦争が起きる可能性あり。敵による破壊活動が予想される。司令官と参謀長にのみ連絡せよ。*136

*134 *Ibid.*, p.5111. ハワイの日本領事館と各国の日本領事館の混同は、ビックネルの発言にも見られる。
*135 *Ibid.*, Part 35, p.30.

一二月五日付でG－2に送られたもう一通は次のとおり。

東京の気象予報放送に関し、第一四海軍区司令官を通じて至急ロシュフォート少佐と連絡を取ること。[137]

これにもマイルズの署名があった。起案は、陸軍省G－2極東課（課長はルーファス・S・ブラットン大佐）だった。というのも、海軍が「風」暗号に関する情報を陸軍に流すかどうか、ブラットンには確信がなかったからだ。[138] 彼を補佐するカーライル・C・デューセンベリー中佐によれば、「海軍のレイトン少佐は、ハワイG－2のケンドール・J・フィールダー中佐を信頼していないと言われていた」。[139] この信頼の欠如は、第一に、フィールダーには電報を受け取った覚えがないこと（通信部隊には送受信記録あり）、第二に、仮に目を通したとしてもなにもしなかったと思われることからも明らかだった。

フィールダー自身はこの電報について、クラウゼン大佐に対して次のように述べている。

「私はビックネル中佐にこの情報を渡し、対処してもらうように求めたはずだ。中佐はロシュフォート少佐を知っているし、メイフィールド大佐とも密接に連絡を取っていたのだから……特にその無線通信の口調からは、緊急とも重要だとも思えなかった」。[*140] ビックネルはクラウゼンに対して、フィールダーの机の上にその電報が置かれているのを見た、「風」暗号のことはすでに知っていた、ハワイの連邦通信委員会に「風」暗号放送の監視を始めるよう依頼した（同委員会はこれを否定）、電報を見てロシュフォートに連絡すると、彼も監視を行っていると言われた（ロシュフォートはこれについて、記憶にないと証言）と証言した。ビックネルは、同じ情報をハワイのＦＢＩから得たと述べ、ＦＢＩのシバーズは、「風」暗号を正確には知らないと否定した。メイフィールドは、そういった暗号の存在を一二月一日前後にシバーズに伝えただけだった。クラウゼンの言うとおり、ビックネルが「風」暗号を知っていたとしても、日本領事館の暗号破壊がなにを意味するかについては、その見積もりの中では明らかにしていな

＊136 Ibid., Part 14, p.1329. レイトンはこの電報について次のように付け加えている。「海軍に連絡せよとは言っていないことに注目してほしい」（インタビュー、一九五六年七月一一日）。
＊137 *Hearings*, Part 14, p.1334.
＊138 レイトンによれば、「ワシントンからの指示によって、海軍が情報を流す意思も能力もないことがＧ－２にはわかっていた」（インタビュー、同上）。
＊139 *Hearings*, Part 35, p.25.
＊140 *Ibid.*, p.88.

かった。こういった情報はどれもロシュフォートにとっては「ウルトラ」に分類されるものであり、よそには伝達されなかったため、ビックネルが「風」暗号について噂以上の情報をつかんでいた可能性は低いと思われる。仮に彼がなんらかの情報を握っていれば、フィールダーに知らせる義務があったはずだ。そしてフィールダーが情報を得ていれば、ほとんど諜報業務の経験がないにせよ、ワシントンG－2からの電報は単なる天気の話ではないと考えたはずだし、記憶にも残ったはずだ。[*141]

戦争計画部や参謀本部を怒らせずにハワイG－2にシグナルを送るためのワシントンG－2のこの努力の結果は、諜報活動において情報を守るために避けられない困難の一つを際立たせるものだ。ワシントンG－2は、ハワイG－2がどれほどの情報を得ているのか、そのうちのどれほどが現地で得られたものかを知らなかった。ハワイでの海軍情報部の活動範囲や、ハワイG－2にどのような情報を提供する権限を持つかについてはほとんど無知だった。言うまでもなく、正確な背景情報をどれだけ入手しているかによって、シグナルに対する解釈は大きく変わる。AがBにシグナルを送ったとしても、厳戒態勢が敷かれていれば、Bが必ずしもこれを受け取るとは限らない。フィールダーにとって東京からの気象情報は天気予報にすぎず、興味深い気象データ以上のものではなかった。

ハワイG－2で最も情報に通じていたビックネルが入手していたシグナルは、次のとおりである。

一一月二四日（推定）　海軍への通信、「どの方面にも奇襲の可能性」。

　二七日　陸軍に対する警告電報、「対日交渉は終わった」。

　　同　G－2に対する警告、「戦争が起きる可能性あり」。

一二月二日または三日　インドシナにおける日本軍の増強。

　三日以降　世界各地の日本公館で暗号焼却中との未確認の噂。

　五日　東京の気象放送に関して、海軍のロシュフォートへの連絡を命じる通知。

　六日　ハワイ日本領事館が秘密文書を焼却中とのFBIからの通知。

*141　解読された傍受暗号は通常、翻訳された日に送信されたため、一一月二八日は「風」暗号の設定について、ワシントンG－2が情報を受け取ることが可能だった中で最も早い日だと考えられる。「風」暗号の存在について、なぜ一二月五日まで待ってから、このような間接的な形でハワイG－2に知らせたのかは、説明されていない。「風」暗号の実行命令は四日か五日に受領された可能性があるが、G－2は戦域に対していかなる行動情報も送れなかったため、同一か類似の実行命令を傍受していたと考えられるロシュフォートを通して、現地部隊に届くことを望んでいた。

同　モリ医師の電話。

これらのシグナルによって、ビックネルは日本がいずれ侵略行動を起こすと考えるようになった。おそらくアメリカに対する直接行動ではないだろうし、真珠湾に対してでは決してないはずだ。だが、いずれアメリカをも巻き込むだろう。

これまでのところ、ハワイ陸軍G－2の役割を列挙した任務規定は明らかになっていない。ハワイG－2将校の証言や、ハワイ陸軍業務手順書が示すわずかなヒントから、G－2の主な任務は破壊活動の警戒だというフィールダーの主張が裏づけられたように見える。敵の意図を見積もるという役割は「戦闘時の諜報活動」に含まれるため、戦時にのみ遂行される。したがって、ハワイG－2が、敵の外部からの攻撃に対する警告発令の責任を負うべきだったという考えは、合同調査委員会で質問者が腹立ち紛れに言わない限り浮かんではこない。そういった質問者はなにも知らない素人と同じように、「諜報《インテリジェンス》」という言葉を、敵のあらゆる秘密を完璧に暴くことだと思い込んでいた。本書で述べているように、ワシントンの陸軍省G－2においてさえ、外からの攻撃を予想する能力は、参謀長マイルズ大将の甘い夢さえ届かないものだった。ビックネルの「連絡事務所」がささやかではあるけれど国際情勢を概観し、敵の意図を推測し始めたとはいえ、任務としての優先順位は低かった。ビックネルも他の陸軍将校同様、海軍はすべてを知っていて、日本による攻撃の危険があるなら、少なくとも手遅れになる前に陸軍に通報してくれるはずだと信じていた。

この章では、一一月一日から一二月七日の間にハワイの陸海軍が受け取ったシグナルについて論じてきたが、海軍情報部は陸軍G－2よりもはるかに情報に通じていたため、結果として、警戒態勢を取るうえでは海軍将校の方が陸軍将校よりも概して有利な立場に立っていた。とはいえ海軍内部のコミュニケーションも、実際には陸軍と海軍との間のコミュニケーションと同じように円滑さを欠き、役に立たないものだった。レイトンとロシュフォートが警戒を怠らず、レイトンの方は自らの責任範囲をしばしば逸脱してまで情報を手に入れたにもかかわらず、その情報が軍事行動を促すことはなかった。

情報部門が送ったシグナルが、戦争計画部門の将校にどのように受領され伝達されたかをたどることは、この章の主な目的ではない。しかし、ショートとキンメルが入手した主なシグナルがどうなったかについては、ここで簡単に触れておこう。

キンメルは、前述の遠隔諸島向けの暗号破壊命令は別として、海軍情報部が入手したすべての情報を艦隊情報部隊のレイトンから受け取っていた。海軍作戦部長スターク大将からも、かなり詳しい情報を手紙で受け取っていた。日本軍の東南アジア進出についてのスタークの見積もりは、レイトンのものとまったく同じだった。一一月二七日の哨戒、偵察、警戒態勢の変更は一切指示していない。スタークが唯一取った措置は、当時、太平洋艦隊戦闘部隊司令官だったパイ中将に対して、戦争が始まる危険があるため万全の注意を払うようにと無線で伝えたことだった。その結果、キンメルの太平洋艦隊は一時的に戦闘態勢を敷き、対空砲台の四分の一に常時配員され、残りにも弾薬が用意された。しかしキンメルは、哨戒隊を率いるベリンジャー少将、副官のアーサー・C・デイビス大佐、ジョン・H・ニュートン少将のいずれにも、一一月二四日、二七日の警告の内容は伝えていなかった。ニュートンは、一二月五日に空母三隻、駆逐艦五隻の任務部隊とともにミッドウェーに派遣され、同島に一飛行中隊を配備することになっていた。キンメルが情報を伝えていた将校らは、この時点では真珠湾奇襲の可能性は皆無だと考えるキンメルや戦争計画担当C・H・マクモリス大佐と同意見だったようだ。[*142]

日本公館での暗号機破壊の噂と、ロシュフォートに連絡せよとの指示以外の陸軍情報機関が入手したすべての情報を、ショートは入手していた。そのほかに、破壊活動に対する警戒を促す通報二通も入手していたが、それは一一月二七日の警告電報受領後のことだった。この二通は、翌二八日にワシントンの陸軍省から発信された。[*143]

二七日付の陸軍警告に対して、ショートは次のような印象を抱いた。「戦争回避が至上命

*142 一一月二七日付警告受領後の長距離航空偵察実施に関するマクモリス大佐の証言は次のとおり。「その件は議論された……さまざまな要因――哨戒機の配備可能性、乗員の熟練度、戦争計画部が作成した攻撃作戦を遂行するために必要な動員、潜水艦攻撃に対して水上艦訓練区域を網羅する重要性、新しい戦隊に人員を配備する必要性など――が考慮された……一～二年前から折に触れオアフ島からの長距離探知が実施されていたが、哨戒機や乗員の数が限られていたため、常に狭い区域でしか実施できなかった。哨戒区域は日ごとに代わっていた。その後検討の結果、長距離探知は中止されることになった。効果が限定的な名ばかりの偵察であり、訓練が大変だったし、仮に戦争となれば、一番必要とされるときにエンジンを修理しなくてはならない戦闘機が多かったからだろう」(*Hearings*, Part 32, p.570f.)。

*143 一通は次のとおり。「428 二八日の危機的状況は、陸軍省が調査責任を負う領域(第3パラグラフ参照)での破壊活動に対して、あらゆる警戒措置を早急に求めるものである……所管施設、資産、破壊活動に対抗する設備の保護、破壊活動宣伝に対する人員の保護、スパイ行為に対するあらゆる活動の保護の措置を取ることが望ましい。ただし、いかなる不法行為も認められるものではない。保護的措置は安全保障上必要なものに限定され、不要な広報や警戒を避けるものとする。速やかな伝達のため、同一の電報が全航空基地に送付されているが、既存の指示に基づく貴官の責任に影響を及ぼすものではない」(*Ibid.*, Part 14, p.1330.)

もう一通は次のとおり。「[484 二八日] ハワイ航空部隊司令官宛。以下の重要な指示は貴官率いるすべての部隊と兵員に向けてのものであり、陸軍省管轄内での破壊活動に対して命じられたい(第3パラグラフ参照)……現在の危機的状況は、あらゆる警戒措置がただちに取られることを求める。その他の必要な措置についても、破壊活動宣伝に対する兵員保護、スパイ行為に対するあらゆる活動の保護、所管施設及び資産の破壊活動からの保護のために即刻実施せよ。これはいかなる不法措置をも認めるものではない。不要な警報や広報による保護措置の回避は、安全保障上必要なものに限定される。本年一二月五日までは、これらの指示に従うため、すべての段階で陸軍航空隊司令官に報告書を提出せよ。アーノルド(署名)」(*Ibid.*)

令であり、陸軍省が最も恐れたのは、ハワイで日米関係を揺るがすなにかが起き、日本がそれを公然たる敵対行動とみなすことだった……一九四〇年六月一七日の通信以後、ハワイ攻撃の可能性が言及されたことはなかった……空襲あるいは全面攻撃に備えよとの私に対する命令もそこには含まれていなかった。ハワイに関する限り、「いつでも敵対行動に出る可能性がある」という場合には、陸軍省は破壊活動を想定していると、私は考えていた。破壊活動は敵対行動の一種である」。

参謀長と三〇分ほど議論したのち、ショートは一一月二七日付電報に返電した。受けたのはマーシャル、スティムソン、陸海両軍の戦争計画部長で、閲覧済みを示すイニシャルが記されているが、問題にはされなかった。「報告。当軍管区は破壊活動警戒中。〔貴電（47227）に関して海軍と連絡[*144]」。一一月二九日、ショートは破壊活動に関する二八日付電報に対抗措置のリストを付して返電した。マーチンは一二月四日、ハワイ陸軍航空隊司令官宛の二度目の破壊活動警告に返電した（ただし、マーチンの電報はワシントンでは一二月一〇日まで受理されなかった）。

ショートは、一一月二七日付警告を、参謀長フィリップス大佐、航空隊司令官マーチン少将、高射砲部隊のバーギン少将、ハワイG－2、各師団長、二人の部隊長に送付した。「配布先は最小限に」との指示を踏まえ、陸軍の他の将校には知らせなかった。合同調査委員会からは適切ではなかったと指摘されたが、少なくともキンメルに比べればましだった。実のところ、キンメルは重要なボトルネックになっていた。

ショートは、対日交渉の進展や当時の政治情勢について、マーシャルから詳しい情報をもらう立場にはなかった。海軍が配置についていることの確認以外、多数の空母が本土水域に停泊しているという無線情報からキンメルが得ていたシグナルのどれも受け取ることはなかった。ハワイG－2が得ていた以外は、日本公館の暗号破壊についての通知も知らなかった。つまり、G－2と同程度の、十分とは言えない情報しか持たなかったのである。

しかしショートがどれほど情報不足だったとしても、日米間で緊張が極度に高まったときには、重要なシグナルをいくらか入手していた。それらは、厳重警戒態勢を敷くには十分な情報だったように見える。キンメルとショートに問題があったとすれば、危機の合図を受け取りながら対応しなかった点である。二人にとって「敵対行動」を意味する可能性があり、実際に意味した唯一のシグナルは、爆撃そのものだった。そしてそれは、この二人に限られたことで

*144 *Ibid.*

はなかった。ロバーツ委員会で証言した将校の誰もが、真珠湾攻撃は完全な奇襲だったと述べている。日本の戦闘機が近づいていると気づくには、爆音が必要だった。

一方で、一九三六年にハワイ諸島で実施された演習と訓練は、真珠湾奇襲に基づいて計画されていた。キンメルとショートが依拠した戦争計画では、日本による航空奇襲（「オレンジ計画」）を想定していた。すでに言及したマーチンとベリンジャーの報告書は、このような奇襲は警告が出されないうちに実行される可能性があると述べていた。四月、スタークは、枢軸側が週末か休日に攻撃を仕掛ける可能性があると全海軍区に警告し、情報部に対して、「適切な警戒と対策の実施」ができているかどうかを確認するよう指示した。しかし、「奇襲」という言葉をやたら使っていても、それが実際になにを意味するかが理解されていたようには見えない。味方の艦隊、航空隊、地上部隊に対して、奇襲がどのような影響を与えるかも見積もられていなかった。人員や装備に対する被害の計算もなければ、全体のどれくらいに被害が及ぶかもわからない。仮のパーセンテージさえ出されていなかった。対する日本は、真珠湾攻撃による損失は自軍のおよそ三分の一に及ぶと想定していた。危険を冒すからには現実的な計画が必須だったのだろう。最初に一撃を受ける側には、そういった見積もりはなかった。

言葉のうえでの悲観的な現実主義と、行動面での緩やかな楽観主義という対立の構図が、ここには一貫して見られる。対応を実際に決定したのは、パイの証言の背後にある一種の思い込みだった。「一〇分前に警告が出ていたなら、誰もがそこ［砲撃準備位置］にいただろう。われわれは、日本が一〇分前の警告もなしに攻撃してくるとは考えてもいなかった」[*145]。それ以上に楽観的だったのはマーシャル参謀総長で、四一年五月の大統領宛覚書で次のように述べている。

オアフ島はその防備、駐屯兵、自然的特徴によって、世界最強の要塞と考えられる。……

適切な対空防衛によって、敵の空母、護衛艦、輸送艦はおよそ七五〇マイル（約一二〇〇キロメートル）の海上でわが航空機の攻撃を受け始めるだろう。攻撃は接近するにつれ激しくなり、目標の二〇〇マイル（約三二〇キロメートル）以内に入ると、敵部隊は、最新の追撃機に接近援護されたあらゆる爆撃機による攻撃に屈せざるを得ないだろう。

……現在進行中の航空兵力増強を加えると、ハワイは最新鋭爆撃機「空飛ぶ要塞」B－

*145 *Ibid.*, Part 22, p.540.

17三五機、中距離爆撃機三五機、軽爆撃機一三機、一〇五機の最新機を含む追撃機一五〇機で守られることになる。さらに、本土から重爆撃機の増援を得ることができる。これだけの兵力があれば、オアフ島に対する大規模攻撃は実行不可能と考えられる。

最初に予測されるのは破壊活動である……[*146]。

この状況見積もりは、マーチンとベリンジャーの報告書の口調とは正反対である。しかし基本的な姿勢は明らかに同じだった。

情報の収集、評価が理想的な形で行われたとしても、情報部は緊張が全般的に見てどの程度、どの地域で高まっているかを示す以上のことはできない。真珠湾攻撃時、多種多様なデータにアクセスできたという意味では、少なくともワシントンでの情報収集状況は理想に近かった。しかしワシントンでも戦域でも、戦争計画部や作戦部は「評価」を自分たちの主な任務としていた（収集と評価の分離は、特にワシントンで顕著だった）。言うまでもなく、責任が終わるところで任務も終わる。職務に割り当てられた責任の範囲は、職務に与えられた威信に影響する。諜報活動の威信は低く、この仕事が軽んじられていることを正確に反映していた。シグナルに敏感になるほど長くこの仕事に従事している将校は例外だった。そうであれば、その将校は陸軍でも海軍でも、あまり有能ではないとみなされたからだ。軍では一般に、指揮能力を持つ者は情報部門に長居しないと考えられていた。諜報部門に留まっている者が、「評価」というデリケートな任務を与えられることはめったになかった。

実際には、データ収集と集めたデータの評価は不可分の関係にある。有能な情報収集者は、多くのノイズの中からどの音を聞き分ければいいかをわかっている。大事な音はこれだと示せること自体、評価の重要な一歩だ。認知が行動につながるからだ。データは与えられるものではなく、自ら手に入れるものだ。そのうえ雑多なノイズからシグナルを取り出すためには仮説の助けが必要であり、これまで本書で検討してきた技術的情報よりも幅広い知識の裏づけも必要だ。そういった裏づけには、日本との秘密交渉の進捗状況や、日本軍の動向に応じてアメリカが取る可能性のある行動についての認識が含まれていただろう。ところが戦域の情報将校には、交渉状況も外交計画も伏せられていた。

次の章では、こういった重要な情報が、秘密データの情報源保護や政府の計画の漏えい防

*146 *Ibid.*, Part 15, p.1635. 米軍の全保有地上戦力を評価した一九四一年九月二二日付の大統領宛覚書では、マーシャルは、ハワイについて、「現状でＯＫ」とし、次のように述べている。「艦隊の存在が大規模攻撃の脅威を減じる。太平洋上に艦隊が留まる限り、増強は先延ばしできるだろう」(*Ibid.*, p.1637)。

止という純粋な必要から知らされなかった一方で、戦争逼迫《ひっぱく》を警告するシグナルを正しく解釈するためにどれほど不可欠だったかを論じるつもりだ。

# Pearl Harbor
## Warning and Decision

第２章

# ホノルルのノイズ

日米関係の緊迫によってハワイ諸島で警戒態勢が敷かれた時期は、一九四一年一二月以前には三度あった。[*1] 最初は四〇年六月、二度目は四一年七月、三度目は同年一〇月である。四〇年六月と四一年一〇月には、ワシントンの陸海軍で警戒態勢の必要性について意見が分かれ、その結果、ハワイの陸軍と海軍には異なる指令と見積もりが送られた。四一年七月には陸海軍合同

*1 一九四一年二月には極端に緊張が高まった。サイゴンと海南の日本海軍の大軍が、インドシナ、マレー半島、蘭印を攻撃するかに見えたからだ。日本海軍はイギリスの抗議を受けて撤退した。アメリカの政策決定者は警戒しながらも手を打たず、日本海軍の行動を認めない旨の穏やかな声明を出したのみだった。しかし日本側は、米軍が警戒態勢を取っていると考えていた。

で指令が送られる一方で、一連の異なる見積もりが出されている。三度のどの時期においても、ハワイの陸軍と海軍は異なるシグナルを入手し、ワシントンとも相互に異なる結論を導いた。

この種の混乱が続いた理由はいろいろあった。それでも緊急時には、ハワイの陸海軍は一体となって防衛を担うことができるという考え方は根強く存在していた。第一に、陸軍と海軍、ワシントンとそれぞれの海外司令部とのコミュニケーションは円滑ではなかった。この状況は目新しいものではなく、改善の努力がなされていた。しかしコミュニケーション不足によって、相手方の警戒態勢は万全だとの双方の幻想は一層深まった。

第二に、オアフ島に関して陸海軍に割り当てられた任務には違いがあった。艦隊が真珠湾に在泊していようといまいと、陸軍はオアフ島と海軍基地の防衛を常時担当していた。たとえば四〇年六月に最初の警戒態勢が敷かれたときには、真珠湾を本拠地とする艦隊を維持する決定は、まだ明確にはなされていなかった。建前としては艦隊は移動部隊であり、当時はサンディエゴを本拠地として作戦行動に従事していた。したがって四〇年六月の時点では、陸軍はハワイの防衛部隊に対しては海軍よりもすみやかに、しかも海軍でそういった命令が出る前から警戒態勢についていたと考えられる。

第三に、平時に万全の警戒態勢を取るための基準は頻繁に混乱していた。場合によっては、警戒態勢は単に平時の効率性を高めるだけであり、敵がそのことを知っているか否かは重要ではなかった。その一方で警戒態勢には敵の攻撃への備えを示すことによって攻撃を避ける意図を持つ場合がある。この場合には敵に知られる方が好都合だろう。警戒態勢は奇襲に対する準備の一部にもなりうる。こういった準備はそれ自体挑発的だとみなされる可能性があるため、秘密裏に行われるだろう。攻撃手段と防御手段に差がない状況では、特にこの第三の解釈が妥当だろう。四一年のホノルルでは、米軍の兵器、潜水艦、航空機の多くは、偵察や攻撃に対する防御に使われることになっていたが、日本軍に対する攻撃にも融通できた。ホノルルでは、警戒態勢には、陸海軍の効率性を高める、一定の広報操作によって抑止する、一定の予防措置を秘密裏に行うなどの要件をすべて満たすことが期待された。これらを満たしたうえで、通常の訓練計画を邪魔せず、訓練に参加する兵士の士気を損なわず、民間人を動揺させなければ、警戒態勢は成功だとワシントンも考えていた。ハワイでは、日系人の数が多くて秘密を守るのは不可能であるため、また実際にはなにも起きなかったため、一一月二七日以前のすべての警戒態勢は抑止的「デモンストレーション」として成功したとみなされる傾向にあった。[*2]

第四に、おそらくこれが最も重要だが、見積もりと指令が陸海軍で異なった理由は、各国の政治的結びつきの分析や、どれほど緊張が高まれば警戒態勢が必要とされるかの判断がきわめて困難だったことによる。一九四〇年、四一年の情勢はきわめて複雑で流動的だったため、多くの歴史家の分析を踏まえて当時を振り返ることができる現在でもなお、未解決の問題やおそらく解決不能と思われる問題がいくつも残っている。この複雑さは、アメリカをはじめ各国政府の行動予測を困難にした。ハワイ陸海軍司令官やその部下の困惑は、ワシントンにいる軍幹部や政策決定者よりも当然ながら大きかった。防衛の基本は、主要な決定の多くを敵に秘め続けることにある。たとえば神経戦において、自軍の持ちこたえられない一線を敵に知られることは、まさにその一線を超えるまで敵に圧力をかけさせてしまうことと同じなのだ。敵に知られないためには、ワシントンは戦域司令官にも秘密にしなくてはならない場合が多い。わが国の安全保障政策からも、国際情勢に対する戦域司令官や情報担当将校の見解が、ワシントンの政策決定者の見解と非常に異なる理由がわかる。さらには、政府の決定の一部が意図的に隠される一方で、機密保持のカーテンが決断を下せないでいる状態や、矛盾する決断が併存する混沌とした状態を覆い隠してしまうことがある。そうなると、ワシントンで豊富な情報を持つ関係者の間においてさえ、政策や今後の方針を明言できなくなってしまう。一九四〇年から、四一年七月二五日に在米の日本資産凍結令が出されるまでの期間のアメリカの対日輸出政策に関しては、これが確かに当てはまった。

ハワイでの三度の警戒態勢について詳しく振り返る場合には、一二月七日の警告について検討したのと同じように、すなわち、警戒態勢を呼びかけた将校が入手できたシグナルの観点から考えることが有益だろう。ここで繰り返しておくと、「シグナル」という言葉は、本書では特定の危険を示唆する合図を意味している。「入手できた」というのは、記録され、一定の主要人物に伝達されたことを意味する。あるシグナルが入手可能だったというのは、証拠として、あるいはそれに対応した具体的行動を促すものとして、「認識された」ことを意味するわけではない。送信者と受信者が、同種の危機の証拠としてそれを認めたことを意味するわけでもない。たとえば、一つの「シグナル」が、ワシントンではある危機を、ハワイでは別の危機を示している場合もめずらしくなかった。一一月二七日、ワシントンからハワイ軍管区司令官ショート中将に対して、「敵対行為」を常に想定するよう指示が出た。これは「アメリカの資産に対する外部からの攻撃」を意味していたが、ショートは「破壊活動」を意味すると考え

*2 部隊をすみやかに警戒態勢に入らせる能力は、敵を躊躇させ、敵の準備に影響を及ぼすに違いない。ただし、日本軍は一二月七日よりかなり前の段階では攻撃の準備をしていなかったため、警戒態勢が抑止力として働いたかどうかは疑わしい。

た。ワシントン側はショートに対して万全の警戒態勢を求めたと確信し、ショートもまた、自身が万全の警戒態勢を取ったと確信していた。ただし、ショートが警戒したのは破壊活動だったのである。

三度の警戒態勢について検証していくと、次のような疑問が生じる。ホノルルの司令官たちはどの危険に対して警戒態勢を取ったのか。破壊活動なのか、転覆活動なのか。ソ連、オランダ、イギリスに対する、あるいはアメリカの資産に対する日本の軍事攻撃に備えたのか。現地の司令官は受け取ったシグナルに対して、どのような行動を取ろうとしていたのか。彼らは破壊活動を防ごうとしていたのか。デモンストレーションによって抑止しようとしていたのか、それとも同盟国に頼ろうとしていたのか。攻撃されれば報復しようとしていたのか、先制攻撃を考えていたのか。答えは必ずしも明確ではない。なぜなら、当時はこういった問いが明確に提示されなかったからだ。だが、三度の警戒態勢を分析することで、どのような問いを提示すべきか、現在、そして将来においてどのように警戒態勢を組み立てるべきかを明らかにできる。真珠湾攻撃前の警戒態勢が、ハワイの将校の認識にどのように影響を及ぼしたかを理解することで、ワシントンからの一一月の警告電報がハワイでどのように解釈されたかも理解できるだろう。三度の警戒態勢は、最終的なシグナルの警告をあいまいにしてしまうノイズを作り出したのである。

## 一九四〇年六月一七日の警戒態勢

ハワイでの三度の警戒態勢のうち最初のものは、陸海軍の円滑なコミュニケーションの必要性を浮き彫りにする。このとき、諜報機関はほとんど関与していない。陸海軍の情報部はどちらも警戒態勢を推奨しなかった。実のところ、ハワイではまったくそうだった。

ワシントンの海軍情報部（ONI）は、海外情報部門を持っていた。これは合同調査委員会報告書によれば[*3]、外国海軍の戦力、配備、予想される意図について、情報を集め評価する任務を担っていた。しかし、評価は実際には戦争計画部の所掌であり、行動指針はみな情報部の所掌外で決定された。

同様に、陸軍G－2もハワイでの破壊活動にもっぱら注目していた。これはハワイ、ワシントンを問わずG－2に共通していた。G－2は国内での破壊活動評価に加わっていたが、外

*3 *Hearings*, Part 15, p.1864.

国については、その意図ではなく能力の評価のみにかかわっていた。しかし一九四〇年五月、G－2の海外諜報活動の拡大が検討された。陸軍参謀総長マーシャル大将は、カリブ海域、中南米、アラスカ地域、極東での予測される行動についての最新の見積もりを維持するよう求めた。陸軍G－2のマイルズ准将に対しては、ヨーロッパでの戦争から学ぶべき教訓を定期的に分析し提出するという課題について検討するよう求めている。

ヨーロッパでの出来事によって、軍のあらゆる部門の活動が活発になっていたため、G－2（当時は軍事情報課、Military Intelligence Division、MIDと呼ばれていた）は、担当領域が拡大していると気づいていた。しかしマーシャルが求めた見積もり作業は、六月一七日までは行われていなかっただろう。[*4] 概して警戒すべきシグナルを発見し伝達する技術は、四一年一二月頃ほど進んでいなかった。主任通信将校ジョセフ・O・モボルニュ少将は、特に暗号解読に関心を持ち、解読作業を積極的に進めていた。しかし当時は、暗号解読と解読文の主要将校への伝達にはかなり時間がかかった。さらにパープル暗号（一九四一年の日米交渉で非常に重要な役割を果たした日本の外交暗号）は、四〇年八月まで解読されなかった。[*5] 海軍の通信分析は未熟で、人員も足りなかった。ハワイ、フィリピン、パナマにはレーダー施設がなく、レーダーを装備しているのは少数の艦艇だけだった。

一九四一年には、情報の収集や伝達方法がさまざまに改善されることになるが、四〇年六月の時点では、軍や政府高官の主な情報源は、さまざまな大使館職員からの報告や新聞記事だった。大使館員や通信員は、枢軸国や日本政府の政策に通じていたわけではなかったため、複合的な評価をせざるを得なかったし、枢軸国の対外政策の変化に対しては、その兆候が間接的にでも見られれば敏感にならざるを得なかった。その後彼らはパープル暗号によって、日本に関して、場合によってはドイツに関しても、この繊細な任務から解放された。一九四一年には、アメリカの偵察員はこの秘密情報を入手できたことで、公に入手可能なシグナルを全面的に活用することはなくなった。

*4 マーシャルが求めたような定期分析は、六月一七日以前の記録には見当たらなかった。

*5 パープル暗号を解読したウィリアム・F・フリードマン大佐の証言によると、その前に部分的に解読していたものの、完全な解読に成功したのは一九四〇年八月だったという。マーシャルは、マジック暗号が一九四〇年六月の警戒態勢の根拠になったと証言しているが、これは記憶違いだと思われる。「マジック」は、海軍情報部長アンダーソン大将によって作られた言葉で、解読された日本の暗号通信全般を意味していた。「パープル」は、特に複雑な暗号文から解読された日本の外交通信を意味していた。もしも当時、何らかの関連のあるマジック暗号を入手していたなら、日本がアメリカとの敵対関係に入るのではなく、仏からの譲歩を引き出すことに専念するつもりだったとわかっただろう。マーシャルが言及したマジック暗号は、彼が当時の状況を示すものとして紹介した証拠には含まれていなかった。公にされた合同調査委員会報告書のどこにもない。弁護士のミッチェルは、一九四〇年の「マジック」ファイルからは、警戒態勢と関連していたはずのものは見いだせなかったと証言した（*Hearings*, Part 3, p.1382 参照）。

このとき陸海軍情報部は脇役だったが、いつものようにいかなる軍事的失敗に対しても責任を負う用意があった（便利な永遠のスケープゴートだった）。しかし、いくつかの報告書はG－2にも届き、海軍情報部作成のある報告書は、六月一七日の警戒態勢の決断に影響を与えた。*6

G－2に対する第一の報告書は、司令官宛にサンフランシスコ海軍軍管区で作成された。*7四〇年五月一日のカリフォルニア州ユーレカのドイツ人（名前不明）と友人（サンフランシスコ駐屯部隊のチャーチルという名の兵士）との会話に関するものだった。そのドイツ人は酔っていて、アメリカの参戦が近づけばパナマ運河を爆破するつもりだと友人に打ち明けていた。この報告書の写しはFBI、第一二軍管区海軍情報部、第九軍団G－2に送られた。日付はなく、続報もなかったようだ。

第二の報告書は、六月一〇日付のエリス・M・ザカリアス船長宛のもので、ロサンゼルスの沿岸警備隊司令官が作成し、国務省によって六月一三日にMIDに示された。そこには、あるブラジル人乗組員が日本人乗組員から、「アメリカが動員を宣言したときにパナマ運河にいたなら、すべての日本軍艦船は急ぎ撤退せよと命じられている」*8と聞かされたことが記されていた。

第三の報告書は五月二五日付で、東京にいた駐日大使ジョセフ・C・グルーが国務省に提出したものだ。わかりやすくまとめたものが、五月二八日に海軍情報部とMIDに送付されている。合同調査委員会報告書に掲載されたものは判読できないため、ストロング大将の要約を以下に紹介する。

グルー大使は東京での日本政府の動きが混乱していると述べている。蘭印への攻撃はあり得ないと大使は考えているが、そういった攻撃に対する準備は最大限の秘密保持によって行われるだろうと認めている（これは、他の地域への攻撃や急襲の可能性を除外するものではなく、むしろわれわれの注意を引いた）。[*9]

第四の報告書は六月三日付で、グルー大使から国務省に宛てたものである。海軍情報部やMI

＊6　一九四〇年に陸軍戦争計画部長だったジョージ・V・ストロング大将が、合同調査委員会へのマーシャルの出席に備えて集めた記録。
＊7　*Hearings*, Part 15, p.1933.
＊8　*Ibid.*, p.1927f.
＊9　*Ibid.*, p.1909.

Dには回付されなかったようだ。日本での「政治的混迷の類のない高まり」[*10]の中で対立する考えを持つ三つのグループについて詳しく述べている。第一のグループはソ連、第二はドイツ、第三はアメリカとの連携によって、支那事変の早期解決を望んでいた。グルーによれば、第一のグループは最近影響力を低下させていたらしい。しかし、ヨーロッパ情勢が急激に動いているため、「日本は見込みどおりにいかないことに苛立ち、無謀な行動を取りかねない」[*11]とグルーは述べていた。第一のグループは陸軍の反動的集団や若い将校が中心で、ソ連との中国分割統治を提案していた。蘭印の制圧を支持し、アメリカによる経済制裁の可能性を認識しながらも日米戦争の可能性は低いと考え、「いずれにせよ、日本の艦隊が武力行使を恐れることはない」[*12]と考えていた。他の二つのグループは、一方はドイツ、他方はアメリカからの支援を得られれば、互いに等しい影響力を持つとみなされていた。

一九四〇年に戦争計画部長だったストロングは、六月三日の報告書について、次のように述べている。

日本の状況を調査するうえで、グルー大使は「未来についてのひとりよがりの見方はもはや通用しないだろう」と外交官らしく述べている「ストロング大将の要約に添えられた原文にはこのような文面はない」。大使は日本海軍が武力行使を恐れてはいないという意見に言及し、日本は「無謀な行動を取りかねない」との自身の考えを披歴している。*13

この要約にはもとの報告書にはなかった不安があらわれている。だが当時、戦争計画部によって日ソ協定が想定されていたことを思えば、ストロングがグルーの報告書からこの部分を抜き出したのも理解できるだろう。*14

ストロングは、グルー大使の六月一〇日の報告書には言及していない。*15 そこには、ハワイに停泊する米艦隊が、日本政府内の軍国主義者に抑止的影響力を及ぼしているという意見が含まれていた（六月三日付報告書の第一グループを指しているようだ）。これは、警戒態勢を必要とするシグナルに該当しなかったため、ストロングは重要なシグナルとは考えなかった。六月の

＊10 *Ibid.*, p.1916.
＊11 *Ibid.*, p.1918.
＊12 *Ibid.*, p.1917.
＊13 Ibid., p.1909.
＊14 日ソ協定に関しては一七五ページを参照されたい。
＊15 グルー大使と外務大臣有田八郎の一九四〇年六月一〇日の会話メモ（*Foreign Relations of the United States: Japan, 1931-1940*, Vol.II, pp.67ff）。

この頃、戦争計画部は部を挙げて、ヨーロッパだけではなく南米、カリブ海周辺、極東からの危機を告げるシグナルに敏感になっていた。

第五の報告書は四〇年六月一七日付で、グルー大使からハル国務長官に提出され、同日、MIDに回付された。

日本軍の海南、台湾、九州への集結については、さまざまな情報源からの極秘報告がわれわれのもとに集まっている。だが、これらは確認の対象ではない。ソ連とイギリスの大使館員は、ヨーロッパでフランスが降服すれば、仏印への日本軍侵攻の可能性があると推測している。*16

言うまでもなく、MIDのファイルにはほかにも多くの報告書がある。しかし、これらは合同調査委員会のために抽出された五つの報告書だ。言い換えればこの五つは、一九四〇年六月の警戒態勢の背景に関するストロング大将の覚書作成に協力した将校にとっては、事後には重要に見えた。ここで、これらの報告書をシグナルとみなして列挙すると以下のようになる。

五月　一日——アメリカの参戦が迫れば、パナマ運河近辺でドイツ人の破壊活動が行われるだろう（情報源　カリフォルニア州ユーレカの氏名不明のドイツ人）。
五月二五日——日本政府の混乱した動きは、蘭印への秘密の攻撃準備の可能性あり（情報源　グルー大使）。
六月　三日——日本の軍国主義者は、日本海軍が武力行使の準備を行い、蘭印を制圧することを支持している（情報源　グルー大使）。
六月一三日——アメリカがパナマ運河での動員を宣言したときには、日本艦隊は急いで撤退するよう命じられている（情報源　ブラジル船の乗組員）。
六月一七日——海南、台湾、九州への日本軍の集結は、フランスが敗れた場合に仏印を侵略するための準備と考えられる（情報源　グルー大使）。

これらはそれぞれのシグナルに関して最悪の事態を想定したもので、非公式な情報源にもグルー大使からの情報と同等の信頼が置かれている。ただし、日本が米領を攻撃しようとしてい

*16 *Hearings*, Part 15, p.1932.

ることを示唆するシグナルは含まれていない。パナマ運河での破壊活動に対する警告はそうとも取れるが、戦争計画部でさえ、日本が蘭印や仏印に直接攻撃を仕掛けた場合の政府の方針を予測できてはいなかった。しかし、ストロングが覚書の中で述べているように、これらの五つの報告を無意味だと考えることはできない。警戒態勢を促したのは秘密情報ではなく、日刊紙の読者なら誰でも知っているような情報だった。その中にはオランダへのヒトラーの電撃作戦、差し迫ったフランスの敗北、イギリスが敗れる見通しなど、東南アジアでの日本の自由な行動を促す出来事が含まれていた。六月一七日の警戒態勢に先立って作成された海軍情報部の報告書は、この一連の出来事を対象としていた。

六月一七日の報告書は、イギリスが勝利する可能性の見積もりと、米海空軍が大西洋でのドイツ、イタリアの勝利を阻止できるか否かを、ルーズベルト大統領から問われて四日前に作成されたものだった。[*17] 海軍情報部は、大西洋では、独、伊、仏の艦隊を合計すると英艦隊の約一・三倍となり、アメリカの大西洋・太平洋艦隊の合計をも上回ると見積もっていた。報告書ではまた、ヒトラーが仏艦隊を掌中に収めたなら、イギリス侵略にも成功するかもしれないと述べている。[*18] 陸軍G－2も類似の意見や能力見積もりを求められていたが、その回答は現在入手できない。[*19] だが、陸海軍の計画担当者が、六月一七日の時点で大西洋での連合国軍の今後について暗い見通しを持っていたことはわかる。

この頃まで、米国民と政府の一部は、イギリスは大西洋での戦争を継続するだろうし、そうできるだろうと考え、気を緩めていた。ところがこの思い込みに対して、仏艦隊は完全にドイツの手に落ちるのか、という重要な問いが投げかけられた。六月一七日には答えはおそらく「イエス」[*20]に見えただろう。仏艦隊がドイツに敗れるなら、英艦隊はどうやって生き残るのか。米太平洋艦隊は、大西洋に移動しなくてはならないだろう。だがそういった動きは、極東での日本の侵略行為にどのように影響を及ぼすのか。

一九四〇年春、太平洋艦隊はハワイへ向かうよう命じられた。戦力誇示によって日本の拡張主義者を躊躇させられるかもしれないと考えてのことだ。ハワイ到着後は常駐することになっていた。これは、ハワイでなら他の地域よりも抑止力を発揮できるとの判断によるものではなく、撤退が日本軍によって宥和のための行為と解釈される可能性をルーズベルト大統領が

＊17 Langer and Gleason, *The Challenge to Isolation*, p.549.
＊18 *Ibid. New York Herald Tribune*, June 23, 1940 も参照されたい。
＊19 Mark S. Watson, *Chief of Staff: Prewar Plans and Preparations*, p.109. ワトソンによれば、大統領からの要求は戦争計画部に回され、検討の結果、クラーク大佐とC・J・ムーア大尉（統合計画委員会）による回答が六月二六日にマーシャルとスタークに提示されたという。

恐れたためだ。太平洋艦隊を率いていたジェームズ・O・リチャードソン大将は、当初五月九日にサンディエゴに戻る予定だった。彼は自身の任務に決して納得していたわけではなく、五月二二日には、当時海軍作戦部長だったスターク大将に急ぎ手紙を送り、戦争のための訓練や準備は、西海岸の方がもっと効率的に行えると指摘した。スタークは五月二七日に次のように返信した。

なぜ貴官はハワイ地区にいるのか。

答え　東インド諸島へ向かう日本軍に対して、艦隊の存在が抑止効果を持つからだ。前に出した手紙で、私はこれを戦争に向かうイタリアと結びつけた。イタリアが参戦すれば、日本人は独自に行動を取りやすいと感じるかもしれない。ドイツとイタリアは、蘭印は日本の自由だと日本に告げたとわれわれは考えている。

当然ながら、疑問が生じるだろう。イタリアについては戦争の見通しはどうなのか、と。信頼できそうな情報源によれば、イタリアはこの二週間に何度か二四時間前の宣戦布告を行おうとしていた。今後一〇日以内だろうとの意見もあった。私自身は、理詰めで考えればイタリアはしばらくの間参戦できないだろうと考えている。いろんな見方があるが、この手紙が届くまでには明らかになるだろう。フランス北部では事態が急速に動いている。

こういったことからも、情勢がきわめて不確定であることがわかるだろう。

最初の問いに絡んで、貴官は当然疑問に思うはずだ。東印に日本軍が侵攻したとしたらどうなる？　われわれはどう対処するのか、と。「私にはわからない」というのが私の答えだ。おそらく世界中の誰も答えることはできないと思う。私なりの考えはあるが、ホワイトハウスも国務省も、貴官のこの前の手紙に記された考え方と一致している。

*20　米政府は、仏艦隊をドイツの思いどおりにさせないという仏政府の強い意思を無視していた。ドイツについては、その能力と、文書による誓約を無視したことによってその意図を判断したのに対して、フランスの場合にはその能力によって判断していたからだ。現在入手可能な証拠によれば、ヒトラーは、フランスが即座にその艦隊を英艦隊に合流させる可能性を恐れて、仏艦隊に関してはフランスに圧力をかけるつもりはなかったようだ。フランスは、いかなる状況でも艦隊を降伏させるつもりはなく、ダーラン提督は、休戦を求めたあとでさえ、必要に応じて艦を急いで退避させるよう命令を下していたようだ。しかし、六月一七日の時点で入手可能だった証拠によれば、米英両政府の主な見積もりは正しかった。

興味深いのは、一年半後、日本による口約束が、能力と比較衡量した場合にそれほど注意深く評価されなかったことだ。米政府は一九四〇年六月に味方を失うことよりも、四一年一二月に敵を挑発することにおいてはるかに慎重だった。意図に対する判断と能力とを勘案するというのは微妙かつ困難な問題であり、意思決定者を永遠に悩ませるものだろう。

一つ、指摘しておきたい。日本が蘭印を侵略するとして、わが国が決定的な行動を起こさないという決断を下したとしても、われわれはそれを漏らしてはならない。そうすることによって、われわれはハワイ地域に艦隊がいる理由を完全に隠すことになる。われわれがどうするつもりかを日本人が知らないとしよう。知らなければ躊躇するだろうし、思いとどまるはずだ。こういった考え方については、ここだけの秘密にしておきたい。「なぜハワイ地区にいるのか」という問いに対しては、これが答えになるだろう。ただし、いつまで留まることになるかはわからない。情報を得られればすぐに知らせるつもりだ。今の段階では誰も答えられない。貴官同様、私も尋ねた。そして貴官同様、答えを得られないでいる。*21

この手紙があいまいで支離滅裂に思えるとしたら、それは、スターク自身がそうだったからだ。アメリカの政策決定者は、日本人が腹の探り合いをするように、なかなか決断を下さなかった。ルーズベルトは太平洋艦隊の配置や、日本が蘭領や英領を直接攻撃した場合の対応について最終的決定権を握っていた。ところが彼は、なにも言わない道を選んだ。スタークに対するルーズベルトの説明は、スタークのリチャードソンに対する説明ほど冗漫ではなかったのは確かだ。「どう行動すればいいかわからないとき、私は留まる」[*22]と述べている。こうして太平洋艦隊は撤退の決断がされないまま、真珠湾に留まった。六月一八日、スタークは大統領宛のメモで、大西洋への移動を強く促した。六日後、大統領はスタークに対して、「艦隊のハワイからの帰還の決断は後日行われる」[*23]と伝えた。

一九四〇年六月のニューヨーク・タイムズ紙の紙面を見れば、誰の目にも極東からの危機が迫っているというシグナルが明らかだ。当時注目されていたのは、当然ながらヨーロッパでのイタリアの参戦とフランスの陥落だった。極東についてのニュースは七面以降に登場する。しかしその詳細な報告は、安心できるものではない。[*24]

＊21　*Hearings*, Part 14, p.943.

＊22　Langer and Gleason, *The Challenge to Isolation*, p.597.　このような政策形成における決断の遅さは、一九四〇年五月二四日のハル宛、スタンレー・ホーンベックのメモにも見られる。「ヨーロッパや極東の情勢、この国が取りうる手段の限界、国内情勢を踏まえ、極東や太平洋に関して、我が国が現在とる最も望ましい道筋は「静観」である。主な輸入について新たな外交措置はとらず、米艦隊の権限を変えず、現在の立場を維持し、妥協を示唆したり同意したりせず、目と耳を開き、両手を空けておく（*Ibid.*, p.592)」。

＊23　*Ibid.*, p.597.

＊24　以下では、その出来事が実際に起きたのは、たいてい新聞に記事が掲載された日の一日前である。

六月　一日——ドイツから日本への通知。五月二七日に日本の新聞紙上で発表。蘭印における日本の自由裁量を認めている。
六月の最初の二週間——重慶の大規模爆撃についての頻繁な通報。米国人の生命や資産を脅かすものである。
六月一〇日——日本は重慶の外国資産損害に対する責任を認めず。日本とソ連は満州国国境をめぐる対立を解決。日本の南太平洋進出が可能になったことから、この協定は「日本に対する恩恵」とみなされた。
六月一三日——ハル国務長官は重慶爆撃に抗議し、日本政府に正式に抗議文書を送った。
六月一四日——日本政府は責任を認めず、重慶に自国民がいるすべての国に対して、彼らの退去を求める。日本の支援を受ける南京国民政府はイギリス、フランス、イタリアの部隊や軍艦の中国からの撤退を求める。
六月一五日——日本は南京の要求を認めず。
六月一六日——日本がインドシナを攻撃する可能性。
六月一七日——米軍艦が日本の爆撃を受ける。ハル国務長官の抗議後、戦闘機一一三機による新たな重慶空襲。

六月一九日[*25]——日本政府はインドシナ支配の変更に反対するだろう。中国からの報告によれば、フランスの敗北は、日本がインドシナに侵攻するために有利に働くのか否かと誰もが尋ねている。

一九四〇年五月二三日、ルーズベルト大統領は産業諮問会議で次のように述べた。「私には、ここにおられるみなさん同様、四、五カ月先のことはわからない[*26]」。われわれは幸い、その少し先のルーズベルトの姿勢を示す六月一三日の記録を見ることができる。それは、海軍情報部報告書よりもはるかに楽観的であり、陸海軍統合戦争計画委員会スタッフの見解よりも楽観的だった。ルーズベルトは、以下の情勢は四〇年の秋、冬も続くと考えていた。

*25 六月一九日に関しては、ニューヨーク・タイムズ紙の一面が興味深い。「二大洋海軍のための法案を急ぎ議会に提出、スタークの海軍計画は首都を揺るがす」。この記事は一三面に続き、六月一八日付のホノルルからの短報が掲載されている。「時間外作戦が命じられた。陸軍は、来月はじめ米艦隊の太平洋への来港予定はキャンセルされたとのジェームズ・O・リチャードソン大将の発表後、ハワイ軍管区の兵士二万四〇〇〇人に対して同日の時間外作戦を命じた。どちらの作戦についても説明はなかった」。

*26 Langer and Gleason, *The Challenge to Isolation*, p.472.

■大英帝国は維持される。
■フランスは占領されるが、仏政府と残った戦力はおそらく北アフリカで抵抗し続けるだろう。
■英仏海軍の残存戦力は、米海軍とともに、ペルシャ湾、紅海、モロッコからグリーンランドに至る大西洋を守る。連合艦隊はおそらく地中海東部から駆逐され、地中海西部で不安定な立場を維持する。
■連合国軍は、中近東では現在の勢力を維持する。トルコは連合国との現在の政治関係を維持する。
■ソ連と日本は動かず、戦争には参加しない。
■アメリカは参戦するが、海空戦力だけだ。戦闘機生産は最大に伸び、連合国軍のパイロットの多くを提供する。モロッコとイギリスは西半球から船で輸送された供給品を主に利用する。米船舶は連合国軍に物資を輸送する。米海軍は大西洋封鎖（モロッコからグリーンランドまで）のための戦力の大半を提供する。[*27]

これらの見解と統合戦争計画委員会幹部の見解との間には、いくつかの驚くべき違いが見られる。委員会の面々はまず第一に、六カ月後にはグレートブリテン（大英帝国ではない）はもはや戦闘に臨んではいないだろうと考えていた。ドイツによるイングランド侵攻は、「起こりうる」と考えられていた。フランスは供給源を断たれてしまうため、北アフリカから抵抗し続けることはないだろう。

彼らは、日本とソ連が極東で足並みを揃えて攻撃を仕掛ける可能性がきわめて高いと見ていた。アメリカの参戦に関しては、「論外」だと明言していた。「わが国の長期的国益をふまえてのことだ。わが国はこういった［全体主義国家による］攻撃に対してまったく準備ができていないため、選択肢が残る限り、十分な準備ができるまでは戦いを避けるべきである」＊[28]。

彼らを非常に戸惑わせたのは、米軍を犠牲にしてイギリスに軍需品を供給する、太平洋で軍事力を誇示するという大統領の二つの方針だった。陸軍省スタッフは、ハワイへの艦隊駐留によって力を誇示すれば、日本政府に「開戦の口実」を与えかねないと考えていた。「政府の他の政策によって、艦隊配置が単なるこけおどしに見えてしまわない限り」＊[29]、艦隊は抑止力と

＊27 Matloff and Snell, *Strategic Planning for Coalition Warfare, 1941-1942*, p.14で引用されたメモ。
＊28 一九四〇年六月二六日付報告書。"Views on Questions Propounded by President on War Situation," War Plans Division file number 4250-4253. 前掲書p.15で引用。

して働くだろう。統合戦争計画委員会の面々にとって、それは明らかにこけおどしだった。アメリカは、日本の敵対行動に対する備えがまったくできていないと、彼らは考えていた。一方、大統領や国務省は、目に見える強さを誇示したがっていた。

米高官は、六月一三日には一連の対立する仮説に直面していた。こういった仮説が、警戒態勢が必要か否かを最終的に決定することになるのだが、その背後には、どのような行動によって日本の行動（たとえばドイツではなく）を抑止できるかについての多様であいまいな前提があった。敵を抑止する行動と煽動する行動との微妙な違いについては、政策決定者の間で多くの議論がありながらも深く検討されることはなく、いまだに合意が得られてはいなかった。[*30]

一九四〇年六月に警戒態勢を求めるシグナルを察知しながらも、重視されたのは国務省の仮説でも大統領の仮説でもなく、統合戦争計画委員会やそのスタッフの仮説だった。おそらく大統領も委員会も、秘密情報からも公に入手可能な情報からも一連の同じシグナルを入手していただろう。なにがマーシャルや陸軍関係者を促したかは、六月一七日午前に開かれたスタッフ会議の議事録から読み取れる。

議題　国防問題

出席者　マーシャル大将、ストロング大将、アンドリューズ大将、ムーア大将

さまざまな可能性を検討すると、日本とソ連が手を組み、太平洋上のわが艦艇を攻撃しようとしているらしいことに、われわれは突如気づいたようだと参謀総長は述べた。仏海軍が独伊に敗れれば、わが軍は南大西洋で深刻な事態に陥るだろう。ドイツは数週間のうちに南米を重要な局面に向かわせるかもしれない。

わが国は海軍政策を再構築する必要に迫られてはいないのか、すなわち、大西洋に主軸を置きつつ、太平洋では純然たる防御行動を取る必要はないのか。結果として国民の反発を伴う急襲が行われる可能性がある。主な行動はトリニダード南部で行われ、以北のどのような行動も、南米へのわが国の物資輸送を邪魔するための牽制にもっぱら基づくものだ。このことは、わが国が州兵を動員すべき段階に来ていることを示唆するように見える。

ストロングは、仏艦隊がすでに降伏し、英艦隊に統合されたという確実な情報を海軍は

＊29　"Decisions as to National Action" Matloff and Snell, p.16 の引用から。

＊30　議論や意見の不一致については、ダン、コーエンと著者との私信（F. S. Dunn and B. C. Cohen, "Policy-planning for deterrence: The American Experience with Demonstrations to Japan, 1939-1941."）で明らかにされている。

得ているると述べた（ただし、その後の海軍情報からするとこれは怪しい）。もしそのとおりであるなら、そしてドイツが次に、おそらくはアイルランドを経由して英本土を掌中に収めるなら、大西洋連合艦隊は西半球に移動するだろう。この場合、彼らはアメリカの港から出動せざるを得ない。他に適切な港はないのだから。この観点から、陸軍省戦争計画部（WPD）と海軍の作戦に関する意見は一致していない。WPDは、防衛作戦は太平洋のみで行うべきであり、すべてを東半球に集中させるべきだと考えている。

参謀総長は、もし英仏艦隊がここに来るなら、海軍の考え方が正しいだろう。しかしそうでないなら、まったく間違っていると述べた。われわれは最悪の事態、つまり大西洋に連合艦隊がいない場合に備えなくてはならない。*31

議事録から一旦目を離してみると、ここでは大西洋の状況を悪化させる次の二つの仮説が明らかにされていた。

一　ソ連と日本が手を組み、太平洋上の米艦隊を攻撃する可能性がある。

二　数週間のうちにドイツによって、南米の情勢が大詰めを迎える可能性がある。

最初の仮説を裏づける証拠があった。六月一〇日、ソ連と日本は満州と外モンゴルの国境を定める協定に署名した。これによって、日本陸軍の一部隊が政府の許可なく始め、双方に大勢の死傷者を出し、金銭的損害をもたらした国境紛争に終止符が打たれた。ストロングも、合同調査委員会に対してまとめた警戒態勢に関する覚書において、ソ連は六月一二日にリトアニアに侵攻し、一六日にはエストニアとラトビアの政権交代を求めたと記している。ソ連は枢軸側に協力しているように見えた。国境協定が成立したことから、日ソは中立協定の交渉を準備している可能性がある。マーシャルはこれらの出来事をもとに、日本とソ連の「友好関係」は、両国を一体となってアメリカに立ち向かわせるほど密接かもしれないとの結論に達していた（これは現在では、こじつけに近いように見えるが、四〇年六月には枢軸側の成功を加速させることはほとんどなんでも起こりうるように見えていた）。

第二の仮説に関しては、南米、特にドイツ系の人口が多いブラジルとウルグアイへのナチズムの浸透についての報告は、ナチスによる一撃、あるいは一連の武力抗争が生じる危険を示

＊31 *Hearings*, Part 15, p.1929f.

していようだった。三九年以降、南米で枢軸勢力がもたらす危険は、陸海軍統合戦争計画委員会にも注目されていた。四〇年五月と六月のウルグアイのウィルソン大使からの電報は、この国の政治をナチスが統制するのではないかという強い不安をかき立てるものだった。五月三〇日、大使は国務省に対して、武装蜂起が同月二五日か二六日に計画されていたこと、当局の迅速な行動によってなんとか未然に防げたことを伝え、米軍艦四、五〇隻で構成される堂々たる戦力を南米東海岸に派遣すること、強力な戦隊をモンテビデオに無期限で駐留させることを求めた。国務省からこれを知らされたルーズベルトは、当時キューバ沖に停泊していた重巡クインシーをリオデジャネイロへ、さらにモンテビデオへ移すよう即座に命じた。大規模な陽動は論外だった。海軍作戦部長スターク大将は、太平洋からのいかなる艦の撤退にも強く反対し、六月二日にはもう一隻の重巡ウィチタのみの太平洋艦隊からの派遣を提案した。大統領はウィチタにクインシーに加わるよう命じ、陽動作戦はそこで終わった。六月一三日、現地のナチス勢力は一掃され、指導者は逮捕された。その直後に彼らは釈放され（クインシーはまだ沖合で「陽動作戦」を行っていた）、ウィルソンはその後もナチス勢力の南米での広がりについて、不吉な報告書を送り続けた。

六月一一日、二隻の米巡洋艦がウルグアイ沖に近づいたとき、ブラジルのバルガス大統領は、米国民の耳には彼がヒトラーやムッソリーニと同じ道を歩もうとしているかに聞こえる演説を行い、「民主主義による不毛の煽動」[*32]を非難した。ルーズベルトと国務省は、ブラジルの独裁者による演説は国民に向けたものであって、ルーズベルトによる六月一〇日のシャーロッツビルでの演説に対する答えを意図したものではないと気づいていたようだ。[*33]しかし陸軍省関係者は、これもまた危険なシグナルの一つだと考えた。五月二七日以降、六〇〇〇人のナチス党員が商船でブラジルを目指し、反政府勢力に加わって政権を握ろうとしていると、英政府が警告していたのだからなおさらだ。[*34]六月一四日、ロンドン駐在海軍武官アラン・G・カーク大佐は上司に進言した。「大英帝国が倒れ、ドイツとイタリアが手を結んで南米やカリブ海地域を侵略したなら、わが国の安全は必ず損なわれるでしょう……パナマ運河の安全は最も重要だと思われます[*35]」。

六月一七日に開かれたマーシャルのスタッフ会議の議事録は次のように続く。

＊32 Langer and Gleason, *The Challenge to Isolation*, p.618.
＊33 ルーズベルトは、ムッソリーニの宣戦布告を非難し、連合国を支援するというアメリカの方針をはじめて公にした。
＊34 Watson, *Chief of Staff: Prewar Plans and Preparations*, p.95.
＊35 *Ibid.*, p.107 で引用。

ハワイに大型爆撃機を配備すべきではないかが検討された。わが国には五六機ある。太平洋の敵が、われわれが気づく前にハワイにかなり接近する可能性もある。ハワイにB－17を五～一〇機配備することで、この状況を変えることができるだろうか。

アンドリューズ大将は、その程度の数では敵の攻撃をかわせないだろうと述べた。われわれの追撃力は弱く、わずかな戦力では撃墜されるだろう。戦力を分割すべきではなく、もっと多くのB－17を配備するか、まったく配備しないか、どちらかにすべきだとアンドリューズ大将は考えている。また、予備の弾薬や爆弾をハワイに送れるなら、必要な場合には大型機を三日でハワイに配備できるという。参謀総長は、三日は致命的だと述べた。ストロング大将は、通知から二四時間以内で配備できると考えている。

ハワイには、陸軍と海軍航空隊合わせて四七六機の戦闘機がある。日本軍は現在のところ、空母が小型で数が限られているため、四〇〇機以上にはならないだろう。戦闘機を発進させるために商船の利用も可能だが、戦闘機はその船にふたたび着陸することはできない。

……

アンドリューズ大将とストロング大将は、州兵を連邦軍に組み込むよう提言している。ストロング大将は、六〇日以内に南米（ブラジルとウルグアイ）に軍隊を必ず配備する必要があると考えている。参謀総長は、部隊を一度に派遣できないとしても、南米政府の一部に対しては、主要港の占有と維持を保障できるかもしれないと考えていた。

大統領声明のとおり、連合国軍に対するさらなる装備については、陸軍に関する限り最低の水準である。

……

参謀総長は、出席者に対して、この会議で出されたすべての問題を検討するよう指示した。*36

合同調査委員会のための覚書によれば、ストロングは以下のように述べた。

わが国の安全保障に関して最も差し迫った脅威は、奇襲や破壊活動によってパナマ運河

*36 *Hearings*, Part 15, p.1930f.

が封鎖されることだと私は理解していた。破壊活動計画の証拠はあった……奇襲が行われるとすれば、ハワイ地域で陽動攻撃が行われる可能性は除外できないだろう。というのも、わが艦隊の大半が真珠湾に在泊していたからだ。そこで一九四〇年六月一七日、私は陸海軍に対して警戒態勢を取るよう進言した。当時はフランスが破綻寸前で、イギリスの敗北もあり得ないことではなかったため、私の決定に直接関連した文書は、枢軸国の優勢とわが国の劣勢についての生々しい記憶ほどには状況を伝えていない。*37

このときのマーシャルの考えは、六月二六日にハワイ軍管区司令官ヘロン中将に宛てて作成された手紙の草稿に見られる（この手紙は送付されなかった）。

貴官は、一七日付で送られた警戒態勢の指示に疑問を持ったことだろう。手短に言えば、複数の情報源からの情報を結びつけることによって、最近の日ソ協定によって極東での両国の対立が解消され、ハワイからの米艦隊の出発に伴い、日本がオアフ島に対する太平洋横断攻撃に着手できるようになったとの結論が導かれた。

当然ながらこういった奇襲はドイツとイタリアの利益になり、わが国は艦隊をハワイに戻さざるを得ないだろう。

こういった情報やそれに基づく推測が正しいかどうかは私にはわからない。正しいとしても、指示された警戒態勢によって表立った行動を未然に防ぎ、事態が推測通りに進むことを避けられるだろう。*38

ストロングは、艦隊の大半がハワイに停泊中だと考えていた。一方マーシャルは、翌日スタークが大統領に進言することを知っていたため、艦隊はまもなくオアフ島を離れると考えていた。そうなれば、日本軍の攻撃は同島の陸海軍基地に向けられていただろう。マーシャルの論拠が、一九四〇年に警戒態勢を促したものに近かったのは確かだった。太平洋艦隊は、マーシャルにとっては抑止力であり、ストロングにとっては攻撃目標だったのである。しかし、艦隊を都合のいい攻撃目標とみなすこの考え方は、真珠湾攻撃前よりも後になってから一層受け入れられるようになった。ストロングの覚書は事後の回想に基づいている。

ここで一九四〇年六月一七日の時点で入手可能だったと思われるシグナルを、以下に列挙

*37 *Ibid.*, p.1908f.

*38 *Ibid.*, p.1597.

する。

ヨーロッパ——フランスの降伏。ドイツは仏艦隊を下し、イギリスは敗れるだろう（海軍情報部と戦争計画委員会は「そのとおり」、ルーズベルト大統領は「たぶん」と言うだろう）。そうなれば、わが国は艦隊を大西洋に移動させなくてはならない。これはハワイの抑止力の撤退を意味し、日本軍は自由に南進できる。

南米——ブラジルとウルグアイでナチスの活動が活発化する危険な兆し。イギリスが敗れれば、南米とカリブ海周辺で反乱が起こるだろう。六月一四日、ロンドン駐在米海軍武官は、イギリスが敗れ、ナチスが南米の情勢を悪化させるなら、「パナマ運河の安全」は最も重要だと強調した。運河に対する破壊活動のそれまでの脅威を踏まえたこの警告は、五月に受領された。

極東——五月末、ドイツは日本に蘭印の自由裁量を認める。六月前半には重慶の大規模爆撃によって、在留米人の生命と財産が脅かされた。日本は責任を認めず、ハル国務長官の抗議を無視した。六月一〇日、日本とソ連は国境協定を結ぶ。日、ソ、独、伊は手を組むだろう。フランスが降伏すれば、インドシナを侵攻しようと日本が計画しているという噂がある。グルー大使の電報は、蘭印への極秘攻撃と、フランスが降伏した場合のインドシナ半島への攻撃準備を示唆するとともに、中国を分断し、蘭印への攻撃を支持し、アメリカとの公然たる関係断絶を恐れない日本の軍国主義集団の台頭を強調している。

ここには多くの公にされた情報や、第1章で示した一二月七日の攻撃に対するシグナルのリスト（一〇二、一〇三ページ、一一三、一一四ページ参照）にはなかった類の情報も含まれている。戦争の機運が高まっていることを示す誰もが知るシグナルは当然視されていたため、高度な機密情報源からの追加的確認情報が中心だった。こういった情報源は、ほとんどの場合、一九四〇年の警戒態勢の時点では利用できなかった。その代わり、ドイツが次になにをするのか、アメリカの利益に反するどのような新しい枢軸体制が形成されるのかを見極めるため、極東、南米、ヨーロッパに影響する政治情勢に関するあらゆる公開情報が徹底的に読み込まれた。結果的に六月一七日の警戒態勢を促したシグナルは、アメリカの同盟国への攻撃をめぐるあらゆる脅威を示すものだった。どのシグナルも、それらをどう組み合わせてみても、何月何日にパナマ運河で破壊活動が行われるとか、日本によるハワイ攻撃が迫っているといったことを明確に予言してはいなかった。とはいえ、入手可能な情報からは一触即発の状況は明らかで、警戒態勢を敷くことは予防措置として妥当だった。

六月のこの頃には、枢軸国が莫大な能力を持つことをほとんどの者が認めようとしていた。ハワイへの奇襲という最も大胆で困難な行動もありうると考えられていたのだが、一年後には、日本にとってあまりにもコストが高く、あり得ない賭けだと考えられるようになっていた。このように緊張の高まる中で、運河破壊計画についての信憑性のある報告が届く一方で、一二月六日のホノルルから日本に宛てた怪しげな電話は、かなり緻密に行われていた日本の情報収集活動の別の一端を示すものとみなされた。

一九四〇年六月一七日、陸軍省がヘロンに宛てた警戒命令はあいまいなものだった。

緊急警告。防衛機関は、太平洋からの攻撃可能性に対処すべし。国民の動揺を招かず、新聞や他国の諜報員の不当な好奇心をできる限り駆り立てないように。作戦行動を基本にすべし。次の命令が下るまで警戒態勢を維持すること。参謀総長との直接の極秘連絡のための指示はすぐに送られる。署名*39

ヘロンは一種類の警戒態勢、すなわち厳重警戒態勢しか想定していなかったため、即座にこれを実行した。六月一七日のマーシャルに対する返信は、翌日、陸軍省に受領された。

配置に就いたすべての対航空機偵察［人員を配備した駐屯地］と分遣隊は、実弾を備え、制限区域を飛行する外国の戦闘機を攻撃し、重要設備を防衛する。現地で必要な弾薬は供給されるが、期待しすぎないように。海軍は遠距離・沿海空中哨戒を実施中である。*40

六月二〇日、ヘロンは警戒態勢を徐々に緩和する命令を受け取った。六月一六日には、現実的理由から警戒態勢は解除された。ただし破壊活動に対する警戒は例外で、即座に対応できるように継続され、航空警戒は訓練として継続された。マーシャルはこの五週間の間、警戒態勢が兵士の士気と装備の維持に及ぼす影響を常に懸念していた。ヘロンはその都度、大丈夫だと応じている。ヘロンのこの件に関する最後の発言（九月六日）は以下のとおり。

*39 *Ibid.*, p.1594.
*40 *Ibid.*, p.1600.

率直に言えば、現在実施中の「警戒態勢」は、決して緩むことはなく、兵士の士気を下げてもいない……。

この地に艦隊が配備され、目的地や期間を完全に秘密にして頻繁に出動していることが、当然ながら状況をかなり緩和している。このような状況であるため、こちらを気にかけてもらう必要はないと考える。*41

ヘロンは警戒態勢を促した対外情勢見積もりについて知らされることはなかった。明確な命令を受けていたのだから、このことはそれほど問題ではなかった。マーシャルはヘロンに手早く知らせようと考えたが、ストロングの進言によって手紙は送られなかった。警戒態勢の背景は新聞報道から明らかであり、手紙を送ることで機密が保持できなくなる可能性があると、ストロングは感じたのだ。マーシャルに対して、次のように記している。

報道に見られるように、この一〇日ほどの動きは、二人［パナマのバン・ブアヒス中将とヘロン中将］に必要なすべての背景情報を与えていると私は考える。

もう一つ考慮すべき点は、航空便が改ざんされる可能性だ……貴官の秘密暗号［暗号で伝えられた六月一七日の警戒命令」に言及すれば、その暗号が危険にさらされるかもしれない。

しかし、もしも手紙で伝えるべきだと貴官が考えるなら、書留郵便で送ることを提案する……。[*42]

部下に情報を示さない、暗号での送信を極端に警戒するという方針は、ワシントンがハワイでの警戒態勢に完全な責任を負うのなら、また、その命令が明確で、他の解釈の余地のないものであるなら、問題なかっただろう。四一年一二月にはこのどちらの条件も満たされてはいなかった。

ヘロンが後日証言したところでは、一九四〇年には国際情勢について、陸軍省からなんの情報も得ていなかったという。一九三九年には、ドイツのポーランド侵攻を知らせる一通の通知を受け取っていた。「任務を達成するために、太平洋や極東で起きていることをかなり詳しく知る必要があると考えていたか」と問われ、「そうであれば非常に助かると感じていたが、

*41 *Ibid.*
*42 *Ibid.*, p.1597.

その件に関しては暗闇の中を進まざるを得なかった。陸軍省は私よりも多くの情報を持っていたはずだが、陸軍省の持つ情報はそれほど重要なものではなく、私の判断に影響するものでもないと私は考えていた」[*43]と答えている。

ヘロンは警戒態勢命令に即座に応じた。国際情勢に対応するために「明らかに」必要な命令だと彼が思ったかどうかはわからない。当時のホノルルの新聞は、ワシントンDCやニューヨーク市の新聞に比べると、国際情勢に対する正確な、あるいは詳細な情報を提供してはいなかったのは確かだった。「私には証拠がなかった。私は陸軍省の命令に従っただけだ」とヘロンは証言した。「その命令が、差し迫った脅威に基づくものか否かを知らなかったのか」という問いには、「知らなかった」と答えている。[*44]ハワイから見る国際情勢が、ワシントンから見るものと同じだと誤解するのはたやすい。しかしそうではなかった。一九四一年一二月、ワシントンの高官にとっては嫌になるほど明白に見えた危機[*45]も、ホノルルでは、その年の他の多くの重要な出来事とまったく同レベルのものとみなされていたのである。

ワシントンの陸軍幹部がパナマとハワイの司令官に警戒態勢を命じたのに対して、海軍は別種の行動を取った。スタークはリチャードソンに対して、艦隊を真珠湾から移動させ、二日間、パナマ運河の方に向かうよう命じた。リチャードソンは、現状では運河圏での破壊活動の可能性があるという仮説を検証するため、自身が率いる艦隊の動きを漏らすことになっていた。命令は、一九四〇年六月一九日に送られたようだ。[*46]

信頼できる情報源は、大西洋に向かう主要艦隊のいかなる動きも、パナマ運河で広範囲に及ぶ破壊活動を引き起こす可能性があると繰り返し報告している。現地の陸軍は通知を受け、警戒態勢に入っている。六月二四日、あるいはその前後に、艦隊の主要部分を事前の通告なく動かす訓練を行ってもらいたい。おそらく目的地はパナマ運河であり、上層部もこれを否定していないことを漏らすように。ハワイの港に戻ってからおよそ二日間でパナマ運河に向かうこと。貴官の裁量で無線封止を維持すること。帰還後はワシントンとの協議が命じられるだろう。

*43 *Ibid.*, Part 27, p.127.
*44 *Ibid.*
*45 あまりに明白だったため、スタークは「オオカミ少年」になるのを恐れ、キンメルに対して一部の情報を伝えなかった。
*46 電報には日付はないが、マイクロフィルムに収められた前後の資料との関係などから、一九四〇年六月一九日に発信されたと考えられる（*Hearings*, Part 3, p.1409.）

合同調査委員会で配布された写しには、以下の文字が手書きで記されていた。「六月二〇日にマーシャル大将に示されたもの。彼は警告文をパナマ運河に送った。艦隊は大西洋に向かうだろう……」[*47]。スタークは、六月一七日にも、それ以後の六月のどの時点でも、ハワイ奇襲に関連して、ハワイ海軍に警告を発したことはなかった。「海軍に関する限り、当時は特段の脅威は感じていなかった。これに関して当初、リチャードソン大将になにも伝えなかったのはこのためだ……それに私は、このことは主に陸軍の問題だと考えていた」[*48]。スタークは前に次のように説明していた。「当時、陸軍省からの電報があった。それがどのような情報に基づくものだったのかは思い出せない。しかしわれわれが戸惑わなかったのは確かだ。われわれは当時、戦争が起きるとは考えていなかった。その証拠をなにも見い出していなかったからだ」[*49]。彼は六月一九日のリチャードソンに対する命令を振り返った。「ジョーに対して、艦隊を動かし、情報をリークするよう命じたことははっきり覚えている……二日間という時間を与えたことも……しかし、それが警戒態勢と同じ時期だったのは、まったくの偶然だと考えている」[*50]。

この頃、米海軍の考え方は、日本海軍との異例の良好な関係に影響されていた。日本海軍の指導者の多くに米海軍兵学校への留学経験があり、米海軍の将校とも親しかった。日米の戦争計画が極東での両国の対立を想定していたとしても、海軍同士はきわめて友好的だったために、日本国内では海軍が親米的だと非難されたほどだった。一九四一年七月の禁輸措置までは、日本海軍はアメリカとの戦争を促す陸軍の圧力に抵抗していた。言うまでもなく、両国の陸軍にはこういった友好関係はまったくなかった。

ハワイに警戒態勢を敷く必要性についてワシントンで意見が一致していなかったことは、ハワイが実際に攻撃された場合に深刻な影響を及ぼしただろう。警戒命令を受けたヘロンは、即座に第一四海軍区司令官ブロック少将に知らせ、日中の空中哨戒という形での協力を仰いだ。ブロックは二人の議論について、のちに以下のように説明している。

一九四〇年夏、日にちは思い出せないが、ある日ヘロン中将が執務室にやって来て、他国からの攻撃が迫っていること、すぐに全面警戒態勢を敷くようにと告げる参謀総長から

＊47 *Ibid.*
＊48 *Ibid.*, Part 5, p.2453.
＊49 *Ibid.*, p.2378.
＊50 *Ibid.*, p.2453.

の電報を受け取ったと述べた。この電報は青天の霹靂《へきれき》であり、このことについてなにも知らなかったが警戒態勢を敷いたと彼は言う。そして、同じような電報を私も受け取ったかどうかを知りたがった。私はノーだと答えた。私はそれについてはなにも知らなかった。すると彼は、非常に困惑している、どのような攻撃かもわからないし、これからどうなるのかもわからないと述べ、私の助言を求めた。そこで私は言った。『私は艦隊の上級将校ではない……ここにはアンドリューズ大将がいる。彼に電報を見せた方がいいと思う』。われわれは旗艦に向かい、アンドリューズ大将にこのことを伝えた。協議後、午前中と夕方の航空偵察を行うことがアンドリューズによって決定され、哨戒隊が出動を命じられた。参謀長はリチャードソンだったが、彼はその場にいなかった。アンドリューズは彼に電報を送り、状況を伝えた。リチャードソンは航空機でやって来て、警告について聞いたのははじめてだったため、作戦本部長に電報を送ったと述べた。私の記憶では、彼はそれに対する返事を受け取っていないはずだ。こうして警戒態勢は二、三週間続いた。陸軍がこの警戒態勢を敷き、外国からの奇襲を警戒したときも、これが訓練や演習であるとは言われなかった……海軍は、これについてなにも知る立場にはなかった。そのため私は、太平洋艦隊司令長官（リチャードソン）はここワシントンで情報を得たのだと考えている。

しかしハワイでは、私が知るかぎり、われわれはなにも受け取らなかった。*[51]

ここに全文を掲載したのは、危機のシグナルを伝達するために時間が無駄に費やされたことを示すためだ。ヘロンとブロックの議論、彼らとアンドリューズとの議論、空中哨戒の命令、リチャードソンへの電報というステップのすべてに時間がかかった。海軍も警戒態勢を命じられていたなら、これほどの時間は無駄にならなかっただろう。アンドリューズがリチャードソンと連絡を取り、哨戒計画について説明し、確認を求めたのは、六月一八日になってからだった。リチャードソンは、その日遅くなってからブロックに返事の電報を送った。「ハワイ軍管区司令官による追加の空中哨戒の要求は、陸軍の演習の一環なのか、それとも陸軍省からの情報に基づくものなのか*[52]」。六月一九日、リチャードソンはブロックから返信を受け取った。「司令官の要求は陸軍省からの指令に基づいていた。それが演習かどうかについては、司令官はなにも知らない*[53]」。ブロックは六月二〇日付のリチャードソン宛の手紙でこれに言及し、ヘロン

*51 *Ibid.*, Part 36, p.367.
*52 *Ibid.*, Part 14, p.950.
*53 *Ibid.*

が受け取った電報に触れている。

この状況がいつまで続くのか、どれほど深刻であるのかはわからない。私は二日間、艦隊海兵軍と彼らの対空高射砲と弾薬について徹底的に議論した。昨日、彼らを呼び、弾薬を高射砲に近い場所で防水シートの下に置いておくことは、海軍造船所の中心部に配備されているため、安全な措置ではないが、その必要があると強く主張した。*54

リチャードソンは六月二一日にようやく真珠湾に戻った。六月二二日には、スタークに情報を求める電報を送っている。同じ日、スタークは彼の要求に応じて以下の返答を口述したようだ。「警戒態勢に関する陸軍省の指令は、海軍、国務省と協議したのち予防措置として発せられた。引き続き協力を求める*55」。

アンドリューズもブロックも、この電報を覚えていなかった。リチャードソンは、もっとあとになってから、ワシントンでマーシャル、スタークと警戒態勢について協議したこと、二人がこれを陸軍の演習であり、実際にはすみやかな対応を求める戦争警告のシミュレーションによって実行に移されると考えていたことだけを思い出した。その後リチャードソンは、合同調査委員会に対して次のように述べた。

この電報を受け取ったのは、夕方五時を過ぎていた。ホノルル時間で六月二二日土曜日、このとき私は、月曜の早朝に予定されていた艦隊主力部隊の秘密の出撃のことで頭が一杯だった。この電報を読み、警告が本物であるかどうかに疑問が残ったため、なんらかの返事を受け取ったという事実は、私の心から抜け落ちていた。*56

六月二二日、リチャードソンもスタークに手紙を書き、「状況を確認するため」真珠湾に飛ぶと告げた。彼は、陸軍の取る主な手段に言及し、「海軍は遠距離哨戒を一八〇マイルから三〇〇マイルに拡大し、一八〇度から三六〇度の範囲を網羅するとともに、三〇〇マイル圏内の哨戒を実施している」と報告している。彼は自身の抱えるジレンマにも言及していた。

*54 *Ibid.*, p.951.
*55 *Ibid.*, Part 3, p.1055.
*56 *Ibid.*,p.1056.

陸軍の「警戒態勢」と陸軍の取った行動とは、私にいくらか懸念を抱かせた。もっとも、こうして得られる陸軍の情報を海軍が利用し評価できることについては、私が得ている情報に関する限り、肯定的に受け止めていた。艦隊はラハイナと真珠湾から護衛もなく、もっと深刻な状況であれば必要になるはずの十分な偵察活動もなく進んでいるため、この種のことは言うまでもなく事態を一層緊迫させ、訓練の邪魔になりがちだ。類似の状況がふたたび生じる可能性があるため、私は、陸海軍がともに行動する際には、可能であれば、たとえ演習であろうとも、警報が本物なのか、訓練のための模擬警報なのかを陸海軍の司令官にはっきり知らせることが有益だと考えている。*57

ワシントンの海軍省からの情報がないと当惑していたのは、彼らだけではなかった。陸軍のヘロン中将は、海軍が警戒態勢を取っていないと知ってかなり戸惑っていたようだ。六月二一日の午後、彼はとうとう陸軍省に電報を打った。

貴電を解釈すると、ハワイ海軍は警戒態勢に関して海軍省からなんの連絡も受けていないことが懸念される。海軍は現在、ハワイでの既存の合意に応じて、陸軍の沿海空中哨戒に対応している。貴官からのさらなる助言がなければ、月曜日までに陸軍航空・対航空警戒が修正されることはないだろう。[58]

彼は、六月二二日にワシントンからの以下の返信を受け取った。

現在の不確実な状況に関しては、ハワイ海軍以外の海軍に対する指示は、決定されていない。修正された指令に応じて、警戒態勢を継続されたい……。[59]

のちに陸軍真珠湾攻撃査問委員会では、実戦であるかのように陸軍の命令に応じたが、一日、二日のうちに演習に違いないと判断したとヘロンは証言している。「海軍がわれわれのように命令を受けていないなら、それは演習であり、国際情勢に基づいたものではないと結論づけるのは当然だった」[60]。

*57 *Ibid.*, Part 14, p.948.
*58 *Ibid.*, Part 15, p.1595.
*59 *Ibid.*

言い換えれば、ワシントンが、陸海軍の警戒命令を調整できなかったことは、もっと多くの時間（貴重だった時間）がハワイで伝達に費やされたことだけではなく、陸軍の警戒命令自体の重要性に疑問をもたらしたことをも意味していた。アンドリューズは、空中哨戒を整えるうえでヘロンと協力していたものの、彼もブロックも、陸軍の警戒命令ゆえに自身の率いる艦に完全な警戒態勢を敷かせる必要があるとは考えなかった。そのうえ海軍の誰も、六月二四日にパナマ運河に向けて進めという艦隊命令をヘロンに知らせなかった。ヘロンとブロックが二つの命令を勘案したなら、ハワイで奇襲が予想されるとして、その目的が艦隊の主要部分を破壊することであるのなら、なぜ艦隊はよりによってこの時期に、その配置と目的地とを漏らすのかと疑問を持っただろう。[*61] 敵のレーダーにとって、これ以上好都合なことはないはずだ。しかし、陸海軍の連絡は普段から頻繁に、積極的には行われていなかったため、こういった比較やこれ以上の推測は行われなかった。

もちろんマーシャルもスタークも、そして幸いなことに日本も、太平洋艦隊への攻撃を考えてはいなかった。マーシャルは攻撃を受けるのはオアフ島の陸海軍施設だと考え、艦隊を太平洋に戻そうとした。そうすれば、ドイツとイタリアは大西洋で自由に行動できる。スタークは、パナマ運河での破壊活動の可能性を認識していたが、太平洋にはなんの危険もないと考えていた。日本はインドシナに集中していた。しかし、必ずしもこれらすべての仮説がハワイの司令官たちの手元にあったわけではなかった。文書が存在しないため、特にスタークの論拠は謎のままである。

## 一九四一年七月二五日の警戒態勢

一年ほどのちの一九四一年七月二五日、陸海軍合同で出された電報は、ハワイ諸島の両軍に警戒態勢を命じるものだった。当時の緊張の高まりに対する外交的・歴史的背景については、これまでも再三言及されている。最初の大きな出来事は、ヴィシー政権と連携していた日本が、仏印の空軍・海軍基地の利用を求めて最後通告を行ったことで、その後、七月二一日に日本軍

*60 *Ibid.*, Part 27, p.127.

*61 パナマ運河圏では、陸海軍は明らかに対立していた。バン・ブアヒス中将が六月一七日の警戒態勢を命じる指令を海軍区司令官に送ったときには、以下の連絡を受けている。

1. 第一五海軍区はパナマ運河圏の統制権を持たず、パナマ運河圏から出された指令は同区では権限を持たないため、同封の指令は返却される。

2. 重要な情報を第一五海軍区司令官に伝達する必要がある場合には、電話（2-2661 または 2-2662）で連絡されたい。(Watson, *Chief of Staff: Prewar Plans and Preparations*, p.461.)

はこれらの基地を占領した。第二に、日本軍の動きに対する報復として、米政府が七月二六日に日本に対する石油と綿製品の輸出禁止を発表した。わずか一カ月後にはナチスドイツがソ連に侵攻した。連合国は、日本と枢軸国との強固な連携に強い不安を抱いていた。日本のインドシナ侵攻は、多くの政策決定者には、日本から全面的な協力を得るためのドイツによるヴィシー政府への圧力が成功した証と見られていた。極東での緊張の急激な高まりは、大西洋・ヨーロッパ地域と危険なほど結びついているように見えた。

　ワシントンで、ホワイトハウス、国務省、陸海軍情報部、陸海軍長官の立場から見れば、この危機の高まりに関する情報はきわめて正確で網羅的だった。日本が侵略計画の現段階で意図しているステップは明快だった。彼らは事前にさまざまな領事館に対して、マジック暗号を用いて場所と時間に関する詳細を知らせていた。ワシントンの情報部は、これらを時間をおかずに傍受し、解読できた。明快でなかったのは、アメリカが取ろうとしていた行動――防御なのか報復なのか、あるいはその両方なのか――だった。日本に対する禁輸措置に関しては、意見の激しい対立があった。対立は、七月二六日以降も続き、通商禁止法自体の解釈の余地のある文言がそれを反映していた。アメリカが仮に禁輸を実施したなら、日本はどう出るのか。考え方は二極に分かれた。そうなれば日本はさらなる侵攻を中止するという意見もあれば、米領に即刻攻撃を加えることで報復するという意見もあった。しかしワシントンの軍指導者の間では、禁輸決定を事前に知らせるため、ハワイの司令官に合同電報を送るという合意があった。言い換えれば、軍は、政府のこの行動が、なんらかの報復行為を促しかねないと心配していた。警戒態勢を命じるためのシグナルという観点からは、米政府による公的措置が、一九四一年七月の警報のきっかけになったことを記しておくことは重要である。一九四〇年六月の時点では、警戒態勢が命じられたのは、潜在的な敵の側での一定の行為についての警戒と疑念によるものだった。一九四一年が終わろうとする頃、日米の動きは互いに影響し合ってますます複雑になり、ついには刺激と反応とを区別できなくなった。

　ワシントンはこの危機について十分に情報を得ていたが、ハワイの司令官がどこまで知っていたか、七月に受け取った情報に対する彼らの反応がどのようなものだったかを明言することはむずかしい。ホノルルの記録に基づく証拠資料はわずかしかない。しかしこの年の一二月同様、陸軍が頼れる情報は海軍よりも少なかった。両軍の司令官にとっては、危機は普段の静けさにさざ波を立てた程度のものであり、記憶にもかすかに残るだけだった。たとえばブロックは、次のように振り返った。

一九四一年の七月か八月頃だったと思う。緊迫した状況が生じていた。それについて、司令官宛の手紙か無線のどちらで情報を受け取ったのかは思い出せない。いずれにせよ、キンメル大将がこの問題について会議を開き、私はヤルート島に向かう区域の中間線上に哨戒機を送ることが得策ではないかと提案した。該当区域の範囲は一五度から二〇度だったと思う。われわれは毎朝、五〇〇マイルの地点にまで哨戒機を送り込んでいた。キンメル大将は提案を認め、哨戒機を数日派遣したが、その後は途絶えてしまった。[*62]

ショートの参謀だったフィリップ・ハイエス少将は、一九四一年七月の何日かに厳重警戒態勢が敷かれたのを覚えていた。

……国務省から六時間前に通告があった。日本人の資産を凍結するという。彼［ショート］は、警戒態勢第三号として、[*63]部隊全員を配置に就かせた。命令が出されたが、まったく混乱はなかった。彼はこれが警戒態勢ではないことを示すため、部隊を演習どおりの配置に就かせた……彼らはそこに数日間留まり、その後、作戦は解除された。[*64]

陸軍査問委員会でハイエスが証言した際には、この警戒態勢に関する記録が探されたが、ラッセル中将は陸軍省のどこにもなかったと証言した。ハワイのファイルを調べたかどうかには言及していない。しかし、一九四一年七月に陸軍省、海軍省から現地の司令官に送られた通信は、最後の合同調査委員会に証拠として提出されている。

## ハワイ陸軍に対するシグナル

七月八日、ヘロンの後任としてハワイ軍管区司令官に就任したショート中将は、以下を受け取った。

9247AGMC（高級副官メッセージセンター）。複数の情報源によれば、日本政府は今後の方針を定めた。それは日本の主な政治的・軍事的集団のすべてに支持されている。

*62 *Hearings*, Part 36, p.408.
*63 ショートの警戒態勢については、補遺参照。
*64 *Hearings*, Part 27, p.138.

この方針は目下のところ注視を必要とするもので、シベリア駐屯軍がその勢力を縮小する場合には、ロシア沿海地方に侵攻する可能性がある。ドイツがヨーロッパロシアで決定的な勝利を収めるのは明らかだろう。英・蘭領への侵攻可能性は完全には除外されないとしても、南方での日本軍の活動は、当面、インドシナでの陸海空軍基地の占有と展開に限定されると考えられる。日ソ中立条約は破棄されるだろう。日本は米大西洋岸の港に停泊するすべての日本艦船に対して、八月一日までにパナマ運河の西へ向かうよう命じている。日本からの船舶輸送は一時停止され、商船がさらに徴用されている。*65

この通信は海軍暗号で送られたため、最初にキンメルに届いた。ショートの証言によれば、「かなり明確な予測」を含んでいたため、記憶に鮮明に残っているという。これは、「陸軍省から私に届いた唯一の予測だった……七月八日以降の陸軍のどの通信も、なにも示してはいなかった」。*66 ショートの念頭にあったのは、日本がソ連に侵攻するだろうという予測だった。これは、ワシントンで好まれていた仮説であり、真珠湾が攻撃されるまさにその週まで、大統領や側近の多くが抱いていたものだった。ショートは七月八日の通信に関してその後も変更の知らせを受けなかったため、この仮説が南東への進軍を完全に否定するものではないとしても、一二月以降も尊重されていたとショートが考えていたのは正しかった。
七月八日の通信と七月二五日に受け取った通信のどちらに対しても、ショートによる回答の記録は存在しない。七月二五日の通信も海軍暗号で送られた。最初はキンメルに送られている。それには、即座に処理・伝達するよう「最優先」の印がつけられていた。

これは、海軍作戦部長と陸軍参謀総長からの合同電報である。ハワイ、フィリピン、カリブ海域の司令官、ロンドンのチェイニー少将に写しを送付。七月二六日一四時（グリニッジ標準時）、わが国は日本に経済制裁を発動する。これによって、日米間でのすべての貿易は禁止される。一定の物に関しては許可制とする。一定規格の石油製品、綿製品のほか一部の物品に対する輸出、生糸に対する輸入は認められるだろう。米国内の日本人資産や資金は、移動許可が認められなければ凍結されるだろう。米港に停泊する日本商船が、今回、拿捕されることはない。現在のところ、商船旗を掲げた米船舶は、日本が支配する港からの離港や、入港禁止を命じられる予定はない。海軍情報部長と陸軍参謀総長は、日

*65 *Ibid.*, Part 14, p.1326.
*66 *Ibid.*, Part 7, p.3180.

本が軍事手段を用いて即座に敵対行動を取るとは考えていない。しかし、そういった可能性に備え、適切な警戒措置を取ることをこの電報によって命じる。フィリピン陸軍は早急に待機するように。この電報は、海軍情報部長、陸軍参謀総長直属の者以外には秘密にすること。SPENAVO［海軍特別観測官］は、海軍参謀総長に対して伝達するが、情報の発覚に留意するように警告する。以下においても同様とする。太平洋艦隊司令長官、大西洋軍最高司令官、アジア艦隊司令長官、第一五海軍区司令官、在ロンドン海軍特別観測官。*[67]

調査した限りでは記録は残されておらず、ショートのG－2は、七月の危機に関してこれ以上の情報を持たなかった。ワシントンG－2が戦域のG－2に送ったのは、「静的情報」*[68]として知られるものだった。これは世界各国についての「統計や有益な軍事情報の要約」であり、「評価を示す情報をほとんど含まない」*[69]。これらの要約には、政治経済部門のほか、戦闘、民間航空、軍用航空などが含まれ、「大部にわたる」ものだった。毎年改定され、既存の情報に追加するためにルーズリーフ式で回付される。「この情報が、情報以上の意味を持つようになり、陸軍省の指令や提案のようなものになり、そしてその情報は……指揮系統を通じて伝達された」[70]。ショートのG－2は、ワシントンのG－2が参謀総長のために作成した「状況見積もり」についてはなにも知らなかった。これらには、経済制裁の実施につながるインドシナ危機に関する情報が含まれていたが、ハワイG－2は、外国軍の規模や配置について毎年情報を提出するだけではなく、差し迫った軍事的脅威についての情報収集のための独自の手段に頼っていた。

一九四一年五月一日から一二日までの間、ショートは厳重警戒態勢の模擬作戦を行った。五月二九日付のマーシャル宛の手紙では、次のように報告している。

作戦行動は三段階に分かれた。第一段階は、ある日突然、敵から攻撃を受けた場合に、航空作戦と現実的な課題をどうするか、工兵部隊が堡塁《ほるい》を構築するための物資供給や工兵機材の確保をどうするかである。航空活動では、陸軍爆撃機は海軍航空隊の協力によって

*67 *Ibid.*, Part 14, p.1327.
*68 情報部に対して、「動的」情報ではなく「静的」情報が提示されていたことについては、第5章を参照されたい。
*69 *Hearings*, Part 2, p.783.
*70 *Ibid.*, p.782.

海軍の指揮下で活動し、実際に海上二五〇マイルの地点に空母を配置し、爆撃した。空母の動きは完全に自由だったため、海軍哨戒機は空母を発見し、陸軍爆撃機に知らせる役目を担い、その後、攻撃を行った。敵の爆撃機が地上防衛を攻撃するときには、海軍航空機と陸軍爆撃機による攻撃が行われた。この段階のための警告を受けると、陸軍爆撃機は遠隔諸島の演習場に送られ、追撃機は分散させられた。海軍はこの段階では全面的な協力を行った。陸軍航空隊、海軍航空隊、対空兵器の協調について、これまでの演習以上に学ぶことができたと考えている。

弾薬や工兵の供給についての演習は、これまで実施されたことはなかった。そのために必要とされる時間と輸送に関しては、十分なデータを得ることができた。[*71]

ここからは、陸軍と海軍が、演習において積極的に密接に協力していた印象を受ける。そのことはショートの証言によって裏づけられている。[*72] 航空演習に関しては、キンメルもスタークに宛て、一九四一年六月四日付の覚書を送っている。

ハワイにおける陸海軍航空隊の連携はきわめて満足できるものであり、空襲警報に際して両軍が協力して行動するための演習が毎週行われている。これらの演習によってみつかった問題点は徐々に改善されつつあり、数カ月前に比べるとかなり改善されているようだ。一定の設備が供給され、それを用いた訓練が行われるまでは、不満足な状況は続くだろう。*73

ここでも、ワシントンの受け止め方には幾分誤解があった。ショートはマーシャルに次のように記している。「弾薬や工兵の供給については、これまで実施されることはなかった。この問題を解決するために必要とされる時間と輸送に関しては、十分なデータを得た」。現在、こういったデータを利用することはできないが、マーフィー議員がショートに尋ねたところによれば、この一二日間の演習では実弾は使われず、発砲もされなかったようだ。*74 弾薬箱は適切

*71 *Ibid.*, Part 15, p.1622.
*72 *Ibid.*, Part 7, p.3074f. G・A・ラッド艦長は、真珠湾攻撃前の演習はどれも「兵隊ごっこ」だったと述べた（一九五八年七月一九日のインタビュー）。ラッドは真珠湾攻撃時には軽巡洋艦セントルイスの艦長で、艦は攻撃を巧みに逃れ、被害を受けることはなかった。
*73 *Ibid.*, Part 16, p.2173.
*74 *Ibid.*, Part 7, p.3087.

な砲台に運ばれたが、どれも開かれることはなかった。実のところ、一二月七日以前には、ショートは弾薬箱を開けるような演習も警戒もまったく行っていない。供給品を「手つかず」にしていたことは、真珠湾攻撃後に陸軍査問委員会からかなりの批判を浴びた。しかし、このいわゆる「厳重警戒態勢」下において、ショートは七月には、破壊活動だけに対する警戒態勢が敷かれた一二月以上に敵の攻撃に備えていたのである。

七月二五日、もしくは二六日早朝にショートの手元にあったシグナルは次のとおり。

一　アメリカは、七月二六日、グリニッジ標準時午後二時に日本に対して経済制裁を科すだろう。「即座に敵対行動を取る」とは考えられないが、「適切な警戒措置」を取るべきである。

二　アメリカは、早い段階でフィリピン陸軍の待機を求めるだろう。

三　ドイツがヨーロッパロシアで決定的勝利を果たせば、日本はロシア沿海地方を攻撃するだろう。

四　日本は、占拠したインドシナの海陸空軍基地を活用しようとするだろう（これらの基地の占拠は七月二一日に行われた。ショートはこのことを公開情報、あるいは海軍情報から知ったと考えられた)。

五　日本軍は、英領と蘭領に向けて南進するだろう。

六　日本は、八月一日までに、米大西洋岸の港に停泊するすべての艦船に対して、パナマ運河の西への移動を命じた。日本からの船舶輸送は一時停止された。

ショートが、なぜ厳重警戒態勢を敷こうと判断したのかは知る術がない。理由の一つは、米政府が日本に対して二つの非友好的な行動[*75]を取ろうとしていることをシグナルから知ったためかもしれない。一つは禁輸措置、もう一つはフィリピン陸軍の動員である(七月二六日に実施)。

*75 戦争計画部は、フィリピン陸軍動員が日本の行動を促しかねないと一貫して主張していた。以下を参照。一九四一年七月一二日の陸海軍統合戦争計画委員会会議録(Watson, *Chief of Staff: Prewar Plans and Preparations*, p.495 で引用)。

## ハワイ海軍に対するシグナル

陸軍のショートが、厳重警戒態勢を敷くために必要な情報を得ていたのに対して、ハワイ海軍はそれ以上の情報を持っていた。それでも、キンメルもブロックも海軍情報部の他の誰も、七月二五日の警報について、陸軍に情報を送ることも、陸軍と協議することもなかった。一九四一年一一月から一二月にかけては、ハワイの陸海軍の間であまりコミュニケーションが取られることはなかったため、七月にもそうであり、海軍だけがワシントンから送られたマジック情報の恩恵を得ていたとの推測が妥当だろう。

ハワイ海軍は陸軍よりも多くの情報を得るだけではなく、それらを先に手にしていた。日本の今後の政策や動向についての陸軍に対する七月八日の通信は、キンメルに対して七月三日に送られている。*76 その口調は陸軍の通信よりも強かった。これは海軍の通信文の特徴であり、一一月二七日の最終警告に対する反応に大きな影響を及ぼした。海軍は、日本の今後の方針についての「推論」を「間違いない」とし、「近い将来、戦争が勃発する」、「中立条約は破棄されるだろう」(陸軍版は、「破棄されるかもしれない」)、「ヨーロッパロシアの崩壊まで攻撃は延期されるとしても、おそらくは七月末に向けて、ロシア沿海地方に対する主な軍事努力が行われるだろう」と述べている［傍点は著者による］。キンメルに対する電報には、「秘密厳守で、陸軍の主な司令官に伝えよ」との命令が含まれていた。しかしショートには、七月八日の陸軍電報の到着以前に、これを受け取った記憶がなかった。ワシントンの陸軍省が、海軍電報のもとになったのと同じマジック情報にアクセスしていたことを踏まえれば、陸軍が海軍とは別に送る予定だったのなら、なぜ五日の遅れがあったのかと疑問を持たざるを得ない。

キンメル宛の七月三日付電報の数分後には、別の電報が届いていた。

日本政府が、現在北大西洋とカリブ海域に在泊中の日本籍船舶一一隻のうち七隻に対して、パナマ運河を経由して太平洋に向かうよう命令を下したという決定的情報を七月一六日から二二日の間に入手した。通常のスケジュールでは、残った船舶のうち三隻は、同時期に太平洋へと移動するだろう。通常の行動を取る残る一隻は、七月二二日には立ち去るだろう。つまりすべての日本商船は、七月二二日までにはカリブ海域と北大西洋から姿を消すだろう。日本の実業界では、ソ連が七月二〇日に日本に攻撃されるとの噂が飛び交っ

*76 *Hearings*, Part 14, p.1396.

ている。きわめて信頼性の高い中国からの情報では、日本は二週間以内にソ連との中立条約を破り、攻撃するだろうと言われている。満州の日本陸軍の現在の勢力と配置は防御が中心である。日本艦隊の現在の配置は平常どおりであり、北か南のいずれかに動けるように見える。日本軍による決定的な動きが七月二〇日から八月一日の間に予想されるのは、先に述べた情報による。[*77]

日本軍は七月二一日に決定的な行動を起こすという点では、電報は正しかった。もっとも行先は、インドシナだったのだが。ソ連を攻撃するという予測は間違っていた。だが部分的には間違っていたとしても、この電報が詳細で明確であることは、最終警告とみなされたハワイ陸海軍に対する電報の文言をあとでもう一度確認するときに心に留めておくべきだろう。

七月七日には、マジックの翻訳に基づく二種類の通信がキンメルに届いた。[*78] これらは七月三日の海軍電報の重要な根拠の一部だった。

一九四一年七月七日

海軍司令部発

アジア艦隊司令長官宛
同報　太平洋艦隊司令長官

七月一日、東京発ワシントン宛、329
日本は、米東海岸に停泊する八隻の「～丸」[*79]に対して、すみやかに積荷を処理し、以下のスケジュールに従い、七月一六日から二二日の間にパナマ運河から太平洋へと進むよう指示した。一六日　東海丸、一七日　天城山丸、一八日　淡路山丸、一九日　Tosan 丸、二〇日　清澄丸、二一日　きりしま丸、二二日　ノーフォーク丸、飛鳥丸。

七月二日、東京発ベルリン宛、585（一部はリッベントロップ宛の英文メモ）
「日本は、共産主義者と積極的に戦い、東シベリアの共産主義体制を破壊するためにドイツと協力し、ソ連に関してはあらゆる準備を行う。同時に、日本は英米を抑えるため、南

＊77　*Ibid.*, p.1397.
＊78　*Ibid.*, p.1397f.
＊79　定期的に往復する日本の商船。

方での努力を弱めることはできないし、そのつもりもない。インドシナの新しい基地は強化され、枢軸国の勝利のために重要な貢献をするだろう」。

七月二日、ベルリン発東京宛、825

大島は上記を伝達し、リッベントロップに対して次のように伝えた。「松岡はすぐに決断を下すだろう。貴国が、これほど早くにロシアと戦うつもりだったとわが国に知らせてさえいれば、われわれは用意ができていたかもしれない。われわれは南海問題と支那事変を処理しようとしているため、決断をすぐに下すことはできない。しかし、ドイツがロシアと戦っているときにフェンスに座ってみているつもりはない」。

もう一種類の通信は、六月半ばの翻訳に基づくものだ。

一九四一年七月七日
海軍作戦本部発
宛先　アジア艦隊司令長官

同報　太平洋艦隊司令長官

六月一六日、東京発ベルリン、ヴィシー宛、519

松岡は、「サイゴンとカムラン」の海軍基地、南部仏印の「サイゴン、ビエンホア、プノンペン、コンポントラ、ニャチャン、ソクチャン、トゥーレーヌ、シェムリアップ」の空軍基地をフランスに要求するため、リッベントロップの支援を求める。日本は、これらの基地を拡大強化するため、可能であれば外交的に、必要であれば武力によって、すみやかにこれらを獲得することを決断した。主な理由は、イギリスの介入を防ぐためだ。

六月二一日、ベルリン発東京宛、739

リッベントロップは現段階では乗り気ではない。

六月二二日、東京発ベルリン宛、549、六月二二日、東京発ヴィシー宛、246

松岡はフランスと直接交渉するだろう。基地をすぐに確保する決意。

六月二八日、東京発ヴィシー宛、２５８
この日議論された仏印の基地については御前会議で裁可されるだろう。

六月三〇日、東京発ヴィシー宛、２５２
日本は現在、フランスに対して、上記基地に対する要求に同意させることがきわめて重要だと考えている。

その後のキンメル宛の七月一五日、一七日、一九日、二〇日付電報では、インドシナの基地を獲得するための日本の作戦計画と遂行にいたる詳細とすべてのステップが正確に記されている。七月一五日、キンメルは次の知らせを受けた。

日本は、［七月七日の通信に記されたように］相互防衛という名目で、仏印の海・空軍基地の占拠を提案するだろう……同時に日本は、可能であれば平和裏にフランスの合意を得て、この地域に必要な陸海空軍を駐留させようとするだろう。フランスが拒絶すれば武力を行使することを、日本は決定している。日本はこれ以上南進し、植民地政府に介入する意図は持たない……日本政府は、できればアメリカ、イギリス、特にアメリカとの対立を避けたいと考えているが、そのリスクはやむをえない。[*80]

七月一七日付のキンメル宛の電報には、日本によるヴィシー政府への最後通牒として六つの条項の概略が記されていた。回答期限は七月二〇日。ここで引用されていたマジック情報は、七月一二日に東京からヴィシー政府宛に送られていた。

日本は、南部仏印に対して、必要な陸海空軍を派遣する。フランスは示された海・空軍基地を移譲する……派遣軍は自由に活動する権限を持つ。フランスは衝突の可能性を避けるため、上陸地点の戦力を撤退する。ヴィシー政府は、上陸前あるいは後に、仏印軍に日本軍と詳細を調整させる。植民地は、占領にかかる費用として年間二三〇〇万ピアストル（旧南ベトナムの通貨単位）を支払う。

*80 *Hearings*, Part 14, p.1398.

この電報には、七月一四日に東京からヴィシー政府宛に送られた別のマジック情報、「陸軍は現在、七月二〇日頃の侵攻を計画している」が含まれていた。さらに七月一六日付の東京発ハノイ、サイゴン宛の電報には、「日本は反対されれば、あるいは米英が介入すれば、武力によって計画を遂行するつもりだ。Kanju 丸は、七月二四日明け方にすべての日本人を避難させるため、サイゴンに停泊している。暗号を焼却せよ。北部の日本人は避難するか、ハノイに移動せよ」。*81

さらにもう一つのマジック情報は、広東・東京回線で七月一四日に傍受され、五日後、キンメルに送付された。これによって、広東の軍部からの情報を得ることができた。日本の「当然の拡張」に米英が介入することに対する怒りが示され、以下のように詳細に記されている。

直近の目標は仏領インドシナ（仏印）を平和裏に占領することだが、もし要請があればレジスタンスを鎮圧して軍政を敷く……第二に我々の目的は、国際情勢が許せば、そこから急ぎ攻撃を仕掛けることだ……仏印占領後の次の行動は蘭領東インド（蘭印、現インドネシア）に最後通牒を送ること……シンガポール占領には海軍が主要な役割を担う……陸軍はシンガポール占領には一個師団しか必要ないが、蘭印には二個師団が必要となる……

広東、南沙諸島、パラオ、タイのソンクラー、ポルトガル領チモールと仏印に配置する航空兵力及び、南洋委任統治領、海南島、インドシナに配置する潜水艦隊により、わが軍に対抗する勢力を支援する米英の軍事力と能力を壊滅させる……第三に……占領に必要な兵力は、四個師団から成る第25軍、南支軍からなる第30軍として再編成され、第30軍は航空機、戦車と榴弾砲からなる特別な任務が与えられる……

キンメル宛の通信を発信した海軍作戦本部は、「上記は指令ではなく、広東の日本軍（支那派遣軍）の考えと意見を示しているようだ[*82]」とのコメントを添えていた。

第一六海軍区戦闘情報部隊からの同日付の別の電報は、東京からすべての領事館に送られた情報を含んでいた。「内閣が変わったが、三国協定が日本の国家政策の要であるという原則には当然ながら変更はなく、新内閣もあらゆる面で前内閣の政策を踏襲するだろう[*83]」というものだ。言及されているのは七月一六日の改造で、外務大臣が松岡洋右から豊田貞次郎に代わっ

*81 *Ibid.*
*82 *Ibid.*, p.1399.
*83 *Ibid.*

た。ルーズベルト政権を批判する者は、これをアメリカの世論に対する日本の譲歩と解釈している。というのも、松岡は枢軸構想を支持し、日本の拡張に対するアメリカの反対を認めないと率直な物言いを繰り返していたからだ。当時の内閣総理大臣近衛文麿は、回想録の中で、この内閣改造が期待したようには日米交渉の進展を促さなかったことを嘆くことによって、日本の立場を擁護している。しかしながら、ワシントンが前述の電報によって知っていたように、改造はうわべだけのものだった。豊田は独大使に対してひそかに次のように請け合ったという。「元外務大臣松岡洋右の後任として、私は彼の外交政策を踏襲し、日本、ドイツ、イタリアの密接な結びつきをさらに強化し、共通の精神で進むつもりだ[*84]」。

禁輸措置決定に関する七月二五日付通信の前にハワイ海軍に送られた最後の電報は、七月二〇日に第一六海軍区からキンメルと第一四海軍区宛に送られたものだ。そこには、東京からヴィシー政府宛に前日に送られたマジック情報が含まれていた。「陸軍の準備は整った。要求が受け入れられるか否かにかかわらず、二四日に攻撃を行なうことが決まった。命令は日本時間の七月二三日に発せられるだろう。命令には、受諾された場合の公式文書の交換に関する大使に対する指示が含まれている。東京に対するフランスの返事を知らせること等々[*85]」。この電報は、キンメルに対しては「通常」扱いで、海軍作戦本部に対しては「最優先」扱いで送られた。送付の速さは、送り手がその電報をどの程度重視しているかを示す最初のおおざっぱな指標である。第一六海軍区が、キンメルが取る可能性のあるいかなる行動に対しても、インドシナ情勢が直接的影響を及ぼすとは考えなかったのは明らかだった。その一方で、キンメルが七月の時点で、ワシントンからの情報と重複しない情報を、第一六海軍区から直接受け取っていたことは重要である。第一六海軍区は、カビテでマジック暗号の傍受と解読を行っていた。キンメルは八月の時点では、機密保持のために、カビテからだけではなくワシントンからもマジック情報が回付されなくなることを知らされていなかった。情報源としての「マジック」の特殊性、特にパープル暗号の傍受や解読についても知らなかったようだ。しかし七月には不満をこぼすことはなかった。山ほどの情報を受け取っていたのだから。

太平洋艦隊においてホノルルで通信分析を行っていた部隊は、マジック情報のほか、さまざまな日本艦隊の位置情報を豊富に持っていた。一九四一年七月には、一一月、一二月と同じように、日本艦隊のかなりの部分が「消えた」。つまり、アメリカの通信分析部隊が傍受でき

*84 "Tokyo War Crime Documents," No. 4052 F. Langer and Gleason, *The Undeclared War, 1940-1941*, p.640で引用されている。*The New York Times*, July 22, 1941では、口調は幾分弱い。
*85 *Hearings*, Part 14, p.1399.

るような手段では、相互に通信を行わなくなっていたのである。そのためレイトンは、日本艦隊は日本近海にいると考えた。これは正しかった。しかし一一月や一二月とは違って七月には、コールサインはしばらく変更されていなかった。また、無線封止についてのレイトンの解釈は、目視でも確認されていた。たとえば七月八日、ニューヨーク・タイムズ紙東京特派員、オットー・トリシャスは、「天皇が日本の今後について諮問」と題した記事を同紙に掲載した。日本艦隊の主要部分と思しきものが横浜港に姿を見せ、「隠そうともせず」外国領事館や事業所の面前に停泊していたという。彼はまた、大勢の乗組員が上陸許可を得ていることにも言及していた。レイトンがこの目撃情報を得ていたかどうかはわからない。しかし米領事館の職員がこの情報を得て、伝達したのは確かだった。

キンメルが入手できたインドシナ危機に関する最後の情報は、アメリカの禁輸措置を知らせる七月二五日付の陸海軍合同電報だった。これに対しても、それ以前の七月に入ってから受け取った通信に対しても、キンメルが応答した記録はない。ワシントンからも返信は求められなかった。七月三日付の手紙（キンメルは六日後に受領）では、スタークが重要な追伸の中で、七月三日の通信の一つに言及している。「現在のところ、前回の通信からわかるように、ドイツは日本に対して、来月中にソ連を攻撃するよう促したようだ。誰もがそう考えている。時間が経てばわかるだろう」[*86]。手紙自体は短く、米英蘭報告書（American-Dutch-British Report）に関するものだった[*87]。しかしこの追伸は、ロシアと日本の対立が差し迫っているというキンメルの確信を深めたに違いない。

キンメルが七月二五日までに受け取っていた情報には、いくらか矛盾があったのは本当だ。東京からの文面には、アメリカとの対立を避けたいとの願望が示される反面、枢軸側の方針やインドシナに侵攻し、そこからさらに南進する作戦を支持するものも含まれていた。米領土を直接攻撃するという意図を示すシグナルはなかったものの、日本のインドシナ占領に対する英米の抵抗を押し潰すことや、リスクを取る必要性についての不吉な発言が見られた。どのシグナルも情報源の信頼性は高かった。入手可能な情報を受け取ったキンメルの懸念は、アメリカの立場に立てばまったく妥当なものに思える。彼は、日本がイギリス、オランダ、ソ連を直接攻撃したなら、アメリカがどのような行動を取るのかを心配していた。そしてスタークと

＊86 *Ibid.*, Part 16, p.2171.
＊87 この報告書は通常、「ADB」と呼ばれる。米、英、蘭の陸海軍代表が一九四一年四月にシンガポールに集まり、議論したときの内容をまとめたもの。会議は、戦争が起きたときの極東での合同作戦の実施計画案作成を目的としていた。

同じく、もっぱら関心を持っていたのは、日ソ対立の可能性を推し量ることだった。残念ながら、のちに証拠として提出されたスタークとの通信は、六月四日から七月二六日までの分が省かれていたため、キンメルが七月の最初の三週間にその都度どのような対応をしたのかはわからない。

七月二四日、スタークはハート大将宛の自身の手紙の写しをキンメルに送った。ハートはアジア艦隊司令長官だったため、日本の最新動向に対してキンメルよりも強い関心を持っていた。キンメルがこれを受け取ったのは七月二九日になってからであるため、警戒態勢を求められた時期に入手していた情報には含まれていない。しかし、七月の間にスタークがなにを考えていたのか、現在は読むことのできない手紙の中でキンメルになにを伝えていたのかがわかる。七月二四日のこの手紙は、スタークが野村大使と交わしたばかりの会話に言及していた。

われわれは率直に話をした。私は野村大使に好感を持っている。君も知っているように、彼は海軍に友人が多い。彼は、インドシナのコメや鉱石が日本にとっては必要なのだと長々と説明した。私の推測では、日本はインドシナに基地を設け、しばらくそこに留まり、足場を固め、日本の最新の動きに対する世界の反応をうかがうのだろう。彼らがインドシナの基地を、ビルマロードに対する早期行動のために用いるつもりであるのは疑いない。もちろん、ボルネオを攻撃する可能性はある。われわれが日本に対する原油禁輸措置を取らない限り、近い将来起こりうるだろう。[*88]

スタークは禁輸に対する自身の立場を、これよりずいぶん前から明確にしていた。この手紙でもその主張を繰り返している。

禁輸の問題は何度も浮上している。私は一貫して強く反対してきた。大陸でのドイツとソ連の戦争の結果がもっと明確にならない限り、日本は沿海地方に関しては行動を起こさないと、私は考えている。ソ連が負ければ、日本がシベリアに侵攻する可能性はかなり高いだろう。そのときには、彼らは喜んで進み、それがどこで終わるのかは私にはわからない。[*89]

*88 *Hearings*, Part 16, p.2173.
*89 *Ibid.*

一方、キンメルは七月二六日にスタークに宛てて手紙を書いている。[*90] インドシナ情勢には言及していないし、七月二五日の電報を受け取ったかどうかにも触れていない。日米対立については、深刻にとらえていなかったのは明らかだった。しかし、イギリス、オランダ、ロシアが日本と先に揉めたときに、アメリカがどうかかわるかには強い関心を抱いていた。キンメルが、アメリカの姿勢と、取る可能性のある行動について知る必要があると強調していたことは重要だ。安全保障上の懸念から、政府の意図が戦域司令官には必ずしも知らされなかったとしても、その必要性はまさに現実のものだった。

七月二六日付のキンメルの手紙の一部は以下のとおり。

ベティへ。フォレスタル海軍次官の来訪が発表されると、私の部下は滞在中に議論するためのテーマのリストを用意した。次官の訪問の目的を知らなかったし、われわれの戦争計画や問題に関して知らされているかどうかもわからなかったが、私はこれらのメモを君宛の手紙に添える方が、迅速な行動ができるだろうと判断した。以下は、私が考えている主な項目だ。

一　国際情勢の変化に合わせるため、大統領（最高指揮官）に海軍省の方針と判断、その変更について常に知らせることの重要性。

a　われわれは、ソ連の参戦に対するわが国の姿勢に関して、なんら公式情報を得ていない。特に、米ソが太平洋でどの程度協力し合う可能性があるのか、あるとしたらいつなのか。現在の計画にはソ連は含まれておらず、協調行動、基地の合同利用、合同通信システムなども存在しない。新たな状況によってわれわれが存分に利用すべき可能性が広がり、相互支援のための機会を存分に活用できるだろう。疑問として残るのは、

㈠　日本が沿海地方を攻撃すれば、イギリスは日本に宣戦布告するのか。

㈡　㈠に対する答えがイエスなら、われわれは蘭印あるいはシンガポールへの攻撃の場合には、仮に想定されているように、積極的に支援するのか。

㈢　㈡に対する答えがイエスなら、合同行動や相互支援などのための計画は整っているのか。

㈣　㈠に対する答えがノーなら、イギリスはどのような態度を取るのか。わが国

*90　スタークは八月二日に受け取った。スタークの返事は八月一九日に口述された。

はどうか。

(五)　イギリスが日本に宣戦布告しても、わが国がそうしないなら、日本の海上輸送、太平洋海域の哨戒、商船攻撃などに関してどのような態度を取るのか。

b　対立の悪化によって、ソ連の状況は、わが国の極東防衛、特にグアムとフィリピンの防衛を強化する機会を与えるように思われる。戦況がどう展開しようと、日本の関心は(一)ソ連を攻撃するための戦力の転換によって、あるいは(二)ソ連による攻撃に備える必要によって、中国や南方への進出から部分的にそれるだろう。ドイツの東部戦線での成功が大きければ大きいほど、ソ連はアジアに向かうことになり、アジア圏での日本の「新秩序」に対する危険が高まるだろう。私の意見では、われわれはグアムでの配備を進め、フィリピンへの支援を推進すべきだ。ソ連対枢軸国の戦争が始まれば、われわれには時間が与えられるだろう。[*91]

キンメルの抱えていた疑問は、もちろんワシントンの計画立案者を悩ませていた問題であり、答えは簡単には出せなかった。キンメルにとっては、他の多くの者と同様に、日本によるソ連攻撃、あるいはその逆になれば、太平洋での戦争の準備をする時間ができるという希望を持たせるものだった。ソ連にとっても、ヨーロッパロシアで枢軸国を敗北させようと奮闘する国にとっても、この展望は好ましくないに違いない一方で、太平洋の米司令官たちにとっては当然ながら魅力的だった。しかし、当時、日本がソ連を攻撃する可能性は、ハワイでの警戒態勢の必要性を減じるほど十分な根拠を持つものではなかった。キンメルが、日本への禁輸措置に対するスタークの反対や、禁輸措置を課した場合の日本の対応に対するスタークの危惧に影響されていたことは疑いもない。そのためブロックと相談のうえ、キンメルは警戒態勢を敷いた。キンメルは、実際にはショートと同じシグナルを入手していた。それだけではなく、ショート以上に文書や証拠も持っていたのである。例を挙げれば次のようなものがあった。レイトンからは日本艦隊の位置についての詳細、海軍情報部からは日本商船が大西洋から撤退していると いう情報、海軍作戦部長からは日本のヴィシー政府に対する最後通牒、日本によって占領される予定のインドシナ基地の具体的な位置と名称、日本のソ連攻撃が迫っているという日本実業界でのうわさ、そういった攻撃の可能性をほのめかすスタークの手紙、英米の介入に抵抗する

*91 *Hearings*, Part 16, p.2239. スタークが海軍兵学校の新入生だった頃、クラスメートは独立戦争の英雄、ジョン・スターク少将の妻の名で彼を呼んだ。スタークは上級生に会うたび、「打ち負かせ、さもなければベティ・スタークは今夜、一人寝をすることになるでしょう」と声高に詩の一節を暗誦しなくてはならなかった。

という一部の日本人の決意表明。

以下は、キンメルが極秘情報源から得ていたシグナルの概要である。

七月――――日本艦隊の大部分が「消えた」。インドシナの基地占拠に英米が対抗したときのために、日本近海に停泊していると考えられた（情報源　第一四、第一六海軍区の無線通信分析）。

七月　三日――日本はソ連との中立条約を破棄し、七月二〇日から八月一日の間にソ連を攻撃するだろう。東南アジアでの日本の行動は、インドシナ基地の占拠と確立に限定されるだろう。しかし、英・蘭領に対する攻撃は除外されるはずはない。日本艦隊は、北、あるいは南に向かうことができる。すべての日本商船は、七月二二日までにカリブ海、北大西洋海域から撤退するよう命じられた（情報源　海軍作戦部長からの二つの電報）。

七月　七日――日本政府は六月一六日、ドイツに対して、ヴィシー政府に圧力をかけることによって、インドシナの基地を確保できるよう援助を依頼した。基地のリストが提供された。リッベントロップは乗り気ではない。六月二八日、インドシナに関する要請は御前会議で裁可されるだろう。六月三〇日、日本政府は、ヴィシー政府との外交交渉が失敗に終われば、武力を用いると宣言。七月二日、東京発ベルリン宛、日本政府はシベリア東部の共産主義者と戦うため、独軍に合流する用意があると発言。その一方で、東南アジアでは、英米を抑止する努力を怠るつもりはない（情報源　マジック情報を伝える海軍作戦部長からの電報）。

七月　九日――日本は今月中にソ連を攻撃する可能性がある（情報源　スタークからの手紙）。

七月一五日――日本はインドシナの基地を確保するために武力を行使する決意を繰り返した（情報源　マジック情報を伝える海軍作戦部長からの電報）。

七月一七日――ヴィシー政府への最後通牒。日本陸軍は七月二〇日にインドシナに侵攻（情報源　マジック情報を伝える海軍作戦部長からの電報）。

七月一九日――広東の日本軍は、次の目標は蘭印とシンガポールであると言明。「われわれは、わが国に対抗する体制を支援する米英の軍事力と能力を壊滅させる」（情報源　海軍作戦部長。指令ではなく、日本軍の意見を示しただけ）。

七月二〇日――日本陸軍は、ヴィシー政府が要求を受け入れるか否かにかかわらず、七月二四日に侵攻するだろう（情報源　第一六海軍区、マジック情報を伝達）。

七月二五日――アメリカは七月二六日に原油と綿製品の禁輸措置を取るだろう。「即座に敵対行動」が取られるとは予測できないが、「適切な警戒措置」が望ましい。アメリカはフィリピン陸軍に対して、近い将来、動員を求めるだろう（情報源　陸海軍合同電報）。

警戒態勢の必要性を示す最も重要なシグナルは、キンメルにとってもショートにとっても同じで、インドシナ侵攻に対してアメリカが取った報復措置――禁輸措置とフィリピン陸軍の動員――の通知だった。キンメルが取った措置で唯一報告されたのは、偵察を一五～二〇度の五〇〇マイル圏に数日間拡大することだった。

ホノルルの陸軍も海軍も、警戒のために取った行動をワシントンに報告しなかったようだ。どちらも警戒措置をわずか数日維持しただけだった。陸軍の場合には、ショートが「破壊活動に対する半警戒態勢」と位置づけたものが、七月二五日以降もそのまま維持された。「というのも、当時の現地は極度に不安定だったからだ。禁輸措置は住民の資力に影響を及ぼした。日本人が経営する事業は閉鎖された」[*92]。キンメルは、一九四一年の間中、太平洋艦隊を戦いの基盤とみなしていた。

## 危機に対する考え方

ワシントンの海軍作戦部長と陸軍参謀総長の執務室においては、七月二五日の電報の結果としてホノルルで取られた行動は、明らかにたいして重要ではなかった。海軍に対する電報を起草したR・K・ターナー少将は、キンメルがなんらかの行動をとることを期待していなかった。というのも、アメリカの動きに対する敵対的反応を予測する一方で、それが近い将来だとは考えていなかったからだ。一九四五年には、四一年当時の経済的・政治的状況についての陸軍参謀総長マーシャル大将の記憶は当然ながらおぼろげで、四一年一一月二八日以前に唯一警戒態勢が敷かれたのは一九四〇年六月だったと証言した。七月と一〇月の通信については、「私は警報が発せられたとは考えていない」と述べている。「それらは状況が悪化していることを示す情報だった。特定の日に関してどのような情報を得たかは、証言することはできない[*93]」。

*92 *Ibid.*, Part 7, p.3130.
*93 *Ibid.*, Part 3, p.1298.

このあいまいさは、マーシャルが証人としておおむね控えめだったことからも説明されるだろう。しかしまた、経済や外交の問題や、それらの外交政策に対する意味合いについて、陸軍が従来から関心を持っていなかったことにも起因する。こういった領域は、国務省やホワイトハウスの管轄だった。たとえばマーシャルは、禁輸措置が日米関係に及ぼした影響について一九四一年にはどう感じていたかと問われると、七月二五日の合同電報に記された以上の意見はないと答えた。[*94] しかし、この時期には「われわれの気持ちは……今思えば、スタークも私自身も、国務省などと協力し、この破綻を最後の瞬間まで遅らせようと試みるつもりだった。なぜなら、われわれは準備不足だったし、他の地域にかかわっていたからだ」[*95]と述べている。合同電報を送るうえでマーシャルは、おそらくは情勢が緊迫しているとの海軍の見方を踏まえ、また陸海軍の結びつきゆえに、海軍と足並みを揃えたのだろう。事情はどうあれ、彼が禁輸措置に反対した記録はない。ハーバート・ファイスは『真珠湾への道』（大窪愿二訳、みすず書房、一九五六年）において、マーシャルは「禁輸措置が管轄外だと考えたか、あるいは、日米関係の断絶をもたらすことはないと考えた」と結論づけている。[*96] 記録によれば、陸軍は、一九四一年の間に何度も延期を求めたという。しかし陸軍にとって最優先の関心事は、現地の防衛に活用できる資材、すなわち限られた量をさまざまな部隊ごとにどのように配分するか、議会にそのニーズの重要性を知らせ、輸送の質や量、スピードを速めるにはどうすればいいかだった。

マーク・ワトソンの著作によれば、第二次世界大戦中の陸軍戦争計画部の考え方を示す公式記録でも同じことが強調されている。一九四一年の七月危機や夏の間の極東をめぐるワトソンの記述は、フィリピンの防御力増強という問題だけに注意を払っている。なにがアメリカのフィリピンにおける関心を刺激したのかをワトソンは推測し、ここで述べたような新たな日本の脅威を原因と考えることを否定する。禁輸措置の問題には言及していない。彼は最後に次のように締めくくっている。

> ……フィリピンでアメリカの活動が急激に増加したのは、新たな脅威への警戒というよりは、B－17爆撃機の開発によって、フィリピンがはじめて、現実に、効果的に、脅威に対抗できる武器を持ったことを、アメリカが突然認識したためだと推測する向きも当然あるだろう。*97

*94 *Ibid.*, p.1079.
*95 *Ibid.*, Part 32, p.560.
*96 Feis, *The Road to Pearl Harbor*, p.240.

これが、ワトソンの本が出版され、あらゆる記録が利用可能になった一九五〇年当時の陸軍の典型的な考え方であるなら、一九四一年の時点では、兵器技術と物資の入手可能性もまた、陸軍の外交政策見積もりにおいて大きく考慮されていた。七月には、フィリピン防衛は、ハワイ諸島の防衛よりも緊急性を持つとみなされていたのは確かで、フィリピン防衛に関係する将校には明晰に記憶されていた。この頃ホノルルは、米軍の他の駐屯地よりも多くの装備を供給されていて、一般的には難攻不落とみなされていた。

陸軍とは対照的に、海軍は日本への制裁措置に対して強く明確な姿勢を取っていた。合同調査委員会での海軍証言には、この件に対する控えめな姿勢は見られなかった。たとえばターナーは、禁輸を認めなかったことを次のように証言している。

私は、禁輸措置が日米間の戦争を確実にすると考えた。

……

七月半ばに始まった第三次近衛内閣の崩壊と、軍国主義内閣の誕生を後押ししたのは確実だろう。禁輸措置は、近衛内閣を弱体化した。思うに近衛内閣は、わが国との戦争を避けようと努める一方で、イギリス、オランダとの戦争についてはやむなしとしていた。*98

スタークも禁輸措置に関する意見を長々と述べている。ルーズベルト大統領は、日本に対する禁輸措置を最終的に決断する前にスタークに意見を求めていた。スタークはターナーに検討を求めた。この検討は七月一九日に終了し、スタークが承認したことを示した添え状とともに大統領に届けられた。そこに記された主な結論は以下のとおり。

禁輸は、日本によるかなり早い段階でのマレーや蘭印への攻撃を招くとともに、太平洋でのアメリカの参戦を促すだろう。太平洋での戦争がアメリカによって受け入れられるなら、それにつながる行動は、仮に可能であれば、日本がシベリアでの戦争に突入するまで延期されるべきである。日本は、イギリス、オランダに対する早期攻撃を決定しているだろう。しかしまた、シベリアでソ連を攻撃するため、インドシナを占領し、そこでの地位を強化しようともしているだろう。そうなれば、アメリカは大西洋での戦争に参加するこ

*97 Watson, *Chief of Staff: Prewar Plans and Preparations*, p.440.
*98 *Hearings*, Part 4, p.1945.

とになり、日本は当面、イギリスに対してさえ干渉しないだろう。*[99]

スタークは、「現段階では、日本に対して禁輸措置を取るべきではない」と主張した。

禁輸をめぐる陸軍と海軍の対立によって、当然ながら、入手可能なシグナルの評価は異なるものになった。と言っても、「対立」は言い過ぎかもしれない。もっと正確に言えば、海軍は禁輸措置に対する方針を持っていたが、陸軍は無関心だった。この違いは、陸軍の七月八日付電報の穏やかな口調と、五日遅れでハワイに送られたところにもあらわれている。陸軍G－2と戦争計画部によるシグナルの解釈にも影響しているだろう。

## G-2はシグナルをどのように解釈したのか

戦争計画部とG－2の評価は非常に近かったため、現時点では両者を結びつけて考えることができる。陸軍戦争計画部は、参謀総長に最も近く、彼の判断に影響を与える立場にあった。というのも一九四一年には、陸軍省参謀のさまざまな部門の統率・調整において主要な役割を担っていたからである。*[100] 合同調査委員会では、戦争計画部による七月危機の戦略見積もりは公表されなかった。しかし戦争計画部とG－2が情報を交換していたのは確かだ。七月二五日の合同電報の案文作成にかかわったレオナルド・T・ジェロー准将は、当時の戦争計画部長で、戦域へのあらゆる作戦命令に責任を負っていた。彼は、「敵についてのあらゆる情報の評価」[*101]に関してはG－2に頼っていたと証言している。残念ながら合同調査委員会では、一九四一年七月と一〇月の通信についてジェローに質問する者はいなかった。ただし、この時期のG－2戦略見積もりの一部は見ることができる。

それらのほとんどに、当時の情報部長シャーマン・マイルズの署名があり、前述したマジック情報の中身とかなり近かった。導かれる仮説も、日本が南よりも北へ動く可能性が高いこと、日本がアメリカと公然と対立する姿勢を示していることなど、すでに本書で見てきたものと同じだった。以下は、合同調査委員会で証拠として提示されたG－2覚書の主な仮説と見積もりである。

*99 *Ibid.*, Part 5, p.2384.
*100 戦争計画部はG－5だった。そのほかの参謀部門、G－1（人事）、G－2（情報）、G－3（動員と訓練）、G－4（補給）はいずれももっぱら作戦域外の問題に関与していた。
*101 *Hearings*, Part 3, p.1039.

七月　七日——シベリア東部の情勢に関する参謀総長宛覚書から。「日本は東シベリアの陸上部隊に対して攻撃的な行動をとる可能性は低い……［なぜなら］現在の南進の意思を北方に変えようとは考えていないからだ。これは……日本が、日本海、オホーツク海、ベーリング海の入り口の海上封鎖を行い、外モンゴルを経由してヴェルフネウジンスクへの圧力を強化する可能性を除外するものではない」[*102]。

七月一一日——戦争計画部参謀次長宛の覚書から。「海軍当局と実業界は、アメリカがヨーロッパでの戦争に参加するか否かにかかわらず、アメリカとの対立を避けるためにあらゆる努力をするだろう……」。

「……日本は徐々に中国から撤退し、東南アジアにおいて、あるいはソ連に対抗して、陸上部隊の配備を続けるだろう。大日本帝国の願望は枢軸国の勝利と密接に関係している。日本はドイツから、すみやかにソ連を攻撃するようにと強い圧力を受けている。にもかかわらず無鉄砲な行動は避け、一方でソ連との戦争を、他方で米英との戦争を回避するという方針を継続するだろう。ソ連か南西部に対する行動のどちらかを選ばざるを得ないとしたら、あるいは選ぶとしたら、ドイツのソ連に対する勝利によって……特に海軍戦力の分配、ウラジオストクを通過してソ連に物資を送る試みをめぐるアメリカの行動によって、影響を受けるだろう。南進が選ばれるなら、タイとインドシナ経由で英領マレーを攻撃する一方で、香港とフィリピン諸島の封じ込めが行われるだろう」[*103]。

七月一七日――日本の仏印への動きに関する参謀総長宛の覚書から（この覚書は、日本のヴィシー政府への最後通牒と、七月一六日の内閣退陣発表の詳細を示す）。「一つの事実が明らかに見える……ヴィシー政府が熟考の機会を与えられ、インドシナへの遠征は延期されるか中止になるだろう」[*104]。

七月一七日――日本軍の追加動員に関する参謀総長宛覚書から。「この部隊の意見では、最初の侵攻は、ここで勢力を安定的に拡大しているドゴール派、親英派、親米派に対して攻撃を行うためにインドシナに進むだろう。日本は満州国で勢力を強化しながら、独ソ戦の結果を待つだろう。ドイツがヨーロッパロシアと衝突し、シベリア駐屯

*102 *Ibid.*, Part 14, p.1335.
*103 *Ibid.* p.1337f.
*104 *Ibid.*, p.1342.

兵が勢力と士気を減退させるなら、そのとき日本は、長く望んでいたシベリア沿海地方を掌握するために動くだろう」[*105]。

七月一八日――日本の新内閣に関する参謀総長宛覚書から。「新内閣はきわめて国家主義的だと考えられるだろう。軍出身者が外務大臣になった場合よりもおそらく穏健で保守的である一方で、日本の南進が加速されるだろう……豊田貞次郎は商工大臣としての任務を終えたばかりであり、日本の対外貿易と国内経済の嘆かわしい状況を十分認識している」[*106]。

七月二五日――日本に対する制裁に関する参謀総長宛覚書から。「禁輸決定に関する情報の受領前に記されたもの」という鉛筆書きのメモあり。「このところ米政府の政策は、士気の妨害と輸出統制によって日本を抑制するという願望に基づいていた。どちらの手段も、マレーシアや蘭印に対するさらなる攻撃へと日本を駆り立てるほど厳しいものではなかった……日本は現在、こういった穏やかな抑制を突破している……そして今では、フィリピン諸島を含む太平洋南西部におけるあらゆる地域の安全を脅かす新たな侵略に乗り出している……日本に対する効果的制裁を控える理由は、もはや存在しない……」。

「……戦争計画部の意見では、われわれが現在課している日本に対する効果的な経済制裁は、日本にさらなる攻撃的行動を強いることはないだろう。日本は、好機が訪れたときにそういった行動を取ることを計画してはいない。また、経済制裁が日本によるわが国への宣戦布告を促すこともないだろう。わが国のこういった行動は、われわれの注意を主要作戦戦域からそらせる必要はないし、そらせるべきではないだろう。それどころか、こういった方針を取ることによって、われわれはイギリスのために、われわれ自身のために、物資補給を確保できるだろう。わが国の国防の観点から、それらが日本の手に渡れば、捨てるよりも悪い」[107]。

これらの覚書の日付を確認し、マジック情報を一方に、ニュースなどの公的情報源をもう一方に置いて比較すれば、G－2の見積もりは時期的にはニュース情報源とほぼ同じだとわかる。内容的には、見積もりの方が情報量が少なかった。たとえばニューヨーク・タイムズ紙の

＊105 *Ibid.*
＊106 *Ibid.*, p.1343.
＊107 *Ibid.*, p.1344f.

記事はどれも、七月一六日の日本の内閣改造が、ヴィシー政府に熟考の機会を与えることになるという拙速な結論を出してはいなかった。

一九四一年七月のニューヨーク・タイムズ紙の主な極東関係記事に目を通してみると、この印象が確認できる。七月四日の上海からの特報には、「日本はおそらくドイツと協定を結び……二週間以内に仏印とおそらくはタイに向けて南進する準備をしている」と記され、蘭印を攻撃するための海軍基地を確保できるまで、米英との紛争は避けたいと日本が願っていることがわかる。同日の東京からの報告は、日本艦船の大西洋からの撤退と、貨物船二隻によるアメリカへのクロム鉱石輸送のキャンセルを伝えている。七月一日から一七日までの記事は、独ソ戦に対して日本政府がどのような政策を取るのかを推測していた。七月一一日、オットー・トリシャスは、日本がわが道を進み、その軍事力に頼らなくてはならないと近衛首相が述べたと伝えた。日本の報道機関は、独ソ戦に関しては冷淡な中立を保ち、重慶を支援する米英を攻撃しているという。トリシャスは七月一四日には、米英の外電に対する検閲など新たな戦時制限について伝えている。通信に対する制限の強化は、アメリカの諜報活動に重要な影響を及ぼした。しかし入手可能なG－2や海軍情報部の七月のファイルには、それらへの言及はない。

七月一五日には、AP通信の日本についてのニュースが一面を飾った。「日本の南方攻撃近づく。インドシナとタイが標的。神戸港は外国人に対して一〇日間閉鎖」。上海の日本軍と海軍関係者は、日本が「モスクワが陥落する日」あるいは八月一五日のどちらかに、シベリアでソ連を攻撃するつもりだとの噂を広めていたようだ。しかし他国の軍関係者は、これがソ連に関する神経戦でもあり、日本の真意を隠すための煙幕だと確信していた。彼らは、インドシナは次の標的だろうけれど、ヨーロッパロシアが破綻すれば、日本はシベリアを攻撃する危険を冒すかもしれないと述べた。

七月一六日、ダグラス・ロバートソンは、日本政府の一部が極東での予想された戦争に突入しようとしていると、上海から報じた。松岡外務大臣は南進を支持していた。一方、重光葵はシベリア攻撃を促した。同日付の記事には、仏印総督ジャン・ドゥクーに宛てた日本政府の要求が列挙されている。ニューヨーク・タイムズ紙は、七月一七日に日本の内閣総辞職のニュースを掲載し、シベリア侵攻の前兆かもしれない中国からの部隊の移動を知らせた。七月一八日と一九日の速報は新内閣についてで、豊田貞次郎の外務大臣就任を伝えた。ワシントンのハレット・アベンドは、そのコラムにおいて、内閣改造を、ロシアや枢軸国との結びつきを一掃し、自国の利益を邪魔されずに追求するための言い訳とみなした。しかし七月二二日には、豊田外相が枢軸国の大使に対して、日独伊防共協定は揺るぎないものであると告げたとの報道がなされた。インドシナについてのニュースは、国境付近への兵の集結、日本軍艦の南に向けての出航、日本のインドシナ占領を正当化することになるようなインドシナでの英仏による侮辱的行為の疑惑を相変わらず強調し続けていた。

七月二三日の一面には、ワシントンDCのジョン・H・クライダーによる記事が掲載された。「わが国はインドシナ侵攻に対抗し、日本への経済制裁を計画」。アメリカは日本の資産を凍結し、日本への石油製品の輸出を禁じ、日本の金購入を中止する。翌日には、ヴィシー政府が南部仏印進駐についての日本の要求を受け入れたこと、アメリカは日本との対話を打ち切ったことが報道された。七月二五日、ルーズベルトは石油禁輸をほのめかし、国務次官サムナー・ウェルズは日本の「侵略」を非難した。サイゴンからは、日本軍艦がインドシナに到着したとの知らせが送られた。大統領は民間防衛のための「ボランティア参加委員会」のメンバーに対して、なぜこれまで日本への制裁を控えてきたのかを非公式に説明した。七月二六日のニューヨーク・タイムズ紙一面には、「米英が日本資産を凍結」との見出しが掲載された。トリシャスは東京から、日本はアメリカの姿勢に憤慨していると伝えた。次のような小さな報告記事もあった。「ハワイで警戒態勢。ホノルルの陸軍は、七月二五日、警戒訓練を命じる。日米の緊張が高まっているためにこの命令が出されたという報道に関するコメントを、陸軍関係者は拒否した」。七月二七日の見出しは、「日本が米英の資金を凍結したため、ルーズベルトは陸軍にフィリピン軍の動員を命じた」。

このように、ニューヨーク・タイムズ紙で報じられた七月一日から二七日までの極東に関するニュースをまとめてみた。要約ではあるが、G－2の見積もりが、マジックだけではなく、誰もが入手できる資料にも基づいていた可能性を示唆するには十分だ。前述のG－2覚書では（二四一～二四五ページ参照）、最初にインドシナへの言及があったのは七月一一日だったが、かなり漠然としていた。「南進が選ばれるなら、タイとインドシナ経由で英領マレーを攻撃する一方で、香港とフィリピン諸島の封じ込めが行われるだろう」[*108]。G－2の極東チームのようにマジックへのアクセスが可能な者はみな、日本がすでにインドシナに対する具体的な計画を持っていたことをこの日までに知っていたはずだ。七月一七日のG－2覚書によれば、ヴィシー政府に対して日本政府が最後通牒を突きつけたことを、参謀総長は七月一五日に知らされていたという。この詳細は、七月一六日のニューヨーク・タイムズ紙で知ることができる。七月一七日に同紙で報告された内閣総辞職は、七月一八日付G－2覚書のテーマだった。

*108 これは、一九四一年五月二四日の見積もりでの評価をそのまま繰り返したものだった（*Ibid.*, Part 21, p.4759.）。

七月二三日に同紙に掲載された制裁に対する提言は、G－2覚書では七月二五日に記されている。

内閣総辞職についての最初の報告に関しては、G－2のアナリストは、「インドシナ進駐は延期されるか、中止の可能性もある」と結論づけた。翌日（七月一八日）には、新内閣の構成を知り、「日本軍の南進が加速されるだろう」と判断している。これらの二つの意見は、陸軍の数少ない短期予測だったが、残念ながら両者は矛盾していた。七月七日付G－2覚書は、七月八日にホノルルの陸軍に送られた電報とは明らかに違っていた。その電報には、「日本が東シベリアの地上軍に対して、積極的に攻撃を加える可能性は低い……」と記されていた。これもかなり明確な予測であり、正しかったのだが、陸海軍の計画立案者の当時のあらゆる考え方とは対立していた。この予測はすぐに消え、七月一七日の覚書では当時もっと一般的だった見方が記されている。「ドイツがヨーロッパロシアを鎮圧し、シベリア駐屯兵の勢力と士気を減退させるなら、日本は長く望んでいたシベリア沿海地方を掌握するために動くだろう」。もしもマジック情報や戦域宛の通信をG－2のアナリストが入手でき、理解できたなら、対立する予測は行われなかっただろう。仮にこういった情報を実際に入手できていたのなら、G－2は一流新聞社ほどの情報や分析能力を持たず、もっと慎重だったとしか考えられない。

G－2の予測は「～だろう」とか「～のようだ」といった文章で記され、起こりうる可能性が注意深く列挙されていた。G－2を率いていたマイルズは、北進か南進かという問題に関して、証拠を比較検討することを拒否した。その一方で海軍とは対照的に、禁輸に関しては明確に支持する姿勢を示した。特にこの点に関しては、マイルズは戦争計画部の意見を主導するというよりは、そのまま示していたのだと考えられる。というのも、彼の同意が示された時期がかなり遅かったからだ（七月二五日、禁輸が実施される直前だった）。実のところ、彼はニューヨーク・タイムズ紙の記事を読んでいて、自身の同意を表明しても安全だとわかっていた。すでに見てきたように、禁輸措置の実施がメディアに漏れたのは七月二二日で、翌日の新聞に掲載された。制裁の実施が日米戦争の可能性を高めることはないというG－2、そしておそらくは陸軍省の立場は、禁輸措置と七月二五日の警戒態勢が、ワシントンの陸軍関係者の記憶から抜け落ちていた一因でもあるだろう。

### そのほかのワシントンのシグナル

しかしながらG－2に公平であるためには、日本の内閣でさえ、北か南かについては意見が分かれていたこと、米政府の中でも禁輸措置について見解が分かれていたことを忘れてはならない。国務長官スティムソン、財務長官モーゲンソー、内務長官イッキーズは、大統領に対して、石油の禁輸措置を至急取るようにと何度も提言していた。大統領は、禁輸が日本をソ連か蘭印への攻撃に向かわせる最後のひと押しになるかもしれないという海軍の意見に賛同していたため、決断を先送りしていたようだ。一九四一年七月一日には、イッキーズに宛てて次のように記している。

どちらの方向に向かうのか、ソ連か南太平洋のどちらを攻撃するのか（そしてドイツと運命をともにするのか）、中立を守ってわが国ともっと友好的につきあうのかを決断しようと、日本人が熾烈な戦いを繰り広げていることを知っておくことは、君にとっても関心事だろうと思う。どのような決断が下されるかは誰にもわからない。しかしご存じのように、わが国が太平洋の平和を維持するためには、大西洋の統制はきわめて重要である。わが国には動き回れるだけの数の海軍がいない。太平洋でのどのようなささいな出来事も、大西洋で軍艦の数が足りないことを示している。*109

七月二日に傍受されたベルリン宛のマジック情報は、七月八日には翻訳され回付されていた。そこには、防共協定を守り、南方への拡張計画を推進し、米英との来たるべき戦争に備える決定を内閣が下したことが記されていた。それまで禁輸を挑発行為とみなしていたルーズベルトとハルは、この情報に接して考えを変え、抑止力とみなすようになった。七月二一日には、ルーズベルトは日本に協調を促すために、完全な禁輸措置の実施という脅威に頼っていた。この姿勢から、政権の優柔不断とともに、禁輸法の文言がなぜ厳密さを欠いていたかがわかる。ルーズベルトは、「[禁輸]政策は……いつ変更されるかわからない。この先、われわれはいかなる許可も与えないだろう」[*110]。ロンドンの側近ハリー・ホプキンスに宛てた七月二六日付電報において、ルーズベルトは日本資産の凍結という米英の行動の結果に満足を示した。

日本政府は当惑し、今後についての決定的な方針は定まっていないという。私は野村大使に対して、インドシナを英、蘭、中、日、米によって中立化し、スイスのような地位に置くことを提案した。これを彼[チャーチル]に内々に伝えてほしい。日本はコメと肥料

*109 *F. D. R.: His Personal Letters: 1928-1945*, ed. Elliot Roosevelt and Joseph P. Lash, Vol. II, p.1174.(以後、*Letters*)
*110 一九四一年七月二四日の閣議記録。Langer and Gleason, *The Undeclared War, 1940-1941*, p.649. より。

を手に入れる。ただし、インドシナから完全に兵を撤退させるという条件で。私はまだ回答を得ていない。おそらく望ましくない返事が来るだろう。それでも南太平洋への日本の拡張を避けるために、少なくともさらにもう一つの努力はしているのである。*111

七月二日付のマジック情報（七月八日に翻訳）は、G－2と海軍情報部には回付されたが、キンメルには回付されなかった。G－2はすぐにそれを活用したようには見えない。この時期の証拠として提出された唯一の戦略見積もりは、海軍情報部極東課長のA・H・マッコラムが記した一九四一年七月二日付の覚書「日本による早期攻撃の可能性」だったため、海軍情報部がこのマジック情報をどのように活用したかは知る術もない。この覚書からは、七月三日付の二度目の海軍電報でキンメルに知らされた情報の内容がわかる。

一　第三海軍区司令官は、日本の実業界に詳しい信頼できる情報筋が、日本は七月二〇日にロシアを攻撃するようだと述べたことを報告している。ニューヨーク在住の日本の実業界関係者が、日本政府の行動を示す確かなバロメーターだとは証明されていない［傍点は著者による］ため、この報告に信頼を置き過ぎるべきではない。とはいえ、

以下の要因は、わが国にとっては不快な行動が計画中であることを示唆するだろう。すなわち、

(a) 六月二五日頃から、米東海岸や湾岸港に向かう日本の商船が見当たらなくなっている。この趨勢《すうせい》が続くなら、二週間ほどのうちに日本商船は大西洋から姿を消すだろう。

(b) 日本が資金を援助する中国の汪兆銘政府に対する枢軸国からの同時承認は、日本が非枢軸国に対する積極的な侵攻を約束したことによって実現しただろう。

(c) 日本政府が独ソ戦争に関して方針を決定したという本日の発表は、そういった方針やコメントの発表が遅れていたことと相まって、この方針が、頻繁に宣伝された南進政策以外のものである可能性を示唆する。

(d) 日本は、シベリアのアムール地方を長年渇望していた。安全保障の手段として、またこの地域の天然資源を入手するためでもある。

二 日本軍の現在の配置を見れば、ロシアをいかなる形でも突然攻撃することはないよう

*111 *Letters*, Vol.II, p.1189f.

に見えるだろう。仮に奇襲が計画されているとしても、日本軍の構成と配置からは、南シナ海沿岸に対するもっと小規模な行動か、仏印でのさらなる拠点確保に向かうものだろう。ただし海軍に関しては、短期間に再編されるだろう。ロシアに対する攻撃可能性は現段階では低いと考えられるものの、完全に除外することはできない。*112

興味深いことに、海軍情報部は、日本の実業家からの情報を「確かなバロメーターだとは証明されていない」とし、日本が七月二〇日にソ連を攻撃するという噂を伝えるホノルル宛電報からは除外した。

G－2と海軍情報部が国務省を通じて入手できた他の情報には、ロンドンのジョン・ギルバート・ウィナント駐英大使からの一九四一年七月四日付電報、極東情勢について助言を行うマクスウェル・ハミルトンからハル国務長官宛に送られた七月五日付覚書、国務省が極東情勢についてまとめた七月一〇日付要約、七月八日付の蔣介石から大統領宛の通信が含まれた。どれも、日本がビルマロード、シンガポール、蘭印を攻撃するため、インドシナとタイを軍事的に統制しようとしているという報告と一致するものだった。蔣介石からの通信は以下のとおり。

きわめて信頼できる日本の情報筋によれば、七月六日にドイツ、イタリア、日本の間で秘密協定が結ばれ署名された。日本の一定の権益を認めるとともに、日本の南進とシベリア攻撃を認めるものである。大統領に即刻伝達されたい。[*113]

蔣介石の逓信大臣からの同日付の電報は、日本が「シベリア問題に対処する前に、シンガポールと蘭印に向けて南進する」決断を下したという「決定的情報」を伝えた。[*114] この大臣は、七月四日付ベルリン発の以下の電報を転送している。

三つの枢軸国は、それぞれの利益と責任の範囲に関して合意に達したものの、行動の時期については同意できなかった。ドイツとイタリアは日本がすみやかに南進することを望んだが、松岡は当時の状況を踏まえ、同意しなかっただろう。独ソ戦勃発以降、日本のウ

*112 *Hearings*, Part 15, p.1852.
*113 *Ibid.*, Part 19, p.3496.
*114 *Ibid.*, p.3497.

ラジオストクに対する早期攻撃とともに、英、蘭に対抗して南進するためにインドシナとタイの日本軍基地統合を求めることで、三国は完全な合意に達していると私は認識している。*[115]

七月には、グルー大使と部下は、日本の閣内対立、枢軸国に関連して想定される行動、日本のメディアによる報道、インドシナ侵略が迫っているとの噂についての情報をも国務省に伝達していた。グルーは、仮に日本がインドシナを攻撃すれば制裁を課すつもりであることを、米政府が内々に日本政府に伝えるよう促した。そうなれば禁輸措置は、「既成事実」に対する罰としてではなく、事態が現実になる前の交換条件として働くだろう。グルーは、マジック情報の配布対象者には含まれていなかった。実のところ、この頃にはワシントンからまばらにしか情報が届かなかったため、ワシントンでの国務省と日本大使との交渉の進展を知るには、イギリス人の同僚に頼らざるを得ないと、七月一〇日付の電報でこぼしているほどだ。*[116] これはつまり、グルーが日本の政治情勢に精通し、彼のワシントンへの通信には有益な情報がふんだんに含まれていたというのに、それらには首都で得られる情報による裏づけが欠けていたことを意味していた。このように情報が提供されなかったことは、大使レベルでの機密保護の意義という微妙な問題をふたたび提示するものだ。ワシントンは、秘密外交によってどのような成果を大使に期待していたのかという疑問も生じる。

当時の米政府は、マジックのほかにも多くの情報源からの確証を得ていた。たとえば、優れた公共ニュースメディア、東京の大使館、蔣介石政府、国務省の極東専門家、海軍の通信分析班などである(G－2からの情報には新しいものはなく、海軍情報部の解釈はあいまいだった)。これらのシグナルは、日本軍のアジアでの差し迫った動きが北か南のどちらに向かうものかを明確に示してはいなかった。また、どのシグナルも、一九四〇年六月のシグナルと同じく、アメリカに対する直接攻撃を告げるものでもなかった。日本の脅威には、インドシナへの日本軍の拡張に対する米英のいかなる「抵抗」に対しても武力を行使するという暗黙の危険が存在していた。しかし一九四〇年の時点では、日本が北へ向かうか南へ向かうかについて、道義的に認められないと言明する以外は、アメリカの政策がどうあるべきかを誰も確信を持って予測することはできなかった。

しかし禁輸措置についての噂が広がり、数カ月をかけての議論を経たのち、グルー大使に

*115 *Ibid.*, p.3498.
*116 Langer and Gleason, *The Undeclared War, 1940-1941*, p.637.

は日本政府にひそかにわが国の意図を明かさせ、スタークには日本との戦争を確実な結果として予測させ、イッキーズには、禁輸が実施されなければ辞任すると言わせることになった。長い議論ののちに決定が下されたタイミングは政府内の多くの人間にとっては驚きであり、日本にとっても驚きだった。禁輸が米英の「抵抗」と解釈される可能性がありながら、政府はリスクを冒そうと決意した。ワシントンの軍関係者は、これを抑止のための行動というよりも挑発と解釈し、そのことを合同電報で明言した。ここからはっきり言えるのは、七月二五日の警戒態勢に対する主なシグナルは、南進という日本の行動ではなく、米政府の取った行動だったということだ。

現在では、ワシントンの軍関係者（情報部と作戦部を含む）、国務省、ホワイトハウスの関係者が、海外の司令部よりも多くのシグナルを受け取っていたことは明らかだ。実際彼らは、日本が次に取る積極的行動についての対立するメッセージや、野村大使との対話や日本の高官の声明についてのさまざまな解釈にさらされていた。なにが日本を効果的に抑止するのか（しないのか）という政策をめぐる激しい議論にも巻き込まれていた。一方で戦域司令部は、日米の直近の主な動きを示す豊富な情報からの抽出物を受け取っていたのである。幸い、彼らが受け取っていた情報のほとんどは、マジック情報に基づく正確な情報だった。主な例外は、シベリアに対する動きの予測だ。ワシントンがハワイ陸海軍に警戒態勢を取らせようとしていたか否かは別として、送られた通信の口調は警戒態勢を促すものだった。

この警戒態勢についての研究から明確に浮かび上がるものがあるとしたら、それは専門的な、あるいは党派的な情報源からの対立する膨大な情報を評価するための中枢組織を持つことの正当性である。仮にワシントンが、入手できるすべてのシグナルを海外司令部に伝達しようとしていたなら、無限の混乱を生み出しただろう。秘密情報に対する特別なアクセスは、事態の成り行きを予測するためには必要でも十分でもないため、国際情勢についてのニュースを解釈する専門家を配した評価のための中枢組織を備える必要があることも明白だ。政治情勢の予測が実際に不確かなものになるのは、関係国の利害が複雑に絡み合っているためだ。結果として、優れたニュースレポーターの持つ知識やそれを活用する能力の方が、限られた最高機密電報へのアクセスよりも役に立つ。政府が全面的検閲を試みるのは危機が迫ってからであるため、レポーターはたいてい、電報に含まれる秘密情報の公然たる証拠を数多く入手できるだろう。

優れたレポーターの持つ解釈力を、戦域司令官に期待するのは現実的ではないだろう。司令官は現地の問題に焦点を当てざるを得ない。とはいえG－2と海外情報部に対しては、そういった能力を期待しても、求めすぎではないだろう。

## 一九四一年一〇月一六日の警戒態勢

七月から一〇月にかけて、日米関係はさらに悪化した。日本の立場からすれば、アメリカによる原油禁輸措置が主な原因だった。野村大使とハル国務長官との間で表向きは丁寧な交渉が進められていたが、経済に関しては、軍事訓練や領土拡張をめぐる日本の計画は破綻し始めていた。日本は、たとえば南米からの送金、金の輸送等と引き換えに、原油と屑鉄に対する解除を提案していた。しかし提案を受けた国務省、財務省、司法省の高官は回答を避けた。彼らは「直接の回答はできる限り遅らせること」[*117]というハルの指示を受けていたのである。結果として、原油も屑鉄も禁輸措置が解除されず、一〇月一日には、アメリカの新聞は、アメリカの二枚舌、柔らかい言葉と敵対的な行為を批判する日本の報道関係者の厳しい姿勢を示す記事を掲載した。

アメリカからなんらかの譲歩を得るか、さもなければ退陣するようにとの圧力が穏健な近衛内閣にかけられていたことも報道された。日本軍は実際、一〇月一五日までにアメリカとの和解を達成するよう近衛内閣に求めていた。そうすれば日本は支那事変を解決し、「大東亜共栄圏」建設計画を推進できるだろう。アメリカがさらなる日本の侵攻に対抗するために準備していたことと比べると、禁輸措置緩和の見返りとしての日本の譲歩は、きわめて限定的で融通の利かないものだった。それでもこの期に及んでも、近衛は両国の指導者同士の会談を非常に重視していた。ルーズベルトと国務省が、近衛の提案を真剣に検討していたという証拠もある。しかし、近衛の野村大使との懸命のやり取りにもかかわらず、グルー大使の勧めにもかかわらず、首脳会談は設定されなかった。一〇月一五日、近衛内閣は退陣する。

これはマジック情報が事前に明示しなかった一つのデッドラインだった。予期されていたとはいえ、近衛の辞任がこれほど早いとは予想されてはいなかった。辞任の知らせがワシントンに届くと、ルーズベルト大統領は定例の閣僚会議をキャンセルし、一六日の午後にはハル、スティムソン、ノックス、マーシャル、スターク、ハリー・ホプキンスとの会談を行った。この会議の結果はスタークから大西洋、太平洋、アジア艦隊に伝えられた。この日の夜、最も安全な海軍暗号で送られ、ホノルルでは最初にキンメルが受け取り、すぐにショートに送られ

*117 Morgenthau Diaries, manuscript, Vol.447, pp.128ff., 以下で引用。Langer and Gleason, *The Undeclared War, 1940-1941*, p.709.

た。

**ハワイ陸軍に対するシグナル**

ショートが受け取った電報は次のとおり。

発　海軍作戦部長
宛　大西洋、太平洋、アジア艦隊司令長官（署名）
１６２２０３
日本の内閣の総辞職は重大な局面をもたらしている。新内閣が組閣されれば、おそらくきわめて国家主義的で、反米姿勢をとる内閣になるだろう。近衛内閣が残れば、日米の和解を除外した新しい方針で運営されるだろう。いずれにせよ、日本とソ連が敵対する可能性は高い。日本は、現在の絶望的な状況に置かれた責任は米英にあると考えているため、両国を攻撃する可能性がある。こういった可能性を踏まえ、戦略的意図を明らかにしない、日本に対する挑発的行動をとらないといった予防措置を含む十分な警戒が必要だろ

う。太平洋艦隊、アジア艦隊司令長官は、陸海軍区の適切な部署に知らせること。署名*118

この電報に関するショートから陸軍省への通信記録は存在しない。だが海軍査問委員会では、この電報から受けた印象を次のように証言している。「ソ連と日本の間で戦争が起きる可能性はきわめて高い……そのため、日米がまもなく戦争に突入する可能性は弱まったと思われた。というのも、電文では、ソ連と日本が戦争する可能性が明らかに高いと考えられていたからだ*119」。言い換えれば、この電報は、七月八日付電報に示された主な予測を強調していただけだった。ショートはこれを、「陸軍省が私に対して示した唯一の断定的な予測*120」だと述べた。

一〇月の電報では、日米戦争の偶発性レベルが「きわめて高い」から「可能性がある」へと変わっている。このことは、可能性は低くなったとはいえ、依然として起こりうるという状況に備えて、司令官がどのような警戒措置を取ることが想定されているのかという問いを投げかける。ワシントンでは、「可能性がある」、「きわめて高い」、「確実」という三段階が注意深

*118 *Hearings*, Part 14, p.1402.
*119 *Ibid.*, Part 32, p.191.
*120 *Ibid.*, Part 7, p.3180.

く区別されていた。ちなみに最初の二つは、一〇月一六日付の電報で用いられていた。ハワイ司令部が大勢の日系人の存在や、破壊活動に対する警戒の必要性を懸念していた頃、その電報はホノルルのショートのもとに届いた。こういった状況においては、日本がソ連、あるいは太平洋の英領を攻撃するという脅威は、破壊活動に対する警戒の必要性を際立たせただろう。アメリカやその資産に対する直接攻撃の可能性だけが、厳重警戒態勢を促したはずだ。しかし真珠湾は、日本による攻撃が想定される対象には含まれていなかった。ショートにとって、日ソ戦が勃発する可能性が「きわめて高い」ことは、つまりは近い将来、日本が英米を攻撃する可能性が低いことを意味していた。こうして彼は、その後も破壊活動による危険を重視し続けた。一〇月一六日付電報に対しては、具体的な行動を取った記憶はないという。その証言によれば、「われわれは、日本人資産を凍結した場合の……破壊活動に対する警戒を強化した。われわれは日本人の資産の多くを奪ったことはなかった。私は、電報を受け取ったときに、大丈夫だと判断した……そして、少しだけ警戒を強めたように思う[*121]」。公開された記録が示す限りでは、ショートは七月にも一〇月にも、破壊活動を防ぐための手立てを取ったことを陸軍省に報告していなかった。

一〇月二〇日、ショートは極東の陸軍司令官と西部防衛軍司令官に宛てた別の電報を受け取った。

日本の状況についての陸軍省見積もりによれば、米日の緊張関係は相変わらずだが、日本の外交政策の急激な変化が迫っているようには見えない。[*122]

ショートがこの情報をキンメルに伝達した様子はない。ショートに関する限り、この情報は、一〇月一六日付電報が既存の警戒態勢のさらなる拡大を求めるものではなかったとの彼の確信を確実に深めるものだった。

これら二通に加え、ショートはビックネル率いるハワイ軍管区G－2の「連絡事務所」から、日本の状況についての二つの見積もりを受け取った。一つは一〇月一七日付で、日本の新内閣の顔ぶれが明らかになる前に記されたものだ。情勢は「きわめて重大な局面」にあって「不確実」であり、「日本は近い将来、極東の新たな地域で軍事行動を起こすだろう」[*123]と記され

*121 *Ibid.*, Part 32, p.191.
*122 *Ibid.*, Part 14, p.1389.
*123 *Ibid.*, Part 18, p.3196.

ていた。今後の日本の動きについては、可能性の高い順に列挙されている。

一　東からソ連を攻撃する。
二　陸軍、海軍、空軍の基地を確保し、経済協力を確実にするため、仏印とタイに圧力をかける。
三　極東の英領を攻撃する。
四　イギリスを支援するためのアメリカの攻撃に対して防御する。
五　ＡＢＣＤ圏を同時に攻撃する。どの地域であれ、日本にとっては最大の戦略的、戦術的、経済的利益があるだろう。*[124]

ビックネルは、日本がソ連を攻撃する五つの理由を挙げている。㈠日本本土空爆に備えて、防御の最前線をできる限り西に拡大するため、㈡日本とドイツの間に緩衝地帯となる国を置くため、㈢シベリアから原材料を入手するため、㈣共産主義を撲滅するため、㈤米英の積極的な軍事介入の危険なく、侵攻を継続するため。インドシナやタイへの圧力は、「ソ連への攻撃に先立つか、あとになるか、あるいは同時に生じる*[125]」だろうとビックネルは主張した。イギリス攻撃に関しては、次のように考えていた。

日本は、イギリスが日本の計画に対してなんらかの軍事的手段で対抗したなら、ためらうことなくイギリスを攻撃するだろう。英米間には、日本に対する共同軍事行動のための合意は結ばれていないし、米国民にはそういった行動を支持する準備が整っていないため、日本が米領を同時に攻撃することはないだろう。しかし日本がイギリスを攻撃した場合には、比較的短期間のうちにアメリカを攻撃しなくてはならないに違いない。*126

ビックネルの考えでは、ソ連を攻撃することによってアメリカとの戦争が避けられなくなると日本が考えるなら、ABCD国への同時攻撃は完全に除外されることはないだろう。そうなれば、日本は最も適切な時期に攻撃を仕掛けるだろう。

ビックネルの一〇月一七日付見積もりは、日本が米領を直接には攻撃しないだろうと明言

*124 *Ibid.*, p.3197.
*125 *Ibid.*, p.3198.
*126 *Ibid.*

している点で注目すべきである。イギリスを攻撃したあとすぐにアメリカと戦わなくてはならないとわかっていながら、日本はイギリスに対して敵対行動を行い、それによってアメリカに対して奇襲で先手を打てる可能性を放棄することになる。一九四一年には、先制攻撃は現在ほど有利ではなかったとはいえ、ビックネルが日本にとっての先制攻撃の利点をこれほど低く見積もっていたことは特筆すべきである。

ビックネルは、一〇月二五日に別の覚書を記し、日本の内閣は、アメリカとの交渉が失敗に終わったために総辞職したこと、新内閣は枢軸国と密接に協力する意思を表明したことを指摘している。日本政府の表明は、「日本をアメリカなどの民主主義国と対立させるものだ。平和的意図を示すあらゆる主張を偽りにし……アメリカに常時警戒態勢を強いるものだ」[*127]とビックネルは考えていた。こういった言葉が、彼自身の警戒心や憤りを反映したものであるのか、あるいは日本の外交政策に対する当時のアメリカ人の典型的な意見であり、そのためにより一層感情が込められていたのかを、今、明言することは困難である。ビックネルの結論は、一〇月一七日の彼の警報が、少なくとも幾分弱められたことを示している。「一一月後半に入る前に、どの方面に向けても、大きな動きがあるとは考えられない。あるとしても、春が来る前ではないだろう」[*128]。彼はいくつかの証拠を挙げ、この結論を裏づけた。政府は衝突を避けるため、二つの手段をとっていた。一つは、海軍の命令によって、上海を含む北太平洋のアジアの港を避けるよう米船舶に命じたこと、もう一つは、ソ連に対する戦争物資補給のため、ウラジオストクではなくアルハンゲリスクを使うという判断を下したことだった。日本の三つの行動も、日米の衝突を遅らせたいという願望を示していた。東条英機首相は交渉の継続に関心を示し、野村大使は新内閣との協議のために帰国すると告げた。日本の三隻の船は、立ち往生していたアメリカ人と日本人をそれぞれの母国に運ぶため、米港を訪れていた。

ビックネルによる二つの見積もりは、残念ながら、ホノルルのG－2の記録に残されているだけだ。それらは、ビックネルが少なくとも新聞を熱心に読んでいたことを示唆している。というのも、一〇月二五日付覚書の根拠はすべて公になっている情報だったからだ。たとえば米船舶の新ルートについての海軍電報は新聞で公表された。ホノルルの陸軍は、新聞を通してのみこの情報を入手できた。

ビックネルの見解で最も驚かされるのは、日本はアメリカを直接攻撃しないだろう、アメリカはイギリスを助けるため、自身の選択した時期に戦争に突入するだろうというものだ。こ

＊127 *Ibid.*, p.3202.
＊128 *Ibid.*

れらは当時のアメリカでは広く共有され、ワシントンでもホノルルでも、真珠湾攻撃間際のシグナルに対する認知に影響を与えた。アメリカに対する危機の兆候は、日本の行動の遅れ、あるいはどこか別の場所での差し迫った攻撃の兆候と解釈されていた。ビックネルの論拠はワシントンによって訂正されることはなかった。なぜならワシントンG－2では、戦域のどのG－2ともこういったテーマについてのやり取りを禁じる方針が確立されていたからだ。[*129] それゆえワシントンG－2には、ビックネルが犯しているかもしれない誤解を修正する術はなく、彼の解釈がどのようなものであるかすら知る術はなかった。この場合、ワシントンG－2が修正すべき点を見出したかどうかは疑わしい。その推論も、ビックネルのものとかなり近かったからだ（ショートは間違った方向に影響を受けることはなかった。というのも、情報部将校とはほとんど接触がなく、見積もりに対しても目を通しただけだったからだ）。

ビックネルの予測は、海軍作戦本部からの一〇月一六日付電報、同月二〇日付の陸軍省からの電報に示された内容に近かった。彼の一〇月一七日付覚書に記された、「近い将来」の攻撃の時期と順序は、海軍作戦本部からの一〇月一六日付電報の緊急性を反映していた。一週間後、ビックネルは一〇月二〇日付電報の断定的な口調を受けて、攻撃の日付を「近い将来」から一一月末または翌春へと修正した。一〇月二五日付の見積もりでは、日本の政策がアメリカを「常時警戒状態」に追いやろうとしていると警告したが、ハワイ陸軍では、一〇月二〇日付電報を受け取ったあとも、こういった警戒状態を示す兆候はなかった。

一〇月二〇日付の電報は、一八日にワシントンにおいて、陸軍戦争計画部長のジェロー准将によって起草されたもので、マーシャルが戦域への配信を許可した。ジェローは、その後のマーシャルに対する覚書において次のように簡潔に述べている。「G－2は海軍が描いた状況には同意しない。戦争計画部はG－2に同意している。海軍の配備には修正と特別な警戒が必要だろう。これは陸軍には当てはまらない」[*130]。ワシントンの海軍と陸軍の間での意見の違いは、当時は問題なかったが、のちになってハワイ陸軍に影響を及ぼすことになった。ショートは、一〇月一六日付海軍電報の警戒を呼びかける口調と、二〇日付陸軍電報の抑制的な口調を記憶していた。そのため、「本電を戦争警告とみなすこと」という太平洋艦隊司令官宛の通信を一一月二七日に読んだときにも、強い印象は残らなかったという。「日本が攻撃してくるだろうという彼ら［海軍作戦本部］の以前の言葉と同じだった」[*131]。ショートがのちにこの件で証言し

＊129 ワシントンG－2による議論の全貌については、第5章を参照されたい。
＊130 *Hearings*, Part 14, p.1389.
＊131 *Ibid.*, Part 7, p.2983.

たとき、合同調査委員会の次席法律顧問であるカウフマンは、憤然として問いただした。「こういった情報が揃っていながら、厳重警戒態勢を取ろうとしなかったのは正しかったと言うつもりなのか」。ショートは答えた。「厳重警戒態勢を取ろうとしなかったことは認める。実際には、陸軍省はそれについて私に尋ねることも、正当な理由となるような直接的情報を与えることもなかった」。[*132] カウフマンはさらに問いかけた。「『これは戦争警告である』と述べた現地司令官宛の通信を見たことがあったか」。ショートは答えた。

いいえ。しかし海軍電報が、陸軍電報よりたいてい過激だったのは知っていた。一〇月一六日には、日本が攻撃を行うと述べた海軍からの通信をわれわれは受信していた。一〇月二〇日には、陸軍省から、日本の攻撃は想定していないと述べた電報を受け取った。私の「一一月二七日付」通信では、戦争警告については触れなかったし、キンメルもそうだった。海軍の電報はもっと積極的だったと思う。もっと警戒を求めていたと言えるかもしれない。[*133]

ショートの海軍電報の文面に対する評価は、すでに本書で検証した七月と一〇月の電報については正しかった。彼はその内容にも影響を受けていた。一一月に最終警告電報を受け取ったときには、ショートは依然として日本とソ連の対立に注目し、日本の攻撃目標は、最初にソ連、次に東南アジアになるか、あるいは両地域への同時攻撃だろうと考えていた。陸軍省からは、この考えに反する情報をまったく受け取っていなかったため、七月と一〇月の電報での基本的前提はまだ有効だと考えていた。ショートがこのように考えるのも不自然ではなかった。というのも、一一月二七日の最終警告電報が日米間の差し迫った戦争の危機に対する明確なシグナルを意味したのは、もっと完全な情報を持つワシントンにおいてのみだったからだ。真珠湾が実際に攻撃されてはじめて、これらの電報は真珠湾攻撃に備えるための警告として解釈された。攻撃前のホノルルでは、陸軍警告電報は破壊活動に対する警戒態勢とイギリスを支援するための準備を必要に応じて求めていたように見えた。

戦域司令官に対する警告が、常にそれを受け取る戦域ごとの事情に沿って読まれるものであることは、強調してもしすぎではない。一一月二四日と二七日の電報は、それ以前の通信がハワイでどう解釈されたかを考慮することなく、現地司令官の解釈と裁量に委ねられた。ワシ

*132 *Ibid.*, p.2977.
*133 *Ibid.*, p.2983.

ントンと海外司令部との距離、通信頻度、現地の利益と国益との違いを踏まえれば、そういった考慮はおそらく不可能だっただろう。それでも警戒態勢が現地の情勢以外の根拠に基づく場合には、ワシントンには、おそらく現地司令官よりも、警報の種類や時期を決断するための備えがあっただろう。警戒態勢を具体化するうえでは、当然ながらハワイ特有の制約があっただろう。しかしワシントンが警戒態勢を促したときには、現地司令官は的確なレベルの警戒を命じ、その命令が意図したとおりに実行されるようあらゆる責任を負うべきだったように思われる。

## ハワイ海軍に対するシグナル

一〇月の時点では、太平洋艦隊司令長官キンメル少将は陸軍ハワイ軍管区司令官ショート少将よりも多くの情報を持っていた。この時期にはキンメルはマジック情報の恩恵を受けず、彼も海軍情報部将校も、マジック情報が今では戦域に伝えられていないことを知らなかった。しかしキンメルは、日米関係の緊張の高まりを示す海軍作戦本部からの何本かの電報を受け取っていた。一〇月一六日にキンメルに届いた一通は、すべての商船に送られた警告だった。「日本が米船舶に敵対行動をとる恐れがある」。西太平洋のすべての船舶は、友好国の港への移動を命じられた。[*134] この情報は新聞にも掲載されたため、ショートとハワイG−2のビックネルも見ることができた。

一〇月一七日のアジア艦隊宛の電報は、太平洋を経由して極東を往復するすべての船舶に対して、オーストラリア大陸とニューギニア島間のトレス海峡を通行し、日本の南洋委任統治領を避けるよう命じていた。[*135] 写しはキンメルに回付された。日本の機動部隊が米艦艇にみつからずに真珠湾に近づけたのは、こうしてオアフ島の北と北西海域から船舶がいなくなっていた

*134 「米船舶に対する日本による敵対行動の可能性がある。太平洋上の米商船は、中国領海、シナ海、蘭印海域にいれば、即刻、マニラ、シンガポール、あるいはオーストラリア北部の港へ、北太平洋上を西へ向かう船は、ウラジオストック行き以外は、ホノルルに向かうこと。フィリピンに近ければ、フィリピンに向かうこと。ウラジオストックに向かう船はそのまま航海されたし。ホノルルに向かうのであれば、そのまま航海されたし。北太平洋上を東に向かうのであれば、そのまま航海されたし。南太平洋上も同じ。南米沿岸あるいはアメリカ合衆国と南米西岸の間で航海している船は、そのまま航海を続けられたし。東太平洋沿岸を航行中であれば、そのまま航行を続けるべし。通常の交易路は避けること」(*Ibid.*, Part 14, p.1402.)

*135 「即時有効。太平洋を横断し、極東、上海、インド、東インド諸島を往復するすべての米船舶は、海軍基本戦争計画第46号に定められたように、トレス海峡を通行して南に向かい、オランダとオーストラリアの巡回地域を最大限利用して、南洋委任統治領を避けること。トレス海峡通行に際してはオーストラリア海軍と調整すること」(*Ibid.*, p.1403.)

ためでもあった。同日付の別の電報は、キンメルに対して、「ウェーク島とミッドウェー島の離着陸場の安全に対して、有効なあらゆる警戒措置をとる」よう命じていた。[*136] この二つの島は、フィリピン諸島を強化するために送られる長距離爆撃機の太平洋横断ルートへの足がかりとして重要だった。キンメルはこの命令に従うため、一一月一〇日付で準備命令を出した。彼の計画は、海兵隊戦闘機一二機をウェークに、一八機をミッドウェーに配備し、陸軍航空軍哨戒機の拠点となる施設を準備するというものだった。キンメルは「警戒措置」を破壊活動に対するものではなく、攻撃に対する措置と解釈した。そして一〇月二三日には、フィリピン強化のためのすべての輸送船は、一団となって、あるいは海軍の護衛のもとに進むという通知を受け取る。[*137]

これらの電報に加え、キンメルは海軍作戦部長スタークから多くの手紙を受け取った。スタークは自身の持つ情報についてきわめて謙虚で、当惑していることや情報のなさを頻繁に打ち明けていた。しかし現実には、彼は提供できる多くの情報を持っていた。たとえば七月三一日には、海軍中佐でペンシルバニア号の指揮を執っていたチャールズ・M・クックに宛てて手紙を送り、クックはその手紙をキンメルに転送した。

貴官に尋ねられたことやキンメルから最近尋ねられたことで、私が早急に回答したいと考えているのは、私がワシントンで答えを得ようと奮闘している事柄だ。これらについてのメディアの報道は、実際のところ、私が持っているのと同じだけの情報を貴官に与えるだろう。*138

覚束ない書き出しとは裏腹に、スタークは日本に関する海軍の考え方について、次のように有益な情報を提供している。

*136 「陸軍長距離爆撃機によってフィリピン防衛を引き続き強化することがきわめて重要であるため、ウェーク島とミッドウェー島の離着陸場の安全に対して、有効なあらゆる警戒措置を取られたし」(*Ibid.*)

*137 「さらに命令が出されるまで、太平洋を横断し、十分な量の重要軍事物資を運ぶすべての軍輸送船、給兵艦、船舶は、ホノルルとマニラ往復に際して護衛を受けるだろう。認められた経路では上記カテゴリーの船舶の航行が遅れるため、護衛艦なしでのトレス海峡の航行ははなはだしく遅れるだろう。太平洋艦隊からの護衛のための最低限の要求を保証するため、スケジュールが調整されなくてはならない。そうすれば、これらの艦は一団となって航行するだろう。アジア艦隊は、太平洋艦隊との間で調整されたように、時と場合に応じて護衛を引き継がなくてはならない。太平洋を横断する他の米船舶を護衛する艦隊は、16225８号で述べた経路に関しては、この時点では保証されているとはみなされなかった。グアムに商船で向かう貨物に関しては、通常の経路が認められる」。
「グアムへの貨物は集めて積み込まれるため、最小限の数の船がグアムを目指すことになる……」(*Ibid.*)

*138 *Ibid.*, Part 16, p.2175.

われわれの電報から、また私の手紙からもおわかりのように、われわれは現在、沿海地方が間違いなく日本の標的になっていると感じている。ターナーは、日本は八月に沿海地方に向かうだろうと考えている。彼は正しいだろう。彼の考えはたいてい正しい。私は、日本は最終的にはシベリアを目指すが、インドシナ・タイ情勢が思いどおりに運ぶまで、ソ連とドイツの衝突がなんらかの解決を示すまでは遅らせるだろう。おそらく日本は、中国との「事変」に集中するだろう。もちろん禁輸やそれに近い措置は、いつもながらの一種の困惑を招き、状況の再評価を促すかもしれない。[*139]

ホノルルにいるキンメルがメディアから得ている情報は、ワシントンDCでの同種の情報と同じくらい優れていると、スタークは考えていた。たとえば、ケアニー号がUボートの電撃で損傷したあとの一〇月一七日、スタークは死傷者の数や詳細についての知らせをまだ待っているところだとキンメルに伝えた。「私はできるだけ早くメディアにすべての情報を伝えるつもりだ。そうすれば貴官もすぐにそれを知るだろう」。ホノルルの国際ニュースサービスの速さと効率性に対するこの信頼[*140]は、海軍戦争計画部のターナー少将も共有していた。このことは、海軍査問委員会でのターナーとキンメルの苦いやり取りにもつながった。[*141] ホノルルの新聞記事を入念に読めば、キンメルは一二月七日の攻撃に十分備えられたはずだと、ターナーは主張した。

現実には、スタークの意見はメディアの報告とは対立することが多かった。たとえば九月二二日付のアジア艦隊司令長官ハート大将に宛てた手紙には、次のように記している。

> 極東情勢は明らかに鎮静化していると、メディアは目下のところ述べている。編集者やコラムニストのこの点についての楽観的な見方には感銘を受けざるを得ないだろう。私自身としては、偽りの希望が生まれていると感じる。表面的には、日本は満足できる状況に到達するためになんらかの努力をしているように見えるが、ヨーロッパ情勢がもっと安定するまでの時間稼ぎにすぎない可能性を見過ごすことはできない。ロシアが敗れれば、日本は枢軸国との関係から簡単には離れないだろう。シベリアでの立場を改善するためなら

*139 *Ibid.*, p.2176.
*140 東海岸の新聞の空輸版は、購読していれば、五〜七日遅れで届いていただろう。
*141 *Hearings*, Part 32, p.612.

どのような機会でもつかまえようとするに違いない。ロシアが持ちこたえるなら（現在のところはありそうにない）、私は日本とのなんらかの合意の可能性があると感じている。*142

ワシントンでの海軍の主な関心事は、依然として、シベリアへの日本軍の侵攻だった。キンメルはハート宛のこの手紙の写しを、スタークからの九月二三日付返信とともに受け取った。それは、太平洋に対する攻撃命令についての疑問のいくつかに答えるものだった。スタークは、日本との開戦までにほとんど時間がないことを示唆する絶望的な追伸を添えると同時に、いかなる挑発行為も避けるようキンメルに強く警告していた。

現下のところ大統領は、攻撃命令を大西洋と太平洋東南部に限定している。太平洋での情勢は、全般的に大西洋とはかなり異なる。現在の太平洋での攻撃作戦は、それほど広範囲に広がるわけでもなく、有効でもない。太平洋の商船のほとんどは、アメリカかパナマ船籍だ。南北アメリカ大陸に近い海域の外へ侵略者を除外するための手段をとることは、好ましくないしっぺ返しがあるかもしれない。長期的に見れば、アメリカにとってはコストをかける価値がないだろう。太平洋情勢を現状に保ち続ければ続けるほど、関係者のすべてにとって好都合になる。

……

……われわれは、日本の潜水艦がハワイ諸島、アラスカ、わが国の太平洋沿岸の近海で活動しているという確定的な情報を持たない。近頃、ウェーク島の近くに来ている可能性はある。防衛海域でなければ、疑わしい潜水艦を攻撃しないようにという既存の命令は、適切である。もし疑う余地がないなら、日本の潜水艦が実際にわが国の領海内あるいは近くにいるという証拠が得られるだろう。そうすれば、こういった潜水艦に対する警告や敵対活動の脅威が、われわれの次のステップとなるだろう。今後もわれわれに対する連絡を継続されたい［傍点は著者による］*[143]。

太平洋での現状維持をスタークが強調したこと、「疑う余地のない」証拠の必要性、敵対行動そのものではなく、警告や敵対行動の脅威に対する対応の指示は、キンメルが真珠湾攻撃前に最終シグナルを解釈するうえで重要な要因だった。この手紙は、フィリピンの強化、太平洋で

*142 *Ibid.*, Part 16, p.2210.
*143 *Ibid.*, p.2212.

の英蘭の勢力増強についての陸軍の楽観主義的側面をそのまま繰り返していて、米軍の措置は、「行動に移る前に、日本に熟考を促す」はずだと締めくくられていた。*144

ところが九月二三日付のこの手紙に添えられた追伸は、ふたたび悲観的な口調に変わっていた。

> 追伸　私はこの手紙を、ハル長官と話すまで出さずにいた。ハルは、これを秘密にするよう求めた。日本との対話は、文字通り、手詰まりだと言わざるを得ない。日本と中国がなんらかの合意に達するまでは、そして合意に達しない限りは、極東の平和と安定は望めないと私は考える。ところが現状はほど遠く見える。現在のところ、両国が合意に達することができないでいることは、いいことなのかそうではないのか――私は、言うのをためらう「傍点は、スタークによる*145」。

これは、次に示した陸軍の最終警告に近い言葉だった。

対日交渉は事実上終了したと思われる。かろうじて残る可能性は、日本政府が交渉の場に戻り、交渉再開を申し出ることだけだ。日本の今後の行動は予測できない……。*146

九月二九日、スタークはさらに追伸をつけ加えた。

追伸その2　今朝、野村提督が私に会いに来た。一時間ほど話した。彼はたいてい、万策尽きたと感じ始めているときにやって来る。今では、これ以上できることはほとんどない。以前は手を差し伸べたが、今回はそうできるかどうか私にもわからない。答えの出ない対話は長くは続かない……。*147

キンメルにとって、スタークの私見は海軍作戦本部からの指令ほどには重みをもたなかったとしても、キンメルがこういった手紙に並ぶ暗い予測に影響されなかったとは言い難い。これら

*144 *Ibid.*
*145 *Ibid.*, p.2213.
*146 *Ibid.*, Part 14, p.1328.
*147 *Ibid.*, Part 16, p.2213f.

は最終警告のように読めた。

キンメルは一〇月一六日付の海軍作戦部長からの電報にすみやかに反応した。彼は一〇月二二日付のスターク宛の以下の手紙で、どのような措置を取ったかを大まかに記している（ハワイ諸島からの追加の空中哨戒は含まれていない）。


ベティへ。日本の内閣改造を受けての電報を受け取り、われわれは以下の対応をとった。

ミッドウェーで潜水艦二隻による哨戒を継続。

ミッドウェーに向けて、哨戒機一二機を派遣。

ウェークに潜水艦二隻を派遣。一〇月二三日に到着予定。

キャスター号と駆逐艦二隻を、追加の海兵隊員、弾薬、備蓄品とともにジョンストンとウェークに派遣。

カーティス号は、ガソリン、潤滑油、爆弾を積んで一〇月二一日にウェーク到着。

ミッドウェーからウェークに哨戒機六機の派遣準備。真珠湾から六機をミッドウェーに。

パルミラに追加で海兵隊を派遣。

一〇月二〇日以降、パイ中将を、保養航海［訳注　乗員の士気維持のために家族も同乗させて行うレクリエーション目的の航海」中の艦とともに一二時間以上前の通告で配置。潜水艦六隻を直前の通告で日本に向けて出発できるよう準備。真珠湾外で作戦行動を行う部隊に対して、安全策を追加。ウエストバージニア号の航行を一一月一七日頃まで遅らせる。オーバーホールのためにピュージェット湾に向かわせ、最終的な決断はそれまで先送りする。もっと決定的な事態が起きるまで、変更は最小限にとどめ、太平洋沿岸への保養航海の継続を提案する。マニラへの潜水艦派遣については、本日、貴官に伝達された。[*148]

スタークの承認は一一月七日に口述され、一一月一四日にホノルルに到着した。一〇月一六日の電報からはほぼ一カ月、キンメルが取った措置を伝えてから約三週間が経過していた。[*149]スタークは、キンメルの措置のすべてを承認した。「ＯＫ、最近の日本の内閣改造に関連して貴官が行った措置のすべてを了承する。大きな問題は――さて、次はどうするか⁉[*150]」。キンメ

*148 *Ibid.*, p.2249.
*149 ホノルルへの航空便は、一九四一年には週一便に限定されていた。手紙を書いてから相手が受け取るまでには、五〜七日を要した。

ルの措置が「OK」でなかったなら、たとえ海軍作戦部長が現地司令官の判断を常に尊重しているとしても、おそらくキンメルは無線によってすみやかにその旨を伝えられていただろう。

キンメルは、一〇月二二日付で手紙を送っていた。それは、詳細な背景を添えた一六日付電報に続く一七日付のスタークからの手紙を受け取る前だった。一〇月一八日には、日本の内閣総辞職をめぐるワシントンの海軍関係者の警戒心は、傍受した東京発のマジック情報（一六日付）の翻訳によって緩和されていた。そこには、アメリカとの交渉を継続したいという東條の願いが示されていた。しかしこの情報を受け取る前でさえ、スタークは戦争計画部のスタッフほどには警戒していなかったようだ。一七日には、海軍大佐で国務省との連絡将校だったR・E・シュアマンに依頼し、状況見積もりを受け取っている。シュアマンは、日本の新内閣は旧内閣に比べて「良くも悪くもなく」、新内閣の顔ぶれよりもむしろ日本軍の動向に注目すべきだと考えていた。スタークはこの見積もりをキンメル宛の手紙に同封し、「私がこれまで書いてきたよりもうまく私の考えをまとめている」[*151]と記した。

シュアマンの見積もりの一部を紹介しよう。

われわれは、内閣改造を、日本の政治思想や行動の大きな変化を示すものとして過大評価する傾向にある。

実際には、日本の政治は結局のところ、何年も前から軍によって統制されている……。

……

近衛前内閣［第三次］に求めることができるのは、日本の武力による拡張計画に反対することではなく、軍内部の過激派を抑えることだっただろう。今後数カ月の間に、さらなる拡張のために軍にとって好ましいと思われる機会が生じれば、それは見過ごされないだろう。

現在のところ、過激派の影響は、ソ連との戦争の推移次第で変化する……。

……

手元にある報告書は、これから組閣される新内閣は、倒れたばかりの内閣よりも良くも悪くもないだろうと述べている。日本はソ連を攻撃するかもしれないし、南進するかもしれない。しかし最終分析では、これは、どの内閣が権力を握るかではなく、機会に基づいて、軍がなにをやり過ごせるかに基づいて、軍によって決定されるだろう。*152

*150 *Hearings*, Part 16, p.2219.
*151 *Ibid.*, p.2215.

シュアマンは「不言実行」という言葉と関連づけて、アメリカ人は日本が「強い姿勢」を示していると考えたがるという。彼は、中国への支援を支持し、日本との交易を全面的に断絶し、日本に対する「断固とした態度」をとろうとした国務省最強派閥の考え方を反映していた。[*153]一方スタークは、これまでの禁輸措置によって追いつめられた日本の出方を恐れていた。しかしシグナルに関しては、日本の内閣改造が特段重要だとは考えていなかったのは確かだった。一〇月一七日の手紙では、スタークは次のように記している。

キンメルへ

この二四時間の間にここでは事態が急激に動いている。しかしわれわれの電報によって、貴官はわれわれの行動のすべてを知るだろう。

私個人としては、日本人がわれわれを攻撃するつもりだとは考えていない。私が送った手紙にも「可能性」があるとだけ記した。事実、私は、私が受け取った通信の口調をかなり和らげた。私は間違っているのかもしれないが、そうでないことを願う。いずれにしてもホワイトハウスでの長い協議のあとでは、少なくともなにか動きがあるまでは警戒を怠るべきではないと感じた。

私の記憶が正しければ、数週間前、野村大使との長い会議のあと、貴官かトミー・ハートに宛てて日本の内閣改造を予告する手紙を書き、私が知り得た秘密情報を伝えたはずだ。

貴官も私が以前出した手紙を思い出すだろう。戦争計画部が八月に日本によるシベリア攻撃を予告していたとき、私は、ロシア情勢が決定的な方向性を示すまでは日本はシベリアを攻撃しないだろうという自身の判断を記した。私は、このすべてのことが、つながっていると考える。

商船については、われわれの手で手綱をとり、経路の設定を行うときが来ているようだ。言い換えれば、ホワイトハウスやメディア、文句を言うすべての輩からの非難に甘んじる。そうすれば、現実に行動が必要なときが来たなら、そのときにはスムーズに行動できるだろう。

われわれは太平洋の現状を維持するために努力し続けるつもりだ。それがいつまで続け

＊152 *Ibid*., p.2215f.
＊153 第4章参照。

られるのかはわからない。しかし大統領とハル国務長官はそのために取り組んでいる。もちろん障害になるのは日中戦争で、日本陸軍の姿勢、民間人の姿勢、海軍の姿勢、メンツ、こういったすべてを考慮しなければ回避策は見い出せないと、私は考えている。野村大使とは五分で合意に達せるだろう。しかし日本陸軍が障害になる。ちなみに中国人もまた、力を出し切る前に日本を打ち負かそうと考え、どこかで譲歩するよりもむしろ進み続けようとしている。ゴングを鳴らさないための巧みな手立てだ……。

……

今のところ、一部始終を知らないまま、貴官が沿岸地域への通常の訪問を中止する理由はないと考える。問題となっている艦艇は、自己充足型のタスクフォースを構成している。われわれはこの問題を貴官に任せている。私はただ、私自身の受け止め方を伝えている……。

……

陸軍によるフィリピン諸島での航空隊増員を、貴官とハート大将は喜んでいるに違いないと思う。ウェーク島は、これに関しては重要なリンクである。もしも対象外になるなら、陸軍の航空隊強化は中止されるだろう。これらの島の基地の統合を維持し、できるだけ早期に完了することを私は願っている。貴官はこれに関して私が持つあらゆる秘密情報を持ち、別のルートのための検討についても詳しい。[*154]

この手紙の第二段落「私個人としては、日本人がわれわれを攻撃するつもりだとは考えていない」は、一一月二七日付電報への対応にキンメルが失敗したことを示すものとして、合同調査委員会で何度も引用された。しかし文脈からは、スタークの言葉が一〇月一六日の状況のみを踏まえていることは明らかだ。これまでに引用した文面が示すように、日米関係に関するスタークの口ぶりはかなり悲観的であり、ここでもそうだった。一一月七日付の手紙では、キンメルによる艦隊配置を了承し、ふたたび不吉な発言を残している。

事態はゆっくりと、太平洋での危機に向かっているようだ。それがいつなのかは誰にもわからない。私がやらなくてはならない主な対応は、以前伝えたとおりだ。事態は「ますます悪化している！」。一カ月のうちになにが起きるかはわからない。二つの矛盾する方

*154 *Hearings*, Part 16, p.2214f.

針は永遠には続けられない。とりわけ一方の側が現状に耐えられなくなればなおさらだ。うまくいくようには見えない。[*155]

キンメルが、海軍の無線通信分析、海軍作戦部長、イギリスの諜報活動からどのような情報を得られたかは、記録からは定かではない。キンメルが得ていた情報で、私たちが現在知っているものは、主に海軍作戦部長発の電報、スタークの手紙、ホノルルのメディアによる情報だった。

以下に、一九四一年八月八日から一〇月二五日までの間にキンメルとショートが入手できた情報をまとめ、比較してみた。[*156]

*155 *Ibid.*, p.2220.

*156 スタークからの手紙の日付は、口述された日ではなく、ホノルルに到着した日を示すものだ。

| | キンメル | ショート |
|---|---|---|
| 八月　八日 | スタークの手紙。ソ連は日本の明確な標的になると、スタークは考えている。 | |
| 八月　八日<br>一〇月　四日 | スタークは、日本がまもなくシベリアを攻撃するとのターナーの予測に言及。しかしスタークは、日本が東南アジアの状況を先に解決し、ヨーロッパ情勢が安定化するまで時間稼ぎをすると考えている。 | |
| 一〇月　四日 | スタークは、攻撃命令がキンメルの太平洋地域には適用されないと述 | |

| | キンメル | ショート |
|---|---|---|
| | べている。命令は、防衛海域の潜水艦を爆撃せよというものだ。米領海あるいはその近辺で日本の潜水艦の姿が明確に確認されれば、アメリカによる威嚇行動を取る。アメリカの方針は、太平洋での現状維持にある。<br>　スタークは、フィリピンの武装化と太平洋における英軍の強化が、日本に二の足を踏ませるだろうと考えている。 | |
| 一〇月一六日 | 　キンメル宛の海軍作戦部長電報。近衛内閣総辞職は、次の内閣がおそ | 海軍作戦部長からの電報はキンメルからショートに回付された。内容 |

| | |
|---|---|
| らく反米であることから、「重大な局面」をもたらした。 | については同じ。 |
| 日本とソ連の戦争が勃発する「可能性は高い」。 | 同 |
| 日本が米英を攻撃する「可能性がある」。 | 同 |
| 太平洋艦隊は、「予防措置」を含む警戒を怠らないよう命じられた。戦略的意図は明らかにされていない。「挑発的」手段は取るべきではない。 | 同 |

一〇月一七日

| | |
|---|---|
| キンメル | 海軍作戦部長電報は、日本による米商船に対する敵対行動の可能性を警告する。西太平洋のすべての船舶は友好国の港へ移動すべし。<br>海軍作戦部長電報は、キンメルに対して、ウェークとミッドウェーの空軍基地（フィリピンへの太平洋横断ルートの足がかり）の安全のために、「有効なあらゆる警戒措置をとる」 |
| ショート | ハワイG－2の見積もりによれば、日本の情勢は「きわめて重大な局面」にある。「近い将来」、日本はソ連を攻撃し、仏印に新たな譲歩を求めて圧力をかけ、極東の英領を攻撃するだろう。しかし、米領は攻撃しないだろう。 |

よう警告している。

海軍作戦部長電報は、太平洋と極東をトレス海峡を通って行き来する米船舶に対して、日本の南洋委任統治領に近づかないよう命じた。

一〇月二〇日

陸軍省のショート宛電報によれば、日米関係は緊迫しているが、日本の外交政策が唐突に変化することはないだろう。

一〇月二三日

海軍作戦部長電報は、フィリピン諸島強化のためのあらゆる輸送は、護送船団方式で行うよう命じた。

スタークからの手紙は、一〇月一

一〇月二五日

**キンメル**

六日付電報を裏づけるものだ。スターク は、日本による米攻撃は、可能性にすぎないと考えていた。「私個人としては、日本人がわれわれを攻撃するつもりだとは考えていない」。

海軍の国務省との連絡将校シュアマンは、日本はロシアを攻撃するか、あるいは南へ向かう可能性があるが、これは内閣の顔ぶれによってではなく、軍の打算によって決まるだろうと考えている。

**ショート**

ハワイG－2の見積もりによれ

ば、日本の新内閣は枢軸国寄りで、軍を支持している。以下（一）〜（五）のシグナルに基づけば、次の大きな動きは一一月後半あるいは翌春まで先延ばしされるだろう。（一）東條はアメリカとの交渉継続を希望、（二）日本艦三隻は、国民を母国に送るために米港に停泊し続けるだろう、（三）野村大使は内閣との協議のため、帰国するつもりだと告げた、（四）海軍は、米商船にアジアの港を避けるように命じた、（五）米政府は、ソ連への戦争物資補給のためにウラジオストクへ入港することを断念するだろう。

スタークの手紙によって与えられた背景情報は、きわめて複雑で微妙な重みを持つ証拠を含み、断定的な主張に対して不確かさや限定を示すものであるため、簡潔なシグナルとして要約することは困難だ。概してスタークは、日本が東南アジアで勢力を強化したのちに、沿海地方への攻撃を行うという仮説を支持し、「煽動的」な策を講じることなく、太平洋の現状を維持するためにできる限りのことをするよう警告した。しかし手紙の中の助言は、海軍作戦部長の電報とつり合いのとれたものではない。作戦本部長の電報は、シグナルとして、スタークの言葉よりも重要性を持っていた。内閣の変更を「重大」だと評価し、日本による英米への攻撃の「可能性がある」と述べた一〇月一六日付電報は大多数の意見を示していたが、キンメルが受け取った一〇月二三日付の手紙の言葉、「私個人としては、日本人がわれわれを攻撃するつもりだとは考えていない……」によって取って代わられるものでも、否定されるものでもなかった。とはいえ日本によるソ連攻撃の「可能性が高い」という言葉や予防措置を取るようにとの指令によって、一六日付電報の印象が弱まった可能性はある。キンメルは指令に従い、艦艇への攻撃を受けた場合に最も適した配置ではなく、マーシャル諸島への動きに対抗するための配置とした。

したがってキンメルのシグナルが、ショートのシグナルよりも深刻な状況を示していたのは確かだった。ショートが受け取った二通の電報は、ロシアと日本の戦争が近づいていることや、真珠湾での破壊活動に対する警戒を継続する必要性をショートに実感させた。彼が陸軍省から唯一直接伝達されたのは、深刻に考えるなという言葉だった。キンメルが受け取った海軍作戦部長からの一〇月の電報も、シベリアでの日本の野心を強調していたが、それだけではなかった。太平洋を航行する米商船やフィリピン諸島に向かう増援隊に対する危険を指摘していた。キンメルは、そういった危険を、主にウェーク、ミッドウェー、ジョンストン、そしておそらくハワイ諸島近海での潜水艦攻撃だと解釈していた。ウェークやミッドウェーの軍用飛行場への攻撃可能性をも想定し、それらの地域での哨戒機や潜水艦の数を増やし始めていた。すぐに日本に向かえる潜水艦は六隻あった。これは、日本が太平洋で連合国、あるいは米領を攻撃した場合に実行される戦争計画の一部だった。一〇月一六日付電報に対するスタークの冷静な解釈を知ったあとでさえ、キンメルは、当時いかなる突発的な軍事衝突をも避けようとして取られていたアメリカの段階的措置について、いくつかの信頼できる直接のシグナルを手にしていた。これらの措置はまた、アメリカが太平洋での衝突を真剣に恐れていることを意味していた。それは真珠湾攻撃のような大事件ではなく、アメリカとの戦争に進む口実を日本に与える可能性のある小さな出来事だった。

一〇月の警戒態勢に対してこれまで言及したどのシグナルにも、日本による暗号焼却を含むものはなかった。キンメル、ショート、その部下複数の証言によれば、彼らは一九四一年に何度か、ホノルルでの暗号焼却についての通信を受け取っていた。最初は警戒したが、その後は冷静に対処し、一二月第一週にホノルルの日本領事館で書類が焼却されたという知らせには反応しなかった。彼らが具体的にどの時点で、初期の暗号焼却の知らせを受けたのかを知ることは有益だろう。七月か一〇月の最初の数週間であるなら、実際にはなにも起きなかったのだから、ホノルルでの暗号焼却は、さまざまな危機のシグナルが混在していた中での一時的なシグナルとして司令官に重視されなかったのは当然だっただろう。残念ながらこの件については、個人の証言以外に公にされた記録は存在しない。G－2と海軍情報部が一九四一年の文書ファイルを公開するまでは、そういった証言についてもシグナルについても評価する手段はない。

すでに述べたように、ハワイ以外での日本による暗号焼却に関しては、東京からハノイとサイゴンに宛てた七月一六日付マジック情報が傍受されている（二一九、二二〇ページ参照）。これは「暗号焼却」の指令を含むものだ。キンメルはこの通信の写しを受け取っていた。指令はハノイとサイゴンだけに送られていたが、これを読んだキンメルは、日本の暗号破壊は、日本がどこかを攻撃すればその報復措置として、イギリス、オランダ、アメリカがすべての日本大使館、領事館の文書を押収する可能性を踏まえてのものだと感じただろう。主な日本大使館において一つを除くすべての暗号を破壊するようにとの一二月のマジック情報に対する自身の受け止め方を合同調査委員会で説明する際には、キンメルが用いた論法はこのようなものだった。第1章で述べたように、暗号を破壊せよとの東京からの指令は、この指令を受けた大使館などのあるすべての国を日本が攻撃する意図を示す明白なシグナルだったと、海軍関係者は証言した。キンメルにとっては、暗号破壊命令は、日本の暗号を守る手段にすぎなかった。一方、暗号破壊についての情報を受け取らなかったショートは、自分ならこのシグナルを警告と受け止め、厳重警戒態勢を敷いただろうと考えた。だが言うまでもなく、この二人の考えは事後のものだった。

## ワシントンの状況

### 陸軍

一〇月一六日の危機に関しては、陸軍の考え方の背景には、他の二つの警報を上回る多くの情報がある。戦争計画部長ジェロー准将からスティムソン長官に宛てた報告書「フィリピン諸島の戦略構想」(一〇月八日付)は、「この件に関する現在の陸軍省の考え」を示すものだというメモとともに一〇月一八日にマーシャルからマッカーサーに送られた。[*157] シベリア沿海地方、中国、マレーでの日本の野心は、(一)ソ連のドイツに対する想定外に長期にわたる抵抗、(二)中国の日本に対する抵抗、(三)禁輸措置、(四)新たな戦争の勃発についての日本の不確実性によって妨害されていると指摘している。日本と戦わないことが重要であり、そうすれば連合国はドイツに対して資源を集中的に投入できるとも強調していた。この目標を達成するため、既存の抑止策を継続し、日本人の目に見える強力な攻撃型の空軍力を配備し、はっきりと威嚇すること、とりわけ、フィリピン諸島は、攻撃型の空軍力の配備により、極東における他の反枢軸国勢力と一体化させていくことを提言していた。

この報告書は、きわめて楽観的な口調で締めくくられていた。

日本の戦力と能力を踏まえれば、現在の［わが国の］陸空軍部隊、あるいはまもなく予定されているフィリピン諸島への派遣が、アジア地域の全般的情勢を変えつつあると結論づけることができる。陸軍による行動は、日本の来たるべき決断を左右する要因となり、結果として、戦争全体の進展に重要な影響を及ぼすだろう。*158

わが国の禁輸措置と防衛力による抑止効果についてのこの楽観的な見方は、当然ながらG－2やその解釈に影響を及ぼした。交渉のための日本の提案や試みに応じた「強硬」策をG－2が推奨するようになった一方で、アメリカに対する日本の敵対的意図を示すシグナルを楽観主義の霞で覆い隠してしまったようにも見える。海軍が用心深い姿勢を示す傾向にあったのに対して、G－2は太平洋の平和にも無頓着であるか楽観的な予測を立てていた。「強硬」策は、G－2によって次のような言葉で表現された。

*157 戦争計画部ファイル no.3251-3260。Watson, *Chief of Staff: Prewar Plans and Preparations*, p.445 で引用。
*158 *Ibid.*

……わが国による軍事的・経済的圧力のかつてない強化などを含む日本に対する強硬策によって、時間を稼ぎ、太平洋地域での敵対行動の拡大を防ぎ、日独伊防共協定の最終的破綻をもたらすことができると、G－2は考える。アメリカによる一層強力な「武力外交」の実施が明確に示唆されている。[*159]

この姿勢は、八月一六日付の陸軍参謀総長に対する覚書「極東情勢の進展」にはじめて登場したもので、日本は「アメリカの参戦を避けるためにあらゆる手段を尽くす[*160]」だろう、アメリカによる圧力のいかなる緩和も宥和とみなされるだろうとの楽観的な考え方を示していた。すでに見てきたように、ハワイG－2も同じ考えだった。ワシントンG－2も、一〇月の間は同じように考えていた。たとえば、一九四一年九月三日から一二月一日までの「世界情勢の短期見積もり」では、ワシントンG－2を率いるマイルズも次のように述べている。「日本の優柔不断の中で、明白なことが一つある。それは、日本はアメリカの参戦を望んではいないということだ……[*161]」。

アメリカは日本の攻撃を受けないだろうという確信は、日本がヨーロッパロシアの崩壊に合わせてシベリアに全面攻撃を仕掛けるつもりだという見方にも後押しされていた。そのため、日本が首脳会談を熱心に主張するのはシベリア侵攻準備のカムフラージュであり、この意味では、武力外交のための手順が、九月二三日付と一〇月二日付の参謀総長宛G－2覚書で一字一句変わらず繰り返された。「アメリカは、日本政府の言葉によってではなく行動によってのみ判断できるのであり、そうすべきである」[*162]との言葉も添えられている。

ヘイズ・A・クローナー大佐が署名した一〇月二日付覚書には、次のように記されていた。

協議に先だって、日本が枢軸国から撤退するとの確かな言質を得ない限り、首脳会談も現時点での経済的譲歩も、アメリカにとってはなんら現実的利益はないとG－2は考えている。わが国の目下の目標は、ヒトラーの力を可能な限り弱めることだ。日本がシベリア

＊159 *Hearings*, Part 14, p.1347.
＊160 *Ibid.*, p.1346.
＊161 *Ibid.*, p.1353.
＊162 *Ibid.*, p.1357.

でロシアを攻撃しないことが保障されれば、ロシアは心理的にも軍事的にも、ヒトラーに対して強い立場に立てるだろう。このことを踏まえ、提案された首脳会談に先立つ明確な条件は、日本がシベリアでソ連軍を攻撃しないことではなく、日本が枢軸国から完全に撤退するという保証である。[*163]

次の段落は、「この条件を現時点で日本政府が満たすことはあり得ないため、わが国の方針はこれまでどおりである」[*164]との文章で始まる。そしてすぐに、さらに強力な「武力外交」への提言が行われている。

このような状況だったため、一〇月の日本の新内閣発足は、七月一六日ほどの衝撃を与えることはなかった。日本が次にどのような行動を取るのか、それはいつになるのかが再度見積もられることもなかったのは確かである。近衛内閣総辞職に関する一〇月一六日付のG－2覚書は、「米政府による日本に対する経済制裁を豊田外務大臣が緩和できなかったことの当然の結果」[*165]であり、「日米の和平交渉の終結を求める国家主義的圧力」[*166]の結果でもあると述べた。言い換えればG－2は、内閣退陣がアメリカによる経済制裁と直接的に関連していることを理解する一方で、威嚇的な行動を取ればアメリカに危険が及びかねないとは考えなかった。いまだに注目されていたのはシベリアだった。

海軍ではなく陸軍によって統制力を発揮し、枢軸国に接近する可能性が高い。陸軍の勢力は、ヨーロッパでの敗北によるシベリア陸軍の弱体化にすぐに乗じるだろう。*167

一〇月一六日には、海軍大佐平出英夫（大本営海軍部報道課長）に関する記事が新聞に掲載されたが、G‐2が言及に値するとは考えなかったのは明らかだ。平出は米海軍の拡張を公然と批判し、「帝国海軍は（アメリカに）攻撃を仕掛けたくてうずうずしている」と述べた。この記事はスターク、国務次官サムナー・ウェルズ、陸軍長官スティムソンの目に留まった。スティムソンは日記に次のように記している。「日本海軍は日本陸軍同様、過激な発言を始めている。したがってわれわれは、日本に道を誤らせ、最初の間違った一歩——公然たる行動！

*163 *Ibid.*, p.1358.
*164 *Ibid.*
*165 *Ibid.*, p.1359.
*166 *Ibid.*
*167 *Ibid.*

――を確実に起こさせるための外交的駆け引きという微妙な問題に直面している」。[168]
一〇月一七日に東條が首相に選ばれたと知り、G－2は次のように述べた。「東條が選ぶ閣僚は、枢軸国寄りの傾向を持つと予想される。さもなければ排外主義的できわめて国粋主義的だろう」。[169]一〇月一八日には、G－2と戦争計画部は、ショートとマッカーサー宛の電報で、この新内閣はアメリカに対して特段の脅威にはならないと請け合っていた。一〇月二一日、G－2は日ソ関係の動向にふたたび注目していた。報告書において関東軍とシベリア軍の戦力を比較し、次のように指摘している。

シベリア軍の二倍の戦力を持つと関東軍が考えているなら、日本政府の方針や意図にかかわらず、攻撃する可能性は高い。三倍以上になれば確実にそうするだろう。[170]

報告書の結論は以下のとおり。

……現在のソ連軍の勢力を、関東軍と対等に維持するためにできる限りの手立てを尽くすことが……わが国の利益に大きくつながる。[171]

言い換えれば、G－2は一〇月の間は、もっぱら日ソ対立に注目していた。さらに言えば、G－2の提言や予測は、彼らが入手できた特定の情報や、それらの現実的な分析によってではなく、この先入観や、すでに言及したような楽観主義を背景に決定されていた。おそらく楽観主義が頂点に達したのは九月一一日、ユナイテッド・プレスの東京発電報を受け取ったのちだっただろう。この電報には、天皇がその日、陸軍大本営に対して近衛内閣との密接な協力を命じたと述べられていた。マイルズはこの知らせに関してマーシャルに覚書を送ったのみならず、大統領に直接届けてほしいとワトソンに電報の写しを送った。「この知らせに対する適切な評価は今の段階では現実的ではないが、明確な趨勢は示されているように見える――枢軸国から離れ、米英と良好な関係を結ぼうとする姿勢である。新内閣は、文民政府を強化し、国策の軍事的支配を監視し、今後の動向に関して軍国主義者間での想定される不満に障壁を築く

＊168 Langer and Gleason, *The Undeclared War, 1940-1941*, p.730. で引用。
＊169 *Hearings*, Part 14, p.1360.
＊170 *Ibid.*, p.1361.
＊171 *Ibid.*

取り組みとして解釈される」[172]。最後の文章には、当時の希望的観測のすべてが込められていた。「日本は、その歴史上未曾有の危機の一つを脱する平和的方策を見出すとともに、反枢軸へと外交政策を再編する手立てを求めるだろう[173]」。

現在の情勢に対するG－2の評価に見られる希望や自信とは裏腹に、日本の政治・経済情勢について、かなりの熟慮と冷静な分析を経て示された一連の見積もりがある。たとえば一九四一年九月三日から一二月一日の「世界情勢の短期見積もり」は、禁輸措置の影響をかなり深刻に受け止めていた。

米、英、蘭印による日本に対する禁輸措置がかつてなかったほど強化されているため、日本の経済状況は徐々にではあるが確実に悪化している。日本は恒常的に戦争物資を欠き、外貨が不足し、対外貿易が減少している。禁輸措置はこれらの不足を増加させた。不足は深刻だが、一九四一年一二月一日までは危機的状況にはならないだろう。

……

貿易停止によって、日本の原材料は激減している。原材料は、日本の国家としての存続に不可欠であり、戦争をうまく仕掛けるためにも欠かせない。原材料の供給源としても、輸出のための市場としても、日本経済にとってアメリカほど重要な国はない。[174]

この情報を得てスタークは、これまでのように貿易を通して原材料を入手できなければ、日本は攻撃を仕掛け、力ずくで手に入れるだろうと考えた。同じ情報を入手したG－2は、「大東亜共栄圏は……まさに崩壊しようとしている」、「日本は非常に不利な立場にある」[175]と考えた。

G－2の見積もりなどに最も無邪気に示されていた日本に対するこの楽観主義は、最上位の政策決定者の間にも広がっていた。ルーズベルト大統領は一〇月一五日付でチャーチルに次のように書き送っている。「日本人が置かれた状況は明らかに劣悪であり、彼らは北を目指していると私は考えている。それでもわれわれには、極東で二カ月の猶予がある」[176]。チャーチル自身は、ソ連の敗北が確定するまでは日本は太平洋諸国を攻撃することはない、日本は大英帝

＊172 *Ibid.*, p.1354.
＊173 *Ibid.*
＊174 *Ibid.*, p.1353.
＊175 *Ibid.*
＊176 *Letters*, Vol. II, p.1223.

国が敗れるまでは、アメリカを攻撃しようとはしないだろうと考えていた。[*177] ルーズベルトはどうやらチャーチルの意見を重視し、日本との戦争を遅らせる判断を下したようだ。ロンドンの英情報部は、情報をワシントンの陸軍省に伝えていたが、それらもチャーチルの考えを裏づける傾向にあった。一〇月危機の際には、ロンドンから陸軍省に次のように打電している。

日本は、タイへ進む可能性を除けば、南進することはないと考えられる。とりわけアメリカが断固たる姿勢をとっていることを踏まえれば、米英との関係悪化は危険が大きいからだ。

今後のいかなる作戦においても陸海軍の支援は欠かせないため、陸軍と海軍のこれまでの意見の対立を解消することは新内閣が目指すところであり、その結果戦争へ向かうことは疑いもない。新首相は完全に親独派である。日本はソ連の崩壊が迫れば、すぐにウラジオストクと沿海地方を攻撃するだろう……新内閣の演説は、彼らの真意をぼかしているとみなすべきだ。ソ連は他の地域に部隊を移す可能性があるにもかかわらず、シベリアでは依然として勢力を持つと考えられている。しかし、沿海地方とウラジオストクは間違いなく日本に奪われるだろう。[*178]

駐日米国大使館からの情報もまた、日本が北へ向かうとの確信を深めるものであり、日本の新内閣のもとでの方針変更に対する不安を緩和する傾向にあった。グルー大使は交渉の継続を強く願い、それまでは内閣交代について暗い予測をしていたにもかかわらず、好ましい兆候を熱心に探していた。大使の情報によれば、アメリカとの交渉継続を支持し、東條にもそれを強く求めたのは天皇だった。[*179] 東京の駐在武官が陸軍省に宛てた一〇月二〇日付電報には、グルー大使の願望が反映されていた。

新内閣の顔ぶれは本質的には保守に見えるため、日本の方針が、前内閣の退陣によって少なくともすぐに大胆に変えられるとは考えられない。
……東條元帥はまず第一に周到な日本人であり、その内閣が国家としての野望と繁栄を

*177 ロンドンで七月に開かれたスタッフ会議の報告。ホプキンスが出席。*Roosevelt and Hopkins: An Intimate History*, p.316 より(『ルーズヴェルトとホプキンズ』ロバート・シャーウッド著、村上光彦訳、未知谷、二〇一五年、みすず書房一九五七年刊の再刊)。(cf. チャーチルの一〇月一日付電報。*The Grand Alliance*, p.590.)
*178 *Hearings*, Part 16, p.2140.
*179 *Foreign Relations of the United State: Japan, 1931-1941*, Vol.II, pp.697-699.

追求する一方で、東條自身は幅広い視野を持つと考えられているため、極端に過激な行動を取る可能性は少ない。[*180]

陸軍長官スティムソンは、一〇月二一日付の大統領宛の手紙で、陸軍としての願望をこれ以上ないほど強い言葉で綴っている。

……最も重要な戦略的好機が、突如、南西太平洋において生じている。過去二〇年間のわが国の戦略的可能性のすべては、この半年間の世界情勢によって大きく変わろうとしている。南西太平洋の出来事に影響力を持たなかったわれわれは、突如、強い力を発揮できる可能性があることに気づいている。実際のところ、われわれはこの方面での好機を現実のものとはしていない。戦闘機などを本国の基地からフィリピンへ急いで送り込んでいるところだ。南西太平洋での作戦のためにすぐに最低限必要な数の戦闘機さえ、まだ準備できてはいない。これは、昨年のイギリスに対するわが国の猶予の結果である。必要な戦闘機、乗組員、装備、訓練を整えることができるのはアメリカからだけだ。たとえ日本が早急に動かないとしても、この不完全な脅威でさえ、日本軍の南進を阻み、シンガポールの安全を守り、その結果生じるあらゆる革命的結末を阻むことができそうだ。しかしご存じのように、作戦が最終的に成功するかどうかは定かではなく、日本がいかなる突発的行動をとるかはわからない。必要な予備軍がアメリカにいたなら、われわれは現在のような不確実な状態にはないはずだ。

　現下の南西太平洋での好機と同時に、北西太平洋でも別の好機がある。ウラジオストクはソ連に通じる三つのゲートの一つだ。アルハンゲリスクのゲートはいつ何時閉じるかわからない。ペルシャ湾のゲートは能力的に十分ではない。アラスカがシベリアやカムチャッカ半島に近いことや、その近辺に施設が存在するとわれわれが考えていることは（もっともそれらを試す機会はまだない）、私が述べたばかりの南方での動きに対処する爆撃機を利用できる機会を提示している。この地域では、アメリカの軍事力を北に向けての挟撃作戦で示すための基地を形成できる可能性がある。今回は、日本の攻撃を防ぐためだけではなく、ヨーロッパでのロシアの防衛力を守るためだ。これらの爆撃機の巡回爆撃を認めることによって、その作戦は南方からの作戦に適合し、それを補うものになるだろう。

*180 Sherwood, *Roosevelt and Hopkins: An Intimate History*, p.419.

南方から日本上空を通過しウラジオストックに着陸する巡回爆撃を認めてもらえれば、現在ドイツが行っている北大西洋からノルウェイを通ってフランスに帰還する巡回爆撃と同様に、北方の安全を保障することに加え、南方の安全にも大きく寄与するため、南方での作戦に適合し、それを強化するものとなろう。北方と南方の作戦が完全に行われることになった際の威力を過大評価することはできない。しかし、そうして西太平洋の制空権を握ることは、ロシアへの安全保障と日本への警告となる大きな力となるはずだ。それにより、日本を枢軸国から離脱させることができるかもしれない［傍点は著者による］[*181]。

アメリカの政策決定者、大使館偵察員、陸軍の情報将校や計画担当者の見積もりに加え、日本の意図を示唆したのは、一〇月一八日に翻訳されたマジック情報だった。

……新内閣の構成にかかわらず、米国との交渉は既定の方針に従って継続される。この点に関しては変更はない[*182]

マジックは、相変わらずこういった安心感を与える内容だった。たとえば野村大使の辞任の申し出には次のように返答している。

……交渉の結果は……帝国政府が今後どの道を進むべきかの決断に大きな意味を持つ

……われわれは、この件に関して参考になる貴大使の報告に絶大な信を置いている。

したがって、貴大使自身の願いは断念し、現在の職責に留まることを願う。*183

これらの傍受電報は、アメリカに対する敵対行動が差し迫ってはいないことを示唆しているように見えた。

## 海軍

これまで見てきたように、アメリカの禁輸措置に対する海軍の見積もりは、深刻な結果を示し

*181 *Hearings*, Part 20, p.4443.
*182 *Ibid.*, Part 12, p.76.
*183 *Ibid.*, p.82.

ていた。アメリカに対する直接攻撃ではないとしても、日英間でまもなく戦争が始まると予測していたのである。作戦本部長スターク大将は、フィリピンに関する陸軍の楽観主義や、イギリスの太平洋に対する戦力強化を知らせる電報によって、幾分影響を受けていた。彼自身は近衛内閣の総辞職をそれほど憂慮すべきものとはみなしていなかった。しかし、戦争計画部のターナー少将の意見を重んじ、いくつかの文章の警戒色を弱めたのち、一〇月一六日の彼の電報を承認した。ターナーは明らかに警告を発していた。

ターナーの最後の証言は次のとおり。

当時［一〇月一六日］、日本が極東でイギリスを攻撃すれば……アメリカは即座に対日戦に突入すると確信していた。一九四一年の数年前には、日本は明らかに極東からイギリスを追い払おうとしていた。思うに日本のヒエラルキーの一部は、アメリカが参戦しないように、つまりアメリカがイギリスを支援しないようにと懸念していた。しかし一九四〇年から四一年にかけての日本に対する動きの多くは、アメリカによるものだった。政治情勢全般、フィリピンでの日本の利益は、戦争が遠い先のことではないこと、相手が米英になることを、私に確信させた。*184

合同調査委員会の初代委員長、ウィリアム・D・ミッチェルは尋ねた。「［一〇月一六日付］電報で言及していた状況が、きわめて近い将来、戦争をもたらすかもしれないと記したのは、当時の貴官の判断だったのか」。ターナーは答えた。

いいえ、違う。きわめて近い将来ではなく、比較的近い将来だ。新内閣は組閣されなくてはならなかっただろう、組閣が行われ、発表され、天皇の認証を得て、軍を配備し、船に荷を積むための命令を出すには一定の時間がかかった。したがって当時、アメリカ、イギリス、オランダに関しては、少なくとも一カ月以内に戦争が勃発する可能性はないと私は考えていた。

ロシアに関しては少し違っていた。日本はロシア人とは距離が近かったからだ。日本はすでに満州に軍隊を置いていた。作戦展開していたかどうかはわからなかった。日本近海には海軍のかなりの部分がいた。したがって、ロシアに対する行動は早い時期に行われる

*184 *Ibid.*, Part 32, p.604.

可能性があった。*185

スタークがキンメルに書いたとおり、ターナーは、日本は早ければ八月にもソ連を攻撃すると考えていた。一〇月一六日の電報では、スタークは、この予想を「妥当性」から「可能性」に変えるようキンメルを説得した。一〇月の時点では、ターナーは日本とソ連の戦争が、一カ月以内というよりは、むしろ数日以内、数週間以内に起きると考えていたのだろう。彼の心の中には、キンメルに詳細に伝えられなかった警戒措置と艦隊配置があった。しかし、キンメルがこれを実際に実行したのは一〇月二二日だった。予備配置についてのターナーの証言は以下のとおり。

……潜水艦を経度約180度に沿って西に……マーシャル諸島の東に……派遣し、艦隊あるいはその一部を時間をかけてハワイ西方に動かし、ミッドウェーやウェークを支援するよう配置し、パルミラやジョンストンを防御する。艦隊は、以前の配置から移動することで、いかなる攻撃に対しても警告を受けることができ、日本軍に対する対処が可能だからだ。*186

ターナーは、合同調査委員会でこれらの配置を偵察措置であると述べたものの、実際には日米間で戦争が勃発したなら、マーシャル諸島を攻撃するための戦争計画として導入する手段だった。キンメルは何カ月も前から、この計画の必要条件に対して警告を受けていた。

一〇月一六日付電報で日本の「絶望的な状況」に言及したとき、ターナーの念頭には「わが国の禁輸措置によって、日本はわが国だけではなく、英領やオランダとの貿易も断たれること……日本の［原油］大量備蓄が、比較的短期間のうちに……尽きるという事実」[*187]があった。つまり、日本経済は絶望的な状況だった。ターナーは、挑発的行動を促すことなくこういった警戒措置を取るようにとの一〇月一六日付の指令に全責任を負っていた。一九四五年に当時を振り返り、次のように述べている。

国務省と海軍省は、われわれ自身、十分な時間をかけて戦争のための物資を備えるべき

*185 *Ibid.*, Part 4, p.1945f.
*186 *Ibid.*, Part 32, p.606.
*187 *Ibid.*, Part 4, p.1945.

だという点で一致していたと考える……当時……日本との対話は定期的に継続されていて、表面的には戦争の可能性はないように見え、それが政府の願いでもあった。当時、われわれは日本との戦争に突入する意図はなかった。したがって、たとえばわが艦隊をマーシャル諸島周辺に巡航させ、威嚇だと思わせたくはなかった。ハワイの不満分子として知られる者全員を艦隊に捕えてほしいとは考えておらず、日本列島周辺に潜水艦を送ってほしくもなかった。それは、できるだけ長期に平和を維持するための試みであり、戦争を始めるとしても、それはアメリカからではなく日本からでなくてはならなかった。*188

海軍情報部は敵の意図を予測したり、諜報活動で得た情報を評価する立場にはなかった。とはいえ、情報部が持っていた情報はターナーの仮説を裏づけるように見えた。一〇月一六日の内閣交代に関する覚書は、日本の枢軸国との関係強化を強調し、日本は「シベリアを攻撃する姿勢と力を持つ」と指摘した。さらに覚書は、日本陸軍が新政府を支配しようという明白な意図を持つため、「アメリカの利益を損なう積極的行動が予想される」*189と慎重に述べている。覚書には日本経済の苦境が詳述され、それが明らかにアメリカの禁輸措置によるものだとされていた。日本は、海外市場にアクセスするか、ロシア経由でヨーロッパに到達する陸の補給線を開拓しなくてはならなかったとも指摘している。

ここではふたたび、シベリア作戦についてのまことしやかな仮説が海軍の注目を集めていた。G－2の楽観主義は、この覚書には少しも見られない。海軍情報部のアナリストは、評価を示唆するような態度の表明をおそらく許されていなかったためだろう。いずれにしても海軍省の情報と見積もりは、陸軍省によるものよりもかなり冷静だった。この時点でホノルルに警戒態勢を敷く責任は海軍省にあり、キンメル宛の一連の電報はウェーク諸島やミッドウェー周辺が攻撃される危険、米商船への攻撃可能性を示唆し、キンメルに対して、マーシャル諸島攻撃に備えての艦隊配置を求めていた。

### 報道機関

この時期には、ワシントンの政策決定者は日本のニュースに関して、秘密情報のほかにも優れたマスコミ報道から恩恵を得ていた。一〇月の最初の二週間には、ニューヨーク・タイムズ紙

*188 *Ibid.*, Part 32, p.606.
*189 *Ibid.*, Part 15, p.1845.

が日本の内政についての記事で、内閣の危機が迫っていることを指摘した。たとえば一〇月一日にはハレット・アベンドが、松岡洋右など極右の再台頭に伴い、内閣の崩壊が予測されると、マニラから報じている。一〇月七日、オットー・トリシャスは、超国粋主義者が禁輸緩和を求めて政府に圧力をかけていると述べた。日本は「窒息寸前」だと彼らは主張した。米英が次第に太平洋で勢力を拡大する一方で、日本は二カ月の間、「一滴のガソリンも一片の屑鉄」も持たなかった。

一〇月一六日の一面では、トリシャスが海軍部報道課長平出英夫大佐の演説を報じた。平出は、日米関係が「今や最終的な岐路に立たされている」と警告した。アメリカが護送船団方式をアイスランドからブリテン諸島まで拡大し、ロシアに対する支援の見返りに、シベリアの基地を求めるかもしれないという噂に関して、警戒を訴えていた。

アメリカは、現状での自国の不安定さを感じ、大規模に海軍の拡張を行っている。しかし現在のところ、アメリカが太平洋と大西洋で同時に海軍作戦を遂行することは不可能だ。帝国海軍は最悪の事態に備え、あらゆる準備を完了している。事実、帝国海軍は必要となれば行動しようと待ち構えている。

ニューヨーク・タイムズ紙はまた、朝日新聞の記事を引用し、平出の発言は日米関係に関連して、「海軍の断固たる姿勢をはじめて明確にした」ため、重要だと述べた。同盟通信社は、「消息筋」によれば、日本と外交交渉を行う一方で、敵対的な姿勢をも維持しているアメリカの二枚舌は耐え難いと述べた。

同日のニューヨーク・タイムズ紙には、「アメリカは緊迫した極東情勢を調査中。ワシントンは、モスクワが倒れた場合の東洋を懸念」との見出しがあった。五面には、パラオ諸島とポルトガル領ティモールとを結んで航行を開始したばかりの日本の新しい民間航空会社について、アベンドが興味深い記事を寄稿している。この航路は交易の増加によるものとは考えられず、七〇〇キロメートルあまりしか離れていないオーストラリアのダーウィンは「事態を深刻に考えている」。アベンドは次のように記した。

極東に向けられたあらゆる目が北に注がれ、日本のシベリア派兵に注目しているまさにそのとき……日本はポルトガル領ティモール島の東端に拠点を得るという、この驚くべき動きを発表した。

一〇月一七日、近衛内閣総辞職のニュースが一面を飾った。新内閣は東條英機を首相とし、親ナチスになるだろうとニューヨーク・タイムズ紙は推測した。トリシャスは、ジャパン・タイムズ・アドバタイザー紙が目下の危機の責任を米国民に押しつけていると報じた。アメリカは、日本と戦う中国に対して、兵器、技術支援、軍事的助言を与えていると同紙は不満を述べている。「日本は、アメリカの勢力圏や居住圏に決して介入することはないというのに、アメリカは極東情勢に介入するために海を渡ろうとしている」。ルーズベルトと軍高官との会議については、ニューヨーク・タイムズ紙の同日号で報道されたが、会議で到達した決断への言及はなかった。しかし別のコラムでは、アジア海域の米商船に対して、「指示」を受けるため入港するようにとの海軍省からの命令があったことに触れられていた。

翌日には、東條の首相指名が確定すると言われていた。トリシャスは、新内閣は大半が軍人だが、アメリカとの交渉は断絶されることはなく、加速する可能性すらあると述べた。というのも、アメリカは日本陸軍と直接交渉するつもりだからだ。しかし、内閣が変わっても、支那事変に勝利し、大東亜共栄圏の建設に取り組むという対外政策は変わらないだろう。ハンソン・ボールドウィンは内閣交代について次のように述べた。「日本が北進してシベリアに向かうか、南進してタイかどこかに向かうかは別の問題だ。明らかであるのは、近衛内閣の辞職が……なんらかの動きを必然的に伴うことだった」。中国外相は、日本は次にロシアを攻撃すると予測した。ハレット・アベンドも、春の南進の序奏としてシベリア侵攻を予想した。日本は、アメリカが積極的な対抗策を講じないと確信していると、アベンドは考えていた。上海とシンガポールからの新しい報告は、シベリアに対する攻撃を強調し続けていた。

日本政府の方針はこれまでと変わらず、「友好国との親密な関係を強化する」つもりだと新首相が一〇月一九日に述べると、日本に関するニュースは一面から消えた。トリシャスは一〇月二一日と二二日には、東條は「世界平和」や「漠然とした方針」について語っていると報じた。一方、日本の政策が「不変」であること、たとえワシントンとの交渉で有利な結果を得たいと願っているとしても、まずはワシントンがその姿勢を変えることを日本は求めているという点で、日本の動きに対する解釈は一致していたようだ。

一〇月二二日のコラムには「フィリピン部隊は警戒態勢を維持」との見出しに続いて、次のような報告が掲載された。「軍は今回の危機に際して二倍の警戒を敷いている。アジア艦隊の大半はマニラ湾に集結し、戦闘機による常時哨戒を行い、陸軍部隊は準備態勢を取っている」。しかし、「情報筋によれば、現在の緊張は緩和されようとしている……米船舶を入港させるべしという米海軍による命令は緩和され、マニラから二隻の出航が認められた……」。

一〇月二三日の主な見出しは、ウラジオストクの代わりにアルハンゲリスク経由でロシアに支援を送ることについてだった。タイムズ紙はこの変更を、日本との衝突を避けようとする米政府の希望によるものだとした。ホワイトハウスは翌日、これを憤慨しながら否定した。二四日のトリシャスの報告によれば、日本政府はこれをきわめて好意的に受け止めた。しかし東京の報道機関は、アメリカが日本に対抗するためにシベリアに基地を求めているという疑念をふたたび示し、トリシャスは東京での灯火管制訓練を全面戦争の準備に向かう一ステップと解釈した。

つまり、アメリカの報道機関は他の情報源同様、日本によるシベリア攻撃という仮説を強調した。これは内閣の交代と、交渉を継続するという東條の発表に続く突然の緊張緩和に対する米政府の警戒を正確に反映していた。そのうえ、日本の報道機関が米英に対して一貫して敵対的であることを伝え、この敵意をアメリカによる日本経済への締め付け、日本を攻撃するためにシベリアに基地を求めるアメリカの願望と直接的に結びつけた。

一〇月の出来事が興味深いのは、ワシントンでの陸海軍の見積もりとそれぞれからホノルルに送られた電報の内容が明らかに対立していたこと、この対立が一一月の最終警告のハワイでの解釈に影響を及ぼしたことによる。一〇月の出来事はまた、フィリピンでのわが国の能力についての楽観主義といった基本的姿勢が、危険のシグナルに対する認知にどのように影響しうるかをはっきりと示している。海軍は日本の内閣交代の危険性を認識していたものの、その認識は、アメリカによる禁輸措置がもたらす危険に注意を怠らないことや、フィリピンでの準備の抑止効果に疑念を抱くことに留まっていた。

## 要約

この章で述べた三つの警戒態勢の中で、第一の警戒態勢（一九四〇年六月）は、フランスの敗北と、南米でのファシストの台頭可能性によって生じた一般的な警戒ムードを超えるものではなかった。こういった状況では、真珠湾攻撃の危険は情報の一部としかみなされず、一年後に諜報機関のわずかな関心を集めることになっただけだった。

第二の警戒態勢（一九四一年七月）は、禁輸措置とフィリピン陸軍の活動強化という日本に対する二つの措置に加え、日本が報復するかもしれないという不安から敷かれたものだった。インドシナの基地を掌握するという日本の計画の一部として真珠湾攻撃あるいは破壊工作を考える理由はなかった。日本が攻撃するとしても、せいぜいイギリスを攻撃する程度だっただろう。ところがアメリカの軍指導者は、禁輸措置に対する日本の反応は友好的なものではなく、敵対行動につながるかもしれないと予想していた。

第三の警戒態勢（一九四一年一〇月）は、穏健的な近衛内閣から軍国主義的な東條内閣への交代によるものだった。調べてみると、穏健派の失墜は、アメリカの禁輸措置を緩和できなかった近衛内閣の力量と明らかに関係があるようだ。したがって、内閣交代というシグナルは日本の出来事だと言い切ることはできない。もっと正確に言えば、アメリカの行動によって直接的に促されて生じた日本の出来事である。これ以後、米軍指導者は、太平洋が平和である可能性が急速に減少していると考えるようになった。

第三の警戒態勢の頃には、日本との関係について述べる場合にも、刺激と反応との区別がますますあいまいになっていた。一九四一年七月の時点では、日本のインドシナでの行動を、禁輸措置決定に対する最終的な刺激とみなすことは容易だった。しかしこれ以後、外交上のやり取りと抗議行動とはますます複雑になった。禁輸の影響は幾重にも重なったが、圧力の高まりは簡単には測れなかった。そして最終的に、アメリカにとっての危機を示すシグナル、すなわち日本による特定の軍事・外交上の動きを解釈するためには、最新のアメリカの動きを知ること、しかも数時間のうちに知ることが不可欠だった。そのため真珠湾攻撃前の最後の数時間における戦域とのやり取りは、きわめて重要な問題になっていた。

これら初期の警戒態勢において、混乱の中心にあるのはコミュニケーションである。三度とも、ハワイよりもワシントンの方が情報は揃っていた。東海岸での報道は、ホノルルよりも広範囲にわたり、信頼性も高かった。しかしワシントンにおいてさえ、陸軍と海軍はたいていの場合、以下について意見が一致していなかった。(一) どの情報を戦域に送るべきか、(二) その情報をどのような文言にすべきか、(三) どのような状況の場合に警戒態勢を命じるのか、(四) 具体的にはどのような警戒態勢を敷くのか。意見の不一致はあからさまな場合もあれば、方針があいまいすぎて対立が明確ではない場合もあった。海軍作戦本部は陸軍よりも多くの情報や評価をホノルルに送っていた。陸軍から見れば、それらは幾分警戒心が強すぎるように見えただろう。陸軍から戦域への通信は頻繁ではなく、文言が注意深く選ばれていた。しかし陸軍も海軍も、通信の意図の解釈についても、その結果として取るべき行動についても、現地司令官にかなりの裁量を与えるような言葉づかいをしていた。同じ内容の通信が、陸海軍の一方では警戒態勢指令とみなされ、他方ではそうではないこともあった。

一九四〇年六月一七日の警報を除けば、こういった通信はどれも「警戒態勢」という言葉を用いてはおらず、「なにかが起きそうだ」「一カ月以内になにが起きてもおかしくない」「あらゆる方面での奇襲（の可能性）に備えておくように」といった表現を用いていた。不測の事態を特徴づける言い回しには「可能性がある」「ほとんど可能性はない」「強い可能性がある」といった表現や、「完全に排除することはできない」「予測不可能」などがあったが、なんらかの決定を促すものではない。たとえば一九四一年一一月二七日に陸軍が発した、日本の今後の行動は予測できないという警告は、ショートやキンメルの知識や判断に影響するものではなかった。キンメルが、同盟国か、あるいはハワイ諸島近辺の米領に対してさえ日本による攻撃の恐れがあると考えたのに対して、ショートはワシントンからの最終通信に破壊活動の危険を読み取った。

一九四一年のワシントンと戦域とのコミュニケーションは、かくもお粗末なものだったため、現地でどう解釈されたかは確認されなかった。承認やフォローアップの標準的な手順も定まっていなかった。ワシントンの高官のほとんどは、どのような情報が当然のこととして戦域に送られるのかについて、あいまいな考えしか持っていなかった。われわれが現在そうであるように、戦域に情報を伝えるという意図はすばらしいと誰もが考えていたため、あらゆる重要な情報はすぐに送られていた。たとえばターナーは、キンメルが真珠湾でマジック解読班を持たないことに気づかなかった。また、スタークなどの海軍指導者同様、ホノルルで陸海軍が受け取る最高機密情報はまったく同一である、ショートとキンメルは受け取った情報をすべて即座に交換している、ホノルルでは優れた報道が行われている、軍高官はみな優れた判断力で日刊紙を読んでいると考えていた。すでに見てきたように、こういった思い込みはどれも立証されてはいない。

　ワシントンが、自分たちだけが入手したシグナルに基づいて警報を発したとき、どのレベルの警戒態勢を取るかを現地司令官の裁量に任せることは、問題のある手順だったように見える。当然ながら安全保障の観点から、一定の情報、特に敵から隠したいと願う自軍の今後の動きについての重要な情報、敵の秘密情報にアクセスしていることが露見しかねない情報、結果としてそのアクセスが危うくなるような情報については、現地司令官に知らされることはなかった。安全保障とはまったく別に、常識的な判断によって選択が行われ、ワシントンの諜報機関が関連性と正確性を認めたもののみが送られていた。しかし、このように情報を制限したからこそ、現地司令官に対して、ワシントンの意図について解釈の余地を残さないことが重要だった。もしもワシントンが完全な青写真を持っていたなら、必要な警戒態勢の日時と程度を明確にし、命令が実行されたことを確認する責任も担うべきだったように思える。一方、現地ならではの緊張関係や幅広い脅威についてのシグナルは、現地における警戒態勢を直接的に促しただろう。

この章で扱った時期には、ワシントンでもハワイでも、陸軍は海軍ほど外交政策に関心を持たず、情報も得ていなかった。その結果、陸軍の判断、特に諜報部門の判断は海軍よりも明快ではない場合があった。G－2の予測は、「日本のタイ侵攻は、インドシナ侵攻よりも早いか、それに続くか、あるいは同時に生じるだろう」といった無意味な言葉の繰り返しや、七月一六日の日本の内閣交代は、ヴィシー政権や仏印への圧力緩和をもたらすだろうという予測のような、翌日あるいは翌週に打ち消されかねない短期的で性急な予測までさまざまだった。海軍の場合には、敵の意図の予測は情報部の任務ではなかったため、優れた判断も間違った判断も示すことはなかった。

一九四一年に唯一、情報部門が優れた働きをしたのは、暗号解読だった。マジック暗号の解読と翻訳は、日本の動きを予測するための貴重なデータを提供した。しかし、ワシントンの情報機関幹部はこれにアクセスできたものの、作戦部幹部に比べるとこれを活かすのは遅かった。すでに述べたように、秘密のシグナルをうまく活用するためには、受け手がまず公にされた情報を観察し、分析できなくてはならない。事実、敵の意図についての諜報機関の最高機密情報を、報道機関の当時の予測と比較すると、報道機関の方が比較的正確であることに驚かされる。国際情勢についての全般的な知識や公然たる動きの緻密な観察こそが、こういった見積もりを行ううえで最も有効な材料だと結論づけずにはいられない。

「マジック」とはいえ、その本質は魔法ではなく、解釈には繊細さや優れた政治センスが必要だった。しかし、この現実的な観点でマジック情報を見ることは、その重要性を否定するものではない。次章では、マジック情報の性質や利用について論じるつもりだ。

Pearl Harbor

Warning and Decision

第３章

# マジック

真珠湾攻撃の直前に行われた諜報活動で、門外漢にもよく知られ、興味をそそるのは、「マジック」として知られる日本の外交暗号とその解読である。[*1] この極秘情報源の解読にかかわった将校が明らかにした土壇場のシグナルほど、劇的で気を揉《も》ませるものはない。マジック暗号を解読できたために、アメリカは敵に対して圧倒的に有利な立場、二度とは得られないような

*1 この章では、コード(code、単語ごとに暗号書を作成)とサイファー(cipher、文字単位で変換操作を行う)を区別していない。本書での主な関心が通信内容にあるためであり、真珠湾攻撃に関するさまざまな調査委員会での証言においても、両者が区別されていなかったためでもある。日本が秘密通信で用いていた偽装は、意図的にあいまいにされていたか、安全保障上の理由で印刷物に残されていなかった。「パープル」はサイファーシステムだったが、専門家以外の間ではたいていパープル「コード」と呼ばれている。

有利な立場に立つことができた。軍と政府の指導者は、日本政府とワシントン、ベルリン、ローマ、ベルン、アンカラなど主要国に駐在する大使との間で交わされる極秘通信を毎日のぞき見る機会に恵まれた。ホノルル、パナマ、フィリピンのほか、米大陸の主要港に駐在する日本の武官や秘密諜報員の報告書を読むこともできた。日本の意図する外交行動、日本の秘密諜報員がアメリカの防衛準備に関して集めていた情報なども事前に入手できた。こういった利点がありながら、さらにはイギリスの秘密情報[*2]、航空偵察、海軍無線交信分析、レーダー、駐日米国大使館などからの情報も得ていたというのに、それでも奇襲を防ぐことはできなかった。

一九四一年に「マジック」はなにを語ったのか。どれだけのことを語ったのか。米政府の誰に対して語りかけることができたのか。この章ではこれらの疑問に答えを出したい。このため、まずは「マジック」を一つの個別のシグナルとして、危機の兆候を示した原材料として扱う。そして一九四一年に「マジック」の活用を決めた先見性に目を向け、「マジック」がワシントンでのシグナルの全体像にどれほどうまく組み込まれたかを見ることにしよう。

## 陸海軍にとっての「マジック」

陸軍も海軍も、傍受した日本の暗号を解読する特別な部署を持っていた。だが、両者の取り組みが重複することはほとんどなく、対抗意識を持っていた形跡もない。海軍省で「マジック」を担当していた部署は「通信保全部隊」として知られていた。一九四一年にはこの部隊に所属する合計約三〇〇人が、ローレンス・F・サフォード中佐の指揮下にあった。彼は海軍のあらゆる暗号解読を担当するとともに、海軍のために外国語の秘密通信を傍受し解読していた。海軍は外国通信傍受のために、ワシントン州ベインブリッジ・アイランド、フロリダ州ジュピター、メイン州ウィンター・ハーバー、メリーランド州チェルトンハム、フィリピンのカビテ、そのほかアメリカと太平洋上の数カ所に傍受施設を設けていた。そこで傍受したすべての通信文は、解読のため、サフォードの部隊に送られていたのである。

サフォードと緊密に連携していた海軍情報部の特別部隊は、A・D・クレーマー少佐の翻

＊2 海軍情報部極東課長マッコラム中佐は、極東の政治や海軍に関わる事柄についてのイギリスの知識は、「一九四一年には驚くほど不完全で、われわれの知識よりもかなり劣っていた」と指摘している（一九五六年九月のインタビュー）。

訳部隊で、傍受・解読された日本語の外交通信を英文に翻訳していた。クレーマーの下には将校一人と下士官二人、翻訳官六人がいた。*3 翻訳官の半数は研修中で、重要度の高いベルリンやワシントンからの資料はまだ任されてはいなかった。クレーマー自身、日本語が堪能だったものの、勤務時間の大半は監督と傍受文の配布に追われていた。海軍でマジック情報の配布先として認められていた者に対して、翻訳済みの資料を自ら届けていたのである。

サフォードの通信保全部隊は、海軍通信部の一部だった。通信部は海軍の通信業務全般を担い、一九四一年の終わりにかけては一日平均四〇〇〇通を処理していた。*4 一九三九年八月から四二年二月までは、レイ・ノイエス少将が通信部を率いていた。通信部は公式には戦争計画部、情報部と同格だった。戦争計画部のターナー少将、情報部のJ・S・ウィルキンソン少将とは密接に連携していたと、ノイエスは証言している。たとえば海軍情報部は、どのマジック情報が政策決定者や軍幹部にとって重要かを判断した。ノイエスはこの判断にはまったくかかわらなかった。翻訳部隊のクレーマーが最初に取捨選択し、上司で、海軍情報部極東課長のマッコラム中佐が目を通す。その後マッコラムは、海軍情報部長ウィルキンソン少将の形式的な裁可を仰ぐ。ウィルキンソンには外交用語の知識がなかったことから、どれを選ぶかについてのほぼ完全な決定権はクレーマーとマッコラムに握られていたと考えられる。どの証言からも明らかであるように、二人の判断は高い評価を受けていた。[*5]

陸軍では、通信情報部（ＳＩＳ）として知られる特別な部署に属する「通信隊（Signal Corps）」が外国の暗号通信傍受を担っていた。オーティス・Ｋ・サトラー大佐が通信隊の軍事部門を率い、通信情報部やあらゆる通信部門、陸軍の写真や画像にかかわる業務、通信に関する教習のすべてを管理していた。「おおまかにいって、私の立場は作戦行動の一環にすぎなかった……われわれはさまざまな傍受手段によって手元に集まったデータにもっぱら関心を持っていたのであって、こういった通信内容の評価や分析には関心を持たなかった[*6]」と述べている。評価はＧ－２極東課長だったルーファス・Ｓ・ブラットン大佐の仕事であり、配布するためにマジック情報の取捨選択が行われていた。真珠湾攻撃前の時期に通信情報部を率いていたのは、レックス・Ｗ・ミンクラー中佐だった。主任暗号解読官ウィリアム・Ｆ・フリードマン大佐は、「パープル」として知られる日本の最高機密外交暗号の解読を担当していた。彼は

＊3 *Hearings*, Part 9, p.4168.
＊4 *Ibid.*, Part 23, p.915. 一九四一年に海軍通信部副部長だったジョセフ・Ｒ・レッドマン少将によれば、一一月に同部が処理していたマジック通信は、一日平均二六通だったという。
＊5 *Ibid.*, Part 10, p.4750.
＊6 *Ibid.*, Part 29, p.2428.

一年半から二〇カ月近く取り組んだ結果、一九四〇年八月には初の完全解読に成功していた。[7] 陸軍は暗号化された外交資料を傍受するため、国内と海外の米領に七カ所の傍受施設を設けていた。[8] これらの施設で傍受されたものは、すべて解読作業のために通信情報部に送られた。

パープル暗号の解読は、まず鍵をみつけることにあったようだ。その鍵を用いた一定量の通信を入手し、それから機械で解読する。パープル暗号用の機器は複雑で、手作業で時間をかけて作らなくてはならなかった。一九四一年には、パープル暗号解読機は四台しかなかった。陸海軍がワシントンに一台ずつ保有し、もう一台はフィリピンのカビテに送られ、第一六海軍区の艦隊情報官が操作していた。残る一台はドイツの暗号解読に必要な鍵や機械と引き換えに、イギリスに送られていた。五台目は、真珠湾用に製作中だった。これらの機械のおかげで、アメリカの将校たちはときには日本人よりも早く、東京からの情報を入手できた。サフォードは、ほとんどの場合に鍵をみつけるのに手間取ったと証言したが、「われわれが解読できなかった鍵はほとんどなかった。おそらく二、三パーセント程度だっただろう」[9] と述べている。陸海軍の暗号解読部隊は鍵を解くために協力し合った。

合同調査委員会でも再三問題になったのは、暗号解読にかかる時間だった。傍受したその日のうちに難なく翻訳されるものもあれば、一カ月経っても終わらないものもあった。公表された記録によれば、最長は五九日間で、東京・ホノルル間の傍受通信だった。

マジック解読の遅れは、無線施設で傍受された日からワシントンに着くまでの間に生じた。傍受通信の送付には航空便が最も頻繁に使われたが、汽車か船でしか運べない場合もあった。たとえばホノルルからのものは、好天であれば本土から一週間に一度だけ飛び立つ大型旅客機で送られていた。悪天候で数日以上遅れるときには船便が使われ、この場合には次の通信を受け取るまでに二週間以上かかった。一九四一年にはテレタイプがいくつかの傍受施設に設置される予定だったが、一二月七日の時点で設置されていたのは、陸軍のサンフランシスコと海軍のベインブリッジ・アイランドの施設だけだった。陸海軍の無線設備が用いられることもあったものの、フリードマンの証言によれば、「われわれには、傍受した資料のすべてを送れるだけの無線設備も回路もなかった」[*10]という。

*7 *Ibid.*, Part 36, p.312.
*8 これらの施設はニューヨーク湾のフォート・ハンコック、カリフォルニア州サンフランシスコ、テキサス州サンアントニオ、ホノルル、マニラ、バージニア州フォート・ハントにあった。
*9 *Hearings*, Part 36, p.319.
*10 *Ibid.*, p.311.

もう一つの大きな障害は、日本語から英語への翻訳だった。すでに述べたように、クレーマー率いる海軍の翻訳部隊に所属する翻訳官六人のうち、単独で翻訳ができるほどの経験を積んでいたのは三人だけだった。彼らは行政府から引き抜かれた文官で、日常的に超過勤務を行っていたにもかかわらず、超過勤務手当を受け取る資格がなかった。陸軍の翻訳官の数は明らかではない。しかし海軍より多かったとは思えない。入手できる証拠によれば、そのうち何人かが文官だったのは確かである。というのも極東課長ブラットンが、いわゆる「満州法」のためにワシントンでの任務に就かせる要員がかなり限定されたと嘆いていたからだ。[*11] 陸軍では、日本語の専門家は、たいてい部隊とともに戦場にいた。

一二月七日には、陸軍通信情報部はワシントンにいた四四人の将校、一八〇人の兵士と文官、戦場の無線施設にいた一五〇人の要員で構成されていた。[*12] 一方、戦争が終わる頃には、ワシントンだけで六六六人の将校と合計一万人の要員を擁していた。海軍はワシントンの通信保全部隊に六〇〇〇人を配置していた。

翻訳官が不足していたため、陸海軍は日本語資料の翻訳作業を分担した。当初は、海軍は奇数日、陸軍は偶数日に東京から発信されたすべての通信文を処理した。両軍はそれぞれの傍受施設で受け取った通信文について、簡単な暗号解読によって発信日を確かめ、手元に留めるか相手方に送った。のちには仕事が非常に忙しくなったため、陸軍は偶数日に、海軍は奇数日に入って来たものを処理した。緊急時にはこの分担にこだわらず、陸海軍のどちらにおいても動ける要員が翻訳を担当した。

当然ながら、日本は外交電報を送るために複数の暗号を用いていた。陸軍も海軍も、それぞれが責任を持つ傍受資料を即座に処理できるだけの暗号解読要員を持たず、そのためにほぼ常時、解読や翻訳ができていない資料を抱えていた。そのため陸海軍の翻訳部隊は、日本が設定した優先順位にできるだけ近い順序で暗号を解読した。すべての傍受資料の中でパープル暗号によるものが最初に処理され、次にJ－19とJシリーズのその他のもの（J－17K6、J－18K8、J－22）、その次にPA－K2、最後にLAが処理された。暗号解読者の間ではPA－K2は解読が比較的容易だと考えられていたようで、通信量に応じて半日から五日ほどで処理された。フリードマンはPA－K2を「暗号通信法のかなり優れた形態」であり、「暗号鍵を用いて縦に文字を書き入れ暗号文を作成［転置］する高度な暗号」[*13]だと述べた。J－19はもう

*11 *Ibid.*, Part 9, p.4563. こういった法律は、将校が6年のうち2年間は部隊に所属することを求めた。
*12 *Ibid.*, Part 3, p.1146.
*13 *Ibid.*, Part 36, p.310.

少しむずかしく、サフォードの推測では暗号鍵の一〇～一五パーセントは解読できなかったという。暗号解読者はまた、日本の陸海軍の主な暗号を解読しようと試みたが、一九四一年一二月七日までには成功していなかったと証言している。真珠湾攻撃の前の週に、アメリカや連合国の大使館・公使館に駐在する日本人は、パープル以外の暗号をすべて破壊するようにとの指示を受けていた。その結果、J－19かPA－K2による交信はほとんどなくなり、その時期には暗号鍵をみつけることはきわめて困難になった。

陸軍通信情報部や海軍通信保全部隊の要員は、多大なプレッシャーを感じながら作業を進めた。秘密文書の暗号解読には一分一秒を争うことはわかっていた。あまりに時間がかかればその情報の価値がなくなってしまうからだ。そのうえどちらも人手不足で、海軍のクレーマーは、その能力を活かして翻訳作業や評価を行うとともにメッセンジャーボーイとしての役割も果たすため、たいてい一日一六時間働かなくてはならないほどだった。情報の評価は、翻訳と同じくらい重要だった。おおまかに翻訳したあとで、政治的・軍事的に価値がないと思われるものは除外するか廃棄しなくてはならない。そうすれば、重要文書の翻訳に十分な時間を確保できるからだ。暗号を解読しようとしていた者へのプレッシャーも、言うまでもなく同じように大きなものだった。日本の暗号に休む暇もなく取り組んでいたフリードマンは、一九四〇年一二月に神経衰弱にかかってしまい真珠湾攻撃のときには、日本資料担当を外れていた。

## 秘密保全

アメリカがマジック暗号を解読できるという事実は厳重に秘められた。ごく少数の政府高官だけが解読された通信文に目を通す権限を持っていた。G－2と海軍情報部との間で一九四一年一月二三日に結ばれた協定では、ワシントンでの解読情報の配布先は次のように限定されていた。陸軍省では陸軍長官、参謀総長、情報部長、海軍では、海軍長官、作戦本部長、戦争計画部長、情報部長。そのほかの配布先は国務長官と大統領付武官だけで、武官は受け取った資料を大統領に渡した。英語の平文に訳されたのちに配布用に選別された傍受資料は、フォルダーに集められた。フォルダーは外交文書送達用の鍵付袋に入れられ、そのまま受取人に届けられた。彼らは袋の鍵を持っていた。陸軍は毎日一組の袋（必要に応じて何度も送られる日もあった）を省内と国務省へ、海軍も同じ頻度で一組の袋を省内とホワイトハウスへ届けていた。*14 クレーマーは海軍、ブラットン（場合によっては補佐のデューセンベリー中佐）は陸軍への配布を担当した。一九四一年には、クレーマーはフォルダーに入った文書の要旨を一枚にまとめ、袋に同封することが多かった。要旨はすべての通信文を簡潔に表現したもので、これによって袋に入った資料の全貌をすぐに把握できた。そのほかクレーマーは、注意を引くため、いくつかの通信に＊印をつけた。「＊」は興味深いもの、「＊＊」は重要または緊急のものだった。仕事が多忙になったため、一九四一年秋には要旨の作成を断念し、必要だと感じたときや読み手から質問があったときには、口頭で自身の評価を伝えざるを得なかった。ブラットンの方は、一九四一年八月五日まで袋に要旨か評価を添えていたが、その後はマーシャルの命令によって傍受資料だけを配った。[15] ただし重要な通信には赤で印をつけていた。

マジックの解読を秘密にするのは当然だった。アメリカにとってのマジックの価値は、日本側が解読されているとは知らずに重要な情報を流し続けるところにあった。マーシャルは戦争中、ニューヨーク州知事トマス・E・デューイに宛てて次のように綴った。

……ヨーロッパにおけるヒトラーの意図に関して、われわれの主な情報源は、駐独大使大島浩がヒトラーや独政府高官との対談について報告するためにベルリンから送った電報である……これらは真珠湾関係の暗号電報にも含まれている。

……サンゴ海海戦は解読された通信文によるもので、そのために少数の米艦が適切なときに適切な場所にいることができた。さらにわれわれは、限られた兵力を集中させ、敵海軍のミッドウェーへの侵攻を迎え撃つことができた。さもなければ、わが軍は約三〇〇〇マイル（約四八〇〇キロメートル）も離れていたのはほぼ確実だろう……。

太平洋での作戦は、日本軍の配置についてわれわれが得た情報におおむね基づいて進められている。われわれは、日本軍守備隊の能力や配給、今後も持続可能な備蓄などについて知っている。さらにきわめて重要なことは、われわれが日本艦隊の動きや護送船団の動きを確認していることだ。米潜水艦の働きによって敵が大損害を被った主な理由は、われわれが護送船団の航行日とルートを知り、潜水艦隊に適切な地点で待ち伏せるよう知らせることができたためだろう。

……

さらに暗号をめぐる状況の微妙さを示す一例がある。戦略諜報局（ＯＳＳ）のウィリア

＊14 クレーマーの証言については、*ibid.*, Part 33, pp.850ff を参照されたい。ノイエスは、陸軍用に一フォルダー、海軍用に一フォルダーが配布されていたと考えていた。最初は、陸軍と海軍は交互にホワイトハウスと国務省に情報を提供していた。一九四一年五月以降、Ｇ－２はホワイトハウスへの配布を拒むようになった。大統領付武官がフォルダーをどこかに置き忘れたからだ（*Hearings*, Part 11, p.5475f.）

＊15 *Ibid.*, Part 9, p.4584.

ム・ドノバン少将の部下が、われわれには知らせずに、ポルトガルの日本大使館を秘密裏に調査し始め、その結果、世界中の日本大使館で用いられる武官用の暗号が変更された。これは一年ほど前のことだが、われわれはいまだに新しい暗号を解読できず、特にヨーロッパ情勢に関しては、この貴重な情報源を失ってしまった。[*16]

マジック解読の持つ意味はきわめて大きく、解読できることを日本に知られないために、アメリカは最大限の注意を払わなくてはならなかった。そのための明白な手段の一つは配布先の限定だった。ワシントンでは、危うい瞬間が何度かあった。一九四一年四月と五月には、暗号がアメリカに読まれているのではないかとの日本の疑念を示す一連の通信が傍受された。[*17] ベルリン・東京間で四月に交わされたいくつかの通信では、二つの補助暗号とPA－K2がアメリカの暗号解読官に解読される可能性があり、ドイツの解読官には解読されるに違いないと指摘していた。五月三日、ドイツ人のある工作員がベルリンの駐独大使大島浩を訪ね、野村吉三郎大使が東京に宛てた通信を米政府が読んでいるという確かな情報を駐米ドイツ諜報機関が得ていると伝えた。二日後、松岡洋右外相は野村大使宛に次のように打電した。

かなり信頼できる情報源によれば、米政府が貴大使の暗号通信を読んでいるのはほぼ確実と思われる。
上記につき、疑義の有無を知らせられたし［海軍翻訳、一九四一年五月五日[*18]］。

野村大使は即日返電した。

当方では、暗号のあらゆる管理についてはほかの書類同様、厳重な注意を払っている。この件には心当たりがないが、さらなる調査によって具体的な状況や詳細が明らかになればお知らせいただきたい［海軍翻訳、一九四一年五月六日[*19]］。

続いて、暗号の使用にこれまで以上に慎重な防衛手段を講じた電報がやり取りされた。その後

*16 *Ibid.*, Part 3, p.1129.
*17 *Ibid.*, Part 4, p.1860-1863, and Part 5, p.2069f.
*18 *Ibid.*, Part 4, p.1861.
*19 *Ibid.*, p.1862.

の五月二〇日の野村からの電報は以下のとおり。

どの暗号かは定かではないが、アメリカがわが国の暗号のいずれかを解読していることを発見した。

当方がどのようにしてこの情報を得たかについては、急使あるいはその他の安全な手段によって報告する［陸軍翻訳、一九四一年五月二一日[*20]］。

これらはすべてパープル暗号で送られた。したがってこの時点では、パープルはまだ安全だと日本は考えていたのかもしれない。野村が解読されたと疑っている暗号名を明らかにしたその後の打電の記録はない。しかし合同調査委員会の聴取を通して、これを主な契機としてアメリカはマジック情報を戦域に送らなくなった、あるいは送らない方針が正当化されたとみなされるようになった。

マジック情報がワシントンの限られた者にだけ伝達されていた理由やその時期については、証言はかなり錯綜し、対立している。政策決定者の多くは、方針に変更があったことを否定し、それどころか、秘密保持の必要上、マジック情報は戦域には送らない方針が維持されていたと主張した。たとえばマイルズはこの立場を取り、アメリカによる暗号解読を日本が疑っていたとはまったく知らなかったとも述べている。[*21] 上院議員ファーガソンが合同調査委員会で執拗に食い下がり、ようやく前述の通信文が提出されたのだが、マイルズはそれらを覚えてはいなかった。海軍通信部長ノイエス少将も、方針に変化はなかったと証言した。しかしG－2のブラットンは、一九四一年八月にマイルズから、マジック情報の配布をワシントンに限定するよう命じられたことを記憶していた。

このように矛盾した発言の裏にある真実を突き止めるのは至難の業だ。四月と五月の一連の電報がマジック情報の配布をさらに制限する原因になったのなら、この変更は五月か、遅くとも六月には行われたと考えられる（陸海軍はマジック情報をきわめて迅速に翻訳した。ほとんどが、傍受から二四時間以内に翻訳され、傍受した日のうちに訳されたものもあった）。しかし七月には、大量のマジック情報が海軍によって太平洋艦隊司令長官キンメル大将のもとに送られている。その多くに東京の一連番号が付与されるとともに、もとの情報がパープル暗号によることが示されていた。日本政府の疑念を踏まえれば、どちらの処理も軽率に思える。

*20 *Ibid.*, p.1863.
*21 *Ibid.*, Part 3, p.1369.

一九四一年七月の警戒態勢後は、ワシントンの海軍作戦本部も第一六海軍区も、一二月の第一週までキンメルにマジック情報を送っていない。また一二月第一週に送られたものも、それまでよりもかなり省略されていたのは事実である。情報量の変化は海軍内での方針の変化を示唆するが、その時期は謎のままだ。

マジック情報の配布をワシントンに限定するという方針は、戦域への送信が日本に傍受されるのを恐れたためであり、正当なものだった。このことは、ワシントンこそが情報の評価を担うという信念と、どれだけの分量の情報であれ、暗号化して送るには通信設備に負荷がかかったという事実に裏づけられていた。

一方、マジック情報がこれほど厳密に保護されていたために不都合もあった。ある程度の時間をかけてじっくり分析し、傾向を調べ、量的評価や比較を行う者がいなかったのだ。個々に配布された写しは翻訳部に戻されるとすぐに廃棄され、陸海軍に送られた写し一部ずつだけが保存された。たいていの高官はざっと目を通すだけで、読み終わるまで配布担当者をかたわらで待たせていた。たとえば陸軍戦争計画部長のジェロー准将は、情報を評価しようとはせず、「全般的な情勢に通じる」[*22]ことだけを目的としていたという。マーシャルは次のように証言している。「もしも私が、マジック情報のすべてを読む者としての最終責任を担っていたのなら、参謀総長としての役割は実際にはまったく担えなかっただろう……当時配布されていた程度でさえ、マジック情報を丁寧に読むのはかなりむずかしかった」。[*23] ジェローとマーシャルは、相手がマジック情報を読んでいるのを知っていたため、それについて互いに議論することはなかった。

だとすれば、一九四一年にこの極秘情報に目を通していたことは、情勢全般についてなんらかの印象を残しているはずだ。読み手は外交の駆け引きを日々詳細に見ているに等しかった。海軍情報部とG－2の限られた極東専門家だけが、この種の指標が示す範囲や重要性を正しく理解していた。しかし彼らの判断は残念ながら、それぞれの部署の外からは重視されなかった。

マジック情報を慎重に保護した結果、秘密兵器としてのマジックの性質、それがどんなものなのか、どんな役に立つのか、誰が入手できるのか、マジックを扱う組織はどれくらいの規模なのか、などについて噂が広まった。陸海軍であまり情報に通じていない者は、アメリカが日本の外交暗号だけではなく、陸海軍の暗号も解読できると考えていた。多少情報に通じてい

*22 *Ibid.*, Part 4, p.1601.
*23 *Ibid.*, Part 3, p.1515.

た者は、外交暗号しか解読できないことを理解していたが、彼らはまた、陸軍と海軍がワシントンでも戦域でもマジック情報を同等に共有していると確信していた。

実際には、陸軍がマニラで傍受した情報は、処理するためにカビテの海軍とワシントンへ送られた。フィリピンに一台だけあったパープル暗号解読機はカビテに設置され、もっぱら海軍が使っていた。カビテの海軍将校が、自分たちが読んだ通信のどの部分がハートとマッカーサーに、どの部分がキンメルに送られるべきかを決定した。しかも彼らは、すべての傍受情報をそのまま、ワシントンの海軍へと送った。

真珠湾では、陸軍も海軍も外交電報を解読する設備を持たなかった。陸軍はパープル、J－19、その他の外交暗号を傍受できたし、実際に傍受していたが、処理のためそのままワシントンの通信情報部へ送っていた。ロシュフォートの海軍戦闘情報部隊は、外交電報を傍受することにはなっていなかったし、傍受を試みてもいなかった。

マッカーサーには、合同調査委員会で証拠として提示されたマジック情報の翻訳文のどれにも、目を通した覚えがなかった。*24 しかし一部については、ハートから口頭で伝えられていただろう。キンメルは、一九四一年前半には、ワシントンとカビテからマジック情報の一部を受け取っていたが、七月危機以降、これを彼のもとに送る方針は打ち切られてしまった。キンメルが「行動」指令としてではなく「情報」として受け取ったものは、ショートには伝達されなかった。[*25]

ワシントンでは、マジックについて次のように考えられていた。海軍内では、主な将校の中に、キンメルが真珠湾でマジック情報を読んでいたと考えている者がいた。海軍通信部長ノイエスはこれが真実ではないと知っていたし、通信部の幹部も知っていた。しかし海軍作戦部長のスターク大将は、次のように証言した。「急報が入ったとき、われわれが訳しているもの

*24 マッカーサーの情報参謀だったチャールズ・ウィロビー陸軍少将は、一九四五年五月八日の宣誓供述書において、マジック情報を海軍が独占していたことに抗議した（*ibid.*, Part 35, p.87）。「安全保障に対する称賛に値する欲求によって（もっとも、どの近代国家も暗号分析が進んでいることは知っている）、海軍は陸軍を排除し、暗号解読の試みを海軍に厳密に集中させ、謎に覆われたものにしてしまった。たとえば最近でも、この同じシステムがいまだに流行している。南西太平洋地域に関しては、暗号解読はメルボルンで行われ、第七艦隊情報部長を通して送られる。メルボルンの傍受施設はワシントンからの直接の命令を受け、現地でのいかなる責任にも拘束されない。選んだ情報を、適切だと考える時期に送る。誤った選択や不完全な選択は、一九四一年当時と同じように現在もよく見られる。海軍は、マジック情報は主に海軍関係のものだと言い訳するが、陸軍関係の通信や他の偶発的な通信も多い。こういった傍流的な通信は、海軍によって常に理解され、正しく解釈されているとは限らないと私は考える」。「この面倒で危険な問題に対する解決策は、最高レベルでの完全に統合された、連動的な傍受・暗号分析機関であり、通信文や解釈を完全に自由に交換できる組織である」。

*25 キンメルは命じられたとき以外は情報を伝達しないようにとのワシントンからの命令を受けていたと艦隊情報将校レイトンは主張し、文書規則ＲＩＰ３を引き合いに出している。

を読めるのか、とキンメルに二、三度聞いてみたことがある……彼は読めると答えた」。そして「そのことが、私がなにを送るかに影響を及ぼしたことはまったくなかった」[*26]とつけ加えた。

スタークは、海軍が真珠湾に暗号解読部隊を置いたことを、戦争計画部長ターナーから聞かされたと述べている。ターナーは、次のように詳しく説明した。

三度にわたり――三度ともスタークの主導によるものだったと思うが――ノイエス少将に、キンメルとハートが、われわれがここで受け取っているのと同じ解読情報を受け取っているのかと尋ねた。このとき私が、外交文書の傍受について尋ねたかどうかはわからない。

ノイエスは、こういう急報はハートもキンメルも傍受しているため、二人ともわれわれと同じ情報を得ているのは確かだと、毎回答えた。

現に、海軍査問委員会において、ノイエスはわれわれが外交通信の解読に用いていた特定の暗号を、ハートもキンメルも持っていなかったことを知っていたと述べ、どのようにして私にそういった情報を提供できたのかはわからないと証言した。

私が出せる唯一の結論は、私がノイエスに明確な質問をしなかったことと、私が言おうとしていたことを彼が誤解していたことだ。[*27]

ワシントンの陸軍あるいは海軍の戦争計画部長と通信部長との間で、マジックについてのコミュニケーションが錯綜していたのなら、ワシントンと戦域との間でも錯綜していたとしても驚くにはあたらない。

混乱の原因は、「傍受」という言葉の使い方にあるのかもしれない。通信部の他の専門家同様、ノイエスにとって「傍受」という言葉は、暗号化された状態で無線施設が受け取った日本側の通信（解読され翻訳されるまでは、意味のない音節の羅列）を意味するにすぎなかっただろう。一方、門外漢にとって、おそらくスタークやターナーにとっては、「傍受」という言葉は暗号化された通信文ではなく、暗号を解読し翻訳したあとのもの、秘密情報用語では「クリア（clear）」（この言葉は、門外漢には両方の意味で用いられている）と呼ばれるものを指していたようだ。したがって、たとえばターナーがノイエスに対して、「ホノルルではこの傍受電報を

*26 *Hearings*, Part 5, p.2175.
*27 *Ibid.*, Part 4, p.1975f.

受け取っているか」と聞けば、ノイエスは「イエス」と答えたはずだ。ホノルルの陸軍無線施設では、暗号化された日本の外交通信を受信していたからだ。ところが無線施設では、「クリア」としてはまったく見たことがなかったのである。

陸軍内部でも同じような誤解が生じていた。マーシャルは、一九四五年八月二八日付でクローセンに対して最初の供述を行ったときに、「日本の無線外交通信の傍受」について述べ、「前述の傍受に関し、一九四一年一二月七日以前には、私の理解では、ハワイ軍管区司令官はこの情報を認識し、指揮下にある設備を通してこの情報の一部を受け取っていたと思う」[*28]と続けた。

このときマーシャルは、加工しない傍受電報、すなわち暗号のままの通信文にのみ言及していたのだろう。いずれにしても、彼は議会の調査では証言を変え、言及していた傍受はマジックではなく、海上の日本艦船の位置に関するもの、すなわちロシュフォートの海軍通信分析部隊によって傍受されたものだと述べた。これらももちろん暗号文のままで解読されてはいなかったが、これらは海軍が傍受したものであり、外交電報ではなかった。したがってマーシャルは、まったく別の暗号傍受について述べていたのである。

マーシャルによれば、外交文書は通信情報部から陸軍G－2に送られ、その先の送付はG

－2に完全に一任されていたという。マーシャルは、これらをハワイに送るとか送らないとか、特別な指示を行ったことはなかったと振り返る。[*29] しかしマイルズは、「参謀総長の決めた一般方針があって、これらの通信が存在し、それを解読する能力をわれわれが持っているという事実は、限られた者だけにとどめておくべきであり、ワシントンの外には配布されるべきではないとされていた[*30]」と証言した。陸軍では、マジック情報は、稀に指令の本文に要約された形で示される以外、戦域には送られていなかったことを、マイルズとマーシャル、さらには陸軍戦争計画部長のジェローも知っていたのは確かである。しかし、ホノルルの海軍が暗号解読設備としてどのようなものを備えていると、彼らが考えていたのかは明らかではない。マーシャルのクローセンに対する供述書では、暗号文と解読した通信文のすべてを受け取っていたが、その一部だけがショートに送付されていたとマーシャルが考えていたことが示されている。スタークとターナーの両方が、キンメルが情報を得ていると考えていたなら、マーシャルもそう考えていた可能性は高い。マーシャルは、ノイエスよりも、スタークやターナーと頻繁

*28 *Ibid.*, Part 35, p.104.
*29 *Ibid.*, Part 3, p.1210f.
*30 *Ibid.*, Part 2, p.791.

に連絡をとっていた。
マイルズのクローセンに対する供述書はあいまいではなかった。

……一九四一年一二月七日以前には、海軍は艦隊との関係で役立てようと、日本の外交電報や領事館との通信などを含むこの情報を、ハワイで傍受し、解読し、翻訳していたと私は考えていた。私は、海軍の情報源に基づいてそう理解していたが、誰から聞いたかは覚えていない。[*31]

陸軍G－2内では、一九四一年八月から一二月七日までG－2の副長だったモーゼス・ペティグルー中佐が、次のような証言をした。これは三人称で記されている。

ハワイ軍管区では、彼［ペティグルー］がワシントンで受け取っていたのと同じ情報を手に入れていたと考えられる。彼がこの結論に達したのは……名前は思い出せないが、ある海軍軍人の発言によってである。ハワイでは、ワシントンと同じやり方であらゆる情報を手に入れていると、この海軍軍人は言っていたという。ハワイにはロシュフォート率いる暗号解読部隊があり、ワシントン同様、通信を監視し、傍受し、暗号文の解読や翻訳を行っていた。時間を節約するために現地の要員を活用し、ワシントンで翻訳した傍受電報と照合するために翻訳文の交換もしていたという。[*32]

極東課長ブラットン大佐を補佐し、ワシントンでマジック情報を伝達していたクライド・デューセンベリー大佐は、ホノルルで直接傍受したにせよ、ワシントンの海軍省から受け取ったにせよ、ロシュフォートはホノルルでマジック情報にアクセスしていたと考えていた。「海軍はハワイに四、五〇〇〇人の要員を抱え、日本の外交暗号を監視し、解読し、翻訳していると、私は理解していた[*33]」と述べている。

陸軍関係者は、ホノルルの海軍が、ワシントンが持つ秘密情報をすべて持っていると考えていた。しかしこのことは、ホノルルの海軍情報部が陸軍G－2にすべてを伝達していたことと、あるいは海軍首脳部が陸軍首脳部にすべてを伝達していたことまでも意味するわけではな

＊31 *Ibid.*, Part 35, p.102.
＊32 *Ibid.*, p.23f.
＊33 *Ibid.*, p.25.

かった。こういった楽観的な見方は、とりわけワシントンの軍高官の間でよく見られた。たとえばマーシャルは、ロシュフォートの分析結果はハワイG－2に直接送られ、海軍用暗号で発信される軍事的に重要な通信は、どれも自動的に陸軍のショート中将に送られると考えていた。というのも、陸軍は戦域への通信の送信に独自の暗号は決して使わず、陸軍と海軍が「最も安全」だとみなしていた海軍暗号を使っていたからだ。マイルズも、次のような証言を繰り返した。「われわれは、海軍用暗号で送られた通信は、その都度海軍によって、陸軍の対応する地位の者に送られていると考えていたし、そう考えるのは当然だった[*34]」。マイルズは、「海軍が七月以前に送っていた情報は、ハワイの陸軍関係者にも伝えられていた[*35]」と理解していた。この種の情報が、七月以降はもはや送られないとハワイ陸軍に伝える理由はなにもないと、彼は考えていた。「海軍は陸軍に対して、マジック情報から得た特定の情報の要旨を伝えていた。しかし、陸軍が情報源を知らされていたかどうかを私は覚えていない。したがってわれわれがその情報源に基づく情報提供を中止する旨を、海軍に伝える理由があったかどうかもわからない[*36]」。

マイルズは一九四一年九月六日付の手紙を持っていた。九月一七日に受け取ったもので、これが彼の考え方のもとになっているようだ。ハワイG－2を率いるフィールダー大佐からのこの手紙は、情報の要旨を今後送らないようマイルズに求めていた。ハワイの海軍情報部からすでに受け取っているというのがその理由だった。「海軍情報部、FBI、陸軍軍事情報部の協力及び連絡は万全で、この種の情報はワシントンの本省への打電と同時に受け取られている」[37]と、フィールダーは断言していた。つまりマイルズによれば、「陸軍と海軍の間では（ハワイでも、両軍がともに行動している他の場所でも）、相互にすべての情報を交換するという方針、あるいは合意が以前から存在していた」[38]。

一方、G－2の下級将校には、もっと現実的な見方をする者もいた。たとえばデューセンベリーは、キンメルの情報担当将校レイトン中佐と、ハワイG－2を率いるフィールダー大佐との関係に懐疑的だった。デューセンベリーとブラットンは、一二月五日付でハワイG－2に

＊34 *Ibid.*, Part 2, p.811.
＊35 *Ibid.*, p.812.
＊36 *Ibid.*
＊37 *Ibid.*, p.846.
＊38 *Ibid.*, p.986. マッコラムによれば、マイルズとフィールダーの海軍情報部と海軍への言及は、ハワイG－2と第一四海軍区情報将校との合意について述べていただけであり、レイトンについてでもロシュフォートについてでもなかった。そうであれば、違いは合同調査委員会の委員にとっては明白ではなかったに違いない。マイルズにとってもそうだっただろう。

送るため、次の通信文を作成した。

東京からの気象放送に関し、第一四海軍区司令部を通じ、ただちにロシュフォート少佐と連絡をとるように。マイルズ（署名）

もしも自動的に連絡が行われていたのなら、マイルズが承認し、署名したこの電報をわざわざ送る理由もなかっただろう。第1章で論じたように、ワシントンが海軍宛に送った情報は、明確な指示がない限り、陸軍にはまったく伝えられなかったのである。

つまり、マジック情報を熱心に保護するあまり、次のような結果が生じていた。第一に、そもそもマジックに目を通す権限を与えられていた者はきわめて少なかった。目を通したとしても手元にあったのはほんの一瞬で、当然ながら分析し推論を下す余裕もなかった。ほかに誰が見ているかについても、その想定はたいてい間違っていた。特に戦域に警告電報を送る際や、ワシントンの他の政策決定者に連絡する際に、なにが重複していてなにが不必要かを判断するうえで、このことはきわめて重要だった。マジック情報を見なかった者は、誰がそれを見ているか、見ている場合にどれだけの情報が含まれているかについて、たいてい誤った推測を行っていた。誤った推測によって楽観的になりすぎ、失敗したのである。

## 外交通信

太平洋艦隊司令長官キンメル大将とハワイ軍管区司令官ショート中将が何度も不満を訴えたことの一つは、彼らが傍受した通信文、あるいは翻訳文、評価を付与したもののいずれの形でも、マジック情報の利用を許されていなかったことだ。[*39] 防御態勢を整えるためにマジックファイルを閲覧しようとして彼らが大層苦労したことからも、ワシントンの高官がマジック情報を公にしたがらなかったことは明らかだ。しかしワシントンのこの姿勢は、戦域にはマジック情報を流さないという紛れもなく堅実な方針によるものではなく、むしろ、彼ら自身が当時はマジック情報を適切に評価していなかったからだった。真珠湾攻撃ののちには、マジック情報には、日本がアメリカを直接攻撃するという明白な手がかりが含まれていたように見えた。ワシントンがそういった攻撃を予測できなかったことは、あまりにも愚かだったためか怠慢だった

*39 Kimmel, *Admiral Kimmel's+ Story*, *passim*. 合同調査委員会でのショートの証言。*Hearings*, Part 5, *passim*.

ためか、あるいは重要な情報を隠すための陰謀だったためかのように思われがちだ。しかし攻撃前には、マジック情報は決して明白な手がかりを示してはいなかった。

第1章では、真珠湾攻撃前の決定的な数日間にホノルルへ送られたマジック情報に基づいて、いくつかのシグナルを列挙した。そこには次のようなものが含まれていた。

一一月二八日——「風」暗号を監視するようロシュフォートに命じる。
一二月　一日——イギリスのタイ侵略を誘発させようとする日本の陰謀をマジック情報が伝える。
一二月　三日——主な日本大使館による暗号機破壊と秘密文書破棄を伝える二通のマジック情報。

キンメルとショートは、マジックにはこれらのほかにも数種類のシグナルが含まれ、それらを受け取っていたなら、彼らの状況見積もりにも決定的な影響が及ぼされ、その結果、警戒態勢も違っていただろうと強調した。彼らはまず、一連の「デッドライン・メッセージ」に言及した。これは東京からワシントンの日本大使館に宛てた六通の通信で、一通目は一九四一年一一月五日に傍受、翻訳、六通目は同月二四日に傍受、翻訳された。[40] この時期の別の通信を除いてこの六通だけを見てみると、緊張の高まりは明らかだ。しかし一九四一年一二月七日以前には、マジック情報を受け取っていた者の中で、これらを関連づけて読んでいた者は誰もいなかった。一一月五日の通信全文は以下のとおり。

736号（極秘）

さまざまな状況によって、この協定［甲案、乙案として知られる開戦前の日本による最後の外交提案］への調印を今月二五日までに終えることが必須である。困難な命令であることは承知しているが、現在の状況ではやむを得ない。このことを十分に理解し、日米関係が混沌たる状況に陥るのを防ぐために取り組んでほしい。断固たる決意と惜しみない努力をもって尽力されたい。

この情報は貴大使以外には絶対に漏らさぬように。[41]

*40 実際にはデッドラインに言及したものは、もう二通ある。一一月一九日と二五日付の電報で、スピードを重視する通信文のリストに掲載した（三九四、三九五ページ参照）。

一一月一一日に傍受され、一二日に翻訳されたもう一通では、スピードが必要だと強調し、一一月二五日という期限は「絶対に動かしがたい」と繰り返している。

会談の進捗から判断すれば、アメリカは目下の状況がきわめて危機的であることをいまだに十分認識していないように見える。第736号で設定した期日は、この状況では絶対に動かしがたい。これは確定的なデッドラインであり、それゆえこの期日までに合意に達することが必須である。予定では帝国議会は一五日に開会する（審議は翌日?開始）。この事案を議会に示すに際しては、政府は交渉の前途について明確な見通しを持たなくてはならない。したがって状況がきわめて緊迫し、残された時間が本当に短くなっていることはおわかりだろう。

貴大使の惜しみない努力については十分認識している。しかし前述のような状況を踏まえれば、今以上の努力を求めざるを得ない。国務長官等に対してはわれわれの主張を十分に納得させる必要がある。最短の期間でアメリカの姿勢を明確にし、われわれの最終案に対してすみやかに承認を得るため、最善の努力をされたい。

アメリカがわれわれの最終案（甲）を受け入れるか否かについて、貴大使のご意見を知らせていただければありがたい。[42]

一一月一五日に傍受、翻訳された通信では、ふたたびデッドラインへの言及がある。

会談の位置づけが変化したことについてわれわれが特段言及していないため、交渉はいまだに予備的な段階だとの印象を持っていたとアメリカは言おうとするだろう。いずれにせよ、第736号で示した期日は動かしがたいという事実は残っている。したがってその期日までに調印を行えるように、アメリカに理解を促してほしい。[43]

ワシントンの野村大使からのあと一、二カ月待ってほしいという申し出に対して、東京からは一一月一六日付で次の返信が送られた。

*41 *Hearings*, Part 12, p.100.
*42 *Ibid.*, p.116f.
*43 *Ibid.*, p.130.

貴電第1090号を拝読。これまでの貴大使の努力に対しては深く感謝しているが、大日本帝国の命運が数日という細い糸にぶら下がっているため、これまで以上に奮闘してほしい。

貴電の最終段落での指摘はもっともであり、私もすでに十分考慮しているが、第725号で述べた根本的国策を示すしかない。どうかそれが意味するところを認識してほしい。戦争がどのような方向に向かうかを見据え、忍耐を続けるべきだというのが貴大使のご意見ではあるが、遺憾ながら、もはやそのような状況にはないと言わなくてはならない。交渉では妥結策として第736号に示したデッドラインを設定した。この期日に変更はない。どうかご理解いただきたい。時間がないことはわかってもらえるだろう。したがってアメリカがわれわれをはぐらかし、交渉をこれ以上遅らせることを認めてはならない。われわれの提案に基づいて交渉の妥結を迫り、早急に妥結に導くよう努力されたい。*44

一一月一九日、ワシントンにいる日本の交渉担当者は、ふたたび日本政府に猶予を求めた。一一月二五日という期限は絶対に変えられないという前提で、一〇日以内になんらかの確定的返答をするよう米政府に強く求めていると報告している。しかし彼らは、「一一月二五日か二六日頃に船出することや、それにまつわるあらゆる不穏な動き」を当面は伝えないでおく許可を求めた（ここで言う船出とは、日本人のアメリカ、パナマからの引き揚げのためのものだった）。こういった動きは、早期解決のための彼らの試みに反するものだと感じていたのである。*45 一一月二二日付の返信（同日傍受、翻訳）で、日本政府は期限を四日延長した。

両大使［野村、来栖］へ

第736号で設定した期日の変更を検討することは、きわめて困難である。この点を承知しておくべきではあるものの、貴大使が懸命に努力していることはわかっている。わが国の既定方針を守りつつ、最善を尽くされたい。努力を惜しまず、われわれが望む解決をもたらすよう取り組んでほしい。なぜ二五日までに日米関係の安定を望んだのかは想像もつかないだろう。しかし、今後三、四日のうちにアメリカとの話し合いを終えることができ、二九日までに調印が完了するなら（はっきり書いておこう、二九日だ）、関連した文書

*44 *Ibid.*, p.137f.
*45 *Ibid.*, p.159.

が交換されるなら、英蘭両国との合意を得られるなら、つまりすべてを終えることができるなら、われわれはその日まで待とうと決心している。これが意味するところは、デッドラインの変更は一切認められないということだ。以後の事態は自動的に進展するだろう。この点を入念に考慮し、これまで以上に努力されたい。なお、これは当面、両大使以外には漏らさぬように。*46

一一月二四日、期限を伝える最後の通信で、日本政府は二人の大使に対して、一一月二二日付通信で示した日限は東京時間であると念押ししている。

これらを言葉どおりに受け入れる前に、日米関係が危機に陥った他の時期にも、同じような現象が起きていたかどうかを問わなくてはならない。これ以前にも、東京・ワシントン間で交わされた秘密の暗号通信で、交渉終結の期限が定められ、その期限までにすみやかな回答がこれほど強く求められたことがあっただろうか。あるいは、この一連の通信は、それ自体、前例のないシグナルだったのだろうか。

唯一答えを探せるのは、一九四一年七月から一一月までの公にされた傍受通信である。これらは網羅的ではないが、日米関係にとって重要な傍受電報を選んだものであるのは確かだ。

これらを見ると、禁輸措置の噂がアメリカの報道によって確認されるまで、警戒を促す兆候は見えない。そのときも警戒したのはワシントンにいる日本大使の方だけで、彼らは日本ではなく、アメリカが奇襲を仕掛けるのではないかと懸念している。アメリカによる唐突な報復行動は、日本にとって不意打ちだったからだ。両大使が送った通信の言葉づかいのいくつかは見慣れたものだ。

八月　七日――ワシントンから東京宛
いまや日米関係は、きわめて危機的な段階に達している。[*47]

八月一六日――ワシントンから東京宛
これまで再三報告してきたように、日米関係は本日、いつなにが起きても不思議ではない段階に達した。日本が次の動きを取れば、すぐに急激に悪化する可能性がある。[*48]

*46 *Ibid.*, p.165.
*47 *Ibid.*, p.13.

禁輸措置が取られたとき、アメリカは日本との対話を打ち切ってしまった。当然ながら日本の大使は、対話の糸口をつかもうと気を揉んだはずだ。八月二六日には東京からの電報が傍受されたが、それは一一月後半の通信のいくつかと類似の内容だった。

目下、国際情勢は国内情勢同様、きわめて緊迫している。総理と大統領の会見に最後の望みを託す状況に達している。*49

しかしながら、東京からの指示と姿勢はおおむね懐柔的だった。たとえば九月三日には、次のような打電が行われている。

……われわれは九月半ばの会見のためにあらゆる準備をできるだけ迅速に行い、できるだけ早急に簡潔な声明を出したい（九月半ばが不都合であるなら、もっと早い時期でもかまわない）。*50

この日、日本の報道機関は、どのようにしてか、近衛首相と大統領の会談は保留になっているという情報を入手した。このリークは明らかに不幸な反響を招いた。九月四日、このニュースが漏れたため、「早急に会談を開くことが急務である」と日本政府は伝えた。アメリカとなんらかの合意に達するために、軍部が近衛内閣のために設定した日が一〇月一五日だったことは、心に留めておかなくてはならない。しかし、東京からの通信の口調は相変わらず控えめだった。禁輸措置が大打撃を与えているとの日本の認識を、アメリカにいささかも悟られてはならないという指示が送られたが、大使たちは、日本が石油の供給を断たれているときにアメリカがウラジオストク経由でロシアに石油を送ったことが日本の世論を刺激したこと、アメリカは別ルートで送るべきだったことについては、少なくとも告げざるを得なかった。一〇月一三日には、東京からの打電はもっと頻繁で執拗なものになった。

国内の状況は急速に緊迫している。日米関係を修正するのであれば、両国首脳の会談が絶対に不可欠になっている。ここで詳細に触れることはできないが、どうかこのことに留

*48 *Ibid.*, p.17.
*49 *Ibid.*, p.20.
*50 *Ibid.*, p.25.

意してほしい[*51]

一〇月一四日、日本時間正午に、外務省アメリカ局長とワシントンの若杉要公使との間で通信が交わされ、電話で通話する場合の暗号が設定された。暗号には次の不測の事態を示す六つの表現が含まれていた。

「アメリカの態度は妥当である」
「アメリカの態度は妥当ではない」
「交渉の全般的見通し」
「四原則」
「彼らはそれにこだわるだろうか」
「なにか抜け道があるか[*52]」

一〇月一三日に少し遅れて出された別の通信では以下が繰り返された。

状況は一刻の猶予も許さない。したがって若杉とウェルズの会談の概要と、全般的にどのような口調だったかを即刻報告してほしい。詳細についてはそのあとで打電されたい。[53]

近衛内閣総辞職直前のこれらの通信には、「一刻の猶予」「即刻」「きわめて緊迫」など、急を要することを示す明確な表現とともに、日米関係が「いつなにが起きても不思議ではない」、「きわめて危機的な段階」といった表現が見られた。そのうえこれらの表現は、ワシントンからではなく東京からのものだった。つまり、これらは期限を示す一一月の通信となんらかの関係があったのである。ただし言及される具体的な日限は、九月中旬か「もっと早い時期」だった。「デッドライン・メッセージ」では、一一月二五日という明確な期限に八回の言及があり、ついで一一月二九日までの延期が述べられていたが、これらの通信ではあいまいな形でしか言及されていない。一〇月の通信についてはスピードに言及されているものは本書ですべて紹介したが、「急ぎ」といった表現が用いられる頻度は、七月や一〇月の危機に先立ついかなる時

＊51 *Ibid.*, p.64.
＊52 *Ibid.*, p.65.
＊53 *Ibid.*, p.66.

期よりも一一月二日以降の方がはるかに多かった。
たとえば一一月二日付の東京からワシントンへの打電がある。

> 政府は新内閣組閣以来連日にわたり、大本営との会議を開催してきた。日米関係改善のための抜本的対策を慎重に検討してきたが、五日午前の会議において、最終的な決定を行う予定であり、その結果については直ちに貴大使に伝える予定である。これは、国交を改善するための日本政府の最後の試みになるだろう。状況はきわめて深刻である。そのため、交渉の再開に当たっては、状況を踏まえ、即刻妥結する必要がある。これは目下のところ、貴大使だけに伝えるものである。ふたたび交渉を行う際には、すべてに慎重に対処されたい［傍点は著者による］[*54]。

「国交を改善するための日本政府の最後の試み」といった表現は、一一月四日付の三部からなる電報（同日翻訳）では、もっと緊迫した口調で繰り返されていた。デッドラインの設定をやむをえないものとする基本方針を示したものとして、「デッドライン・メッセージ」の一つで言及されていた。第725号は、次のように始まる。

> 日米関係は破綻の危機にある。われわれはその修復可能性について自信を失いつつある
> ……

次の段落では、次のように述べられている。

> 帝国内外の情勢はきわめて緊迫しているため、これ以上の猶予は認められない。しかし政府は大日本帝国とアメリカ合衆国との友好関係を心から維持したいと願い、熟慮の結果、もう一度交渉の継続を試みることを決意した。ただし、これは最後の試みである。この対案は、名実ともに最終案である。そのことを承知されたい。それでも早急に妥結に至らなければ、交渉は決裂するほかなしと言わざるを得ない。そうなれば両国関係は破綻の瀬戸際に立たされるだろう。すなわち未解決の交渉が成功するか失敗するかは、大日本帝国の運命に多大な影響を与えるだろう。事実、われわれはわが国の命運をこのサイコロの

*54 *Ibid.*, p.90.

目に賭けたのである［傍点は筆者による］[*55]。

さらに次には、いかに交渉が長引いたかを強調し、日本側の忍耐力と誠意を指摘するとともに、米政府のかたくなさを批判している。

> ……われわれの自制心が弱さから来るものではないのは確かであり、当然ながら我慢にも限度がある。いや、わが国の存立と名誉の問題については、やがて時が来れば犠牲を気にかけることなく守ろうとするだろう。アメリカがわが国の姿勢を見過ごすか退けるような態度を取るなら、交渉を提案する余地はまったくない。今回、われわれは友好的精神の限界を示している。今回、われわれは最後の可能な限りの譲歩をしている。したがって私は、われわれがアメリカとの厄介事を平和的に収拾できるよう願うものである［傍点は著者による］[*56]

この電報の最後の部分では、御前会議が終わり次第大使に知らせるため、知らせを受けたなら、すみやかにルーズベルト大統領とハル国務長官のもとに向かい、「わが方の決意を充分に伝え、すみやかな理解を促すよう努力されたい」と述べている。この電報は、さらに訓令を厳守すること、電報で述べられた方針は政府及び軍首脳の一致した意見であることを強調し、「貴方において個人的解釈の余地はないだろう」と結んだ。

この電報の意味するところは明らかだ。日本政府は米政府と合意に達するための最後の努力を行っている。スピードがなにより大事であり、この努力が実らなければ日米関係は決裂するだろうと述べている。「このサイコロの目に賭けた」とか「破綻の瀬戸際に立たされる」といった言い方は、アメリカでは馴染みのない表現ではあるとしても、きわめて逼迫した状況を示していた。

一一月二日から二六日までの東京からの通信には、スピードの必要性と、これが最後のチャンスだということが繰り返されていないものはなかった。以下に、具体的な内容には触れず、期限に言及した部分は除いて列挙してみた。これらは一件をのぞき、すべて東京発の電報である。傍点は著者による。

*55 *Ibid.*, p.92f

*56 *Ibid.*, p.93.

一一月　二日――私は［駐日米国大使に対して］次のように述べた。「最近、日米関係が悪化の一途をたどっていることは遺憾である。この傾向が続くなら、不幸な結果がもたらされる恐れがある。六カ月というもの、交渉が長引いている。日本国民は次第に苛立ちを隠せなくなっている。したがってすみやかな妥結を希望する。[*57]

一一月　二日――（昨日？）彼［英国大使］にふたたび会い、状況はますます悪化し、これ以上先延ばしすることはできないとの印象を与えようと努力した。[*58]

一一月　四日――すみやかに妥結に導くよう［甲案を伝達するよう］切に願う。[*59]

一一月　四日――状況は遅れを許さないため、なんらかの代案を提出する必要があるだろう。したがって、われわれのもう一つの提案は、なにかが起きるのを防ぐための最後の努力［乙案の伝達］をするという観点で提出される。[*60]

一一月　四日――現在の交渉の重大性を踏まえ……来栖大使は貴大使を支えるため、七日にクリッパーによって出発する。*[61]

一一月　五日――できる限り早急に。現在の状況ではスピードがなによりも重要な要因である。*[62]

一一月　五日――前電で述べたように、これは帝国政府の最終案である。残された時間はきわめて少なく、状況はきわめて緊迫している。絶対に遅延は認められない。どうかこの点に留意し、最善を尽くされたい。このことは何度も強調しておきたい。*[63]

一一月　六日――いまや交渉の最後の段階にいるのだから……。*[64]

*57 東京発、ワシントン宛（*Ibid.*, p.90.）
*58 *Ibid.*, p.91.
*59 *Ibid.*, p.96.
*60 *Ibid.*, p.96f.
*61 *Ibid.*, p.97.
*62 *Ibid.*, p.98.
*63 *Ibid.*, p.99.

一一月一一日――［英国大使に対して］説明したとおり、帝国政府は最終案の作成において最大限の譲歩を行っている……国内の政治情勢は交渉のこれ以上の遅延を許さないだろう……少しでも遅れることは絶対にあり得ない……早期の合意をもたらすために協力するよう［貴国に提案した］。

……私は状況が緊迫していることを指摘した。大使は私の言葉に熱心に耳を傾け、事態がどれほど深刻かをはじめて悟ったようだ……自身もすみやかな打開を実現するため最善を尽くすだろう。

……米政府は交渉がまだ予備的段階にあるとの印象を抱いているように見える……。われわれの認識では、現在は最終段階であるという事実にもかかわらず、米政府がこのような怠惰で安易な態度を取っていることはきわめて不幸なことだ。*65

一一月一三日――これらの発言の口調からして、米政府は依然として、交渉はまだ予備段階だと考えているようだ。われわれは、事態の深刻さを理解するよう、一二日に駐日米国大使に再度懇願した。貴大使もできる限り尽力されたい……。*66

一一月一五日――「乙案」が受け入れられたという事実に注意されたい。乙案は和解への近道になるかもしれないし……交渉を加速すると考えられるからだ。これ以上事態が複雑になり、交渉が長引くことは望まない。*67

一一月一五日――われわれの決意を示し……交渉の早期妥結を目指して大使とともにたゆまぬ努力をされたい……*68

……危機が急速に迫っているという事実を踏まえ、時間的要素のみを検討するときでさえ、事態を複雑にするいかなる補足的要因も認められない。そうなれば、この危機を乗り越えることは不可能になるだろう。

……事態はまさに危機的状況であることを米政府に認識させるため、全力を尽くされ

*64 *Ibid.*, p.101.
*65 *Ibid.*, p.118f.
*66 *Ibid.*, p.123.
*67 *Ibid.*, p.129.
*68 *Ibid.*, p.130f.

たい。[69]

一一月一九日――これらの項目のそれぞれについて議論するのであれば、短時間（第736号［デッドライン・メッセージ］参照）で妥結に達する可能性を望むことを断念せざるを得ないだろう。いまや事態は急速に進んでいるため、完全な解決に至る唯一の道は、長期的展望に立つ政治的調整によって事態が一層悪化することを防ぎ、なによりも戦争の勃発という危機を避けるため、いくつかの絶対的に必須の項目に関して、ここで協定を結ぶことだと考える。

……南部仏印より北部への部隊の移駐は、急速に合意を得るためあえて提案する重要な譲歩である……事態を収拾するため、ルーズベルト大統領のすみやかな（これは一週間以内を意味する）承認を得て、両国の調印を終わらせること。[70]

一一月一九日――第二項は……協定の締結をすみやかに終えるため、あえて示した重要な譲歩である。[71]

一一月二四日――わが国では、緊迫した状況を踏まえ、急速な妥結を切に望むのみである。[*72]

一一月二五日――期日が切迫しているため、しばらく延期(?)を求められたし[*73]

一一月二五日――軍によれば、米政府からの返信は二五日に予定されているとのこと。[*74]

一一月二六日――期日が迫り、今月は数日しか残っていないことから、貴大使には即刻米当局との接触をふたたび試みてほしい。[*75]

*69 *Ibid.*, p.131.
*70 *Ibid.*, p.156.
*71 *Ibid.*, p.157.
*72 *Ibid.*, p.172.
*73 東京発、南京宛(*Ibid.*, p.173.)
*74 ハノイ発、東京宛(*Ibid.*, p.174.)
*75 東京発、ワシントン宛(*Ibid.*, p.176.)

一一月二六日――状況は時々刻々さらに切迫しており、電報は時間がかかりすぎる［以下に国際電話番号についての指示あり］。[*76]

このように並べてみると、スピードを強調する言葉がうんざりするほど繰り返されていたようだ。デッドラインについての一連の通信と合わせると、この繰り返しは極度の切迫感を与える。マジックから得られる他の手がかりを踏まえると、これらの通信は、とてつもなく大変なことが起きようとしていることを示唆する。しかし、一一月の一カ月間に、これらの通信を今私たちがしているのと同じような形で眺めた意思決定者はいなかったことを忘れてはならない。

それどころか、マジック情報を受け取っていた者は、東京からの通信だけを並べて読み、ワシントンの日本大使館からの通信との口調の違いに気づくだけの時間も機会も与えられてはいなかった。マジックの解読者にとっては、野村や来栖の通信に記された希望や最善の努力といった表現は、もっぱら「ノイズ」としての役割しか示さなかっただろう。二人の大使は水面下で交渉を進めていたが、その姿勢は誠実だった。彼らはハルの顔に浮かぶ同情的な表情や、アメリカが支那事変の仲介者としての役割を果たすという非公式提案に一縷《いちる》の望みをつないでいた。二人の真剣で、忍耐強く、前向きな口調は、東京からの切迫し威嚇的な口調とは対照的だ。

今までのところ、交渉の内容そのものに触れる必要はなかった。このほかにも、外交的・軍事的判断を必要とせずにマジックについて考察する方法はある。当時、誰か一人が、マジックについて検討する立場にあれば、特定の言葉の繰り返しをシグナルとして重要な部分とみなしたかもしれない。たとえばこの章でスピードに言及した部分を集めたように、次のように尋ねることができるだろう。日本の外務省は、一二月七日以前にワシントンが入手できた傍受通信の中で、「もし……でなかったなら、交渉は決裂するだろう」ということを何度述べていたか。一一月二五日以降、「交渉は決裂した」と何度報告していたか。「戦争が勃発した場合」あるいはもっと明確に、「米英との戦争が勃発した場合」に備えて、どれほどの不測の事態に備えていたのか。この言い回しが、「交渉が決裂した場合」と互換的に用いられたことがあったか。これらの不測の事態の中で、他よりも明確に戦争の準備を示唆すると思われるものがあったか。これらの準備が日本によるアメリカへの攻撃あるいは、アメリカによる日本への攻撃に

*76 *Ibid.*, p.178.

備えてのものかどうかを示す手がかりはあったか。

公にされた傍受通信に基づいて計算しても、おおよその答えが得られるだけだろう。たとえば、陸軍通信情報部のサトラーは、ワシントンでは一二月六日以前に「ハルナ」通信を一六通傍受したと証言した。[*77]「ハルナ」とは東京宛の通信に使われた隠語で、大使館が暗号機を破壊したことを示していた。この一六通は、合同調査委員会のために選ばれた傍受資料には含まれていなかった。[*78]しかし暗号破壊命令は、ワシントンでは一貫して、警戒を要するきわめて重要なシグナルとみなされていた。東京からマジック暗号で送られた通信のすべてを傍受できなかったためか、あるいは同じ内容の繰り返しであるために傍受通信の一部が不要とみなされたためか、他の種類の通信にもおそらく同じような欠落があるだろう。しかし、真珠湾攻撃前には、ワシントンでは誰も類似の計算さえする時間がなかったことを忘れてはならない。

日本政府が交渉決裂の恐れを匂わせたり、脅しをかけたりした通信は九通あった。

一一月　二日——東京発、ワシントン宛。アメリカの態度はあまりにも理詰めであり、もしこれが続くなら妥結の見込みはないだろう……交渉が失敗に終われば、どれほど嘆かわしい状況が生じるかは語らずにはいられない［一一月三日翻訳］。[*79]

一一月　四日――東京発、ワシントン宛。これ［甲案と乙案］をもってしてもすみやかに合意に達することができなければ、残念ながら交渉は決裂したと言わざるを得ない［一一月四日翻訳[*80]］。

一一月一一日――東京発、ワシントン宛、英大使との会談の件。帝国政府は最終案の作成にあたって最大限の譲歩をなしたと私は説明した……不幸にして米政府がこれらの案を拒絶すれば、交渉の継続は無駄になるだろう［一一月一二日翻訳[*81]］

一一月一四日――東京発、香港宛。帝国政府は日米交渉が実ることを望んでいるが、先行

＊77　*Ibid.*, Part 10, p.4630.
＊78　合同調査委員会報告書に収録された通信部隊のメモによれば、これらの通信のうち九通だけが一二月七日以前に傍受されていた（*Ibid.*, Part 5, p.2077.）
＊79　*Ibid.*, Part 12, p.91.
＊80　*Ibid.*, p.92.
＊81　*Ibid.*, p.118.

きを楽観することはできない。交渉が決裂すれば、帝国政府は国際情勢がきわめて危険なものになると気づくだろう［一一月二六日翻訳］。[*82]

一一月一九日――東京発、ワシントン宛、乙案の提出指示の件。アメリカの応諾が得られないなら、交渉は決裂せざるを得ないだろう。したがって上記を念頭に置き、最善の努力をされたい［一一月二〇日翻訳］。[*83]

一一月二〇日――東京発、アンカラ宛。これまでの交渉を踏まえると、交渉が実るかどうかはかなり疑問である……現在の状況はわれわれによるこれ以上のいかなる調停をも認めないだろう。今後に対する楽観的な見方はできない。交渉が決裂した際には、日本が置かれる状況はきわめて深刻になるだろう［スイス、トルコ、モスクワ、フランス、スペイン、ポルトガル、スウェーデン、フィンランド、南アフリカ、ルーマニア、ブルガリア、ハンガリーに伝達のこと］［一一月二八日翻訳］。[*84]

一一月二六日――ワシントンと東京との電話会談。来栖「私はあらゆる努力をした。しかし米側は妥協しないだろう……こうなることを予測されていたことと思う」。山本「そうだ、予測していた。しかし、最後の瞬間まで希望を捨てず、あらゆる努力をしてほしいと願っていた［一一月二六日翻訳[*85]］」。

一一月二八日──東京発、ハノイ宛。最悪の事態が生じても（その可能性は高いが）、帝国政府は仏印政府の立場を変えることに関してはなんら決定を下していない［一二月一日翻訳[*86]］。

一一月二九日──ベルリン発、東京宛、リッベントロップの発言について報告。日米交渉が成功裏に妥結する可能性はないとの助言を受けた。なぜなら、アメリカは強硬姿勢を取っているからだ。

*82 *Ibid.*, p.126.
*83 *Ibid.*, p.155.
*84 *Ibid.*, p.160.
*85 *Ibid.*, p.179f.
*86 *Ibid.*, p.196.

もしもこれが本当にそうであり、日本が英米と戦う結論を下すなら、それはドイツと日本の両方の利害にかかわるだけではなく、日本にとっても好ましい結果をもたらすだろう［日本大使は、「日本の具体的な意図についてはわからない」と答えている［一二月一日翻訳[*87]］。

アメリカとの交渉が打ち切り寸前だと報じる東京からの二通の電報と、交渉が「決裂必至」であるとベルリンに知らせる一通の電報があった。

一一月二八日——東京発、ワシントン宛。この米側の提案（二、三日中に送付予定）に関する帝国政府見解の申し入れをもって、交渉は事実上打ち切られることになる［傍点は著者による。一一月二八日翻訳[*88]］。

一一月三〇日——東京発、ベルリン宛。ここ数日間の交渉によって……帝国政府は米国との交渉をもはや継続できないことが明白になっている［傍点は著者による。一二月一日翻訳[*89]］。

一一月三〇日——東京発、ベルリン宛。本年四月に開始された交渉は……いまや決裂必至である［傍点は著者による。一二月一日翻訳］。*90

キンメルとショートが言及した別のシグナルは、デッドライン到来後の交渉についての日本側の二面性を示すものだ。二人が証拠として示した最初の通信は、一一月二八日付の第８４４号電だった。

両大使の並々ならぬ努力にもかかわらず、アメリカはこの屈辱的な提案を示してきた。これはまったく予期せぬことであり、きわめて遺憾である。帝国政府はこの提案を交渉の基礎とすることは決してない。したがって米政府の提案に関する政府見解（二、三日中に

*87 *Ibid.*, p.200.
*88 *Ibid.*, p.195.
*89 *Ibid.*, p.205.
*90 *Ibid.*, p.204.

送付する）の申し入れをもって、交渉は事実上打ち切りとなるだろう。これは避けがたい。しかしながら、交渉が決裂したという印象を先方に与えてほしくはない。ただ、指示を待っているところだと伝達されたい。政府の意見がまだ明確ではないとしても、貴大使の考えとして、帝国政府が常に公正な主張をしていること、太平洋の平和のために多大な犠牲を払っていること、われわれが常に辛抱強く、協調的態度を示してきた一方で、米政府は主張を曲げず、日本との交渉を不可能にしていることを伝達されたい［傍点は著者による］」。[*91]

これらの前にも計画を慎重に隠すよう示唆する通信がいくつかあったが、キンメルとショートはそれらを自己弁護のために用いなかった。一一月五日、甲案、乙案を帝国議会が承認した旨を伝える通信では、次のように述べられている。

タイム・リミットがある、あるいはこの提案が最後通牒とみなされる［甲案と乙案は、東京のマジック情報では一貫して最後通牒とみなされている］ような印象を与えることは避けたい。われわれの提案が受け入れられるよう切望していることを、友好的な方法で示されたい。[92]

この点に対する野村大使の返信は、交渉締結の期限を一一月一五日とした日本政府の通告が、日本の二大新聞によって発表されたことに言及していた。

アメリカにわれわれの立場を見抜かれる危険がある。本当に最後の行動を取ると決意したのなら、それを秘めておくことが賢明だろう。[93]

一一月六日、東京から、来栖大使の任務を説明する電報が打たれた。

来栖大使には……日本の正確な状況を貴大使にまず伝達してもらいたい。いまや交渉は最終段階にあるため、貴大使がこの難局の打開に際して来栖大使の協力を得て、すみやか

*91 *Ibid.*, p.195.
*92 *Ibid.*, p.99.
*93 *Ibid.*, p.101.

に妥結に導くことを願っている。そのためにはわれわれは、両国の不幸な関係を貴大使がすみやかに立て直すのを手伝うため、来栖大使が行くことを新聞等に伝えている。[*94]

キンメルとショートは、「口頭で再度試みる」よう両大使に指示するとともに、「これが交渉の決裂といったものにつながらないよう慎重に行動してほしい」[*95]と結んだ一一月二九日の傍受通信にも言及している。彼らはまた、一二月一日に傍受された東京からの電報にも触れている。この電報では、一一月二九日のデッドラインが過ぎてしまうことへの言及があった。

情勢はますます緊迫している。しかしアメリカが不当に疑念を抱くのを防ぐため、日米の立場には大きな相違はあるが、交渉は継続中である旨、新聞などに伝えている（このことは貴大使のみに知らせるものである）。[*96]

一一月二七日に東京の外務省アメリカ局長山本熊一とワシントンの来栖大使の間で交わされた暗号通話では、来栖は交渉を続行するよう指示を受けている。彼は「おやおや」と言い、それからあきらめたような笑い声で「まあ、できるだけのことはやりましょう」と述べたという。

そしてつけ加えた。「しかし、何事もなければ、先方は交渉の続行を望んでいます。一方、われわれの危機は迫っていて、陸軍はウズウズしています。陸軍がどういうものかはご存じですよね[*97]」。

一一月三〇日、二人はもう一度電話で話をした。来栖は、一一月三〇日の東條首相の演説がアメリカで悪影響を及ぼしていると抗議した（首相は、敵国英米の影響を東亜から「糾弾的に駆逐せねばならぬ」と述べた[*98]）。このとき来栖は交渉を継続するよう再度指示され、次のように答えた。

以前はもっと交渉をせかせておられたというのに、今では長びくことを望んでおられる。われわれには本国からの援助が必要になるでしょう。総理にも外務大臣にも、演説の

*94 *Ibid.*
*95 *Ibid.*, p.199.
*96 *Ibid.*, p.208.
*97 *Ibid.*, p.191.
*98 Langer and Gleason, *The Undeclared War, 1940-1941*, p.909. 引用した言葉のもっと正確な翻訳については、Chap. 4, p.271n を参照されたい。

口調を変えていただかなくては！！！！　ご理解いただけるでしょうか。どうかもっと慎重に……

実際、われわれが直面している現実の問題は、南方での出来事の結果です［日本軍がさらに南インドシナへ進んでいるとの報道あり］。ご理解いただけることと思います。*99

一連の電報と電話での会話については、日米交渉の欺瞞的性格は、ことが起きてのちにはじめて推論できるものだったと主張されている。この主張はかなり当を得ている。なぜなら日本の大使たちでさえ、自国政府の真の意図を知らなかったことがこの証拠からわかるからだ。そのうえ日本では、軍部以外で真珠湾攻撃計画について知っている者はごく少数だった。となれば、大使どころか指示を送っていた外務大臣でさえ蚊帳の外だったかもしれず、*100 最後の瞬間に奇跡が起こるかもしれないという望みを本気で抱いていたのかもしれない。真珠湾攻撃部隊は、もしも日米交渉がうまくいけば、Ｄ－デイの二四時間前までに帰還せよという命令を受けていた。しかも、外交交渉はわずかな前進とわずかな後退を延々と続けるフェンシングのようなもので、なにが本心で、なにが偽りなのか、どこまでが本当で、どこまでがはったりなのかを見極めるのはきわめて困難だ（しかも、いつの時代においてもそれほど価値はないようだ）。

しかし、解読された敵の通信を評価する立場にあった者は、日本政府が自分たちの代表にどこまで任せているのかという問題を常に念頭に置くよう期待されていただろう（米政府もグルー大使にすべての情報を伝えていたわけではなかった。ただしアメリカの場合には、これは意図的な方針というよりも怠慢のせいだった）。政策決定者が入手できた危険を示す他のシグナルとともに、この委任の問題に留意しなければ、これらの通信だけでは疑惑を引き起こすほどの不正の十分な証拠にはならない。東京は、事態が切迫していることを伝える程度には二人の大使を信頼していたが、詳しい理由までは示さなかった。同時に二人に対しては、デッドラインがあることをアメリカに明かさずに早急に交渉を妥結させるよう求めていた。来栖は、翻訳者が述べたように、一一月二七日の電話で、日米間に「危機が迫っているようだ」と聞かされたときには本当に驚いていた。その日まで、危機を先延ばしするか回避できる希望があると考えていたのは明らかだった。その後、来栖は形式的に交渉にのぞむようになり、東京に対しては、ア

*99 *Hearings*, Part 12, p.207.
*100 Grew, *Ten Years in Japan*, p.498（『滞日十年』ジョセフ・C・グルー著、石川欣一訳、筑摩書房、二〇一一年、ちくま学芸文庫）。グルーは「日本軍が［アメリカに対して］戦争を仕掛けることを、外務大臣は事前にまったく知らなかった」と考えていた。

メリカに提示できるものをなにも与えてもらえず、日本の南方への公然たる動きを踏まえれば交渉自体が茶番めいていると不満を述べている。彼は、日本の動きに対してアメリカが思い切った報復措置を取ることを恐れていた。二人の大使が東京に長々と表明したこの種の希望や不安は、東京の政策の輪郭をぼかす結果になった。しかしアメリカの諜報機関の方が、日本の大使以上に東京の意図を示す証拠を握っていたことを忘れてはならない。マジックだけでも、ベルリン、ベルン、アンカラ、バンコクの日本大使館宛の通信を入手していた。これらはワシントンの日本大使館には届かなかった。アメリカは、両大使以上に警戒心を持つべきだった。

一一月一四日には、東京は「戦争になった場合」「重大な危機」「国際情勢に突然の変化があった場合」など多くの不測の事態に備え始めていた。これらの言葉は、単独で用いられることもあれば、「交渉が決裂すれば」といった言葉とともに用いられることもあった。一一月二六日以降は、当然ながら「交渉が成功裡に終わらなければ」という言葉は除かれた。東京から香港宛に送られた一連の通信の第一弾では、「交渉が失敗に終わった場合」の中国に対する大日本帝国の外交政策の概要が示され、次の言葉で始まっていた。「われわれは、中国において英米の勢力を完全に破壊するだろう」[*101]。

東京・バンコク間の一連の通信では、ビルマ、マレーを攻撃した場合のタイに対する日本政府の方針が示され、イギリスのタイ攻撃を挑発する陰謀の概略も述べられていた（この陰謀についてては、ホノルルにいたキンメルの艦隊情報官にすでに知らされていた）。新京・東京間の一連の通信では、「英米両国との間に戦争が起こった場合」の満州国での両国民の扱いについて詳細な方針と手段を報告し、満州国を積極的に戦争に参加させることが日本の方針だと述べている。東京・ワシントン間のいくつかの通信では、日本の役人や企業の従業員を日本に帰すことに触れていた。東京は同時に、「秘密裏に」次のことを領事に助言するよう大使館に求めた。「（a）共通の利益のために満州国に残ってともに働く日本国民を助ける、（b）日本企業や商工会議所が保有する秘密文書をただちに破棄する」。そして次の電報では、人員削減計画について打電すると約束した。*102

しかし最も頻繁に詳細な指示が行われたのは、既存の暗号を破壊し、新しい緊急暗号で代用することについてだった。一一月一五日、米海軍通信施設の一つが、暗号破壊に関する指令の最初のものを傍受した。これは、「緊急の場合」*103に暗号機を破壊する順序と方法を指示した

*101 *Hearings*, Part 12, p.126.
*102 *Ibid.*, p.153.
*103 *Ibid.*, p.137.

三段落で構成された通信だった。一一月一九日、「風」暗号設定についての二つの通信が傍受された。[104] この暗号は、国際通信の通常の手段が切断された「緊急（外交関係切断の危険）のとき」に用いられることになっていた。暗号はたった三語で構成され、それぞれ日米関係、日ソ関係、日英関係を示していた。この二つの通信において暗号のために設定された用語は完全に同じものではなかったが、一方の通信では、どの一語でもあらかじめ指示された方法で放送された場合には受信者はそれを警告と受け取るよう指示されていた。もう一方の通信では、受信者は「すべての暗号文書類」を破棄するよう命じられていた。日本政府はこの二つの通信をJ－19暗号で送ったため、一一月二六日及び二八日まで処理されなかった。

一一月二六日、東京はワシントンへ二八語の電話暗号を送り、「事態は刻々緊迫度を増している。電報では時間がかかりすぎるため、交渉についての報告内容は極力切り詰め、報告の際は山本アメリカ局長に電話するように[105]」と添えた。

一一月二七日、東京は「隠語暗号」として知られるもう一つの暗号を送った。一二月二日に翻訳されたこの通信は次のように始まる。「国際関係緊迫化に伴い、『隠語電報』を用いる緊急送信を実施する[106]」。この暗号には五四語あり、各文末には終わりの目印として、日本語の句点ではなく英語の「ＳＴＯＰ」という語が用いられていた。それらの中には次のような表現があった。

エドグチ――撤退準備
ハタケヤマ――日本と〇〇との関係が悪化
ハットリ――日本と〇〇との関係は想定外の状況に（are not in accordance with expectation）[*107]
ヒジカタ――日本軍と〇〇軍が衝突
ホシノ――日本と〇〇は全面戦争に突入
コダマ――日本
コヤナギ――イギリス
クボタ――ソ連
ミナミ――アメリカ

*104 これらについてはすでに一〇八～一一〇ページに掲載した。四三一、四三二ページも参照されたい。
*105 *Hearings*, Part 12, p.178.
*106 *Ibid.*, p.186f.
*107 真珠湾攻撃後わかった正確な翻訳は、「破綻の危機にある（are on the brink of catastrophe）」。

この段階で、既存暗号を破壊せよとの一連の通信の送信が始まった。*108 一一月三〇日を皮切りに、世界中の日本大使館に伝達するようにとの命令とともに、東京からマニラ、ロンドン、ハバナ、ワシントンへ送られた。最初に送られたロンドン、香港、シンガポール、マニラには暗号機を破壊せよとの命令が出され、バタビアには日本に送り返すよう命じられた。ワシントンの大使館に対する最初の詳細な指示は一二月二日の通信で送られ、以下を除くすべての電信暗号を燃やすようにと命じていた。


……現在使用されている暗号機と各O暗号（Oite）と省略暗号（L）（所管の他の暗号も焼却されたい）。

すぐに暗号機の使用を中止し、完全に破壊されたい。

この作業終了後は「ハルナ」と打電されたい。

送信・受信ファイルすべてと、その他の秘密文書すべてについても、同時に同じ方法で焼却されたい。

逓信局コサカ氏が持ち込んだすべての暗号を焼却されたい……［一二月三日翻訳、同月四日訂正*[109]」

同様の通信が、ハバナ、オタワ、バンクーバー、パナマ、ロサンゼルス、ホノルル、シアトル、ポートランドへ送られた。この通信には警戒を促す以下の文章が添えられていた。

外部に疑いを持たれないよう特に注意されたい。秘密文書はすべて同じように扱うこと。上記は非常事態に対する準備であり、他言無用。冷静に行動されたい。*[110]

そのほか傍受した東京からの通信は、受信者に対して、「隠語暗号」とラジオ放送で使われる暗号を最後の瞬間まで維持するよう求めた。一二月四日にワシントンに送られ、同日翻訳された特別な指示では、コサカが持参した暗号を焼却前にすべての通信要員に教え、もしも暗号鍵

*108 東京の通し番号は、809、2436、2444、2443、867、2445、2447、2461、92、881、367、897。*Hearings*, Part 12, pp.208ff. にこの順で掲載された。
*109 *Ibid.*, p.215.
*110 *Ibid.*

をまだ焼却していないなら、それは最後までとっておき、必要なときに急使によって飛行機でメキシコ公使のところに持参するよう命じていた。[111]

一二月二日、リオデジャネイロの日本大使館はサンティアゴに詳細な補助暗号を送り、サルバドール、リマ、サンパウロ、メキシコシティ、ワシントン、パナマ、カラカス、ボゴタに伝達するよう命じた。この暗号で用いられる用語は他の暗号とは違って、主に都市や鉱物、輸送規則の名称だった。シグナルに関連した他の暗号指示は、一二月七日以降まで翻訳されなかった。

一一月三〇日になってから、暗号破壊が完了したことを東京に知らせる通信が傍受された。合同調査委員会で証拠物件第1号として提示されたこれらの通信の大半は、一二月七日以降に翻訳された。一二月五日付で傍受され、翌日翻訳されたワシントンからの通信は、「日米交渉がいまだ続行中であるため[112]」必要とされる一台を残して、暗号機を破壊したことを東京に知らせるものだった（これは、大使たちが最後の瞬間にも交渉を継続しようとしていたことを示す、ワシントンの日本大使館からの言明の好例である。彼らの粘りが、日本の意図に対するアメリカ側の疑惑を和らげるためにどれほど役立ったかは言うまでもない）。一二月六日、東京からは、暗号機一台は残していいとの返事がきた。

このほか、戦争準備を示唆していたと思われる要員交代についての通信も数通ある。一二月四日のベルリンから東京宛の通信は次のとおり。「ロンドンの大使館員が避難する場合には、松井書記官のほか三人（高官一人）がここに滞在できるよう手配したい」[*113]。東京からは一二月五日、寺崎のほか数人の大使館員を「一両日中に」[*114]飛行機で発たせるよう指示が送られた。クレーマーが自分用の配布資料に鉛筆でメモしたところによると、寺崎は西半球での日本のスパイ活動を指揮していて、南米に派遣されるところだった。来栖大使は同じ日、次のように返電している。

日米交渉の現在の状況を鑑み、諜報活動の重要性は十分認識されていると思う。寺崎には、交渉の終結が明白になるまで……ここに留まらせたい。突然の異動はきわめて困難だろう。この方向でご尽力いただきたい。[*115]

*111 *Ibid.*, p.231.
*112 *Ibid.*, p.236.
*113 *Ibid.*, p.234.
*114 *Ibid.*
*115 *Ibid.*, Part 9, p.4202.

（来栖大使はここでも、誠実な交渉役として行動していた点に留意したい）。

東京の意図に言及した、ワシントン以外の大使館宛のいくつかの通信もあった。真珠湾攻撃後に振り返って最も詳細で最も重要なものは、交渉終了の報告から始まるベルリン宛の当時の通信の一つだった（一一月三〇日付）。

本年四月、前内閣当時に始まった交渉は……ついに決裂――破綻した……この事態に直面し、わが帝国は深刻な状況に陥り、決然たる行動をしなくてはならない。したがって貴大使はすみやかにヒトラー総統とリッベントロップ外相に面会し、事態の概要をひそかに伝達されたい。最近英米両国が挑発的姿勢を取っていること、その兵力を東アジア各地に出動させようと計画していること、われわれも兵力を出動させ対抗せざるを得ないことを伝えてほしい。なんらかの武力衝突によって、英米と日本との戦争が勃発する危険が極めて高いことを極秘で伝え、この戦争の発生時期は誰もが想定していたよりも早まる可能性があることをつけ加えてほしい。

これらを伝達すれば、ドイツとイタリアはソ連に対するわれわれの姿勢について問うだろう。すでに七月に明言したとおりだと答え、次のように伝えてほしい。われわれの南方への出動は、ソ連への圧力を弱めることを意味するものではないし、ソ連が英米との関係を強化し、われわれと敵対するなら、われわれは全力で向き合う用意がある。しかし現段階では、南に圧力をかけることがわが国にとっての利益であり、しばらくは北方への直接的な動きは控えたい。

この通信の内容は戦略的観点から重要であり、いかなる場合にも極秘事項として扱わなくてはならない［一二月一日翻訳］[*116]。

東京の意図を示したこれ以前の通信には、南京の海軍当局に宛てた一一月二五日付の極秘メモがあった。

現在交渉は緊迫し、いまだ合意には達していない。期限が迫っているため、しばらく（延期？）されたい［海軍翻訳、一一月二七日］[*117]

*116 *Ibid.*, Part 12, p.204.
*117 *Ibid.*, p.173.

一一月二五日付のハノイ発東京宛メッセージ（翌日翻訳）は次のように始まっている。

軍によれば、アメリカからの返事は二五日に予定されている。これが本当なら、今後数日のうちに内閣は開戦か和平かの決断をすることになるだろう……。

交渉が決裂すれば……作戦のために必要なすべての準備は事実上完了しているため、わが軍はその日のうちに動くことができるだろう。[*118]

ハノイは、動く準備はできていたものの、交渉の結果についての情報を求め、次のように訴えた。「外務省の一機関であるわれわれだけが、全体の動きから除外されているような気がする」。[*119]

海軍情報部翻訳部隊のクレーマー少佐は、ベルリン・東京間の交信の傍受資料をほかにもいくつか紹介した。これらは日本政府の意図をさらに裏づけるものであり、合同調査委員会の調査のために編集され、証拠として提出された外交通信傍受資料には含まれなかった関連資料が数多く存在するのではないかという疑念を抱かせるものだった。たとえばクレーマーは、一二月六日に翻訳され配布された一二月三日付通信の全文を引用した。これは、リッベントロップと駐ベルリン日本大使との会談について詳しく述べたものだ。大使は、ヒトラーからなんらかの言質を得ようとしていたが、残念ながら一二月五日までに実現することはできなかった。リッベントロップは「以前にも述べたように、総統の許可を得るまでは正式な回答はできない……」と述べている。日本大使は会談について次のように述べた。

私は彼に、事態は想像される以上に危機的であり、できるだけ早急に正式な回答をいただきたいと伝えた。これまでのリッベントロップとの会談からすると、異議を唱えるような回答ではないとお考えになっても間違いではないと、確信をもって申し上げることができる。総司令部のリッベントロップと直接電話連絡できるような手筈は整っている。しかし彼は、いつでも可能な限り、ここに来て私に会うと言っていた。[*120]

*118 *Ibid.*, p.174.
*119 *Ibid.*, p.175.
*120 *Ibid.*, Part 9, p.4200.

ハワイ攻撃を示すシグナルについてはすでに紹介したが、マジックに限定してシグナルをまとめてみると次のようになる。

一一月四日～二九日――八回の通信。交渉の行方を懸念。
一一月五日――交渉期限を一一月二五日にするという通知。
一一月五日～二五日――デッドラインについて、七回にわたって念押し。
一一月一四日――米英と戦争になったときの中国に対する日本の政策概要。
一一月一四日～二九日――日英開戦の場合のタイに対する日本の政策概要。
一一月一四日以降――「緊急時、あるいは戦争勃発時」のさまざまな準備。
一一月一五日～一二月四日――主要大使館（ローマ、ベルリンを除く）への暗号破壊命令。
一一月一八日――アメリカからの日本人引き揚げ。
一一月二六日～一二月二日――ワシントンへの新しい緊急暗号配布。
一一月二六日～一二月六日――米英との突然の戦争勃発を予想した、日本大使館（特にベルリン）への通信。
一一月二八日――満州国における英米国民抑留のための日本の政策。

一一月二八日以降――交渉が決裂する見通しであることを伝えた二通の通信（一通はベルリン宛、もう一通はワシントン宛）。実際の決裂を伝えるもう一通。
一一月三〇日～一二月六日――主要日本大使館での暗号破壊完了報告。少なくとも九通。
一二月五日～六日――ワシントンから南米、ロンドンからベルリンの大使館へのスパイ要員の配置換え。
一二月六日――ワシントンの日本大使館での一台を除く暗号機の破壊。

こういったシグナルはどれも、七月危機のときにも一〇月危機のときにも見られなかったことに注目すべきである。一〇月には、スピードが必要だという表現が数回、それに簡単な電話暗号だけだった。一一月から一二月のシグナルは、量もタイプも、まったく違っていた。今これらを見れば、日本の攻撃は明らかに見えるため、当時、そのように解釈されなかったことが信じがたい。この一連のシグナルの説明となるもっともらしい仮説が、ほかにいくつもあったと考えることはむずかしい。真珠湾攻撃をめぐる資料に対する党派的な見方の多くは、こういった仮説の多くを無視している。
マジックに基づくどのシグナルも、アメリカを攻撃するという日本の明確な意図を示すものはなかった。アメリカも国民を本国に帰していたし、東南アジアの大使館では暗号を破壊していた。交渉の成り行きを悲観し、国民に対しては、アジアによるこれ以上の侵略を許せないと発表していた。日本が、英米との全面戦争の準備をしていたことは明らかだが、どちらか一国を直接攻撃して先手を打つつもりだったのか、どちらかからの突然の攻撃を迎え撃つ準備をしていたのかはまったく明らかではない。たとえばベルリン宛の通信では、日本がさらに南方に進んだ場合のアメリカの逆襲に備えることを示唆しているようだ。デッドラインはこの南進に対してのみ、当てはめられたのかもしれない。しかしたとえマジックに基づくシグナルが明確ではなかったとしても、少なくとも決断のもととなるには十分だった。これらのシグナルは、日米いずれかでの不測の出来事が全面戦争につながりかねないほどの緊迫した状況を、明確に示していたのである。

## スパイ通信

ワシントンの日本大使館からの外交通信に加え、東京とハワイ、パナマ運河、フィリピン、東南アジア、蘭印、西海岸（サンフランシスコ、シアトル、サンディエゴ、バンクーバー等）との間では、一連のスパイ通信が交わされていた。これらは通常、パープル以外の簡単な暗号（J－19またはPA－K2）で東京から発信されたため、パープルのあとで処理された。しかし平文への翻訳が可能になると、これらもクレーマーやブラットンによって配布フォルダーに収められた。ホノルル・東京間の数件の通信は、議会による調査では重要なシグナルとして選ばれた（これらに目を留めてさえいたら）。これらはまた、キンメルとショートによって、自分たちがアクセスできなかった重要なシグナルとして言及された。

最も頻繁に言及されたのは、一九四一年九月二四日に傍受され、一〇月九日に陸軍が翻訳した通信で、ホノルルにいる日本の工作員に対して、真珠湾の水域を五つに区分して報告するよう求めている。

A水域　フォード島と工廠の間の水域。
B水域　フォード島の南と西の同島に隣接する水域。
C水域　東側入り江。
D水域　中央入り江。
E水域　西側入り江及び連結水路。

通信は次のように続く。

戦艦及び空母に関しては、錨泊（さして重要ならず）、埠頭係留、ブイ係留、ドック入りのものの情報を求める（簡潔に艦種とクラスを明記。同一埠頭に二隻ないしそれ以上が舷側を接して係留していれば、可能であればその旨を付記のこと）。*121

この通信は、興味深いものであることを示す印と次のような要旨をつけて、クレーマーから配布された。「東京は、真珠湾内の艦艇に関する特別報告を求めている。正確な位置を示すため、真珠湾内を五水域に分けている」。海軍のファイルには、アジア艦隊司令長官へ回付するようスタンプが押されていたが、太平洋艦隊司令長官のスタンプはなかった。クレーマーはアジア艦隊司令長官に送られたものはすべて、自動的に太平洋艦隊司令長官にも送られていたと証言した。*122 しかしこの通信については、その手順は取られなかったようだ。

真珠湾攻撃後、この通信は「爆撃計画」通信と呼ばれた。一二月七日以前に翻訳されたもう一つの重要な通信は東京からホノルルに宛てたもので、一一月一五日に傍受され、一二月三日に翻訳された。

日米関係がきわめて逼迫しているため、「湾内の艦艇報告」を不定期に、ただし二週間に一度程度の頻度で作成されたい。すでにご承知のように、秘密保持には特別な配慮をされたい。*123

その後一一月二〇日には、東京から「ハワイの軍事保安地域近辺の艦隊［読解不能］基地を網羅的に調査する」*124よう求められている。この通信は一二月四日に翻訳され、翌日には、一一月二九日に傍受された別の通信が翻訳された。これには、「艦船の動きについて貴官より報告を受けてきたが、今後は動きがないときにも報告されたい*125」との指示があった。

*121 *Ibid.*, Part 12, p.261.
*122 レイトンは、クレーマーはそう考えていたかもしれないが、自身はそうではなかったと述べている。*Ibid.*, Part 9, p.4193ff.
*123 *Ibid.*, Part 12, p.262.
*124 *Ibid.*, p.263.
*125 *Ibid.*

九月二四日付通信は、受信時には、スパイ情報が長くなりすぎないようにするための、そして役立つ詳細だけを日本海軍が手に入れるための努力とみなされた。海軍情報部のマッコラム中佐によると、領事館からの報告は日本海軍が望む以上に冗長になることが多く、送信回数を減らすようたびたび要求されていたという。[*126] 海軍情報部のウィルキンソン大佐は、「日本の諜報活動が精密である証拠」[*127]だと解釈していた。さらに彼は艦艇の停泊計画は「爆撃計画」を暗示するどころか、米艦隊の出撃準備の状況を示すものとしても同じように価値あるものだったはずだと指摘した。クレーマーはマジック情報を受け取っていた者との会話を思い出そうとした。「日本の外交筋によって報告された、艦の動きに関する他の通信と実質的に異なるものとして解釈していた者がいたとは思えない」[*128]と述べている。むしろ、「日本の外務省側による通信を簡略化するための努力」[*129]と受け止められていたと彼は考えた。スタークは、その通信を見たことさえ思い出せなかった。「その情報は、海軍にも、同じように真珠湾の防衛にきわめて強い関心を持つ陸軍にも送られた。しかし、誰かがその情報に言及したかどうかは覚えていない。実際のところ、大量の資料が押し寄せてきていたのだから。日本人があらゆる面を細部まで知ろうと貪欲だったことはわかっていた。この通信も、彼らの細部に対する強い関心を示す一例として片づけられたのかもしれない」[*130]。

こういった解釈は、当時としては納得できるものだった。東京とホノルル間で傍受された通信は、アメリカの他の重要な港やフィリピン、パナマ運河などからの類似の情報に対する多くの要求の一部にすぎなかった。九月二四日の通信が実際に爆撃計画だったとすれば、マニラ、パナマ運河、シアトル、サンディエゴなどへの攻撃準備に関する情報も東京には十分送られていた。日本が、すぐには活用できないほどの細部にわたる情報を大量に集めていたことは事実である。しかし、日本の東南アジア侵攻を防ぐため、あるいは報復のために太平洋艦隊がどれほどすみやかに出撃できるのかを見極めるために、日本がこの情報を求めていたというウィルキンソンの主張は、太平洋艦隊司令長官キンメル大将にこの通信の内容を知らせる十分な理由になったと思われる。自分が率いる艦隊の能力や動きに敵がどれほど通じているかを正確に知っておくことは、キンメルにとって重要だった。この情報をなんらかの観点から眺めるため、ワシントンは、敵が同一のデータを探していた他の港、都市、施設に言及したかもしれ

＊126 *Ibid.*, Part 8, p.3405.
＊127 *Ibid.*, Part 4, p.1748.
＊128 *Ibid.*, Part 9, p.4177.
＊129 *Ibid.*
＊130 *Ibid.*, Part 5, p.2174f.

ない。

しかし、ワシントンでスパイ通信に目を通していた誰にも、それらを俯瞰し、東京からの要求が、標的となりそうな地域に対して大きく変化していくのを見極める時間はなかった。彼らが認識していたのは、日本が世界中の米艦船や港に関する情報を、役に立とうが立つまいが大量に集めていたということだけだった。実際には、東京からマニラや真珠湾に宛てた要求は、一一月と一二月第一週の間に増え、それ以前のどの時点よりも具体的になっていた。

## 東の風、雨

一二月六日、七日の真珠湾攻撃間際のシグナルについて論じる前に、「風」暗号の発信についての論点に目を向けてみよう。第1章で述べたように、本物の「風」暗号が受信されたかどうかを証拠から判断することは不可能だ。そしていずれにせよ、シグナルの全体像を描くために「風」暗号の受信を明確にすることは必ずしも必要ではない。陸海軍情報部は「風」暗号を設定する二つの通信を傍受したが、いずれも東京の開戦決定を事前に伝えるものとして解釈できるような内容ではなかった。海軍が翻訳した通信の一通は次のとおり。

緊急時特別通信文放送関連
緊急（外交関係断絶の危険）の場合及び国際通信断絶の場合、毎日の日本語短波放送の途中で次の警報を加える。
㈠　日米関係切迫の場合　「東の風、雨」
㈡　日ソ関係切迫の場合　「北の風、曇」
㈢　日英関係切迫の場合　「西の風、晴」

この合図は放送の中間及び末尾に天気予報の形で挿入し、それぞれ二回繰り返される。この文言が聞かれたならば、暗号の文書類をすべて破棄されたい。これは現在のところ完全な極秘事項である。

緊急情報として連絡のこと。*131

もう一通は次のように記されていた。

*131 *Ibid.*, Part 12, p.154. 「東の風、雨」などの日本語の表現は、合同調査委員会報告書のとおり。

外交関係悪化の場合、一般情報放送の冒頭と末尾に次の文言を加える。

㈠ 日米関係の場合、「東」

㈡ 日ソ関係の場合、「北」

㈢ 日英関係の場合（タイ、マレー、蘭印を含む）、「西」

上記を冒頭と末尾で五回繰り返す。

リオデジャネイロ、ブエノスアイレス、メキシコシティ、サンフランシスコにも転電されたい。*[132]

これらの通信はかなり注目を集めているため、当時、解読過程でアメリカによって作成された翻訳文を超えた価値を持つだろう。日本語の原文は東京の陸軍省を発信元としていたため、写しは手に入らない。実際には、一九四五年八月一四日の詔勅前に破棄されたのかもしれない。

傍受した暗号は次のように解読された。

東京回章2353号　官庁符号扱い

国際事情の逼迫の結果、いつ最悪の事態に立ち至るかもはかられざるところ、かかる場合、わが方と相手国との通信はただちに停止せらるべきをもって、わが方の外交関係危険に瀕する場合には、わが海外放送の各地向けニホホー（nihohoo）ニュースの中間及び最後において、天気予報として、（1）日米関係の場合には「東の風、雨」、（2）日ソ関係の場合には「北の風、曇」、（3）日英関係の場合（「タイ」進駐、「マレー」オランダE・I［蘭印］、コーリョクオボエフクム（koryoku oboe fukumu）（「西の風、晴」、二度ずつ繰り返し放送せしめることとせるをもって、右により暗号、書類等を適当処分ありたし。なお右は厳に極秘扱いとせられたし。

東京回章2354号

わが方の外交カンカイ（kankai）危険に瀕せんとする場合には、イッパー（ippah）情報放送の冒頭及び末尾に、（1）日米関係逼迫の場合には「東」、（2）日ソ関係の場合には「北」、（3）日英関係（「タイ」進駐、「マレー」蘭印、コーリョクオボエフクム）の場合には

*132 *Ibid.*, p.155.

「西」。ナルゴ（Narugo）五度宛、挿入すべきにつき御了知ありたし[*133]［訳注　原文はローマ字］

日本語の専門家が見ると、[*134]伝達過程でいくらか誤りが生じていることは明らかだ。日本が発信してから、アメリカの政策決定者が傍受電報の翻訳を読むまでのさまざまな段階で情報の欠落が生じている。日本語の原文をそのまま起こしたものでさえ、幾通りかの解釈が可能だろう。というのも、日本語にはかなりあいまいなところがあるからだ。「逼迫（hippaku）」という言葉は、「重大な危機（grave crisis）」とも「危機的状況（critical situation）」などとも訳されているが、交渉決裂の可能性、おそらくは戦争の勃発さえ示唆するものだ。「わが方の外交関係危険（wagahoo no gaikoo kankei kiken）」という二つの通信に共通する言葉は、「日本と外国との関係が危険な段階に到達した場合」という意味であり、「戦争が勃発した場合」と訳されることもあるだろう。しかし日本語では具体的になにを指しているかがわからないため、誰が危険な行動や戦争の引き金を引くのかという疑問が残る。「タイ進駐（tai shinchuu）」（「タイ侵攻」あるいは「タイ侵略」という意味）という言葉は、今読むと紛らわしい。当時は他のどの国もタイ侵略を企ててはいなかったため、日本が侵略者であるかに見えるからだ。

一方、暗号の中で重要な意味を持つ言葉は「東」「北」「西」である。「雨」「曇」「晴」はそれぞれ意味が異なるものの、暗号ではどれも危機を意味し、天気予報に見せかけるために使われているにすぎない。とはいえ、悪天候がアメリカを示しているのは興味深い。危機がどこから来るかは、東京の地理的位置から理解されなくてはならない。北、すなわちロシアからの風、西、すなわちイギリスからの風、そしてアメリカ西海岸からの風、これは言うまでもなく日本の東に当たる。この解釈は、日本がこれらの国のいずれかによる行動を予測し、暗号を守るために暗号破壊を必要としていることを必ずしも意味するものではないが、そう考えることもできるだろう。

マジックの翻訳を丁寧に調べると、残された疑問がいくらか解明されるかもしれない。もっとも歴史学者で日本通のロバート・ビュートーは、彼が調べた通信では、翻訳の誤りの大部分は通信の基本的な内容を損ねてはいないと述べている。[*135] しかし、発信、傍受、解読、翻訳

*133 *Ibid.*, Part 18, p.3307f.
*134 南カリフォルニア大学のポール・ランガー教授からは、解読文の新しい翻訳と、その構造と意味についてのコメントをいただいた。ここではそれを用いている。
*135 Robert J. C. Butow, *Tojo and the Coming of the War*, p.335.（『東条英機』ロバート・J・C・ビュートー著、木下秀夫訳、ゆまに書房、二〇〇六年）

の各段階での誤解や情報の欠落は、警告が変質する可能性を示唆するものだ。日本の天候の変わりやすさを示すのは気象暗号だけではない。

アメリカの政策担当者は提示された翻訳に頼っていた。本書で行う分析も、翻訳された形でのシグナルに限定されるだろう。通常の放送後、暗号を破壊するための合図として流された最初の「風」通信は傍受された。そしてこの通信で示された内容自体が重要だ。これは、前に挙げた暗号破壊指令と同レベルのものである。一二月一日以降に傍受されたこの暗号の実行は、暗号を破壊するようにと主な日本大使館に命じた一二月一日の命令を確認するためだけのものであり、いつ、どこで日本の攻撃が行われるかを示す新しい情報を含んだ、新しいシグナルではなかっただろう。どちらの通信も、言及された国との外交関係の決裂、場合によっては戦争を意味する可能性はあったが、必ずしも日本が仕掛けるわけではなかった。

これらの通信が翻訳されるや、陸軍も海軍も特別な注意を払った。海軍は、

東の風、雨――日米
北の風、曇――日ソ
西の風、晴――日英

と書かれたカードをマジック情報を受け取る者に配った。これは、テレタイプを監視している当直士官が通常の資料配布ルートを通さずに情報を電話で伝えられるようにしたもので、まったく斬新な手順だった。陸軍ではブラットン、デューセンベリー、マイルズが類似のカードを携帯していた。[*136] 陸軍も海軍も、日本の定時ニュースと諜報放送をいくつかの受信施設で二四時間監視できる態勢を組んだ。その結果、通常のテレタイプ通信は、週に三、四フィートから一日二〇〇フィートに増えた。

当然ながら天気予報は頻繁に流れたが、一二月八日までこの暗号と正確に一致していたものはなかった。少なくとも記録に残るものの中には存在しない。しかし海軍通信保全部隊のサフォードは当時、「日英、日米関係（日ソ関係ではない）」に言及した通信が一二月四日か五日に確かに受信されたと記憶していた。その証言によれば、「これがそうだ」と言って、クレーマーからテレタイプ紙を見せられたというのである。サフォードは、この情報を海軍通信部長ノイエスに電話で伝え、ノイエスはマジックの配布先に連絡した。

＊136　*Ibid.*, Part 10, p.4624.

一九四一年の時点では、クレーマーはこの暗号が実際に流されたと確信していた。もっとも最初に思い出したのは、それが「日英・日米関係」に言及していて、ソ連には触れていなかったことだった。のちに彼は証言を訂正し、暗号で言及されていたのは「日英関係」だけだったと述べた。さらにあとになって、彼は、暗号が流されたかどうかも確信がないと証言した。マッカーサーが日本人戦犯を尋問したときの証拠によれば、「風」暗号を発信したことを彼らが否定していたからだ（ファーガソン上院議員が指摘したように、日本人は同じ尋問で「風」暗号を設定したこと自体を否定していた。したがって尋問された者の言葉は当てにならない）。全体的に見ると、クレーマーが転々と証言を変えていることは理解しがたい。一九四五年九月にスタークの家で開かれた昼食会についても疑問を持たざるを得ない。このとき、記憶が「蘇った」とクレーマーは述べた。一方、サフォードは、かなりの圧力を受けながらも自身のもともとの発言を変えることはなかった。しかし暗号の発信が、開戦の合図として日本海軍とロンドン大使館に宛てられたものだという彼の考えにも根拠はないように見える。ちなみにロンドン大使館ではすでに暗号機を破壊していた。

この暗号の発信についての通知、あるいは通信の写しを受け取ったと思われるマジックの配布先の中で、そのことを覚えていたのは海軍作戦本部でスタークを補佐していたR・E・インガソル少将、戦争計画部長のターナー少将、海軍通信部長のノイエス少将だけだった。ターナーとインガソルはざっと目を通しただけだった。なぜならそれ以前にすでに日本の暗号破壊命令を見ていたからだ。当時とすれば、二人の反応は当然だっただろうし、マジックを受け取っていたほかの者も同じだっただろう。ノイエスは、「風」暗号は発信されていないと当時は判断していたと証言した。この発言は異例だった。というのも解読資料に関しては、ノイエスはサフォードとクレーマーに最終決定権を与えていたからだ。クレーマーこそが、重要なマジック情報を選び、配布する権限をノイエスから完全に任せられていた。クレーマーが、一九四一年に本物の「風」暗号通信を受け取っていたと信じていて、四五年の時点でもそう主張したのなら、それが「風」暗号が発信されたという確かな証拠だ。ノイエスは、クレーマーとは逆の判断を下す証言をしたいとは、まさか思ってはいなかっただろう。

テレタイプの原文も、作成された可能性のある写しも、今ではなくなっている。陸軍と海軍が配布したカードも存在しない。これらの紛失については、日本の攻撃を挑発したアメリカの少数の陰謀者が、いつ、どこで攻撃が行われるかを知っていて、その証拠を破棄したのだと言われている。文書が存在しないこと、宣誓した証言が何度も変わったこと、「風」暗号に対する最初からの特別扱いなどのすべてが政治的陰謀を思わせる。*137 しかし、あらゆる陰謀説は、

「風」暗号がアメリカを攻撃するという日本の決断を知らせる手段だったというが、実際にはそうではない。「風」暗号が発信されていたとしても、それは一二月四日の時点でワシントンがすでに知っていた以上の情報を伝えるものではなかっただろう。

## 土壇場のマジック

真珠湾攻撃直前に発信されたマジック情報は主に四つ、パイロット通信、一四部通信、配達時(午後一時)通信、最終暗号破壊通信として知られている。合同調査委員会では、陸軍通信情報部と海軍通信部の技術員、陸・海軍情報部、陸・海軍戦争計画部、国務省、大統領顧問、大統領自身の全員によって、重大な手がかりとなるシグナルとみなされていた。合同調査委員会の委員すら、そう考えていた。したがってマジックの配布リストに名を連ねていた者が、正確に何時にこれらのメッセージに目を通したのか、その結果、なんらかの判断を下したとしたらそれはどのようなものであったかを見極めることが質疑の中心になった。この目的のためには、翻訳された日を明確にすることは、政策決定者への配布時間を明確にすることほど重要ではない。一二月六日翻訳と記された傍受資料の一部は、一二月七日まで配布されなかった。一二月六日の三〇分の処理時間の遅れは、六日の夕刻に配布されるか、七日の午前の半ばに配布されるかの違いを意味するだろう。

しかし、歴史家はここでいくつかの大きな壁にぶつかる。一二月六日の夕刻に、誰が、どのマジック情報を見たのか、誰が、誰に、なにを渡したのかはきわめて微妙な問題だ。膨大な証言は矛盾に満ちている。一九四五年秋の説明は、それ以前に査問機関に提出された説明とはたいてい矛盾していた。一九四五年には文書は差し押さえられるか紛失してしまっていたし、記憶は「呼び起こされる」か完全に忘れ去られていた。そのため、執拗な質問に対する答えが「記憶にありません」という言葉の単調な繰り返しになることもある。政治家として調査を利用しようとする上院議員でさえ、うんざりして追及をやめたほどだ。

*137 消えた文書類については、通常の手順では、間違って発信されたテレタイプはすぐに廃棄された。したがって文書がもはや存在しないということは、ノイエスが通常はこの種の判断を下してはいなかったという事実がなければ、彼がそれを本物ではないと考えたことを意味するだろう。風暗号が本当に発信されていれば、通常はマジックファイルには入らなかっただろう。というのも、それは通常の方法で回付されなかったからだ。一九四五年の証言において、「東京の偽の気象情報」に関して風暗号をめぐって生じた混乱を踏まえれば、このテレタイプが偶然廃棄されたと想像できる。「東京の偽の気象情報」は、（1）偽の気象情報である本物の暗号の本物の実行、あるいは（2）本物の気象情報である本物の暗号の偽の実行、のどちらかを意味するだろう。風暗号の本物の実行は、それが「偽り」だとみなされたため、また、その言葉が（1）ではなく（2）の意味で理解されたため、廃棄されたのだろう。

一つの通信が傍受されてから配布されるまでの道筋をたどる一つの手がかりは、当然ながら当時のファイリングシステムから得られる。しかし、ここにも厄介な問題があった。一部の資料には番号が「走り書き」されていて判読できないうえに、ほかの写しは見当たらなかった（合同調査委員会に対する説明は、誰かが調査していたけれど、うんざりしてしまった、というものだった。一九四五年当時、政治的にきわめて緊迫した状況をもたらしかねないこの問題に、うんざりしたとは！）。番号が欠けている資料もある。もっとも、日々処理される傍受資料の三分の一だけが「配布すべし」と判断されていたことを考えれば、これは驚くことではない。しかし、歴史家の混乱を招いた主な原因は、傍受資料が合同調査委員会に提出された順序にある。これらの資料は、陸海軍のファイリングシステムとは明らかに無関係な順序で提出されていた。

ファイリングはおそらく次のように行われていただろう。傍受施設が、傍受した通信に東京の一連番号、提出した東京時間、傍受のワシントン時間を記す。海軍の処理部隊に届くと、タイムスタンプが押され、「20－G（通信保全部隊ファイル）」のファイル番号を付与され[*138]、受け取った順にファイルされる。「20－G」ファイルの原文とともに、ワークシートと翻訳全文の写しもファイルされた。この翻訳の写しには、翻訳者が受け取った順にJD番号が付与され[*139]、翻訳が完了した順に別のJDファイルに保管される。JDファイルには翻訳文だけが整理され、陸軍部隊から送られてくる翻訳もすべて含まれていた。海軍のファイルに整理される陸軍の通信には、通信情報部（ＳＩＳ）番号とＪＤ番号が付与され、陸軍から受け取った日付順にファイルされた。たいていは翻訳が完了した日付と同じだった。したがって20－Ｇファイル*138とＪＤファイルに整理された通信の順序はまったく違っていた。また、陸軍通信情報部番号は、陸軍のファイルの中では異なる順序になっている。さらに、合同調査委員会用に証拠として選ばれた資料にも通し番号が付与された。おそらく陸軍と海軍両方のファイルから集められたためだろう。この証拠資料では、一二月三日に傍受されたＪＤ１：７０５３が、同じく一二月三日に傍受されているが、翻訳日付では八〇〇件ほど離れたＪＤ１：７８４８の次に並ぶ。

もとのファイルが利用できるなら、この並べ方で問題はないだろう。しかし、合同調査委員会の証拠資料では、ＪＤ*139番号はしばしば省略されている。場合によっては、この番号は配布日付を判断する決め手となる。通信部門からの証人の証言はどれも、この種の欠陥を埋めるものではない。

これらのファイルがなければ厳密な話ができないため、ここでは通信だけを示すことにし

*138　20－Ｇは、海軍の通信保全部隊に割り当てられた番号だった。
*139　ＪＤは、「日本外交（Japanese Diplomatic）」の略号。

よう。以下の章では、他の情報源からの証拠とともに、ワシントンでの配布と受領の主な段階をたどるつもりだ。

四種類の通信のうち、「パイロット通信」として知られる通信（東京第901号）では、日本政府が一一月二六日のアメリカ側の提案に対して返事を送ったことが報告されている。

この覚書は非常に長文である。一四部に分けて送るため、明日接受されることになるだろう。しかし確実ではない。情勢はきわめて微妙であり、これを受け取ったなら、当面は極秘にしておいてほしい。

この覚書をアメリカに提示する時期については、別の電文で指示を送る。しかしその間に適切な文書として整え、指示を受け次第、アメリカに手渡せるよう万全の準備をしてほしい。*140

これこそ、日本の大使たちが待っていた返事だった。彼らは一一月二八日、アメリカ側の提案に対する返信で、「交渉は事実上打ち切られることになる」*141と警告された。日本側はこの回答とタイミングをきわめて重視していたのは明らかで、通信文の長さ（一四部からなる）も前例のないものだった。一四部からなる通信の到着を告げるパイロット通信は、一二月六日午前七時二〇分に海軍に傍受され、同日正午に陸軍の翻訳部隊に届いた。陸軍通信情報部と海軍通信保全部隊は、すべての受信施設に一四部構成の通信の受信態勢を整えるよう指示するとともに、提出時期に関する通知にも注意を喚起した。

こういった事前の知らせにもかかわらず、一四部通信（東京第902号）が到着し始めると、アジアの平和に対する日本の真摯な取り組みと、米英の妨害について日本の見解を縷々述べ立てたものにすぎないことがわかった。これらの見解は、以前から同じような形で何度も表明されてきたものだった。ただ、第一四部だけには新しい情報が含まれていた。それは、日本が交渉継続を断念することを正式に宣言したもので、次のように結ばれていた。

かくして日米関係を改善し、米政府との協力を通して太平洋の平和を守り、推進せんとする日本政府の心からの願いはついに潰えてしまった。
日本政府はここに米政府に対して、その姿勢を踏まえ、これ以上の交渉によって合意に

*140 *Hearings*, Part 12, p.238f.
*141 *Ibid.*, p.195.

達することは不可能と考えざるを得ない。*142

ベインブリッジ島（シアトル対岸のプジェット海峡に位置）の海軍受信施設では、一二月六日の朝、この長文通信の傍受が始まった。第一三部までは、午前中かかってほぼ順番どおりに受信され、正午直前と午後早くにテレタイプでワシントンに送られた。*143 しかし第一四部が傍受されたのは、ワシントン時間で一二月七日の午前三時になってからだった。一四部通信はすべて海軍によって解読されたが、翻訳は必要ではなかった。英語の平文で送られてきたからだ。いわゆる「午後一時の通信」、東京第９０７号は次のように簡潔に述べていた。

貴大使には、一二月七日午後一時（貴地時刻）にアメリカ合衆国政府に対して（可能であれば国務長官に）われわれの返信を手渡してほしい*144

これは、ワシントン時間で一二月七日午前四時三〇分にベインブリッジ島の海軍受信施設で傍受され、翻訳のため陸軍通信情報部に送られた。最終の暗号破壊通信（東京第９１０号）は次のとおり。

往電902号の第一四部、907号、908号、909号を解読したのちは、すぐに残った暗号機とすべての暗号を破壊されたい。秘密文書も同様の方法で廃棄されたい[*145]

東京第908号、第909号は、両大使の努力に謝意を示し、大使館員一同の奮闘に対しては日本政府に代わってその努力を称え、彼らの今後の健勝を祈るものだった。東京第910号は、一二月七日午前五時に海軍受信施設で傍受され、海軍によって解読され、翻訳のために陸軍に送られた。

一一月二八日、交渉の決裂を認める好ましからざる返信が「二、三日中に」送られることが、東京から前ぶれ的に知らされていたことを、ここで思い起こしてみると興味深いかもしれない。そのため、これからパイロット通信が届くことや、一四部からなる通信が届くことは予

*142 *Ibid.*, p.245.

*143 第一～四部はワシントン時間の一二月六日午前一一時四九分、第九～一〇部は午前一一時四九分～午後二時五一分の間、第五～八部と第一一～一三部は午後二時五一分に受信された（*Ibid.*, Part 33, p.764.）

*144 *Ibid.*, Part 12, p.248.

*145 *Ibid.*, p.249.

測されていた。ワシントンでは、おそらく来栖・野村大使からの返事を除けば、好ましい返事が来るとは到底思われてはいなかった。東京からの返信の第一三部では、実のところ、交渉の終結に関して一一月三〇日にベルリンの日本大使館宛に送られた通知の一つと同じ語彙さえいくつか用いられていた。ベルリン宛の通知では、「……米国がいついかなるときに欧州戦争に介入しようとも、日本帝国がドイツおよびイタリアを支援することは認められないだろう」と述べた「屈辱的な一項」に言及していた。この一項だけを見ても、「米側の提案を交渉の基礎とすることはできない」*146と東京は主張した。

通知の内容は前もって予想されていたため、このシグナルの到達時間は、陸軍参謀総長マーシャルや海軍作戦部長スタークが第一四部を読んだ日曜の午前九時三〇分すぎではなく、受信を開始した土曜の朝というべきだっただろう。マジックだけから判断しても、交渉の決裂は予期された。日本の艦隊や軍隊の動きなどのシグナルとも重ね合わせれば、交渉の決裂やその期日をほぼ確実に予測できたはずだ。そもそもシグナルというものを信頼するなら、少なくともこの程度の予測は行わなければならない。

というのも、暗号であれ他の形であれ、疑う余地のない最後のシグナルが送られるということはほぼあり得ない。仮に送られるとしても、それが傍受されることはほぼあり得ないし、傍受されたとしても、それに基づいて行動を起こせるタイミングで適切に解読されることはほぼあり得ない。行動を起こす時期は、その最後のシグナルが送信される前である。

　真珠湾の例をもう一つ挙げると、最後の警告のシグナルは、「隠語電報」として日本側から送られた通信だったかもしれない。これは一二月七日の朝、海軍に傍受・翻訳され、クレーマーの日曜午前の二回目の資料配布で、スタークに届く袋に入れられた。マーシャルのもとには、日曜日の一回目の配布で届けられたはずだ。「日英関係は期待どおりではない[*147]」というのが、その内容だった。この情報は目新しいものではなかった。実のところ、きわめて控えめな表現だった。残念ながら、この通信が伝えたことは、日本語の原文とはほとんど関係なかった。フリードマンは、真珠湾攻撃の二、三日後に傍受電報をもう一度調べてみたところ、翻訳に疑問が生じたと証言している。なぜなら、「すでに賽《さい》が振られた一二月七日になって、『日英関係は期待どおりではない』などという通信が東京から送られるはずはないことに、どんな愚

*146 第一三部は次のとおり。「したがって全体的に見て、交渉の基盤としてこの提案を受け入れることができないことを日本政府は残念に思う」（*Ibid.*, p.244）

*147 *Ibid.*, p.251.

か者でも気づく[148]」はずだからだ。そして二つの過ちを発見した。第一に、「期待どおりではない」という海軍訳は穏やかすぎた。「破局の一歩手前である」と訳すべきだった。第二に、その朝は業務が立て込んでいたため、暗号で「合衆国」を意味する言葉が翻訳者によって見落とされていた。つまりこのメッセージは「日・英・米の関係は破綻の瀬戸際に立たされている[149]」と読解されるべきだったのである。日本語では、これは深刻な事態を示していた。というのも、クレーマーが繰り返し証言したように、日本では絶望的な状況を表現する場合にも、丁寧に、控えめに言う傾向があったからだ。ところがこの警告は見落とされた。そのことも驚くことではない。

　これらの土壇場のメッセージのどれに関しても、政策決定者が土曜日か日曜日の何時に受け取ったかよりも、それ以前に入手できた証拠にどう対処していたかを見極める方が大事だ。もしも交渉の決裂が、アメリカとの戦争に突入するという日本側の意図の宣言とみなされることになっていたのなら、証拠はすでに手に入っていた。唯一存在しうる例外は、「午後一時の通信」である。それは現在では、たとえ攻撃場所には言及していないとしても、攻撃の時間を定めたものと理解されている。しかしアメリカの多くの指導者にとっては、この通信の重要性が明らかになったのは真珠湾攻撃のあとだった。これら土壇場のシグナルの重要性については広く認識されていたにもかかわらず、攻撃前にはシグナルとして機能しなかった。日本が決然と発表した外交関係の決裂が、アメリカを直接の相手とする戦争の即刻開始を意味するとは、誰も実際には考えもしなかった。こうした日本側の意図を明確に示す情報は、マジックにはまったく存在しなかったのである。たとえ存在したとしても、真珠湾が日本の攻撃計画に含まれることになるかどうかは疑わしかっただろう。

言うまでもないが、私たちは来たるべき出来事のシグナルを、その出来事のあとから見た場合と前に見た場合とで、整然と区別しなくてはならない。あとになって、その出来事とシグナルとの実際の関係がわかってしまえば、今となってはそれほど明白な結びつきを、そのとき無視できたはずがないと考えてしまう。数え切れないほどの対立する兆候がある中に特定のシグナルがあらわれたとき、そのシグナル自体が一つの大変動と結びついて見えるだけではなくほかのさまざまな結果とも結びついているときに、物事がどのように見えていたかを私たちは忘れてしまう。

真珠湾の悲劇に対してはいまだに責任のなすり合いが盛んだ。誰もが持つあと知恵の典型

*148 *Ibid.*, Part 36, p.308.
*149 *Ibid.*

的な鋭さが、こういった議論に影響すると考えられる。こういった議論でよく見られるのが、どの司令官も自分が受け取ったシグナルのあいまいさを強調し、受け取らなかったシグナルこそが、疑う余地のない合図だったと強調する。どの司令官も、ワシントンから送られた戦争警告があいまいであり、「デルフォイの神託」のように漠然としていたと自己弁護する。どの司令官も、これらの警告がそれ以前の警報とどれほど似ていたかを証明しようとし、現地司令官だった自分たちにできなかったなにを期待されていたのかと問う。そして「風」暗号の設定や実行を告げる通信のような明快な攻撃の兆候を把握していたなら、攻撃に備えていたはずだと請け合う。

　しかし「風」暗号は、言及された国との間に緊張関係が存在することと、暗号破壊の必要性にだけ関係していたとワシントンが述べているのは正しい。戦域にとって、それが警告であることは明確だったはずだと主張している点では間違っている。これらは明確な警告ではなかった。なぜなら、ワシントンが真珠湾攻撃をはっきり見通してはいなかったからだ。現地の司令官が、配布されなかったパズルのピースを入手していたとしても、もっと先を見通せたかどうかは疑わしい。

　つまり、パズルは決して完成しない。ハワイの司令官が、隠されていたとか不確かさに満ちていたと真珠湾攻撃後に主張したシグナルは、彼らが攻撃の前に見ていたものである。一方で、差し迫る破局に対して鋭い叫び声をあげているかに見えるシグナルは、攻撃が実際に起きてはじめて、つまりほかの可能性を示す意味合いが取り除かれたのちに気づくものだ。

あらゆる決定は、不確かさに直面しながら行われる。自然現象の理解にのみ依存するものでさえそうだ。しかし他者の意図、とりわけ敵の意図を読んで行われる決定は、きわめて困難だ。敵の意図は複雑で変わりやすい。実際に行動を起こすときには、示唆されたときとは違っている場合もある。虚勢を張る場合のように、意図がわざと隠されたり、相手を迷わせるように操作されることもある。少なくとも自然現象については、「神は老獪《ろうかい》だが悪意はない」とのアルバート・アインシュタインの有名な言葉がある。とはいえ、同じことを敵に対して言うことはできない。

こういった意図的な、あるいは偶然によるあいまいさにもかかわらず、諜報活動は軍事的決定の不確かさを緩和するために大いに役立つ。マジック情報は、すべてを語ってはいなかったとしても、多くを語っていた。「真珠湾を空襲する」とは言わなかったが、一一月三〇日の週の終わり頃には、東南アジアにおいて、アメリカではないとしても、イギリスとオランダを巻き込む敵対行為が日本によって行われる可能性を示していた。真珠湾攻撃が、日本の戦争計画の中で、ワシントンが気づかなかった唯一のものだったということを指摘することは重要である。ワシントンは、日本が最初に真珠湾を選んだこと、破壊工作ではなく空襲を選んだことに驚いた。一一月二六日から遠隔諸島やフィリピン諸島を攻撃するというのが、政策決定者の一部が想定していたことだった。しかし、誰にも確信はなかった。どのシグナルもあいまいだった。おそらく真珠湾から学ぶべき重要な教訓の一つは、諜報活動では移り変わるシグナルに常に目を向けなくてはならないということだろう。証拠は常に部分的なものでしかなく、データからの推論は常に危険を伴う。

# Pearl Harbor

## Warning and Decision

第４章

# アメリカでのシグナルとノイズ

「マジック」は、日本の秘密通信を傍受する最も重要な一つの装置であり、それゆえ日本の意図を知るうえで重要な手がかりの一つだった。しかしアメリカの政策決定者には、ほかにも活用できる手がかりがいくつもあった。ホノルルに送られたシグナルについては、第1章で検討した。これらは多様な情報源から得られたものであり、ワシントンで入手できた情報を凝縮して示していた。

ここで、真珠湾攻撃に先立つ三週間のワシントンの幅広い状況を確認してみよう。最初に、「マジック」が示していた外交的駆け引き、最後の瞬間の牽制と引き延ばし作戦を簡単に見直し、極東の陸海軍全部隊に警告を送るよう駆り立てた主なシグナルを取り出してみよう。

ホノルルに送られたシグナルが、一九四一年一一月にどのように選ばれていたのかをたどってみると、少なくとも一つのことが明らかになる。軍にとっては、手持ちのすべての情報を送るよりも、選択して戦域に送る方が理にかなった、おそらく唯一の実際的なやり方だったのだろう。ワシントンの陸海軍が戦域よりも多くの情報を持っていたのは事実だが、矛盾するシグナルも大量に持っていた。意味のある音と同じくらいノイズも多かったのである。

ノイズの中からシグナルを分離するのは、きわめて繊細で厄介な作業だった。戦域司令官に対して任務の一つとして追加できるようなものではない。そのうえ、この大量のシグナルを受信し伝達する組織は、ホノルルよりもワシントンの方がはるかに複雑だった。私たちは、最高機密情報源のマジックになにが起きたか、かなり短くてシンプルな伝達過程においてさえ、その解釈には複数の障害があったことを見てきた。もっと長くて曲がりくねった、保護されない経路を情報が流れるとしたら、途中で何度も邪魔が入ることは想像がつく。激しい縄張り争い、組織の内外との文書のやり取り、状況に対する対立する見積もり、危機に対する評価の食い違いなどによって、当然ながら最も重要な情報が抜け落ちてしまう場合もあった。あらゆる障害を突破して、「知る必要のある」者、すなわち政策決定者のもとに到達すべき情報の大量の断片は、奇跡のような存在であるだけではなく、多くの情報が発信されながらも決して届かなかったことを雄弁に物語る。というのも、ワシントンではどの時点においても、入手可能なすべてのシグナルを掌握していた者も機関も存在しなかった。

ワシントンでのシグナルの全体像をとりわけ複雑にしていたのは、外国からのシグナルがそこで収集され解釈されていただけではなく、ワシントン自体がシグナルの重要な発信者だったことだ。政府機関の動きは、アメリカに関する敵の諜報活動の主な内容であり、それらは当然ながら、アメリカのシグナルの全体像の重要な部分を形成していた。しかしアメリカ自身の動きの意味や動機を定義したり予測したりすることが、敵の動静を明確にする以上に厄介な場合もあった。

一九四一年には、残念ながら、政府関係者のほとんどは、ワシントンにおいてすら、日本の対米政策と東南アジアでの重要な動静について、自国の対日政策や、太平洋での活動以上に最新の、明確なイメージを持っていた。言い換えれば、彼らは最新の重要なシグナルの中で、半分（日本についての部分）だけを持っていた。このように自国の政策に無頓着であれば、自身の立場を当然視し、自明のものとみなしがちになるのは当然だ。だが当時は、アメリカの極東政策を数行の単純で明快な文章で表現することがむずかしかったためだと考える方が当たっているだろう（これは現在もそうだ）。その代わりにアメリカの極東政策をおおまかに評価するためには、ルーズベルト大統領の顧問のそれぞれがなにを望んでいるのか、大統領自身はなにを望んでいるのか、世論の中で孤立主義者の影響力はどれほど強かったのか、チャイナロビーの影響力はどれほど強かったのかなどについて聞いてまわり、対立する利害の入り混じった中からアメリカが取る可能性のある針路を引き出す必要があった。しかし、対立する意見に次々に同意することによってそれぞれの影響力を拮抗させておくという大統領のいつものやり方によって、この方向性を見出すことは一層困難になった。*1

この章の目的のためには、真珠湾攻撃前数週間の利害の対立を描くだけで十分だろう。政府の当時の想定と願望、決断と優柔不断の大枠は、国務省、陸・海軍省の既存の文書、公表された日記や回顧録から知ることができる。しかし歴史は多くの謎を私たちに投げかける。戦域に対する警告が、正確にいつ、どのように到達したのかをたどり、発令時にどの標的が想定されていたのか、どのような攻撃が予想されたのかを厳密に述べることは困難である。

真珠湾攻撃前の数週間における米政府について、特筆すべき最も重要な事柄は、ほとんど誰もが大西洋やヨーロッパの戦場に大きく心を奪われていたことである。*2 ルーズベルト大統領はヨーロッパ情勢にきわめて強い関心を持っていたため、極東についてはハル国務長官にほぼ全面的に任せていた。当時の新聞、ニュース映画、世論調査から明らかなように、国民もまた、極東よりもヨーロッパに関心を持っていた。

極東の危機が当時どのように見られていたかを理解するためには、ヨーロッパ戦線と西半球の出来事にもっぱら関心が集中していたことを常に念頭に置いておかなくてはならない。さもなければ、極東への当然とも言える無関心が、故意に耳をふさいでいたとか、陰謀による沈黙だったと解されかねず、攻撃を阻止するための純粋な試みが、逆に攻撃を招いたかに見えてしまう。現代の歴史家は、日本がもたらした危機の方向性と激しさを気軽に描くが、これは大きな誤解を与えるものだ。一九四一年秋には、日本の好戦性はもちろん常に脅威であり、ドイツと日本との戦争を回避するよう慎重な外交上の配慮が求められた。しかし、攻撃的なドイツに比べれば、日本の脅威は距離も離れていて統制可能に見えた。

たとえばワシントンでは、大統領自身を含む多くの政策決定者は、太平洋艦隊を敵の標的というよりも、抑止力とみなすようになっていた。この考えは、フィリピンの軍備増強に忙殺

*1 フランクリン・D・ルーズベルト図書館長のハーマン・カーンは、ルーズベルトのやり方は「対立する意見のそれぞれを認めることによって、どちらにも大統領が賛成だと思わせる」ところにあると言う方が正確だろうと指摘している。
*2 この点は、以下で詳細に論じられている。Conn and Fairchild, *The Framework of Hemisphere Defense*.

される者の希望を支えただけではなく、大西洋での戦闘に専念することを正当化するために役立った。そしてこれは、日本政府に対する米国民の心理を投影していた。グルー駐日大使はこの傾向を認識し、遠く離れた東京から打破しようと努めた。大使の最後の報告の一つ（一一月三日付）では、ハル国務長官に対して、「日本が負けるとわかっている自殺同然の戦争にまっしぐらに突き進む可能性を持つことを万一にも見誤る」ことがないようにと強く警告し、「わが国では国民の理性がそのような行為を命じることはないだろうが、日本人の理性はわれわれの論理の常識でははかることができない」*3と述べている。しかし大使の警告が、ワシントンで意味を持ったのは真珠湾攻撃ののちだった。

一二月に入って真珠湾攻撃までの間、ワシントンの陸海軍省は明確な姿勢を示していた。海軍作戦部長スタークと陸軍参謀総長マーシャルは、両省戦争計画部に強く後押しされ、もっと多くの時間、もっと多くの兵員、もっと多くの装備を要求した。大統領に宛てた二人のメモは、どちらも国務省の日本に対する「強気の姿勢」を和らげるよう求めていた。

国務省は、かなり明確な考えをハル長官名で提示していた。彼は自ら日本の両大使との交渉に当たっていたため、一一月にはとにかく「疲れ切って」いた。政府関係者の間では、その疲れた姿が再三話題になっていた。ハル自身の言葉を借りれば、「堂々巡り」をした挙句、日本との平和的解決や、日本の軍事侵略に対してなんらかの抑止力を加えることにはもはや期待しなくなっていた。ハルにできることは、残った力を振り絞って軍のために時間を稼ぐことだけだった。これは、日本側代表に対して、厳しさと忍耐とを一定のバランスで示し続けることを意味していた。厳しすぎて日本との関係を断ち切ることがないように、優しすぎて中国やイギリス、オランダを立腹させないように、注意しなくてはならなかった。しかしその頃には日米双方の譲歩の幅はかなり狭まっていて、外交的駆け引きの余地は少なくなっていた。そういった厳しい状況にあってさえ、ハルは太平洋の平和を維持するため、そしてそのために大統領を説得するべく努力を続けていた。というのも大統領には内務長官イッキーズや陸軍長官スティムソンなどの助言者もいて、国務省の宥和路線が激しく攻撃されることもあったからである。国務省内でさえ、親中派と親日派に配慮しなくてはならなかった。一二月一日には、国務省の運営について政府の誰彼が口を出すのにはうんざりだとハルは述べ、「誰もが私のところにナイフと手斧を持ってやって来る」[*4]とアドルフ・A・バール国務次官補にこぼしている。

真珠湾攻撃まで数週間というこの頃、ルーズベルト大統領もまた、強引に、言葉巧みに押

＊3 *Hearings*, Part 14, p.1056.

＊4 Berle, "Diaries."

し寄せるさまざまな意見や助言に辟易《へきえき》していた。心の内がそうであれば、ヨーロッパ問題に没頭していたこともあって、極東情勢に対する反応が記録に見られないのも理解できる。側近の回顧録を読むと、大統領の心中を読み取ろうと常に気づかっていたことがわかる。あの微笑み、つり上がった眉、厳しい表情はなにを意味していたのか、と。大統領から率直な意見を聞けないことに不満を持つ側近もいた。しかしほとんどの側近は、大統領が決断を下す時期については神のみぞ知るとばかりに、忍耐強く見守っていた。たとえばイッキーズの一一月二一日(金)の日記には次のように記されている。

日本が危険な賭けをしているのかどうかがわかっていればなあと、大統領は私に言った。日本に奥の手があるのか否か、確信はなかったようだ。ドイツの状況次第で、日本が遅かれ早かれわが国の喉元に迫ってくるのは間違いないだろうと、私は答えた。私なら、攻撃されるとわかっているときには、自分で時期と機会を選びたかった。ドイツがソ連に勝ったなら、日本はシベリアを攻撃すると考えているのかと大統領に尋ねてみた。大統領はそうだと答えた。日本との戦争を今仕掛けておけば、海軍の大部分と英海軍、蘭印海軍の大部分を大西洋に配置できるだろう。大統領は、日本は戦争に突き進むだろうが、攻撃するには遠すぎると考えているようだった。日本に関しては、積極的に攻撃しようという心境には達していないように思えた。[*5]

イッキーズのこの言葉は、大統領に突きつけられた対立する数多くの重要な意見の一つ（大西洋戦争に資源を注ぎ込むため、日本に対してはすみやかに決着をつけるべきだし、そうできる）であると同時に、大統領の揺れ動く心理を案じながら観察するものだ。真珠湾を今後も艦隊の拠点とすべきか否かの議論と同じように、大統領にはどう動くべきかがわからなかった。ワシントンの高官は駆け引きをしながら待ってはいたものの、駆け引きだけで太平洋の英、蘭領、あるいは米領に対する日本の攻撃開始を長期的に回避できると本気で願っていたわけではなかった。しかし一一月二五日、二六日、二七日の混乱に際して決定が下され、その後は一二月七日まで、大統領と側近は日本の攻撃を待っていた。

*5 Ickes, *The Lowering Cloud*, p.649f.

## 外交の駆け引き　一一月二〇日〜二六日

一一月二〇日、日本の大使は暫定協定案を提示した。マジック情報では「乙案」と呼ばれているものだ。日本側はこれをアメリカとの最後の交渉の試みと位置づけていた。この案の提示は、財務次官補ハリー・デクスター・ホワイトによって暫定協定案として作成された案を、モーゲンソー財務長官が国務省に提出した時期と一致していた。ホワイト案は日本側の提案を踏まえて何度も議論され、修正された。これらの草稿や議論の詳細は、ランガーとグリーソンによる *The Undeclared War, 1940-1941*（宣告なき戦争　一九四〇年 - 一九四一年）の第27章に掲載されている。本書では、日本の乙案と、イギリス、オランダ、中国の代表の承認を得るために提出された国務省案とを比べるだけで十分だろう。

日本の乙案は次のとおり。

(一)　日米両国政府はいずれも、現在日本軍が駐屯する仏印の地域を除いて、東南アジア及び南太平洋地域のいかなる地域にも武力的に進出しない。

(二)　日本国政府は中国との間に友好的関係が回復するか、太平洋地域に公正な平和が確立すれば、現在仏印に駐屯している兵力を撤退させる。

また、日本国政府は今後最終合意において具体化される現在の交渉が妥結すれば、仏印南部に駐屯中の兵力を仏印北部に移駐する用意があることを明言する。

(三) 日米両国政府は、両国が蘭領東インドで必要とする物資の獲得が保障されるように相互に協力する。

(四) 日米両国政府は、相互の通商関係を資産凍結前の状態に回復させる。米政府は日本に対して必要な量の石油を供給する。

(五) 米政府は日本と中国の和平回復のための努力に支障を来すような行動や手段を慎むものとする。*6

これらの提案はどちらかと言えばおおざっぱだったが、暫定合意の基盤になりうるものとみなされていた。国務省では、次の二点について、同省の草案と照らし合わせて議論が行われていた。第一は、資産凍結令の撤回、第二は、日中交渉が行われている間の中国への援助の見合わ

*6 *Foreign Relations of the United States: Japan, 1931-1941*, Vol.II. p.755f.

せである。しかし日本の来栖、野村両大使との会見では、ハル長官は日本が三国同盟の一員である限り、中国に対する援助見合わせには同意できないと苛立ちを隠さなかった。乙案に対するハルの強い非難を見れば、国務省内でこういった提案が検討されているとは誰も考えもしなかっただろう。ハルの関心は陸海軍のために時間稼ぎをすることにあり、その方便として、乙案に対する賛成を表明した。しかし、のちにはこの案について、「米政府の責任あるいかなる者も受け入れようとは考えもしない非常識なもの」[*7]と述べている。

ルーズベルト大統領は、チャーチル首相に乙案を伝えたが、その姿勢はハル長官よりもはるかに穏やかだった。一一月二四日、大統領はチャーチル宛に、三カ月限りの暫定協定案として米側対案の概要を次の言葉を添えて示した。「この対案は、私には日本に対する公正な提案に思われるが、受理するか拒絶するかは日本政府の問題である。私はあまり期待していない。われわれは、おそらくまもなく訪れる真の困難に備えなければならない」[*8]。

アメリカの暫定協定の最終案は次のとおり。

(一) 日米両国政府はともに太平洋の平和を強く願い、両国の政策が太平洋全域の永続的平和を目的とし、両国はこの地域において領土的野心を持たないことを確認する。両国は攻撃を受けない限り、その軍事的拠点から武力によって、あるいは軍事的脅威によって、太平洋地域のいかなる国境線にも進出しないことを相互に約束する。

(二) 日本政府は現在、南部仏印に駐屯中の部隊を直ちに撤収し、今後、軍事施設の建設を含むいかなる軍事活動も行わず、日本軍の兵力を一九四一年七月二六日現在の北部仏印の兵力数に限定し、いかなる場合にも二万五〇〇〇人を超えることなく、補充は行わないものとする。

(三) 米政府は、七月二六日に米領内の日本資産に課した凍結措置をただちに解除することを約し、日本政府は日本領土内の米資産に対する凍結措置を解除することに同意する。両国からの輸出は、今後それぞれが国防を理由として事実上行う輸出規制措置に従う。

(四) 米政府は、英、蘭政府に対して、日本との互恵を基礎として、前記三項目と同様の措置をとるよう申し入れる。

(五) 米政府は、中日両政府が両国の対立の平和的解決のために交渉を開始することにも、

＊7 Hull, *The Memoirs of Cordell Hull*, VolI.II. p.1070.
＊8 *Letters*, Vol.II, p.1246.

交渉中の休戦にも、不賛成の意を示すものではない。当該交渉に関する米政府の根本的関心は、日米両国政府の現在の対話の中心的精神たる平和の基本原則に基づくことだけである。

前記交渉が日中両政府の間で開始される場合、米政府は、両国政府が希望する場合には、交渉場所をフィリピン諸島にすることに同意する。

(六) 本案は暫定的なものであり、一般協定によって更新されない限り、三カ月を有効期間とする。*9

この協定には、「一〇項目提案」からなる文書が付され、アメリカの主張が列挙されていた。第三、第四項は、中国及びインドシナからの日本の撤退と蔣介石政府の承認を要求し、三国同盟からの日本の脱退を求める第九項とともに、一〇項目の中で最も思い切った強硬なものだった。しかし口調の厳しさは、それが日米間の対立をめぐる長期交渉の基礎として提案され、暫定協定成立後にのみ実施されるという事実によって幾分緩和されている。一〇項目提案の内容は以下のとおり。

(一) 米政府および日本国政府は、英国、中国、日本、オランダ、ソ連、タイ、および米国間の多国間不可侵条約の締結に努める。

(二) 両国政府は、仏領インドシナの領土主権を尊重し、インドシナの領土保全に対する脅威が発生するような場合には、こういった脅威に対処するために必要かつ賢明であると思われる措置を講ずるために直ちに協議を行う旨を定める協定を、米国、英国、中国、日本、オランダ、タイ政府との間で締結するよう努める。この協定はまた、締結国である各国政府がインドシナとの貿易および経済的関係において特恵的待遇を求めたり、得たりせず、また仏領インドシナとの貿易および通商における平等な待遇を確保するために尽力する旨を定めるものとする。

(三) 日本政府は、中国およびインドシナから陸海空のすべての兵力および警察力を撤収する。

(四) 米政府および日本政府は、臨時に重慶に首都を置くいかなる政府または政権をも、軍事的、政治的、経済的に支持しない。

(五) 両国政府は、外国租界および居留地内およびこれに関連する諸権益ならびに一九〇一

＊9 *Hearings*, Part 14, p.1113-1115.

年の北京議定書に規定する諸権利等、中国における一切の治外法権を放棄する。両国政府は、外国租界および居留地における諸権利ならびに一九〇一年の北京議定書による諸権利を含む中国における治外法権放棄について、英政府およびその他の諸政府の同意を得るよう努める。

(六) 米政府および日本国政府は、米国が免税品目表に生糸を加えることなど、両国による互恵的最恵国待遇および通商障壁の逓減を基礎とした、両国間の貿易協定締結の交渉を開始する。

(七) 米政府および日本国政府はそれぞれ、米国にある日本資金および日本国にある米国資金に対する凍結措置を解除する。

(八) 両国政府は、ドル・円為替安定のための計画に同意する。そのために必要な資金の配分は、半額を日本が、半額を米国が負担する。

(九) 両政府は、いずれかの国が第三国と締結したいかなる協定も、この協定の基本的目的、すなわち太平洋地域全般の平和の確立と保持に矛盾すると解釈しないことに同意する。

(一〇) 両国政府は、他国政府がこの協定で定める基本的な政治的・経済的原則に従い、かつ、実際的に適用するよう影響力を行使する。[*10]

一一月二一日、ハル長官はアメリカ側の暫定協定の草案[*11]をスタークとジェローに見せた（マーシャルはワシントンを離れていた）。二人は、「軍事的観点からおおむね満足できる」と、この草案に賛成した。[*12] ジェローは次のメモを送ることで賛意を強調した。

本協定の条項の採択によって、目下の主な目標の一つ、日本との戦争回避は達成できるだろう。太平洋の平和がたとえ一時的であっても、その間にフィリピン防衛の準備を完了することができ、同時にイギリスに対する物資援助を確実に続行できる。どちらもきわめて重要だ。

このことは、提案された協定に示されたすべての条項の厳守を求めていると解されるべ

*10 *Foreign Relations of the United States: Japan, 1931-1941*, Vol.II. p.769f.

*11 この草案はモーゲンソー・ホワイト案に近く、ここで引用したものよりも日本の意向に沿うものだった。ただし、これにものちに別途「一〇項目提案」に含まれることになる米側の要求のいくつかが含まれていた。

*12 *Hearings*, Part 14, p.11.

きではない。戦争計画部は、日本との暫定協定締結が、ヨーロッパでの戦争努力の成功にきわめて重要であることを強調したい。*13

一一月二二日、ハル長官はイギリス、中国の両大使、オーストラリアとオランダの両公使に対して、乙案と前述の暫定協定案を示し、協議した。最初の反応は明らかに好意的だった。「出席者はみな満足しているように見えた……ただし、中国大使は不満げだった。中国に関する問題が完全に意向に沿うわけではないときにはいつもそうなのだ」*14。しかし、「われわれが提案した暫定協定案には、ビルマロードを破壊するために日本が中国を攻撃するのを阻止しようとする項目があることから、強い懸念」は示さなかった。この代案は、「日本案に項目ごとに答える」*15よりも好ましいと全員が考えた。「日本がわれわれの提案を受け入れる可能性はおそらく三分の一もないだろう」*16と、ハルは会議を締めくくった。

ランガーとグリーソンによれば*17、一一月二二日に傍受し翻訳されたマジック情報の内容は、交渉のデッドラインを二九日まで延長し、その日以降、「以後の事態は自動的に進展するだろう」というものだったが、これは極東でのアメリカの政策のその後の行方を決定するうえで強い影響を与えた。スタークは、この傍受通信を踏まえ、一一月二四日、戦域に最初の警告を送った。しかし、期限の延長がなぜ、他のどの兆候にもまして将来についての悲観的な見方を強めたのかは理解しがたい。マジック情報は、一一月の間中、これがラストチャンスだとハルにささやき続けた。ハルがふさぎ込み、短気になっていたのは、何カ月も綱渡りのような交渉を続けていたところへ日本軍侵攻の知らせが届いたためだろう。ハルは、中国の姿勢が道義的に正しいことを強く認識しており、そのために自分が中国を見捨てようとしているという批判に敏感だったように見える。一一月二四日に中国、イギリス、オランダの代表とふたたび会議を開いたことは、こういった批判を促す結果になった。

このとき、中国大使はインドシナに五〇〇〇人を超える日本軍を駐留させることにはじめて反対した。ハルはふたたび次のように述べている。

マーシャル参謀総長がさきほど述べたように……二万五〇〇〇人の兵力は脅威にはなら

*13 *Ibid.*, p.1106.
*14 *Ibid.*, p.1123.
*15 *Ibid.*
*16 *Ibid.*
*17 Langer and Gleason, *The Undeclared War, 1940-1941*, p.884

ない。米政府は日本がインドシナに一兵たりともとどめ置くことには反対であり、この暫定協定締結に向けて努力しているのは、時間こそが最も重要であり、日本が宣戦布告した場合に太平洋の状況に効果的に対処するため、万全の備えをしておくことが必要だと、陸海軍の高官がしばしば私に強調しているからである。[*18]

オランダ以外の代表は、暫定協定について本国政府からなんら指示を得ていないことが、協議の途中で明らかになった。ハルは失望を隠さず、「どの国の政府も、わが国以上に太平洋地域の防衛に関心を持っていると同時に、日本との戦争に突入した場合、わが国が軍事行動に移る準備ができていて、率先して太平洋全域の防衛に当たると想定している」[*19]と苦々しげに述べた。「各国政府の見解と態度がわからないため」[*20]、日本大使に米案を提示するかどうかは定かではないと発言し、協議を締めくくっている。

翌一一月二五日（火）の早朝、ハルはスティムソン陸軍長官とノックス海軍長官に会った。イギリスと中国代表の態度に苛立ちを感じつつも、ハルは暫定協定に関する作業を継続していて、二人に最終案を示した。スティムソンは「わが国のあらゆる利益を十分保護するものだ」と感じたが、日本がこれを受け入れる可能性はないとも思った。アメリカは、「即刻撤兵し、あらゆる戦闘準備や威嚇行動を即刻停止し、周辺国への侵略行動を一切行わないことなど」を日本に要求し、その見返りに、「日本に対して、貿易の門戸を開放するが、民間人に十分な量の物資を供給するだけに留める」[*21]ことになっていた。

一一月二五日のハル、スティムソン、ノックスの会議は、国際情勢について検討するために毎週火曜日の午前中に行われる定例のものだった。この火曜日は結局、とびきり慌ただしい一日になった。三人は正午にふたたび顔を合わせ、マーシャル陸軍参謀総長、スターク海軍作戦部長、大統領とともに毎週開かれる戦争会議に出席した。スティムソンの日記には、このときの議論の要旨が記されている。大統領は「もっぱら対日関係を持ち出し」、「わが国はおそらく（早ければ）来週月曜日に攻撃を受けるだろう。日本は無警告攻撃で悪名高いのだから」と述べた。その後には、論議の中心となった一節が続く。

*18 *Hearings*, Part 14, p.1143f.
*19 *Ibid.*, p.1145.
*20 *Ibid.*, p.1146.
*21 スティムソンの日記、*ibid.*, Part 11, p.5433.

問題は、われわれが多くの危害を被らずに、日本の第一撃をいかにして引き出すかだった。これは難題だった。ハル長官は、海洋の自由や、日本がヒトラーと同盟関係にあり、世界侵略を進めていることなど、事態の基盤となっている全般的な幅広い問題について説明した。日本が実施しようとしている南進が、わが国の利益をフィリピンに封じ込め、マレーシアからのゴムの貴重な供給を妨げることになるという事実を取り上げた者もいた。私は大統領に対して、この夏、タイ国境を越えることはわが国の安全に対する侵害であり、いかなる侵攻も、すでに発した警告を無視するものであることを日本に対して伝えたことで、最後通牒の第一歩はすでに踏み出していることを指摘した。したがってハル長官は、最後通牒の準備に取りかかることになる。[*22]

スティムソンの日記は、対日戦が必至だという考えと、第一撃を仕掛けたくないという気持ちをはっきり示している。また、どのような事態になろうと、「われわれが多くの危害を被る」ことがあってはならないとの願いが明白に記されている。アメリカと日本は、今や歴史と国際世論を動かすべく駆け引きをしていた。しかし前述したスティムソン日記の冒頭部分は、のちに陸軍警告に次のように組み込まれることになる。「戦争が不可避としても、わが国は日本が最初に公然たる行動に出ることを望む」。二つの文章の内容はほとんど同じだが、この陸軍警告は、司令官に日本の先制攻撃に甘んじるよう指示することによって警戒態勢を緩めたとの非難を受け続けている。その一方でスティムソンは、挑発的な意図を持っていたとして非難されている。日本が最初に公然たる行動に出るべきだという一文を含めるよう陸軍警告を修正させたのは、ルーズベルトの代理としてのスティムソンだった。日記の一節に比べると、警告の表現は戦争の確実性に疑問を持たせるものだ。

ルーズベルトとスティムソンが日本の意図をどう見積もっていたかを除けば、こういった議論の中心である政治的論争は本書の対象外である。私たちが関心を持っているのは、わが国の政策決定者がどこまで知っていたか。ルーズベルト政権を厳しく批判する者は、この一文を、アメリカを戦争に巻き込む策略の証拠としてだけではなく、スティムソンが攻撃を事前に知っていた証拠だと考える。出来事に対する「望ましい状況」を率直に認めていたため、真珠湾攻撃について「知っていた」と誤解されているのだ。だが、日本が本格的な攻撃準備をしているときに、「第一撃」という単なる偶発的事件を期待し、たくらもうとしたのはなぜなのか。

*22 *Ibid.*

スティムソンもルーズベルトも、手がかりを求めてさまざまな兆候を精査していた者の理解を超えるほどの知識を持っていたわけではなかった。現代の諜報専門家は、真珠湾攻撃直前の出来事からほとんど慰めを得られないだろう。太平洋での戦争勃発を示唆する数多くの事象や、さまざまな危険な出来事の可能性は、政府に細部に目を向けるよう促していたはずだ。しかし、真珠湾に注意を向けさせるようななにかが見出されることはなかった。

スティムソン日記の全文に目を通したランガーとグリーソンによると、一一月二五日の戦争会議では、日本の攻撃はフィリピンよりもタイ、マレー、あるいは蘭印に向けられるだろうということで意見が一致した。これは、どの公刊資料とも一致する。したがって問題は、こういった状況でのわが国の介入をどのように正当化するか、議会にどのように説明するかという点にあった。*23 というのも、戦争会議のメンバーは、日本は彼ら同様、連合国への攻撃の方が、米領への直接攻撃よりもはるかにアメリカを当惑させると認識していると考えていたからだ。

会議後、ハルが国務省に戻ると、暫定協定案に対する英政府の回答が届いていた。ハリファックス外相は、米政府が最終決定を下すべきだとのいつもながらの意見を丁寧に表明すると同時に、米政府は要求を高く掲げ、代償は少なくすべきだと助言し、日本の地上部隊だけではなく海空兵力を全面的にインドシナから撤退させ、中国や他の地域へのさらなる軍事進出の禁止を要求すべきだと述べた。

このとき、暫定協定案に対する激しい反対を表明したのは中国だった。蔣介石は、政治顧問オーエン・ラティモアに彼の強い反対意思をはっきり伝えるよう要請し、胡適駐米大使にも同じ趣旨の指示を与えた。チャーチルには抗議のメッセージを送り、自身の義弟を通してスティムソン、ノックス両長官に直接訴えている。「中国国民のアメリカに対する信頼は、日本が外交的勝利によって軍事的敗北を免れるという報告によって揺らぐだろう」[*24]。胡適は一一月二五日夕方、ハルを訪ね、蔣介石の反対を伝えた。ハルは、暫定協定案を提示する理由と、アメリカにとっての時間の必要性を再度忍耐強く説明し、「つい最近、蔣介石夫妻は、日本軍がインドシナ経由でビルマロードを攻撃するおそれがあり、それがきわめて危険であることを伝える長文で激しい口調の電報をワシントンに洪水のように送ってきた」[*25]と胡適に思い出させた。暫定協定案はこの脅威を踏まえたものだというのに、蔣介石はこの事実を無視し、日本に一定の物資が渡ることをめぐる別の危険を指摘していると、ハルは続けた。

*23 Langer and Gleason, *The Undeclared War, 1940-1941*, p.887.
*24 *Hearings*, Part 20, p.4473.
*25 *Ibid.*, Part 14, p.1168.

蔣介石はまた、わが国の提案がフィリピン及びゴムや錫《すず》の通商路とともに、シンガポール、蘭印、オーストラリア、アメリカをも含む南太平洋全域に対するインドシナ駐留日本軍の脅威を取り除くという事実を見落としている。これによって……九〇日間は脅威を免れるだろう。海軍高官の一人が最近、私に語ったところによれば、質のいくらか劣った石油が多少日本に渡ったとしても、日本の陸海軍戦備に目に見えて役立つことはないだろうという。もちろん暫定協定案を撤回することはできるが、それには、日本が万一南進した場合でも、米艦隊がインドシナ近海や日本周辺海域に出撃しなくてもかまわないという了解がなくてはならないと、私は述べた。[*26]

胡適大使に対して断固たる口調で非難しながらも、ハルはイギリスと中国の反対にぐらついた。再度、国務省内で議論し、二五日の夜か二六日の早朝、大統領の承認を得て暫定協定案の撤回を決定した。暫定協定案は、蔣介石にとっては「非常に貧弱な食事」にすぎないとのチャーチルの言葉を受けての大統領の反応と、日本軍の移動に関するG－2の情報が、ハルの決定を促したのは明らかである。チャーチルの言葉とG－2の報告とは、マジック情報や報道機関の「宥和政策」非難によってすでに生じていた悲観的な雰囲気を一層強めることになった。

G-2は、台湾沖で日本の輸送船団を視認したと報告していた(これは実際には、小沢治三郎海軍中将率いる艦隊で、マレー半島に向かっていた)。スティムソンは一一月二五日の戦争会議後、執務室に戻るや、この知らせを受けた。日記には「五個師団が山東、山西の両省から上海に集結し、乗艦した。艦の数は、三〇か四〇、あるいは五〇隻。台湾南部で視認。ただちにハル長官に電話で連絡し、G-2報告書の写しを長官と大統領に送付」[*27]と記されている。

情報源は英情報部で、一一月二一日にロンドンに打電され、ワシントンのG-2にも転電された。一一月二五日早朝、G-2は同じ情報を海軍情報部(ONI)から入手した。海軍情報部の情報源は二一日付の上海からの報告だった。同じ情報がマニラの英出先機関からホノルルに伝えられ、一二月三日頃、ホノルルの英機関から真珠湾の陸軍G-2に流れたのだろう。この情報に関するワシントンG-2の意見は、これは「通常」の動き、つまり日本が言明している以上のものではないというものだった。[*28] イギリスは深刻な懸念を表明し、日本が米英と

*26 *Ibid.*, p.1169.
*27 *Ibid.*, Part 11, p.5433f.

「早期に」戦争状態に入ることを予想していた。ハルはスティムソンからの電話でこの知らせを受けた。大統領は、G－2報告書の写しを受け取らなかったようだ。というのも、一一月二六日の朝、スティムソンは大統領に電話で次のように尋ねているからだ。

昨夜、日本軍が上海からインドシナに向けて新たな行動を開始した旨を伝える文書を送ったが、受け取ったかと尋ねた。大統領は仰天し（跳び上がらんばかりだった）、その文書は見ていない。だとしたらすべての状況が変わってくると述べた。なぜなら、日本側が全面休戦、すなわち全面撤退の交渉を行いながら……インドシナに軍を送り込んでいるなら、それは日本の不誠実さの証拠だったからだ。私は大統領に対して、G－2及び海軍の秘密情報機関から情報を得て、昨夜、特別便で写しを大統領に送付したのは間違いないと伝えた。*29

日本の意図を推測し、暫定協定案を破棄するというハルの決定に承認を与えるに際して、台湾沖での輸送船視認が大統領に決定的影響を及ぼしたのは確かだった。ハルの決定にもある程度は影響を及ぼした。もっとも中国の協定案反対の方が大きな影響を与えたように見えるが。スティムソンは一一月二六日朝に大統領と話す前に、国務長官と電話で話している。「その決意は、すべてをご破算にするほか……提案すべきものはないという激しいものだった。中国が提案に反対したのは……休戦した場合の三カ月間、日本に対して民需用石油を少量供給するという一項があったからだ」[30]。

スティムソン、ハル、そしてとりわけルーズベルトは、輸送船団の動きに警戒心を抱いた。彼らの反応は、この知らせを受けても「通常の動き」だと受け止めたG－2とはまったく対照的だった。この決定的なシグナルが大統領に届くまでに五日間（一一月二一日から二六日朝まで。日本軍の動きは一一月一七日から報告されていた）も要していることは興味深い。事態の重要性が判明したのも幾分偶然であるように見える。政府首脳はいらだち、数日間というもの、緊張は極限に近かった。G－2の情報は、言うまでもなくこのような状況だったがゆえに、中国やイギリスからの圧力とも結びついたがゆえに、決定的なものとなった。

ハル、スティムソン両長官が電話で「すべてをご破算にする」ことを話し合ったのは、一

＊28 *Ibid.*, Part 20, p.4476.
＊29 *Ibid.*, Part 11, p.5434.
＊30 *Ibid.*

一月二六日午前一〇時頃だった。それに先立ち、ハルは日米交渉についてルーズベルトと打ち合わせを行った。暫定協定案撤回や、それに代わる一〇項目提案を提示する決定は、大統領の承認がなければできなかっただろう。ルーズベルトは一一月二六日の午後遅く、ハルが一〇項目を日本大使に提示する少し前に二つの決定を承認していたようだ。

暫定協定案同様、一〇項目提案はモーゲンソー・ホワイト提案をもとにしているが、暫定的解決のための提案を具体的に示すのではなく、恒久的合意を議論する基盤としてのアメリカ側の最大限の要求が盛り込まれていた。[*31]日本側に提示された書面では、冒頭に「一時的かつ拘束力なし」と記され、標題は「合衆国及日本国間協定のために提案された原則の概略」だった。その一方でアメリカの要求には、日本の中国及びインドシナからの完全撤退と、南京政府放棄とが含まれていた。この提案の内容と口調は全体的にあまりにも厳しかったため、日本が即座に最後通牒とみなしたのもうなずける。と同時に、和解について時間を費やして思案した挙句、なぜハルが日本の乙案への回答として、アメリカ側の要求としては最も過激な案を提示しようと決めたのかは理解に苦しむ。陸海軍省は、一〇項目提案にある要求のいくつかを含む暫定協定案の中身については意見を求められたが、独立した文書としての一〇項目提案については関与していなかった。

この時期についての歴史研究のほとんどは、一〇項目提案の提示を、交渉打ち切りと、日本の戦争計画実行を促した疑う余地のない行為とみなしている。しかし当時の政府指導者の多くがそういった明確な考えを持っていたわけではなかった。というのも彼らは提案の中身をすべて知らされていたわけではなく、迫りくる危機を示すシグナルへの対処に追われ、ハルが相変わらず抱き続ける交渉再開に対する願望にも惑わされていたからだ。一〇項目提案を、アメリカが「宥和主義者」ではなかったことを歴史に正しく刻む手段にすぎないと考えた者もいれば、自国の立場を示す「崇高な声明」*32だと考えた者もいた。ニューヨーク・タイムズ紙は、「緊張を和らげるため」にアメリカの原則を再表明したものだと述べた。陸海軍の高官にとっては、正式な宣戦布告を除くいかなる外交的行動よりも、日本の軍事行動についての報告の方が重要な位置を占めていた。

一〇項目提案に関する明確な態度や、提案に対する日本側の反応に対する正確な予測が戦域に示されていたなら、それが明快な警告となって万全の警戒態勢が敷かれていたはずだ。そう考えることができるなら話は簡単だろう。明らかに挑発的な態度をとっているのが自国の方

*31 四七一～四七三ページを参照されたい。
*32 スティムソンが記録していたルーズベルトの言葉。*Hearings*, Part 11, p.5435.

であれば、自軍に警戒態勢を取らせる必要があると容易に認識するはずだからだ。しかし一一月のこの重要な時期の様子を伝える文書は、開戦前の緊張が高まっていた時期に「最初のきっかけ」となり得たものが数多くあることを示している。そして最後の火付け役はたいてい偶然によるものだ。ハルが一〇項目提案を提示したとき、日本海軍の真珠湾攻撃機動部隊はすでに二四時間前から、真珠湾に向かって進んでいた。

## ハワイへの警告発信の決断

一一月二七日の警告発信前に、陸海軍がどれほど外交の動きを知っていたのか、どのようにしてそれを知ったかは残念ながらわからない。一一月二五日、二六日、二七日の記録には空白が多い。たとえば一一月二六日の「ハル長官の決定」と呼ばれるものは、実際には二つの決定だった。一つが暫定協定案の破棄、もう一つが一〇項目提案の提示である。しかし後者の決定は、必ずしも前者の決定に続くものではない（たとえ両方を一緒に考えたとハル長官が述べているとしても）。戦域に警戒態勢を敷かせるために、軍になにが伝えられたかに関しては、今考えると、後者の方が警戒をより喚起するように思える。

少なくとも一つ、確かなことがある。ハルは陸軍とも海軍とも協議することなく一〇項目提案を日本に提示した。軍は、暫定協定案の取り下げについてはおそらく知っていただろうが、一〇項目提案の提示決定についてはなにも知らされないまま、警告を戦域に送ったのだろう。しかし警告の最初の試案は、日本軍のインドシナに対する軍事行動をもとに、あるいは一一月二五日の段階で支配的だった前提をもとに作成されていた。いずれにせよ、マーシャル参謀総長も、海軍警告の起草者ターナー少将も、日本が暫定協定案を受け入れるとは考えていなかった。

当時の陸海軍の考えを最も明確に示しているのが、一一月二七日付で大統領に提出された覚書である。両軍の戦争計画部が作成し、マーシャル、スターク両大将が署名したものだ。ターナーの記憶では、この文書の作成を開始したのが一一月二四日頃、マーシャルの署名をもらったのは二六日だっただろうという。マーシャルは二六日午後にワシントンを離れ、二七日夕刻まで戻らなかったからだ。大統領はこれに目を通し、二七日におおむね了承した。[*33]

この一一月二七日付覚書の大部分は、一一月はじめの危機的状況の中で作成された五日付

*33 スタークからルーズベルトに宛てた覚書。*Ibid.*, Part 20, p.4487.

覚書の繰り返しだ。その頃中国は、日本に警告を発するよう米政府に強い圧力をかけ、ビルマロード維持のために航空支援を要請していた。軍は二つの覚書において、もっと時間が必要なこと、[34]太平洋での戦争延期、あるいは「今後数カ月はこのまま乗り切る」[35]ことを切に望むと強調した。「いかに装うとしても戦争は必至」[36]だと述べ、中国がアメリカに促している行動には断固反対していた。

一一月五日付覚書の内容は、一一月三日の陸海軍統合委員会で検討された。委員会には通常、スターク、マーシャル、それぞれを補佐するインガソルとブライデン、戦争計画部のスタッフが参加していた。ところでこの日の会議は、国務省の軍事的見解をうかがわせるものとして興味深い。たとえばインガソルは、「今は性急にことを進めるときではない」と批判し、「数週間のうちに軍事行動で日本を破ることができるだろう」[37]との国務省の考えとははっきりと袂《たもと》を分かっていた。この根底には、国務省の行動はどのようなものであれ無責任なものになるという見方があり、軍としては、国務省が日本に最後通牒を発しないよう願うだけだとの気持ちがこめられていた。

しかしそれ以上に関連していたのは、フィリピンに対する行動によって日本が被るリスクをめぐるマーシャルとインガソルの議論だった。

マーシャルは、極東で戦争が起きた場合、主にかかわるのは海軍だと考え、その前提のもとでは、海軍が現在、大西洋で戦闘に従事しているという事実を十分考慮すべきだと考えていた。現在のところ、日本政府はまだ行動に出ることを決しかねているという情報を得ていた一方で、一一月五日までに国としての方針を決定するかもしれないという情報も手にしていた。次にマーシャルは、極東での米軍兵力についてのジェローの分析を読みあげ、陸軍航空兵力を現在のフィリピンから移動させることの危険を強調した。増強された陸軍航空隊がフィリピンに留まる限り、日本の対フィリピンまたは対南方行動はきわめて

*34 一一月三日にマーシャル、ジェロー、バンディが持った会合のメモを見れば、陸軍が時間の必要性を強調したことは理解できる。マーシャルは、「九月末に輸送された爆弾が一二月一八日までシンガポールに到着しないと知って呆然としていた。問題は、この種の遅れが生じていることだけではなく、それがなぜ生じているのかがわからないことだ……マーシャルによれば、命令が出され、準備を始めたばかりだったという。確認を繰り返して司令官を悩ませたくはないと彼は考えている。しかしシンガポールへの爆弾輸送のように、危機が迫る前に事態の進展を知る何らかの方法があるに違いない」(Notes on Conferences in OCS, II, 424C, Chief of Staff, U. S. Army records, Cline. 以下で引用。*Washington Command Post: The Operations Division*, in the series *United States Army in World War II*, p.73.)

*35 *Hearings*, Part 14, p.1065.

*36 *Ibid.*, p.1061.

*37 *Ibid.*, p.1064.

危険に満ちた作戦になるだろうというのが、マーシャルの考えだった。一二月半ばまでに、フィリピンの米陸軍は重要な戦力となり、そのこと自体が、日本の軍事行動に対する抑止効果となるだろうとも考えていた。

インガソルは、予定されているフィリピンへの海軍増援の概要書を提出した。フィリピンに向かう規定数の潜水艦部隊は、現在グアムに停泊中。同じくフィリピンに向かう予定のほかの潜水艦は、まもなくハワイを出港することになっていた。日本政府の方針決定に関しては、一一月五日にアメリカの利益に反する決定がなされるならば、現在フィリピンに移動中の部隊と積荷とは危険にさらされるかもしれないと彼は考えていた。マーシャルは、日本がその強力な航空及び潜水艦部隊を補給線の側面に放置したまま軍事作戦を行うことはほぼ不可能であるということ、フィリピンでの米軍展開が十分に行われるなら、軍の主張を支持するために役立つだろうと強調した。極東に強力な米軍部隊が編制されるまで時間を稼ぐことが、賢明な外交策ということになるだろう。アメリカの政策の基礎は、日本の面子が立つような小さな譲歩を行うことにあるように思えた。譲歩として、石油輸出制限と貿易制限の緩和が有効かもしれない［傍点は著者による］*38。

日本によるフィリピン攻撃、あるいはフィリピンを迂回しての南方攻撃は日本に大きなリスクをもたらすとの見方は、日本が真珠湾を攻撃するまで陸軍省に明らかに存在し続けていた。海軍のスタークもまったく同じ見方をしていた。

一一月二七日付の覚書は、日本が別の行動をとる場合のリスクを少し詳しく述べている。以下にその内容を紹介する。

一九四一年一一月二七日
大統領宛覚書
件名　極東情勢

　現在の交渉が実を結ばなかった場合、日本の攻撃が予想されるのはビルマロード、タイ、マレー、蘭印、フィリピン、ロシア沿海地方である。

　ソ連軍の威力からして、日本軍が即座に沿海地方を攻撃する可能性は少ない。最近の日本軍の動きは、すべて南方に向けられているようだ。

*38 *Ibid.*

ルソンでの米軍による脅威が取り除かれるまでは、必要とされる規模の戦備がマレーや蘭印への直接攻撃を妨げるだろう。

列強の反対がなければ、ビルマロードあるいはタイは、現在利用可能な手段だけを用いて、指摘されるような大きな対立のリスクを冒すことなく、日本の攻撃目標になりうる。しかしビルマロード攻撃は困難であり、失敗するかもしれない。成功すれば、中国の国民党政府は倒れるかもしれない。タイ占領は、マレーまたは蘭印作戦の前提として、限定的ではあるが戦略的利点があり、日本国内の政治圧力を緩和し、さらに他国からの経済的圧力をもいくらか和らげる見込みがある。攻撃がビルマロード、タイ、フィリピンに対して行われるかどうかは、今のところ予測できない。

アメリカにとって、現在最も重要であるのは時を稼ぐことである。かなりの数の陸海軍増援部隊がフィリピンに急行しているが、まだ望ましい力にはなっていない。増援は継続中である。緊急かつ重大であるのは、現在グアム島付近にいる陸軍の輸送船団と、上海を離れようとしている海兵隊の輸送船団との安全である。合計二万一〇〇〇の地上部隊が一九四一年一二月八日までに米本土を出発する予定であり、開戦前にフィリピンに到達することが重要である。軽率な軍事行動は、国策に合致しない限り回避すべきである。日本との衝突が遅れれば遅れるほど、これらの島をわが国の海空軍基地として確実に確保できる。わが国がフィリピン諸島を保持する限り、台湾以南への日本軍の行動は妨げられ、おそらく本格的に阻止されるだろう。日本との戦争は、シベリアへのわが国の物資補給を妨害し、中国への支援も滞るだろう。

極東に部隊を置く米英蘭の軍事当局は協議を行い、日本が米、英、蘭印の領土あるいは南洋委任統治領を攻撃、あるいは直接脅威を与える場合、日本軍がタイ領内を東経一〇〇度から西、北緯一〇度から南、ポルトガル領チモール島、ニューカレドニア島、またはロイヤルティ諸島に兵を進めた場合、日本に対して合同軍事行動をとることに合意した。日本軍が雲南またはタイに一定限度まで侵攻すれば、その兵力は分散し、連絡線は長くなり、補給や輸送の負担が大きくなるため、われわれにとっては有利である。しかし日本軍が東経一〇〇度以西、北緯一〇度以南に進出すれば、たちまちビルマ、シンガポールに対する脅威となる。日本がこういった意図を持つことが明らかになるまでは、即座に敵対行為を促しかねない行動はとるべきではない。

次のことを勧告する。

フィリピンへの増援が完了するまでは、日本が前述した米、英、蘭の領土を攻撃するか、直接的な脅威を与えた場合のみ、軍事行動による対応を検討すべきである。

日本軍がタイに侵攻した場合、米英蘭三国政府は、前述地点を日本軍が越えることは戦争につながると日本に警告する。この警告を行わないうちは、いかなる合同軍事行動も取らない。

こういった警告の提示に関し、英蘭両国から合意を得るための措置をただちに取る［傍点は著者による］」。

署名　G・C・マーシャル　署名　H・R・スターク

25－66654－2000[*39]

時間の必要性と、日本軍はフィリピンに大規模攻撃を仕掛けることはないため時間はあるだろうとの認識は、戦域に対する警告を起案するときに表面化したものだった。フィリピン攻撃が日本にとって危険を伴うものであるなら、わが国最強の要塞で、日本の補給線からさらに遠い真珠湾を攻撃することは、はるかに大きな賭けだろう。

継続中だった日米交渉が不調に終わったことを軍が知っていたかどうかは、覚書の文面からは明確ではない。大統領に提出する前にスティムソンは、「アメリカが下手に出るとか、弱みを見せて交渉を再開するといった犠牲を払っての」[40]いかなる行動をも大統領に勧めないようジェローとスタークに求めた。「再開」という言葉から、交渉がすでに終わっていたことがうかがえる。しかしスティムソンの要求は、「ささいな変更のみ」を促しただけのようだ。このやり取りは、スティムソンの執務室で陸軍警告を修正したときに行われた（五〇二ページ参照）。

軍にとっては、アメリカの対日外交政策は、戦争の瀬戸際での複雑で危険な綱渡りのように見えたようだ。それで時間が稼げればいい。しかし曖昧だったり、軍が対応できないような軍事的脅威を招くならば認められない、というのが軍の態度だった。一一月二七日付の覚書では、もはや暫定協定案には言及されず、日本に対する警告が中心だった。また、軍事的対抗措置に明確な制限を設けていた。一一月二二日以降、交渉失敗が予想されていたのだから、それに即した準備を行うのは当然だった。

一一月二七日付陸軍警告の草案が最初に検討されたのは、一一月二六日午前一〇時四〇分に始まった陸軍参謀会議だった。この会議の記録は二七日付覚書と共通点が多かった。出席者は戦争計画部のジェロー准将、アーノルド少将、バンディ大佐、ハンディ大佐。マーシャル

＊39 *Ibid.*, p.1083.
＊40 *Ibid.*, Part 11, p.5435.

は、「大統領とハル長官は、日本が現在の交渉に満足しておらず、『まもなく打ち切るだろう』と考えている」[*41]と述べたという。陸軍の戦史研究者マーク・ワトソンはこの会議の記録をまとめているが、「大統領もハル長官もフィリピン攻撃を予想していた」[*42]と記した以外は、それ以上ハルの考えには言及していない。マーシャルの考えは違っていた。

これ「フィリピンへの攻撃」は……日本にとってあまりにも危険であるため、実行される可能性はないとマーシャル大将は述べた……われわれは、われわれが知っていると日本人が気づいていないことをたくさん知っているし、日本側の計画についてもある程度わかっている。[*43]

しかしマーシャルは次のように指摘した。「わが国の利益を脅かしかねない日本軍の輸送船団を無視するわけにはいかない。これまではフィリピン防衛の観点から議論してきたが、今や問題はそこに留まらず、われわれがなすべきことはなにかということだ」[*44]。

ここで言及された輸送船団とは、台湾沖の派遣部隊のことだった。陸軍警告に大きな影響を及ぼした後段は、フィリピン防衛理論の重大な変更を意味していた。一一月二一日、ブライデンはマッカーサーに宛てて、フィリピン政策を次のように要約して書き送った。

従来、極東で企図されていた陸軍の行動は、純粋に防衛的な性質のものだ。フィリピンでの陸軍航空隊増強によって、この地域での陸軍の行動概念は、空・海基地としてのフィリピン防衛に結びついた戦略的防衛推進とともに、航空攻勢作戦を盛り込むよう修正された。*45

「航空攻勢作戦」は、同日（一一月二一日）にマッカーサーに送られた「レインボー第5号」修正版に詳しい。この修正計画では、フィリピン沿岸防衛地域はルソン島だけではなく、フィリピン諸島の全島を含むよう拡大され、マッカーサーの任務に次の三つが新たに加わった。

*41 Watson, *Chief of Staff: Prewar Plans and Preparations*, p.450.
*42 *Ibid.*
*43 *Ibid.*
*44 *Ibid.*
*45 Watson, *ibid.*, p.440. で引用。

一　海軍が日本軍の海上連絡線を攻撃し、枢軸側兵力を撃破するのを支援する。
二　利用可能な基地の戦術行動半径内にある日本軍の部隊及び施設を空襲する。
三　承認された政策と協定に従い、連合国領土防衛のために連合国兵力との協力を行う。*46

マッカーサーはフィリピン防衛理論の変更に伴い、直接攻撃を受けた場合の防御だけではなく、これらの任務にも積極的に取り組むよう促された。

一一月二六日の陸軍参謀会議においてマーシャルは、日米交渉は泥沼だが、日本の宣戦布告によって決裂するとは限らないと示唆した。次にジェローが発言し、日本のタイ侵攻の可能性がきわめて高いと述べた。そして日本軍が北緯一〇度、東経一〇〇度の合意地点を越えた場合の米軍の行動について質問した。さらにジェローは、「マッカーサー大将に対して直ちに指示をすべきか否かを問い、実際に敵対行為が生じる前にマッカーサー大将は海軍と協力し、自身が必要だと考える偵察などの手段を講じるべきだとの助言を得た*47」。

「実際に敵対行為が」という言葉は、ジェローの草案にあった「戦争状態」という言葉に代えて用いるようマーシャルが指示したものだった。マーシャルは、現実に即して次のように発言した。「現時点においては中国で戦争が行われ、大西洋でも行われているが、いずれも宣戦布告があったわけではない」[*48]。

これらの記録は不正確ではあるが、陸軍警告の最初の草案[*49]が、少なくともその段階では交渉が頓挫《とんざ》しているという事態をふまえ、また英、蘭という同盟国についての懸念を念頭に入れたうえで、すでに作成されていたことを示している。日本が早晩交渉を「打ち切る」だろうとのハルの見積もりと、日本の輸送船団の動向に関するG－2情報とが、大きく影響していたようだ。会議の記録はまた、フィリピン攻撃の可能性があるとの大統領とハルの意見に参加者が同意しなかったとはいえ、陸軍警告がもっぱらマッカーサーに向けて出されたことをも示していた。会議の参加者は、むしろ日本軍の「合意地点」侵犯を予想していたため、防衛範囲を「超える」行動を取るべく備えるようマッカーサーに警告したいと考えていた。

この草案のいくつかの前提は、大統領が承認したスティムソンの提案、「いかなる攻撃に対しても警戒を怠らないように」[*50]とのマッカーサー宛「最終警報」に対する提案の明快さを曇

*46 陸海軍合同基本戦争計画「レインボー第5号」の変更。Louis Morton, *The Fall of the Philippines*, p.67.
*47 Watson, *Chief of Staff: Prewar Plans and Preparations*, p.450.
*48 *Ibid.*
*49 ジェローはこの最初の草案の写しを探し出せなかった。
*50 *Hearings*, Part 11, p.5435.

らせるものだった。これはスティムソンが日記に記した言葉でもあった。長官は一一月二七日朝、ジェローとともに草案の修正を行ったが、彼が加えた修正は、交渉はまだ終わっていないのかもしれないと示唆することによって、原案の調子を全面的に強調するものばかりだった。最初の草案は戦争計画部によって作成されたが、米領に対する直接攻撃に対する警告を与える意図はなかった。マーシャルは最初の草案を承認し、ノースカロライナでの演習のためワシントンを離れた。戻ったのは、最終案が送信されたのちだった。文言についてはジェローに責任があった。スティムソンはフィリピン攻撃に対する懸念を持ちながらも、最終案に明らかに満足していた。ルーズベルトも満足していたことは、フィリピン高等弁務官宛に二六日付で次のような急信を送ったことからも明らかだった。

> 電報の写しは、ハート大将によって貴官に届けられる。これは私の承認を得て、海軍作戦部長及び陸軍参謀総長がフィリピン陸海軍の上級指揮官に宛てたものである。さらに貴官に対し、次のように助言する。日本軍はその南洋委任統治領における守備隊と海軍力を著しく増強している。これは米軍による同委任統治領の攻撃可能性をふまえ、できるだけすみやかに同地の戦備を整えている証である。しかし私が特に関心を持っているのは、日

本政府指導者間の対立の高まりと、上海及び日本本土からの台湾地域に向けた兵力の南進である。中国、台湾、インドシナでの戦備状況はますます明確な形をとりつつあり、ある種の早期侵略を予想させる。とはいえその兵力はまだ明確ではなく、ビルマロード、タイ、マレー半島、蘭印、フィリピンに向かうか否かも明らかではない。おそらくタイ進出の可能性が最も大きいと思われる。日本が次の侵略を行えば、日米開戦に至る可能性もあると私は考えている……［傍点は著者による］*51。

一一月二六日朝に話を戻すと、午前一一時三〇分、陸軍参謀会議に続いて陸海軍統合委員会が開催された。この会議の議事録には、警告手段、あるいは警告を促す出来事について議論した様子はうかがえない。しかし、ジェローからマーシャルに届けられた一一月二七日付のメモは、「統合委員会で議論した草案*52」に言及していた。またターナーは、統合委員会で海軍の警告草案について議論したと証言し、こういった議論については逐一議事録に残さないのが「正しい」やり方であり、「慣例」でもあると述べた。さらに「この種の電報」については、

*51 *Ibid.*, Part 2, p.950.
*52 *Ibid.*, Part 3, p.1020.

「統合委員会で議論することがあるとしても……その送付は統合委員会の役割ではなかった。それはスタークとマーシャルの権限だったのだ……したがって行動を起こす必要のあるこの種の事項が議題になっても、慣例上、委員会の議事録には残らなかった。議事録に残れば、あたかも統合委員会が行動を起こす旨の決定を下したかに見えるが、実際にはそうではないからだ[*53]」と説明している。

いずれにせよ、陸海軍の戦争計画部が、一一月二六日午後、警告草案の作成に取り組んでいたのは確かであり、双方の草案の論拠はかなり共通していた。

一一月二六日朝のワシントンでの国務省と陸海軍の間でのやり取りについての証言は錯綜している。参照できるのは、引用されている文書類と、スターク、マーシャル、ターナー、ジェロー、シュアマン(国務省との海軍連絡将校)らの証言である。たとえばターナーは、一一月二六日午前一〇時三〇分、シュアマンがスタークのもとに、暫定協定案破棄決定の知らせを持ってきたと証言した。シュアマンは覚えがないと述べる一方で、一〇項目提案についての知らせは一度も持っていかなかったことは覚えていると証言した。スタークは、陸海軍が握っていた日本関係の情報については記憶があるが、これを二七日と二八日のどちらの日に聞いたかは覚えていないと証言した。マーシャルは、スティムソンよりも先になにかを知っていたことはないと証言した。なぜなら、ハルの行動についてはスティムソンから聞いていたからだ。スティムソンは、一一月二六日の朝に、すべてが「大きく変わった」ことを認識していた。ここから導ける唯一の結論は、この時点では外交上の駆け引きが非常に複雑かつ流動的であり、太平洋におけるアメリカの防御態勢準備や、あいまいだが不吉なマジック情報との関係がはっきりしなかったため、行動の正確なタイミングが軍高官の心中で定まりかねていたようだったことだ。[*54] 日本の主要な陸海軍部隊が移動しているのがわかっていたため、極東の米軍には警告が発せられていた。ターナーが述べたように、日本軍はすでに動き始めていたのだから、一〇項目提案を突きつけたところで、「事態を改善することはできなかった」。[*55]

たとえばスタークの心中がどのようなものだったかは、一一月二五日付のキンメル宛の手紙の追伸からうかがえる。これは戦争会議終了後に書かれたものだ。

*53 *Ibid.*, Part 4, p.1497. 合同委員会は、本来行動するための場ではなく議論の場であるため、ターナーの説明は根拠がないように見える。委員会は執行機関というよりは諮問機関だった。決定権を持つことに対する恐れから議論を記録に留めなかったのだとすれば、そもそも議事録は存在しなかっただろう。

*54 この結論は、軍に寛大だ。実際には、スタークの情報はマーシャルの情報よりもたいてい豊富で、正確で、早かった。一一月二六日にそうではなかったはずはない。

*55 *Hearings*, Part 32, p.618.

わが国の行動について、賛否を述べるつもりはない。どのような行動をとるかが私にわかっていれば驚きだろう。わかっていればいいのにと思う。唯一わかっているのは、われわれはできる限り力を尽くすだろうということ、それがわれわれにできる唯一のことだ。あるいはなにもしないか――私は「なにか」をする可能性が高いと考えている［一二月三日、キンメル受領］。*56

要するにスタークを悩ませていたのは、自分たちがどのような行動を取る可能性があるのかがわからないことだった。日本の行動予定については、彼はもっと明確で整然とした予想をしていた。

私はハル長官とは常に接していた。事態が深刻であることを告げる通信［一一月二四日付警告］を一、二日前に貴官に送ったのは、ハル長官と長時間話したのちだった。長官は、大統領同様、そのことを本日の会議で認めた。大統領も長官も、日本の奇襲に驚くことはないだろう。さまざまな観点から見ると、フィリピン攻撃は、わが国に起こりうる最も厄介な問題だろう。ワシントンでも、フィリピン攻撃がありうると考える者がいる。私はほかの者のようにその可能性を重視していないが、一部では強く懸念されているため、それを予測に含めた。もちろん私は、日本がソ連に攻撃を仕掛ける時期ではないと考えていた。今もそう考えている。むしろ、タイ、インドシナ、ビルマロードへの侵攻を、いまだに最も可能性の高いものと予想している。*57

こういった想定は、マーシャルやジェローのものときわめて近かった。一一月二四日の海軍警告電報は、「フィリピンやグアムを含むどの方面にも奇襲の可能性がある」と警告していた。一一月二七日には、「日本は数日内に侵略行動を開始するものと思われる。日本軍の兵力、装備、海軍機動部隊の編制は、フィリピン諸島、タイ、クラ地峡のいずれか、またはボルネオへの上陸作戦を示唆する」と述べていた。スターク自身はこれに同意しなかったものの、海軍の二つの警告は、明らかにフィリピンへの直接攻撃の可能性に言及していた。スタークはまた、ロンドンの海軍特別偵察員宛に一一月二四日付で送った電報で、自身の見解を表明した。

*56 *Ibid.*, Part 16, p.2225.
*57 *Ibid.*, p.2224.

これは、蘭印を脅かすと思われるパラオ近辺の日本軍部隊に関するオランダからの報告に応じたものである。

海軍作戦部長は、日本軍の大規模な侵攻部隊が、目下議論の対象になっている地域（パラオ）から即刻出動するための準備をしているとは考えていない。しかし、上海及び日本から台湾への兵力南下、及び早期侵略行動のための中国、台湾、インドシナでの明らかな準備行動に懸念を持っている。現在のところ、このような動きの方向あるいは兵力を示す明確な指標は存在しないが、事態を注意深く見守る必要がある。*58

スタークは海軍査問委員会において、二四日付のキンメル宛の電報は、「十分な情報を伝えるもの」だったと証言した。「キンメルは、あらかじめ方策を講じていた……それを私は適切だと思った……私は自分が認識している状況をキンメルに知らせようとしていたし、そこには奇襲の『可能性』も含まれていた」。*59 彼は、この電報に基づいて、キンメルがさらに対策を講じることを期待してはいなかった。彼は「可能性」という弱い言葉を「熟慮のうえで」使った。「どの方面にも奇襲の可能性がある」というスタークの表現は、もちろん新しい情報を伝えるものではない。彼は、この文章を一九四一年のどの時期にも、キンメルの想定を変えることもなく、戦域に送ることができただろう。「当時の私は、全面戦争に進む準備はできていなかった。キンメル提督は、いろいろ厄介な問題、特に訓練という難問を抱えていた。彼はいわゆる保養航海を行っていた……彼がすべてを戦争に備えて整える必要があるとは、当時私は考えていなかった。情勢は確かに良くはなっておらず、むしろ悪化していることは承知していたが、慎重に『可能性』という言葉を用いたのだ」[*60]。

しかし一一月二七日、スタークは、日米開戦を引き延ばす望みはもはやなくなったと思うと述べた。二四日以降、二つの新たな事態が生じていた。一つは交渉の停止、もう一つは、台湾沖を輸送船団が移動しているとの知らせを受け取ったことだった。彼が自身の見積もりを変えたのは、完全に前者によるものだった[*61]。しかし後者の知らせが、ルーズベルト同様、スタークの危機感を深めた可能性がある。キンメルがいささか辛辣に指摘したように、ホノルルの新

*58 *Ibid.*, Part 15, p.1772.
*59 *Ibid.*, Part 32, p.49.
*60 *Ibid.*
*61 *Ibid.*, p.90.

聞は、一二月第一週に交渉が継続されると報じていた。[62] この点が重要であるなら、キンメルは相変わらずこういった情報源に頼っているとスタークが考えたなら、彼はキンメルに対して、交渉継続と見せかけているのは日本の謀略だと伝えるべきだった。しかし、日本の陸海軍の動きについて集まっていたシグナルは、おそらくは一一月二七日の海軍警告を促した主な要因だろう。

一一月二七日以降、スタークは「戦争がいつ起きてもおかしくない」と感じていた。海軍警告の作成にあたり、「可能性がある」という表現ではなく、「日本の侵略行動が数日以内に予想される」という表現を、「その日の午前中ずっと検討し」、さらに、「本電を戦争警告とみなすこと」という表現についてもかなり時間をかけて検討し、「日本の攻撃が近いことを十分示すと思われる言い回しを用いた」。[63] 二七日の警告では、二四日の警告の「どの方面にも」の代わりに具体的な地名が列挙された。この点についてスタークは、「どの方面にも」という表現は、両方の電報に目を通す誰に対しても有効な警告として働き続けてきたはずだと考えていた。特定の地名を列挙しているのは攻撃目標を限定したのではなく、最も可能性の高いものを示したにすぎないのだから、二七日付の電報には真珠湾が含まれていたという。慎重に修正された二四日の電報の「どの方面にも」という言葉が、緊急性の高い二七日の電報にも引き継がれていたに違いないとスタークが信じたとすれば、不可解というほかはない。包括的な言及に真珠湾攻撃が含まれるとスタークが信じたとすれば、こちらも同じように不可解だ。いずれにせよ、一一月二四日から二七日までの間、キンメルの頭には、「どの方面にも」という言葉はなかった。

「日本軍の兵力、装備、海軍機動部隊の編制は……上陸作戦を示唆する」という表現も誤解を招くものだった。日本軍輸送船が上海でドック入りしていた間に、上陸用機材の積み込みが目撃されたというのは事実である。しかし、アメリカの推測とはリスクを若干異なって見積もっていた日本海軍の司令官さえも、真珠湾への上陸作戦をあまりにも危険なものと考えていた。スタークによる目標列挙を読めば、この情報は、日本軍のいかなる動静も真珠湾を目指してはいないという考えが確認できるだけだろう。

スティムソンの一一月二七日の日記には、その頃の情勢と、戦域に対する警告への自身の

*62 たとえば一二月一日のホノルル・アドバタイザー紙一面の見出しは、「日本は依然として和平に期待」とある。一二月二日付の五面の見出しは、「日本は交渉のために二週間の猶予」。真珠湾攻撃前一〇日間の日本に関する記事の多くは、ホノルルでの報道がまったくの推測だったことを示す。

*63 *Hearings*, Part 32, p.51.

関与が次のように記されている。

緊迫した長い一日。日本軍が大規模に集結、上海から南下し、明らかにインドシナを目指している。フィリピン、ビルマ、ビルマロード、あるいは蘭印に向かう可能性あり。だが、おそらく集結は、タイ領内に侵入し、拠点を確保し、そこから時期が来ればシンガポールを攻撃するためだろう。

朝、最初にハル長官に電話。対日交渉の大詰めはどうなっているのか、数日前に意見を交換した新提案を日本に提示したのかどうか、あるいは昨日長官が示唆したように、すべてをご破算にしたのか、と問う。ハルは、後者だと言った。「この件からは手を引いた。あとは君とノックス、陸軍と海軍に任せる」とのこと。そのあと大統領に電話。大統領の考えは少し違っていた。日本は拒絶したと大統領は言ったが、それはハルが準備した立派な声明に対してだった。あとになって、これは交渉の再開を求めるものではなく、わが国の一貫した立場を示した声明であることがわかった［一〇項目提案を指す］。

アーノルド将軍がやって来て、わが国最大の航空機二機をサンフランシスコから日本の南洋委任統治領上空を通過してマニラまで飛行させる旨の命令文書を見せた。南洋委任統治領には日本軍の兵力が集結中で、この二機は日本機の追跡を受けない高空を飛び、写真を撮影できる。

ノックスとスターク来室。ジェロー准将を交えて協議。マーシャルは本日演習のため不在。不在に不便を覚えることははなはだしい。スターク、ジェローは、もっと時間を稼ぎたいと主張。当然だろう。時間を稼ぐのはけっこうだが、そのためにわが国が屈従的になったり、弱みを見せることになる交渉再開に踏み切ることは望まないと、私は述べた。質問の中心は、マッカーサーに送る文書についてだった。すでに彼には、準警報、つまり警戒第一報を送っていた。今朝、大統領と電話で話した結果、最終警報を送るべきだとの私の提案を大統領は承認した。その内容は、いかなる攻撃にも警戒を怠らないようにと指示し、あわせて状況を伝えたものだ。ジェロー、スタークとともにマーシャルからマッカーサー宛の通信案を綿密に検討し、形が整ったところで、電話でハル長官と連絡をとり、現在の情勢について正確な言明を得た。[*64]

*64 *Ibid.*, Part 11, p.5434f.

ハルとの電話の結果、ホノルルの陸軍に対しては、現地の海軍部隊が受け取ったよりも穏やかな警告が送られることになった。ハルは交渉でなんらかの成果を得る希望を捨ててはいなかった。陸軍警告は、「対日交渉は事実上終了したと思われる。かろうじて残る可能性は、日本政府が交渉の場に戻り、交渉再開を申し出ることだけだ」[*65]との言葉で始まっていた。スタークは海軍の伝統に従い、キンメルとハートのもとに次のように始まるもっと断定的な電報を送った。「本電を戦争警告とみなすこと。太平洋の情勢安定を目指した対日交渉は終わった」[*66]。しかしスタークは一一月二八日、別の警告を追加した。それは、先の陸軍警告の全文を示し、「日本が公然たる行動に出るまでは攻撃行動を取らないこと」[*67]との注意事項を加えたものだった。

陸軍の第一警告は、一一月二七日、ショートが同日中に受領の返信ができるような時間に発信された。ワシントンでショートの返信が受け取られたのは一一月二八日午前五時五七分だった。これは通信センターからマーシャル、ジェロー、スティムソンに配布された。写しには各自がイニシャルを記した。ショートの返信は、「報告。当軍区は破壊活動防止のために警戒中。海軍と連絡。七日付第４７２２７号関連」[*68]。

当時、戦争計画部の計画グループは、戦域に対する命令の作成、発信のほか、当該命令の徹底と、戦域司令官による対処の適否を確認する責任を担っていた。しかし、レイ・S・クラインが指摘するように「このグループの名称こそが、その主たる機能を示していた」[*69]。のちの陸軍省作戦部［一九四二年三月、戦争計画部から改組］戦域グループのような、作戦命令の徹底をもっぱら担う組織は存在しなかった。真珠湾攻撃後にショートの返信を読むと、破壊活動に対する警告は受けたが、それ以外についてはなにも警告を受けていないと明言しているように見えた。しかし一一月二八日という業務多忙の中で、ジェローも側近の誰もこの返信の内容に疑問を持つことはなかった。日本の攻撃目標に関する当時の陸軍省の仮説からすれば、実際のところ、その内容に疑問を持つのは不必要に差し出がましく見えたのかもしれない。そもそも一一月二七日付警告はこういった仮説に基づいて作成されていた。

第1章で見たとおり、陸軍の他機関も一一月二七日、二八日に警告を送っていた。陸軍航

＊65 *Ibid.*, Part 14, p.1328.
＊66 *Ibid.*, p.1406.
＊67 *Ibid.*, p.1407.
＊68 *Ibid.*, p.1330.
＊69 Cline, *Washington Command Post: The Operations Division*, in the series *United States Army in World War II*, p.78.

空隊とG－2は、ショート中将宛の通信で、破壊活動の危険性を強調している。

海軍の最初の警告は、一一月二七日零時のわずか二三分前にワシントンから発信され、キンメルはそれを二八日に受け取った。この電報は講じた措置の報告を要求しておらず、合同調査委員会の記録にもキンメルからの回答は見られない。真珠湾攻撃前に彼が記した最後の手紙は一二月二日付のもので、ミッドウェーやウェークなど遠隔諸島への増援や、海兵隊を陸軍部隊に置き換えることについてスタークが送った通信への返信のはずだった。ところがキンメルの手紙の一部は、「戦争計画第46号［太平洋艦隊がマーシャル諸島に進撃する旨を定めた海軍の戦争計画］に定められた任務遂行に備えて、適切な防御展開を行う」べしとの指令に関係していた。

「この戦争は、最終的には太平洋で多数の輸送船や補給船を必要とするだろう。われわれはその見積もり作業を実施中である。米軍が太平洋であらかじめマーシャル、カロリン諸島を占領するには、約三〇～四〇隻の輸送船と同数の補給船に加え、艦隊戦闘力の三〇～五〇パーセント増強が必要だ」*70と記している。

キンメルはまた、フィジーとニューカレドニアの飛行場防御に言及している。「防御的役割を懸念するあまり、攻勢に出ることができなくなるのではないかと懸念する。防御に注力しすぎると、攻撃に参加する兵力が不十分になるだろう」[*71]。

これは、配下の艦隊がまもなく攻撃を受けると警告されたと感じている司令官の書く手紙ではなかった。この司令官は、英蘭両国が完全に戦争状態に入ったのちに参加することになる極東の紛争に関連した長期攻撃計画を持っていた。戦争計画第46号は、少なくとも六カ月の準備期間を想定していた。

第2章で述べたように、スタークは、太平洋で戦争が始まったときにマーシャル諸島を攻撃するための準備を整えるようキンメルに指示していた。「戦争計画第46号で割り当てられた任務遂行に備えて、適切な防御展開を実施せよ」。同一の趣旨で、陸軍はマッカーサーに対して、英領の支援に赴く準備をさせることを第一に考えていた。「日本と交戦状態になった場合には、ルイス・ブレルトン少将から送られた修正レインボー第5号に定められた任務を遂行すること」。

戦域に対する警告についての議論を離れる前に、スタークからルーズベルトに宛てた一一月二八日付の手紙の一節をここで見てみよう。この手紙は、大統領が一一月二七日付のマー

*70 *Hearings*, Part 16, p.2255.
*71 *Ibid.*, p.2256.

シャルとスタークによる覚書におおむね同意していることに言及し、二つの「穴」を埋めたいと述べている。

マーシャルと私から送った文書に、おおむね賛同していただき喜ばしい限りだ。「穴」の一つは、ハート、キンメル両提督に代わってお伝えした通信で埋められた。もう一つの「穴」は区域の具体的な特定にかかわるもので、準備しておくようにと大統領が要望された文書に関連して作業を進める。*72

これら極秘事項に関する文書連絡は、当然ながら簡潔であり、今読んでみると謎解きのようだ。最初に埋められた「穴」は、日本が先に公然たる敵対行動に出るとの注意喚起だったかもしれない。二七日の海軍警告原案には、このような指令は含まれていなかった。二八日遅くにスタークが送った第二の警告は次のとおり。

戦争計画第52号［西大西洋における敵国の陸、海、空軍兵力を撃破すべしとの命令］は、太平洋地域には適用されず、東南太平洋分区及びパナマ海軍沿岸地帯において現在実施しているものを除き、太平洋において実施されることはない。日本が公然たる行動に出てしまうまで、攻撃行動をとってはならない。交戦状態になった場合、戦争計画第46号に定める任務のうち日本に適用されるものを遂行する準備をされたい。*73

「区域の具体的な特定にかかわる」もう一つの「穴」は、数日後、大統領指令としてアジア艦隊司令長官ハート大将に送られた通信に関連していたかもしれない。「早急に」『防御情報哨戒』にあたる三隻の小型艦艇」を派遣するようにとの指示は、次のように続いていた。

米軍と認められる最低限の要件は、海軍士官一人の指揮のもと、小型銃と機銃一丁を装備していること。南シナ海及びシャム湾における日本軍の動静を偵察し、無線で報告するため、最小員数の兵員のほかフィリピン人を海軍最下級の乗組員として雇うことができる。一隻は、カムラン湾とサンジャック岬との間に、もう一隻はカマウ岬沖に配備する。*74

*72 *Ibid.*, Part 20, p.4487.
*73 *Ibid.*, Part 14, p.1407.
*74 *Ibid.*

さらに、チャーター船の一隻としてイザベル号の使用を許可し、陸海軍が定期的に行っているあらゆる偵察に関する報告を求めた。*75

この哨戒は、一二月七日朝まで実施されなかった。しかし指示からは、インドシナ沖日本軍のシャム湾方向への移動に関するもっと具体的な情報を純粋に必要としていたことがうかがえる。スタークの部署は当然ながら、日本海軍の動向に注意していた。ハートの艦隊情報部隊は重要な情報源の一つだったため、通常はこうした哨戒の追加はハートの裁量次第だっただろう。だがこれは大統領指令であり、一部の批評家が指摘するように、日本軍の進路にいる米軍小型哨戒艦が、なんらかの小さな「事件」によって太平洋戦争の引き金を引くことになったかもしれない。そうすれば、情報と、日本軍の最初の公然たる行動とが同時に、ハートに無線で連絡されるだろう。しかしスタークの手紙には、日本軍の前進目標をもっと具体的に把握する以外の動機は示されていなかった。スタークは、ハートの偵察方法に満足していることを伝えるためだけに、この手紙を大統領指令としたのかもしれない。ランガーとグリーソンは、この指令は、南シナ海とシャム湾の哨戒協力を求める大統領へのイギリスの強い圧力に応じたものだと指摘している。二人の説明は最も妥当に思える。

## 土壇場の外交、土壇場のシグナル

陸海軍の計画策定者が、一一月二七日の朝、警告文の修正に追われていたとき、ハルはその日の午後に予定されていたルーズベルトと日本大使との会談に関して、側近のハミルトン、ホーンベック、バランタインと協議していた。スタンリー・ホーンベックは、極東問題に関する国務長官特別顧問であり、同省の対中援助派の中でも最もその立場を明確に示していた。

*75 一九四一年一二月二日付のハートからの返信は次のとおり。「私の考えは次のとおり。インドシナ沿岸への日本の動きはすでに明らかだが、目標がマレー半島かボルネオのどちらなのか、あるいはその両方であるのかはいまだに定かではない。イギリスはパダラン岬までの地域に対する責務を果たすことができる。われわれはボルネオでの動きを監視しながらルソンへの急襲を警戒したのちに残る兵力を用いるべきだ。私は、イザベル号の現在の任務を取り消し、パダランに向かわせる。イザベル号の行動半径は短いため、多くの活動を行うことはできない。わが軍には高速船が少ないため、イザベル号の穴埋めはたいへんだろう。二日間でチャーター船を出発させるなど到底無理だろうが、イザベル号の使用には賛成できない。私はチャーターできる適切な船舶を探しているが、無線通信装置を入手し設置するために必要な時間についてはわかっていない。陸軍機はルソンから北とサンバーナーディーノから東の地域を偵察している。海軍機はルソンから北西、及びバラバク海峡を偵察し、ミンダナオ島・ハルマヘラ島を偵察するオランダと合流する。有効性には問題が残るが、動員可能な兵力によって継続的に持続できる。二隻の巡洋艦、二隻の駆逐艦部隊は南に配備される。残りの地上軍は状況に応じて行動するか補修に当たる……」(*Ibid.*, Part 6, p.2670f.)。

（ホーンベックは）武力行動を決断するよう促していた。国務長官の指摘によれば、陸軍は準備にあと三週間、海軍はあと三カ月必要だと考えていた。ホーンベックは、海軍は二月に六カ月を要求し、国務長官は交渉を通してその六カ月を獲得したのだと指摘した。そして今、海軍はさらに三カ月を求めている。大統領は必要な準備期間を海軍に尋ねるのはやめにして、そのことを伝えるべきだと、ホーンベックは考えていた。国務長官はかなり疲れていて取り合わなかった……。[*76]

ハル長官は、やがて来る衝突をなんとか先延ばしできないかと願い続けていた。ハルの助言にしたがって、大統領の日本大使との会談は儀礼的な先送りの場となった。

ホーンベックは、日本に対して断固たる姿勢をとるべきだと強く主張した。開戦をも辞さない姿勢は次の二つの確信に基づいていた。（一）日本は対米戦争をなんとしても避けたいと考えている、（二）仮に日本が仕掛けても、戦争は短期戦となり、アメリカは簡単に完全な勝利を得るだろう。一一月二七日付でホーンベックが署名した覚書は、三つのきわめて正確な主張によってその信念を吐露していて、一九二九年の楽観的な景気予測とともに、不安定な社会事象の緩和に貢献したものとして歴史に残ることは間違いないだろう。

署名者（ホーンベック）によれば、日本政府は今すぐアメリカとの武力紛争に入ることを望んではおらず、意図してもおらず、予想してもいない。日本政府は、極東の一つあるいは複数の地点で新たな攻勢に出る一方で、アメリカを攻撃、あるいは攻撃されることは避けようと努力するだろう。したがって日本は、その機関（第一に軍隊）に対して、アメリカに向かって行動を起こすよう命令を下すことはない。そのような行為に出れば、アメリカは報復あるいは抵抗のための武力を行使することになるだろう。日米の直接的関係に限ってみれば、日本がアメリカとの開戦に踏み切るのではないかと憂慮する理由は、一週間前よりも現在の方が少ない。これが賭けなら、署名者は日米両国が一二月一五日（米軍の一定の配置完了に関する限り、「問題ない」とジェローが確認した期日）以前に戦争状態に入ることはないという方に、五対一で賭けるだろう。一月一五日（今日から七週間後）以前に戦争状態になることはないという方には三対一、三月一日（今から九〇日以上あとであり、一層の準備と配備の「時間」が得られるために有利だとわが国の戦略家が考えている期間を

*76 Berle, "Diaries."

超えている）以前では、戦争状態に入らないという方に五分五分で賭けるだろう……要するに署名者は、この国は現在、太平洋において「戦争」の瀬戸際にはないと考える。*77

これほど明快な言葉はないだろう。このような仮説は、日本との即時開戦を求める者、あるいは日本に対する「強硬」策を支持する者によく見られた。残念ながら、ホーンベックの賭けでもうけた者がいたのかどうかを教えてくれる記録はない。

このような楽観的憶測は、G－2の報告書にも見られた。そしてその楽観論に油を注いだのが、国務省や議会の声高な親中派だったのは言うまでもない。軍は、ホーンベックの意見を国務省の政策と同一視することが多く、陸海軍統合委員会は、嫌悪と警戒の入り混じった気持ちで見ていた。ホーンベックが極東問題の権威としての立場を維持していたのは確かだが、その見解がハルの意見に決定的な影響を与えることはなかった。しかし、ホーンベックのような立場にある者が、一二月の第一週に国務省に入ってくるシグナルに耳を貸さないだろうことは容易に理解できる。

一一月二七日付のG－2報告書は、翌二八日に開かれた戦争会議の議論の中心となった。情報部極東課が作成したもので、以下に見るように、一二月七日以前にG－2から出された報告書としては警戒色の強いものだった。スティムソン陸軍長官にとって、それは「危険な可能性についての恐るべき声明になっていた」ため、彼はそれをすぐに大統領に届けた。したがって大統領には、昼に開かれる会議の前に目を通す機会があっただろう。*78

スティムソンはこの会議の議論を詳細に記録した。出席者は大統領、スティムソン、スターク、マーシャル、ノックス。ハルは、一一月二六日の「一〇項目提案」について、次のように主張した。「日本は、いかなる時点でも新たな侵略行動に出るように思われ、わが国の安全を守れるかどうかは陸海軍にかかっていた……、どの軍事防衛計画にも、日本が奇襲をその戦略の中心に置き、防御と協調の努力を混乱させようとして複数地点を同時に攻撃する可能性もあるという仮説を含めるべきである」。*79

会議では、次にG－2報告書が検討された。

報告書の中心は、上海を発ち南下しているという日本派遣部隊の今後の行動について

*77 *Hearings*, Part 5, p.2089.
*78 *Ibid.*, Part 11, p.5435.
*79 *Ibid.*, Part 2, p.440.

だった。G－2によれば、この部隊はフィリピンを攻撃、あるいはインドシナにおける増援部隊として上陸、あるいはタイ、蘭印、シンガポールを攻撃する可能性がある。大統領はこれを高らかに読み上げたのち、もう一つあると指摘した。クラ地峡を攻撃し、さらにラングーンを攻撃するかもしれないということだ。ラングーンはクラ地峡に近く、日本軍が占領すればビルマロードの入り口を押さえるのに好都合だろう。思うに、これはわが方にとって非常に役立つ指摘であり、可能性の高いものだった。日本軍の現在の動き、どこかに上陸することを目指す約二万五〇〇〇の派遣部隊が海上にあるという状況は、日本軍がインドシナに上陸し、われわれが最後通牒を示すかどうかを検討した時点とはすっかり変わってしまったという点で、意見は一致していた。この部隊がインドシナ南端を回り、シャム湾からバンコク、あるいはもっと西に上陸することになれば、シンガポールのイギリス、オランダ、フィリピンのわが国にとって、とんでもない打撃になるというのも一致した意見だった。このような行為を許してはならないという点でも意見は一致した。次に、これを阻止する方法について議論した。日本軍がクラ地峡に侵入したなら、イギリスは戦闘を開始すると誰もが考えていた。イギリスが戦えば、われわれも戦わなくてはならないだろう。日本派遣部隊がインドシナ南端に出現すれば、一連の不幸な出来事が起きることは、今や明らかなようだ。[*80]

日本軍のシャム湾上陸を阻止する方法について議論した結果、大統領が議会に訴えるとともに、天皇に対して自ら要請あるいは警告を発するという計画がまとまった。次の一節を見ると、会議では先制攻撃が明らかに否定されていた。当然ながら、日本は純粋に軍事的見地から自分たちにとってのリスクを想定していたため、そういった事態に備えていた。

さらに一致したのは、次の点である。遭遇する日本軍に対して無警告で攻撃を加えることは不可能だと考えている。その一方で、手をこまねいて日本軍が進むままにすることも不可能である。われわれが取りうる唯一の手段は、日本軍が一定の場所、一定の範囲、一定の地点に達したならば、戦わざるを得ないと警告することだ。大統領の心中は、自身の名で天皇に特別な電報を打つことに傾きつつあったようだ。パナイ号事件のときにはこの方法が功を奏した。しかし多くの理由から、今は正しい方法ではないと思われたため、私

*80 *Ibid.*, Part 11, p.5435f.

は大統領にそう進言した。第一に、天皇への親書では、露骨に警告とわかるような表現を用いることはできない。天皇に警告することはできないのだ。第二に、その手段では、米国民に危険の本当の姿が知らされないだろう。そこで私は、大統領から国民に対してメッセージを出すべきだと伝えた。そしてその最も好ましい形は、議会に対して危険を報告し、その危険が現実になったときにどのような方法を取らなくてはならないかを伝えることだと考えた。大統領はメッセージを出すという考えを受け入れたが、最初はその中に天皇への親書に該当するものを含めようと考えていた。しかし私は再度、天皇への親書をそのような形で公にすることはできないこと、天皇への手紙は別途送り、議会に対しては、国民に理解されやすい形で別途演説を行うのがよいと進言した。これはこのときの最終決定となり、大統領はハルとノックス、私の三人に文書を作成するよう求めた。*81

この会議の記録のどこにも、マジック情報にあった一一月二九日というデッドラインへの言及はなかった。その前に日本への警告を行う必要があるとは考えられていなかったようだ。一一月二八日に翻訳されたマジック情報（数日中に一〇項目提案に回答する旨を約したもの）を受け取っていたため、日本はその回答提示後でなければ行動しないと判断していたのだろう。

おそらくそれは、海軍当局による日本輸送船団の航海時間の推定方法と関係していた。いずれにせよ、一一月二九日（土）から一二月六日の朝までは、そのほとんどの時間が議会と天皇に宛てた文書の作成と修正に費やされた。スティムソン、ノックス、ハル、ハルの補佐官数人がその作業に当たった。

ノックスの草案は、一一月二九日にジョージア州ウォーム・スプリングスに向かっていた大統領に送られた。そこには「今朝の知らせによれば、日本軍は二、三日、時間稼ぎをしようとしている」[*82]旨の連絡が添えられていた。

これらの草案からは、作成者の誰一人として、デッドラインや日本軍派遣部隊、あるいはその他の危険な事象を、アメリカ、あるいは太平洋上の米領への即時直接攻撃の合図とは考えなかったことは明らかだった。実際のところ、一一月二八日の会議ではフィリピン攻撃への言及があった。またハルは、サイゴンからの日本軍到着の報告に驚いていた。これはその日遅く、オランダ公使から伝えられたものだった。[*83] しかし、インドシナへの兵員陸揚げは、英蘭領に対して後日行われる大規模攻撃の準備段階にすぎないとの見方がほとんどだったようだ。日

*81 *Ibid.*, p.5436.
*82 *Ibid.*, Part 19, p.3508.

本の当面の目標は、アメリカを行動に駆り立てる可能性が少なく、しかもタイのように攻撃しやすく安全な場所だろう。戦争会議の出席者は、ハルが警告し、彼ら自身太平洋上の数地点への一斉攻撃への懸念を口にしていたにもかかわらず、日本の戦略家はアメリカの戦略家同様、次のように判断するだろうと思い込んでいた。日本は南太平洋でほぼ同時に広範囲に攻撃を行う能力を持たず、アメリカとの戦争に即座に突入しても得るところはない。日本はまず、アメリカを戦争に巻き込むことのない領土の侵略を目指すべきであり、同盟国に対する段階的侵害策は、アメリカにとっては米領への直接攻撃よりもはるかに厄介だろう。

日本軍による進攻過程をたどる際に繰り返し説明されるのは、こういった背景である。問題は、本土をはるかに離れた場所、たとえばクラ地峡を日本軍が攻撃するという危険に対して、いかにして国民の注意を喚起するかにあった。英、蘭領帝国の利益を守るために海外に若者たちを送るべきではないという孤立主義者の断固たる主張を、いかにして撤回させるべきなのか。

ノックスのように、ヒトラーの戦略と日本の戦略とをある程度関連づけることはできる。あるいはスティムソンのように、フィリピンと極東でのアメリカの利益が、そこでの英蘭両国の立場の維持と密接に関連していたと指摘することもできる。しかしいずれも漠然としていて空疎に聞こえた。国務省内では、日本に対してどの段階でやめるように求めるのかについて、ほとんど合意が得られなかった。そこで草案では、武力に訴えざるを得ないとのみ述べ、場所、時期、手段は明言しなかった。とうとうホーンベックは、草案になにを盛り込むのか、平和なのか、戦争なのか、どちらでもないのか、それがわからなければ作成できないとぶっきらぼうに言った。日米交渉に少しでもかかわった者はみなそうだが、「いやになり、憂うつで、うんざりしていた」[*84]。そして結局はハルの承認を得て、起案作業を国務次官補アドルフ・A・バールに任せた。バールはそのときまで、極東情勢とは無縁だった。

主要関心事に対する判断が遅れたうえに、大統領がまだ時間があると考えていたことは、次の事実から明らかだ。天皇宛文書は、一一月二九日（土）の週末にかけて作成されたにもかかわらず、一二月六日（土）午後九時まで発信されなかった。文書提示後の手順は次のとおり。大統領は月曜の夜まで回答を待つ。回答がなければ、火曜の午後あるいは夜に日本に正式に警告を発する。イギリスなどの国は、同じ警告を水曜日（一二月一〇日）に繰り返す。ただし大

*83 *Report of the Joint Committee on the Investigation of the Pearl Harbor Attack, and Additional Views of Mr. Keefe Together with Minority Views of Mr. Ferguson and Mr. Brewster*, p.396. 以下では *Majority Report* とする。
*84 Berle, "Diaries."

統領の警告が、東京の日本政府及びワシントンの日本大使に確実に渡されたのちに行う。*85 ハル長官が、もっと早く厳しい警告を出すことに反対していたのは確かだ。ハルは暫定協定案が葬られたことをいまだに嘆いており、議会に対する声明と天皇に対する親書の両方を遅らせようと圧力をかけた。

しかし、決定的行動の延期に影響力を持っていたのはハルだけではなかった。二八日午後、大統領がウォーム・スプリングスに向けて出発すると、緊張が明らかに緩んだように見える。マジックは、日本軍が数日間、意図的に「停止」することを示していた。しかしもっと大切なことは、台湾沖輸送船団の知らせが、インドシナ、海南島、台湾での兵力増強という日本軍部隊の全般的な動きに埋没してしまったことだ。そのためわが国は、部隊がどの方面に移動するのかを注視せざるを得なかった。ハルはその週末には姿を見せず、スティムソンは翌週前半にニューヨークで歯の治療を受けるため、ワシントンを離れた。

真珠湾攻撃前の数日間、政府高官は、世論の動向と、瀬戸際外交による局面打開の可能性とにもっぱら心を奪われていた。軍事面はマーシャルとスタークが掌握していた。警報が送られ、戦域への警告についてそれ以上議論されることはなかった。たとえばスティムソンの時間は、日本問題のほか、最近のカロライナ州での演習についての協議、最高機密である戦争見積もりの一つを一二月四日に報道したシカゴ・トリビューン紙に対して取るべき態度、フィリピンへの物資や大型爆弾の供給についての議論に割かれていた。もっと下位のレベルでの情報や意思決定に関しては、戦争計画部と極東情報専門家の間で、さらに警告を送る必要性があるかないかが議論された。海軍情報部極東課長マッコラム中佐と陸軍通信情報部のサトラー大佐は、戦域に対する追加警告案を提出した。しかし戦争計画部は、一一月二七日、二八日の警告内容にまったく不足はないと考え、極東の専門家が緊急性を訴えるのは、マジック情報に密着しすぎていて、政策レベルの知識に疎すぎるためだと解釈した。

大統領は、二八日の戦争会議後、ただちにウォーム・スプリングスに向けて出発していた。記者に対しては、極東情勢は不穏であり、いつワシントンに呼び戻されるかわからないと慎重に語った。この日のマジック情報では、二六日の米側提案に対する日本大使の憤りが示され、日本政府の怒りも伝えられていた。しかしハルが大統領に電話をかけ、新たに二つの動き

＊85 おそらく一二月六日に、オーストラリア外務大臣からイギリスの自治領大臣宛に送られた電報による（*Hearings*, Part 11, p.5166.）。オーストラリア外務大臣は土曜の午後遅くにルーズベルト大統領と会った（Langer and Gleason, *The Undeclared War, 1940-1941*, p.928.）。この会談の記録が国務省に残っていないのはめずらしいことではない。ルーズベルトの交渉の多くは記録に残されなかったのだから。

があったためワシントンに戻るよう求めたのは三〇日午後になってからだった。一つは、英大使が、自国政府が入手した信頼できる情報として、日本がまもなくタイを攻撃し、この攻撃には海路クラ地峡を目指す派遣部隊も加わると伝えたこと、もう一つは、東條首相が一一月三〇日に大衆の前で攻撃的な発言をしたという次のような報道だった。

蔣介石が日本に対する不毛な抵抗を試み、壮健で前途洋洋たる青年を犠牲にし、英米と共産主義の笛に合わせて踊っているという事実は、東亜の民衆を互いに争わせることで漁夫の利を得ようとし、東アジアをその勢力下に置こうとする英米両国の欲望がその原因のすべてである。これは英米の常套手段である。

人類の名誉と誇りにかけて、われわれはこの種の行為を東亜から徹底的に放逐すべきである。[*86]

ルーズベルトは一二月一日にワシントンに戻った。その前にハルはすでに日本大使に対して、「声高にその行動を非難し、特に東條首相の声明に示される日本の行動と、インドシナでの動きを詰問した[*87]」。大統領はその後日本政府に対して、国務省を通して、ヴィシー政府との合意以上の兵力をインドシナに留める理由を説明するよう公式に求めた（ちょうど同じ頃海軍情報部からは、日本の兵員輸送船二一隻がカムラン湾に停泊しているとの報告〈一二月二日付〉が出されている）。回答は一二月五日に届き、増援は中国国境付近の中国軍に対する警戒措置にすぎないとの説明があった。この説明では、ハルも日本人もだませなかった。一方、一二月三日のマジックは、ロンドン、香港、シンガポール、マニラの各大使館に宛てた暗号破壊命令と、ルーズベルトの質問にどのように答えるべきかとの日本大使の戸惑いを伝えるものだった。東京・ベルリン間の傍受通信も、英米との戦争が予想以上に早く勃発するだろうと伝えていた。ルーズベルトはもっと詳細に検討するため、自身のファイル用に写しを一部求めた。

一二月四日、オランダ政府は、日本軍が東インド諸島に向かい、ダバオ、ワイゲオ島を結ぶ線を越えないように警告すべきだと述べた。タイ政府も、日本のタイ侵攻には米英政府が武力で応じるとの保証を求めた。これに対してイギリスは、アメリカが協力してくれるならと賛

＊86 *Hearings*, Part 2, p.441. これは同盟通信社による正式な翻訳で、日本語原文よりも警戒心をかきたてた。最後の文章は、厳密には、「この種の行為は取り除かれなくてはならない」である（Butow, *Tojo and the Coming of the War*, p.355.）

＊87 Berle, "Diaries."

意を示したが、米代表は英蘭のどちらの提案にも言質を与えなかった。海軍情報部は一二月五日、大統領宛の報告書を作成し、インドシナとその周辺にいる日本軍兵力を見積もった。インドシナの日本軍は一〇万五〇〇〇、大規模な海軍部隊がカムラン湾、サイゴン、海南島、台湾付近に集結しているという。そして一二月六日朝、シンガポールにいたアメリカの役人とハート大将から、日本の三輸送船団がカンボジア岬を回って航行しており、バンコクへ向かう途中、インドシナ半島西岸のコートロンに寄港するものと思われるとの知らせが届いた。同じ知らせは、英空軍がマレーで偵察を行った結果として、ロンドンのウィナント大使経由でワシントンに打電された。ウィナントの最初の通信は、午前一〇時四〇分国務省に到着、二通目は午後三時に到着した。[*88] ついに、「一連の悲惨な事態」が動き始めていた。

　三個船団の規模と構成については、どの報告も一致していなかったが、少なくとも二個は警戒を要するほど大きいように思われた。これらがシャム湾沿岸を北上して北西に向かうのか、西に進んでマレーに向かうのかも定かではなかった。[*89] タイ防衛をめぐる国内世論の反応は想像を絶するほど大きかったため、ホワイトハウスは予想される英領攻撃よりも、日本軍のタイ上陸可能性に注目した。一二月六日午後の一部は、この点についての議論に費やされた。陸海軍と国務省とは、大統領の求めに応じて船団の兵力のほか、インドシナにいる日本軍の兵員と装備の見積もりを急いでまとめた。海軍省に求められたのは、日本と連合国側に属する全艦船のみならず、極東の米軍艦艇すべての所在地点を確認することだった。国務省とホワイトハウスが最後のマジック情報を入手したのは、このような状況の中だった。

繰り返しになるが、警戒態勢を促した主な要因は日本軍輸送船団の動きだったようだ。政府高官と軍指導者が、この種の刺激に反応していたのは確かだった。反応していたとはいうものの、残念ながら特定の刺激以外のものにはあまり反応してはいなかった。開戦前一週間の出来事を振り返ってみると、アメリカの指導者は、日本の最後の動きに対して衝動的、近視眼的に対処し、希望的観測に大きく左右されていた印象をぬぐえない。このような姿勢だったからこそ、週末の一一月二九日には緊張が緩んだのだろう。マジック情報が示していたのは、わずか数日間の猶予と、輸送船団の一部の入港だけだった。ところが誰もが、ハルを除く誰もが、

*88 *Hearings*, Part 14, Exhibit 21, p.1246f.; Part 15, Exhibit 66, p.1680f.

*89 この点について、英参謀本部会議でのアランブルック卿の発言と比べてみよう。「われわれは状況を注意深く調べた。しかし輸送船団の位置からは、バンコクに向かっているのか、クラ地峡に向かっているのか、ただのこけおどしで巡回しているのかはわからなかった」。引用は Bryant, *The Turn of the Tide: A History of the War Years, 1939-1943, Based on the Diaries of Field-Marshal Lord Alanbrooke, Chief of the Imperial General Staff*, p.225.(『参謀総長の日記　英帝国陸軍参謀総長アランブルック元帥 1939 ～ 1943』アーサー・ブライアント著、新庄宗雅訳、フジ出版社、一九八〇年)による。

ほかのもっと直接的で緊急性があると考える問題、とりわけヨーロッパと大西洋にふたたび目を向けてしまった。マーシャルが早い時期に述べたように、「大西洋で敗れれば、どこででも敗れる」というのが、誰もが持つ前提だった。つまり、極東はただ平穏でなければならなかった。この願望が強かったため、真珠湾攻撃直前の軍事的シグナルに対する対応が遅れたばかりか、極東政策の範囲を狭めることになったのは確かだった。

一二月六日の輸送船団の前進に関する知らせによって、戦争会議のメンバーが、日英間の戦争が始まると考えたことは間違いない。この想定が、土壇場でのマジック情報の読解にどのように影響したかを示す証拠は多くない。唯一記録に残るのは大統領の反応だ。日本の一四部構成の最終文書のうち第一三部までを読み終えた大統領は、ハリー・ホプキンスと海軍のL・R・シュルツ中佐の面前で、「戦争だ」とつぶやいた。この短い言葉で、大統領は明らかに日米戦争を意味していた。というのも、アメリカはイギリスを支援することになっていたからであって、日本がアメリカを攻撃してくるからではなかった。ホプキンスが、「わが国は先制攻撃を加えられず、奇襲を防げない」のが残念だと述べると、ルーズベルトは答えた。「そのとおりだ。それはできない。わが国は民主国家であり、国民は平和を愛している。それでもわが国には実績がある」[*90]。

大統領はそのあと、電話でスタークに連絡しようとしたが、スタークが劇場にオペレッタ「皇太子の初恋」を見に行っていると知ると、観客に不安を抱かせてはいけないと呼び戻すのはやめた。大統領はその日の夜遅くにスタークと連絡をとったが、二人の会話の中身については記録がない。

国務次官補バールによれば、陸軍G－2は土曜の夜七時三〇分に同じ知らせを国務省に伝えた。バールは、日本側文書の第一三部までについて、「(アメリカの要求を) きっぱり拒絶するだけではなく、雑で不当で無礼な文書だ」と述べている。同じように傍受された最後の文書はもっとひどかった。日本の大使はこの文書を金庫に保管し、ある合図を受けたときのみ米側に提示することになっていた。そしてその間に、最終的な兵力配置が完了することになっていたのである。言い換えれば、日本は一定の兵力配置が完了するまでは回答を示さないつもりだった[*91]」。だからこそハルは、土曜の夜に第一三部までの文書とパイロット通信を受け取っていた。

第一三部までの文書はアメリカの要求を「きっぱり拒絶」したものだとバールが述べたの

*90 *Hearings*, Part 10, p.4661ff.
*91 Berle, "Diaries."

も、一〇項目提案を「最後通牒」の類というよりは、「太平洋における平和実現のための全般的計画」を示したものだと考えていたことを知れば、納得できる。また、バールの言葉は一二月七日夜のものだったことから、マジックからすでに受け取っていた文書にはなかった情報を読み取ったのかもしれない。日本側の回答の遅れから、「一一月二六日の申し入れは成功しないだろう」とバールは予想した。土曜の午後から夜にかけては、ハルが提案した議会への大統領メッセージの草案作成に従事している。翌日曜の朝も、バールや極東問題の専門家たちは、「メッセージのことでもう少し悩み」、日本大使が午後一時にハル長官と面会したいと申し入れたときには、そのメッセージの議会への発表時期についてハルと検討中だった。

バールは、日本側文書の第一四部にも、その提示時間を示す傍受通信にも言及していない。どちらも日曜の朝、ハルのもとに届いた。これらは当時も今も、緊急シグナルとして個別に注目を浴びたわけではなかった。ハルは、その朝、ノックス、スティムソン両長官とともに議会へのメッセージについて検討していた。ノックス案では、最初の五項目は攻撃間近という緊迫感から程遠く見えるものの、ほかの案に比べれば日本に対する明確な警告の形をとっていた。

一　わが国の立場は、イギリスの直面する世界情勢と不可分である。
二　シンガポール陥落と英領マレーの喪失によって、イギリスは極東での地位を自動的に失うことになるばかりか、他の地域での勢力も損なわれることになるだろう。
三　イギリスがその地位を失えば、オランダもそうなることはほぼ確実である。イギリス、オランダともにその地位を失えば、次はわが国であるのはほぼ確実だ。そうなれば、日本に事実上包囲されることになる。
五　事態が前述のようになるとすれば、イギリスあるいはオランダに対する深刻な脅威はどのようなものであれ、わが国にとっても深刻である。あるいは、三国のいずれかに対する脅威は、三国すべてに対する脅威だと言えるだろう。したがって、わが国はともに行動する準備を整えるべきである。もしまだそういった合意に達していないなら、即刻そうすべきである。さもなければ、三国は順に敗れるかもしれない（あるいは、いずれかの国が危険な状況に陥るだろう）。[*92]
六　思うに、いかなる方面への移動も、それがわが国を脅かすなら、武力によって阻止さ

*92 *Hearings*, Part 11, p.5440.

れることを日本に告げるべきである。大統領は、自身で見極めたいと望むだろう。以下は阻止の対象とすべきものである。タイ国内への移動、東経一〇〇度から西、北緯一〇度から南のタイ領内の移動（これは、米英蘭三国の在極東軍事当局の助言に従うものである）、あるいは、太平洋上のイギリス、オランダ、アメリカ、自由フランス、ポルトガル領の侵犯。*93

日本のこれ以上の侵攻を食い止めるためには、イギリスとともに戦うべきであることを議会に訴えるために最も効果的な方法はなにか。どの記録からも、大統領と側近の関心がこの点に集中していたことがわかるだろう。彼らは一一月二六日の提案を日本が拒絶すると予想していたのだから、マジックからの情報にも目新しいものはなにもなかった。そのうえ日本にとって最も好都合な戦略、すなわち、アメリカと直接戦うことなく東南アジアで勢力を拡大するという日本側の構想の変化を示唆した情報もまったくなかったように見える。あらゆる議論は、日本の次の動きは、イギリス、オランダ、タイのいずれかに対するものだろうという前提で行われた。

真珠湾攻撃から六週間後、ハリー・ホプキンスは、極東についてのルーズベルトの懸念を自己の記憶を頼りにまとめているが、その内容はかなり信頼できる。

昨年何度か大統領と話したときのことを思い出す。私の話はいつも大統領を困らせた。なぜなら、日本の策略はわが国との衝突を避けることにあるものと、また、日本はフィリピン群島もハワイも攻撃せず、そのかわり、タイと仏印とに対して行動を起こし、中国に対してもさらに深く侵入し、おそらくはマレー海峡を攻撃するのだろうと、本気で考えていたのだから。大統領はまた、日本は頃合いを見計らってロシアを攻撃するだろうとも思っていた。もしそうなったら、大統領は、わが国の権益を保護するというきわめて困難な問題にぶつかることになっただろうが。

適切な時期がくれば日本はわが国にとびかかってくるだろう。そして、ドイツの「一対一」の方法を使うだけだろうということを、大統領は常に認識していた。日本が使った方法を見てすっかり安心したのはこのためなのだ。真珠湾の大惨事と、最初の数週間における日本軍との電撃戦とにもかかわらず、日本の手口は国民を完全に団結させ、対日戦を避

＊93 *Ibid.*

けがたくしたのである。*94

ホプキンスはまた、日米交渉に対する大統領の姿勢について、興味深い観察を書き留めている。

わが国の極東における外交政策には、ある種の不測の事態に陥った際に日本との戦争に入るという点で抜け穴があることに関して、大統領はハル長官となんどか話し合ったという。ハル長官のすべての交渉において、わが国は極東における権利を守りたいという願望を示す一方で、日本がたとえばシンガポールか蘭印を攻撃したなら直面しなくてはならない問題に対しては、決して毅然とした回答をしようとはしていない。その点について明言できないというのはわが国の政策における弱点だと、大統領は感じていた。蘭印への攻撃は、結果として日本との戦争をもたらすはずだと、大統領は私に語った。また大統領は、ハルがいつもその問題を避けているという。

今も覚えているが、一九四一年二月にイギリスに行ったとき、イーデン外相は、もし日本がシンガポールまたは蘭印を攻撃したらわが国はどうするかということを、何度も私に尋ねた。そして、それを知るのがイギリスの政策にとって不可欠なのだ、と。
もちろん、大統領にせよハルにせよ、その点に関してイギリスに適切な返答を与えることができなかったことは言うまでもない。なぜなら、宣戦布告は議会の責任であるし、また孤立主義者は、実のところ国民の大部分は、日本が蘭印を攻撃したからといって、それだけで極東における戦争に関心を持ちそうにもなかったのだから。

……

ロバーツ報告書については、国務省が日本との合意に達するすべての希望を捨てたと述べているが、これは事実とはほとんど合っていないように思える。確かにハル長官は陸海軍長官に向かって、日本はいつなんどき攻撃するかわからないと思う、と語りはした。だが他方では、まさに最後の日まで、間際になってなにかしらの解決に到達できるかもしれないという希望を抱いていたのは明らかだ。ハルはどんなときも、日本との合意を成し遂げたいと思っていた。確かに、それは日本がおそらく受け入れそうもない種類の取引ではあったが、それでももし成立したとしたら、極東におけるわが国の評判をひどく悪いもの

*94 Sherwood, Roosevelt and Hopkins: An Intimate History, p.428.(『ルーズヴェルトとホプキンズ』ロバート・シャーウッド著、村上光彦訳、未知谷、二〇一五年)

にしただろうと思えるような類の取引でもあったのだ。

彼はなによりもまず平和を欲していた。なぜなら、日本との関係改善を心から望んでいたからであり、数週間というもの、日夜そのために取り組んできたのだから。戦争勃発前の最後の一〇日間がくるまでは、なんらかの成果に到達しうるという希望を彼が抱いていたことには、少しも疑問はない。*95

一二月六日、七日の両日、政府と軍の指導者全員が日本の次の動き、「極悪非道」の次の一手の知らせを待っていたが、彼らが不安を感じながらも、日本が取りうる他の戦略について踏み込んだ議論をしなかったことには意味がある。たとえば日本は、英米の同盟関係を考慮して、アメリカを攻撃せずにイギリスを攻撃する可能性はないのか。これは、日本が真珠湾攻撃計画を採用する前に、御前会議で詳細に検討した問題だった。アメリカでは一九四一年の早い時期には注目されていたが、一二月の時点では提起されなかった。

真珠湾攻撃直前、日本の出方を待ち続けていた時期には、奇妙な麻痺状態が蔓延していたようだ。危機の高まりを示唆するシグナルに長期間さらされた挙句の無理もない麻痺状態だった。危機を示すシグナルは、しばらくの間に徐々に不吉さの度合いを増し、その頃には明らかに大きなものになっていた。しかし、明確ではなかった。シグナルの様相は、日本がアメリカに対して直接にではなく、連合国に対して次の行動を起こすという大前提とは確かに矛盾しなかった。その根底には、アメリカは先制攻撃を行なうことができないという公然たる方針から来る消極性も存在していた。この最後の週末にホワイトハウスが検討を迫られたのは、議会と憲法の制約内でいかに適切な行動を取るか、どのようにして世論を動かすかだった。アメリカの予想はこういった国内事情に左右され、その方策もこれを基盤としていた。

## 結論

ワシントンで入手していた情報を要約すると、次のとおりである。

一　ワシントンの諜報機関は、日本の行動と意図に関して、戦域よりも多くのシグナルを入手していた。

*95 *Ibid.*, p.428f.（邦訳は前掲書）

二　ワシントンの諜報機関はまた、日本に対するアメリカの行動と意図についても、戦域よりも多くのシグナルを持っていた。

三　しかし、極東に関するこういった情報の集積は明瞭なものではなかった。それらは多数の矛盾するシグナルを含んでいた。特にアメリカの動向に関しては、重要な情報と同じくらいノイズも多かった。

四　さらに、単一の諜報機関、あるいは個人が、極東に関する情報全体にアクセスすることはなかった。

五　極東に関する情報自体、ヨーロッパ諸国の行動と意図に主に関連した膨大な情報のごく一部にすぎなかった。政府や軍の高官が主に関心を持っていたのは、ヨーロッパの情報、特に大西洋の戦闘に関するものだった。

六　大西洋やヨーロッパへの関心は、極東に払われるべき関心をそらせ、弱めただけではなく、極東のシグナルを読み誤るという結果をもたらした。

七　シグナルを読み誤ったもう一つ重要な原因は、太平洋艦隊とフィリピン増援は、日本に対する脅威としてよりも抑止力として働くと、一部の政策決定者が考えていたことだ。

八　戦域の諜報機関は、極東に関するシグナルをワシントンよりも的確に判断したかもしれないが、ワシントンで入手できるあらゆる情報を戦域に送ることは実務上不可能だった。

九　一九四一年には、情報選択のこの方針によって、役に立つ可能性のある情報が否定されることになった。この事実は、「沈黙の陰謀」によって説明される必要はない。ワシントンの軍当局は、戦域にとって最も有用な情報はなんであるかを常に適切に判断していたわけではなかったというのが、もっと冷静で的確な見方だろう。いずれにせよ、戦域への警告を作成していたときには真珠湾空襲は想定されていなかったし、それに対する警告も行われなかった。

# Pearl Harbor
## Warning and Decision

第５章

# ワシントンの諜報機関

ワシントンで入手可能だった複雑で膨大なシグナルの一部にざっと目を通したあとは、この膨大なシグナルがどのように選別され、陸海軍の諜報機関に届いていたのかを調べることが妥当だろう。どのシグナルが情報部に送られ、その後、政策決定者に提出されていたのか。情報部はどのようなシグナルを見落としたのか。その理由はどこにあったのか。

ワシントンでは、陸軍G－2は自分たちが海軍情報部よりも豊富な情報を持ち、作戦部門とも密接だと考えていた。しかし両機関の役割は、大半がきわめて従属的なものだった。情報源であるべき場合でも、配布リストにさえ含まれていないこともめずらしくなかった。中心となってあらゆる種類の情報を処理し評価すべき場合にも、評価の権限を認められないか、あるいは評価を行ったとしても、当時の作戦上の前提を無批判に受け入れざるを得ず、その評価はひどく制限された。陸海軍情報部が敵の奇襲探知を任務の中心に置いていなかったという事実もまた、情報の収集評価活動に影響を及ぼした。陸軍G－2が、破壊活動探知を主な役割と考えていたのに対して、海軍情報部（ONI）は、敵の能力を列挙すれば、見積もりによって敵の意図という厄介な問題の解決に近づけると考えていた。したがって陸軍も海軍もその情報源、とりわけ最も貴重な情報源であったマジック解読情報を十分に活用しなかった。陸軍G－2は日本陸軍がなにを望んでいるのかを追跡し、報告することが多かったのに対して、海軍情報部は日本海軍の動静を追い求めた。日本の陸海軍は、一九四〇年から四一年にかけて大きく対立していた。陸軍は北への拡張を唱え、海軍は南進を主張した。*1 一九四一年夏、海軍が議論に勝ち、両者の折り合いがついた。しかし、米軍情報部はこの知らせに注目しなかったようだ。

本章では、陸軍G－2と海軍情報部について詳しく論じる。まずはそれぞれで働いていた人たちに目を向け、どのような経験が任務のために必要とされたかを見てみよう。次に、彼らが収集できた情報と、それらをどう解釈したかを見てみたい。

## 陸軍の諜報機関

### 組織と担当者

一九四一年一二月七日の時点では、シャーマン・マイルズ准将が陸軍G－2（参謀第2部）主任参謀兼陸軍情報部長の職にあった。マイルズが最初に諜報業務に就いたのは一九一二年で、第一次世界大戦中のロシアを含め五カ国で駐在武官を務めた。一九一九年には、米国講和委員会所属将校として勤務した。極東勤務の経験はなかったが、二九年から三二年まではハワイ軍管区作戦将校（G－3）として勤務している。三四年から三八年には、ワシントンで陸軍省戦争計画部計画・企画課長を務め、このとき三つの本土外海軍区（フィリピン、ハワイ、パナマ）を監督した。その後、一九四〇年五月一日から四二年一月三〇日まで陸軍情報部長を務めた。したがってマイルズには、真珠湾奇襲を予見するために役立つような軍務経験が少なくとも一五年あった。

*1 五九一ページ参照。

すでに述べたが、第二次世界大戦初期には陸軍G－2は拡大し始めていた。所属将校は、一九三九年九月一日には二二人だったのが、マイルズが部長に就任したときには一一五人に増え、四一年七月一日には最低でも一八〇人に増えることになっていた。四一年一〇月一〇日付の組織図では、職員数（ワシントンのみ）は一六八人となっている。[*2] マイルズは合同調査委員会において、ワシントンの軍事情報課（MID）職員総数は、一九四一年一二月七日の時点では四〇〇人から四五〇人の間だったと証言している（表3参照）。

アメリカがまだ軍事費の支出をためらっていた時期としては、かなりの人数だった。通信情報部（Signal Intelligence Service）で傍受資料の解読、翻訳を行う人員が含まれていないことを考えればなおさらだ（通信隊＝Signal Corps＝は、MIDとは独立の組織で、陸軍参謀総長の直属だった。しかしMIDのブラットン大佐とは緊密な連携がとれていた）。

一九四一年一二月、MIDの四〇〇～四五〇人の職員は、管理、計画・訓練、情報管理、防諜、情報の各部に分かれていた。情報部は、本書で最も関心のあるところだ。しかし残念ながら、表3に名前が挙がっている者のほとんどは、一九四一年一二月の出来事について証言す

＊2 *Hearings*, Part 34, p.140.

## 表3　軍事情報課（MID）（1941年、ワシントン）

シャーマン・マイルズ准将（G-2 主任参謀）

ラルフ・C・スミス大佐　　トーマス・E・ロデリック中佐（補佐）
E・R・W・マッケーブ Jr 少尉　　ウォーレン・S・リチャーズ少尉

### 管理部
ラルフ・C・スミス大佐

駐在武官課
ジョン・S・ウィンスロー中佐（駐在武官、派遣員、海外偵察員、語学将校担当）

対外連絡課
ローレンス・ヒギンス中佐（国内の外国駐在武官、同派遣員、同官公吏担当）

連絡調整課
B・B・マクマホン中佐（特定の折衝業務）

会計課
ロバート・B・リチャーズ中佐（会計、資産）

人事課
ジョージ・F・アシュワース大尉（陸軍省参謀本部G-2の将校、陸軍情報部の全予備役将校の管理）

記録課
マルコルム・ヘイJr 中尉（記録、ファイル）

翻訳課
ラルフ・C・スミス大佐（翻訳、用語集作成）

首席書記官
ジョン・S・カルバート（文民職員、文民職員志願者の格付けと採用、部内の各種通信業務）

### 情報部
ヘイズ・A・クローナー大佐

管理課
M・W・ペティグルー中佐（情報部の管理業務全般、職員、外電及び通信、文書起案、速記要員）

在外職員課
H・V・ローラー大尉（新偵察員・駐在武官の任地選定（人選ではない）、情報部職員の訓練）

情勢調査課
トーマス・J・ベッツ中佐（世界各地の情勢に関連した情報を担当。情報部の中心。G-2内と陸軍長官のために情勢図を維持。あらゆる特殊研究類の作成）

渉外課
ハリー・F・カニンガム大佐（軍事情報に関して国務省、海軍情報部等との連絡）

配布課
フレッド・J・デロアン大佐（情報を要約して、「暫定情報」、「特別報告」等で報告し、陸軍内に配布）

南欧課（旧バルカン・近東課）
ウォルトン・W・コックス中佐

中欧課
ハミルトン・E・マグワイア大佐

東欧課
G・B・グエンサー中佐

西欧課
ルイス・J・フォーティア中佐

南米課
R・タウンゼント・ハード大佐
- カリブ諸島班
  - E・M・ベニテス大佐
- メキシコ班
  - ハリー・M・グウィン中佐
- 中米班
  - スチュワート・R・カースウェル中佐
- 南米西海岸班
  - T・H・ハレル中尉
- 南米アマゾン川流域班
  - ウィルソン・L・タウンゼント少佐
- ブラジル班
  - ウィリアム・サックビル中佐
- 特別班
  - ボブ・N・マッセンゲール大尉

英帝国課
L・J・コンプトン中佐

極東課
ルーファス・S・ブラットン大佐
- 日本班
  - カーライル・C・デューセンベリー中佐
  - ウォーレス・H・ムーア少佐
  - J・ベイヤード・シンデル少尉
- 中国班
  - フランク・N・ロバーツ少佐
  - ジュリアン・アーノルド Jr 中尉
  - ドワイト・エドワーズ少尉
- 東南アジア・フィリピン班
  - ホーマー・A・ステビンズ少佐
  - フィリップ・N・テーラー少佐
- 太平洋諸島・アラスカ班
  - ジョン・W・コールター少佐
  - ジョン・B・ブローダス中尉

航空情報課
J・C・ホジソン中佐

| 防諜部<br>ジョン・T・B・ビッセル中佐 | 計画・訓練部<br>チャールズ・Y・バンフィル中佐 | 情報管理部<br>W・P・コルダーマン少佐 |
|---|---|---|
| 管理課<br>W・A・ホルブルック Jr 中佐（防諜部の一般管理業務、同部の活動・政策全般の管理）<br><br>国内情報課<br>デビッド・G・アースキン少佐（破壊活動グループ及びその活動、国内情勢評価）<br><br>調査課<br>ニコラス・S・ベケット少佐（陸軍の職員、政府への不満、転覆活動、破壊活動を含む調査）<br><br>産業調査課<br>W・E・クリスト少佐（国防計画に不可欠の産業施設、通信、運輸、動力などの施設に関する情報（労働情勢やスパイ活動を含む）の入手、評価、配布。破壊活動、ストライキ、労働煽動。陸軍航空隊への雇用、秘密契約による雇用を希望する外国人への助言）<br><br>軍事情報保全課<br>カーター・W・クラーク中佐（軍事情報保全に関する政策、規則、管理手段、情報公開に関して広報局との連絡。敵通信に関する情報（旅券管理、駐在武官用暗号保全の監督））<br><br>特殊任務課<br>フランク・B・ノスターマン大尉（他課に属さない全業務）<br><br>情報保全隊課<br>ヘンリー・ゴードン・シーン大尉（保全憲兵の確保と訓練、関係規則の公表） | 計画・訓練課<br>ウォルター・A・バック少佐（陸軍部内の軍事情報活動全般の調整と監督。動員と戦争計画に対してG-2が果たす役割の調整。G-2のため、編成表、動員計画、戦争計画、防衛プロジェクトの見直しを行う。軍事情報に関連したあらゆる規則やマニュアルの見直し。他機関が担当しない軍事情報マニュアルや陸軍情報部通信教育課程の準備。予備役情報訓練資金の配分）<br><br>地理課<br>パトリック・H・ティモシー中佐（内外の地図及び地理情報の収集・編集に関連した計画・施策の策定。地図の購入、複製、配布。「情報概観」の地理関係の章の執筆、「情報概観」に添付する地図や図表の選択と作製における指導。工作兵隊及び陸軍航空隊の地図作製業務との調整。地図、地図判読、地図作製に関する規則、マニュアルの点検。連邦政府地図作製機関との連絡。連邦調査地理委員会への代表派遣） | 海軍省と協力して行う「国家情報管理」に関する計画と規制。情報管理職員の訓練。外国の情報管理組織との連絡。情報管理に関して他の政府機関との連絡。<br><br>特殊研究グループ<br>パーシー・G・ブラック中佐 |

るために議会に呼ばれたり、実際に証言することはなかった。ただし記録には、極東課の証人、特に課長のルーフス・S・ブラットン大佐の証言がいくらか含まれている。

ワシントンの職員のほかに、MIDによって選ばれ、直接監督下にあった海外の軍事偵察員や駐在武官がいた。極東の偵察員はシンガポールに三人、香港に一人とごくわずかで、報酬も少なかった。提供される情報も報酬に見合ったものだった。[*3] MIDはタイ、シンガポール、重慶、香港、北京、東京に駐在武官を置いていたが、マイルズの証言によれば、東京の駐在武官からの「軍事に関する」情報は、「かなり限定的だった」という。「日本人は極端に口が堅いから」というのが理由だった。[*4] 日本に関する軍事情報の大半は、実際には中国、タイ、朝鮮半島から来ていた。

MIDには諜報部員はいなかった。もっともマイルズは、「シンガポールのクリア大佐の下で、諜報部と呼べるような組織を発足させた。彼に渡せる資金はわずかだったが、大佐は少なくとも極東の英国情報部との結びつきを強化させた[*5]」と述べている。

＊3　ペティグルーのメモ、*Hearings*, Part 18, p.3439.
＊4　*Hearings*, Part 27, p.56.

マイルズは、イギリス、ドイツ、日本は、アメリカとは大違いで、スパイ活動に多額の資金を注ぎ込んでいると残念そうに語った。米国民はそういうことにお金を使おうとしないと考えていた。いずれにせよ、「われわれは公明正大な姿勢を維持していた」とマイルズは述べ、彼もルーズベルト大統領も、スパイ活動を認めるつもりはなかったことを示唆している。*6

マイルズによれば、日本に関する最も重要な情報源は、グルー大使のいる東京の駐日大使館と大使が国務省に送った報告書だった。マイルズはこれらに目を通すことができたという。「そのほとんどが、戦争に対する日本国民の心情と、アメリカに対する敵意に言及していた」。*7日本の陸海軍の動静については、「漠然とした一般的な」情報しか含まれていなかったという。実際、一一月一七日付のグルー大使から国務省宛の電報では、東京の大使館員、日米の連絡員は、もはや日本の奇襲に備えるよう警告を与えてはくれないと明言した。

一一月三日付……大使館発前電（現在、中国の作戦地域には含まれていない地域で、日本陸海軍による唐突な行動開始を警戒する必要がある旨を強調）に関して……。

私は、日本が、奇襲や先制といった有利な戦術に訴える可能性があることを考慮している。日本では、主要な軍事情報、副次的軍事情報の両方にきわめて巧みに統制が行われているため、大使館員、陸海軍駐在武官に対して、事前に警告を出すうえで重大な責任を負わせないよう進言する。日本の連絡員から、あるいは報道機関を通して、あらかじめ情報を得ることは期待できないだろう。日本に残っているアメリカ人は少なく、そのほとんどが東京、横浜、神戸の三都市に集中しているため、日本の軍事動向を監視することは不可能だ。また周辺海域にはアメリカなどの外国船舶がいないため、日本軍は監視されることなく各方面に兵員輸送船を確実に送り込める。最近、満州と台湾の米領事が日本軍の集結を報じているが、入手した他のあらゆる兆候から判断すると、部隊は七月の総動員令後は最短の事前通告で、南西太平洋かシベリア、またはその両方面で新たな作戦を遂行しうるよう配置されている。

われわれも十分承知しているが、わが大使館の現下の最大の急務と考えられるのは、前記方面で陸海作戦が予想される場合、その兆候を突き止め、奇襲に備えて怠りなく警戒することである。陸海軍の動静を大使館が監視する場合、それは視認できるものにほぼ限定

＊5 *Ibid.*, Part 2, p.785.
＊6 *Ibid.*, p.899.
＊7 *Ibid.*, Part 27, p.57.

されるため、役に立たない。したがって慎重を期する意味で、大使館が重大な警告を与えうるかどうかについては、できる限り割り引いて考えていただきたい。[*8]

日本と極東に関するもう一つの情報源は、ワシントンの連合国、特にイギリスの駐在武官と偵察員だった。イギリスとオランダの諜報機関もMIDに情報を提供していた。もっともマイルズは、彼らはしぶしぶそうしていたと強調している。マイルズにとって最も貴重な秘密情報源はマジックだった。ワシントンの国務省との間で、秘密情報をやり取りすることもあった。MIDの一将校が国務省との連絡係を命じられ、一九四〇年から四一年にかけては、四人の将校が順にこの任務を遂行した。

「これに加えて、私は個人的に、国務省の次官補数人と国務次官に面識があった。諜報活動に関して国務長官室にも呼ばれ、少なくとも二、三回出入りしている」[*9]。だとすれば、日本側との交渉の進捗についても逐一知らされていたかに思えるかもしれないが、実際には交渉に関してマイルズが得ていた情報は、もっぱらマジック情報に記されたものだった。極東課のブラットンはもっと現実的で、「どのような情報であれ国務省から入手するには、とんでもなく長い時間を要した」[*10]と述べている。実際、東京からの情報の方が早かった。

マイルズはさらに次のように証言した。「海軍省とは、［国務省と］同じように連携していたが、情報はもっと詳細だった。つまり、極東課の将校は、週に何度も、日によっては一日に何度も、海軍情報部の担当将校のもとを訪ねていた」[*11]。マイルズ自身は、海軍情報部長ウィルキンソン大佐と常に連絡を取り合い、ブラットンは海軍情報部極東課長のマッコラム中佐と頻繁に連絡を取っていた。

そのほかの情報源には、ハワイなど海外のG－2スタッフが含まれていただろう。しかし、彼らは所属部隊の部隊長によって選ばれ、部隊長に対してのみ報告義務を負っていた。マイルズが述べたように、ワシントンG－2と海外G－2とは「連絡」を取り合うだけの関係で、情報の交換はまったく形だけの儀礼的なものにすぎなかった。

ワシントンG－2は、「作戦に関係する」とみなされるものや、「指令」と解釈されるような情報を発信する場合にきわめて慎重だった。第2章では、「動的」情報と「静的」情報の違

＊8 *Ibid.*, p.58.
＊9 *Ibid.*, Part 9, p.785.
＊10 *Ibid.*, Part 9, p.4570.
＊11 *Ibid.*, Part 9, p.785.

いを指摘し、G－2が参謀総長に提出する見積もりには「動的」情報が含まれていたため、海外G－2には送られなかったことに言及した。もちろん「マジック」にも「動的」情報が含まれていたため、たとえ安全保障上の指示がなくても、G－2将校によって戦域に送られるはずはなかった。さらに海外G－2には、入手した「基礎」情報（「静的」情報）の受領通知を出す義務もなかった。ルーカス上院議員は、「ハワイG－2にどのような情報を送ったところで、同地の司令部はそれを完全に無視できたし、あなたには彼らがそれに基づいて行動したかどうかを知る由もなかっただろう」[*12]と結論づけた。マイルズは抗議したが、この言葉に対しては次のように述べるのが精一杯だった。「その情報をどのように使うかに関しては、ハワイ司令部の規則や方針に左右された」[*13]。同じことは、戦域から陸軍省G－2に送られた情報にも当てはまった。ワシントン以外のG－2には、情報送付義務はなかったのである。

このように、G－2という陸軍の一部署の例を見れば、情報の連絡がどれほど当てにならず、非生産的なものかがわかる。同じことは、一九四一年の陸海軍の連絡全般についても言える。もっとも両軍の関係者は、陸軍と海軍とはこれ以上望めないほど誠実で親密な関係だったと証言しているのだが。マジックについての議論で述べたように、マイルズは次のように繰り返した。「陸軍と海軍の間には、情報をすべて交換するとのかねてからの合意や方針があった」[*14]。これは、ワシントンだけではなく、海外のどの部署にも当てはまるものだった。

　緊密なコミュニケーションを装うことは、当然ながら、一部には国民に対する盾であり、もっと具体的には詮索好きな議員に対する盾だった。陸海軍の対抗心はよく知られていたが、共通の敵に直面したときには、強い忠誠心が両者を結びつけることが多い。自衛本能も働くだろう。たとえば情報将校は、自身が所属する海軍あるいは陸軍のすべての部署と緊密に連携をとっていたと公言できなければならなかっただろう。さもなければ、職務の一つの重要な側面での失敗を認めることになるからだ。情報将校の評価は、軍以外のさまざまな政府機関に通じているかどうかにも左右されるため、公の場でこういった情報源にも内々に関与していたことを証言しないとしたら、それは驚きだろう。

　しかし残念ながら、陸海軍関係者でさえ見かけの緊密さにだまされがちだったため、証言は、行動を決定づけた思い込みを映し出すことが多かった。ブラットンは、「海軍情報部で私と対等な地位にいる者からは、（ハワイの）陸軍にはこういった資料を全部渡してあると言わ

*12 *Ibid.*, p.884.
*13 *Ibid.*
*14 *Ibid.*, p.896.

れた」[*15]という。そのため、暗号機の破壊を指示する一二月三日付の東京からの電報の写しを、暗号を用いてまで陸軍のハワイ軍管区に送りはしなかった。「緊急時には艦隊はそこにはいないだろう」ともはっきり言われたという。そこ、というのは港内で、港内の艦船に対するあらゆるスパイ活動は、「日本領事館にとって時間と労力の無駄だ」[*16]とも言われた。そのためブラットンは、ホノルルの日本領事館に対する東京からの要求について懸念することはなかった。「陸海軍情報部の誰一人、一二月七日（日）の朝に艦隊主力が真珠湾内に在泊していると は知らなかった。われわれはみな、出港していると思っていた……なぜなら、それが戦争計画の一部だったし、彼らは戦争警告を受けていたのだから」[*17]。

緊密な連絡を取っているというのは事実無根だったのだが、キンメルがワシントンから受け取ったすべてのメッセージを、たとえ明確な指示がなくてもショートに見せているとマイルズが思い込んでいたのもそのためだった。ショートをはじめ、マイルズと同じように考えていた者は多かった。ワシントンでのコミュニケーションを改善しようとマイルズが試みたこと自体、この楽観的な見方を否定していたはずだ。

陸海軍のコミュニケーションが実際にどのように機能していたかを示すきわめて興味深い知見の一つは、統合情報委員会を設置する試みから得られる。G－2と海軍情報部は、情報部門と作戦部門とのコミュニケーションの不備を修正しようと試みていたようだ。

マイルズの証言によれば、彼は一九四一年七月、当時の海軍情報部長カーク大佐と会っている。二人は、七月一六日には陸海軍統合委員会に出席し、情報部門を政策決定機関ともっと密接に結びつけるよう提案した。さらに、陸海軍情報部長が統合委員会のメンバーになるか、統合委員会の一部である統合計画委員会のメンバーになるか、あるいは統合計画委員会と同格の統合情報委員会を設置するかのいずれかを推奨している。統合委員会は、最後の案（統合情報委員会の設置）を採用するよう提言した。統合情報委員会は、一〇月一一日に最初の会合を開いたが、実際に活動を始めたのは一二月八日か九日になってからだった。[*18]

最初に生じるのは、なぜ活動開始までにそれほど時間がかかったのかという疑問だ。質問を受けたマイルズは、ジェロー准将の許可なしでは会合を開くことはできなかったと答えた（ジェローは陸軍省戦争計画部長だった）。だが、ジェローだけが障害になっていたわけではない

*15 *Ibid.*, Part 9, p.4541.
*16 *Ibid.*, p.4534.
*17 *Ibid.*
*18 *Ibid.*, Part 2, p.786.

ようだ。マイルズは、統合情報委員会の前事務局長L・L・モンタギューによる覚書を最終的に提出した。それは以下のとおり。

ファイルには……ジェロー准将とターナー少将がそれぞれ作成した［文書の］たたき台がある。これらによると、提案中の陸海軍統合情報委員会の活動範囲について、両者の間で議論があったようだ。

ジェロー准将は、委員会が情報を比較対照し、分析し、その意味合いを解釈し、かつ、敵の能力と予想される意図を見積もるべきだと考えた。一方、ターナー少将は、有益な事実関係の提示に留め、見積もりや予測などはすべきではないと考えた……ターナー少将の主張が通った。*19

ターナーは、海軍内では自身の主張をすでに認めさせていた。この覚書は、お役所的な遅延をもたらしていたもう一つのからくりにも言及していた。それは、諜報活動の範囲についての考え方の相違と同じくらい重要な要因だった。

陸海軍統合情報委員会は、一九四一年まで積極的な活動はしていなかった。なぜなら、そのときまで、海軍情報部の対外情報部長は、委員会の執務室について省内の合意を得ることができなかったからだ。この問題がなければ、委員会は一二月一日までに活動を開始していたかもしれない。[*20]

マイルズは、情報の通路を広げるため、もっと進んだ考えを持っていた。一九四一年四月からは、陸軍省を含む九つの省との連絡体制を確立するための手段や方法の検討を開始している。九月には、省内及び他省との間で情報を伝達するための部署を各省内に設立することについて、文書で承認を得ている。[*21]この組織が実際に機能し始めたのか、設立承認の署名を得ただけで終わってしまったのかは定かではない。いずれにせよ、九月に活動し始めたとしても、MIDの情報入手に大きく貢献することはなかった。マイルズと陸軍戦争計画部との関係は、海軍情報部長と海軍戦争計画部の関係よりも友好的なものだった。それでも重要な方針決定や、

＊19 *Ibid.*, p.911.
＊20 *Ibid.*
＊21 *Ibid.*, p.786f.

入手可能な情報に基づく行動については、直接知らされることもすみやかに知らされることも少なかった。「私は……国務長官や大統領が、陸軍長官や参謀総長になにを言っていたかについては、まったく知らなかった」[*22]と証言している。

ファーガソン上院議員の執拗で強引な質問攻めを受けて、マイルズは疎外された状態に置かれた愚か者に見えた。しかし、もし知らされていなかったのなら責任はなかった。彼は公式の通信ではなく私信で、戦争計画部門と情報部門の密接な関係の必要性に気づいていたと記していた。そしてそのために賞賛に値する努力をしたのだが、残念なことにその努力はことごとく実を結ばなかった。

## 機能

一九四一年時点でのMIDの任務と機能はどのようなものだったのか。陸軍規則(一九四〇年)によれば、MIDの一般的任務は次のように規定されていた。[*23]

MIDは、一般的に、軍事情報の収集、評価、配布にかかわる陸軍省参謀本部の職務を遂行する。
ＭＩＤは特に、計画と方針の作成、以下の諸業務すべての監督を担う。
一　軍事面で必要な地形調査及び地図に関すること、その取得、複製、配布を含む（Ｇ－3の作製する特殊状況図を除く）。
二　陸軍省収集地図の保管に関すること。
三　駐在武官、偵察員、外国語学生に関すること。
四　全部隊の情報担当者に関すること。
五　政府の他の諜報機関、及び正式に信任状を与えられた外国の駐在武官や特使との連絡に関すること。
六　暗号及び暗号解読に関すること。
七　翻訳に関すること。
八　［削除］
九　戦時の検閲に関すること。

*22　*Ibid.*, p.967.
*23　*Ibid.*, Part 14, p.1419.

一〇　軍事情報の保全に関すること。

マイルズは証言においてこれを補い、次のようにつけ加えている。「MIDは、陸軍参謀本部の破壊活動防止対策とその実施に、具体的に、特別に、実質的には単独でかかわってきた[*24]」。彼は後日この発言を修正し、「陸軍の立場から見た世界各国陸軍の状況や、敵の行動に関してときおり[*25]」報告するなどの業務もいくらか含まれていたと述べた。この訂正によって、陸軍諜報部門の任務についてのマイルズの見方は、ファーガソン上院議員による定義にやや近いものになった。ファーガソンは、諜報機関の主な任務は、「いつ、どこで戦争が勃発する可能性があるかを判断し」、「仮想敵が戦争遂行のために保有する可能性のある能力[*26]」を見極めることにあると考えていた。マイルズは、こういった任務を尊重すべき達成目標と認めながらも、現実に達成するにはMIDの能力をはるかに超え、望むべくもなかったと述べた。「どの情報将校も、日本本土の輸送船団や攻撃部隊、機動部隊が出航する前に、その所在を確認し、どこへ向かうかを突き止めたりできるとは考えたこともなかったと私は考えている。それは、MIDの能力を超えるものだった[*27]」。ラッセルは、「G－2の面々は……日本の陸海軍が取りうる行動を予測するための日本本土やその領土内での調査を除外していたのか」と尋ねた。マイルズは、

「除外していたわけではない。グルー大使が言うように、それは大使館、特に大使館の陸海軍スタッフの主な任務だった。私が言うことはグルー大使と同じだ。そういった情報を入手できるなどとは、われわれは夢にも思わなかった。編成中の機動部隊を発見できたり、出航前にその行き先が判明したとしたら、それは軍事情報部門にとっては奇跡に近いものだっただろう」[*28]。

責任に関しては、マイルズは前述のように、ＭＩＤの任務を破壊活動防止対策と考えていた。ホノルルに対して追加指令を出すことを主張したときには、それは破壊活動に対する警戒の強化や明確化のためだった。彼は次のように詳しく説明している。

一九三九年夏、大統領は全部局に指令を出し……破壊活動及びスパイ活動防止業務は、連邦捜査局（ＦＢＩ）、海軍情報部（ＯＮＩ）、陸軍軍事情報課（ＭＩＤ）が全面的に行うこととし、他部局では行わないようにと命じた。一九四〇年五月にＭＩＤを率いるように

＊24 *Ibid.*, Part 2, p.829.
＊25 *Ibid.*, p.905.
＊26 *Ibid.*, Part 7, p.3184.
＊27 *Ibid.*, Part 27, p.62.
＊28 *Ibid.*

なってから、私は防諜部門を設置する準備を始めた……一九四一年夏までに、あらゆる種類の破壊活動防止業務はG－2の責任であること、しかもG－2だけが責任を負うことが明確になった。仮想敵による攻撃に対抗する手段については、作戦部及び戦争計画部と責任を共有していた。なぜなら、私は両部の命令作成の根拠となる情報を提供することになっていたからだ。しかし、破壊活動防止対策については、責任を負うのは私だけだった。[*29]

したがって、マイルズが主に注意を払っていたのは破壊活動防止対策だった。MIDの補助的業務は、敵の攻撃意図に関する情報を収集し評価することだった。これにどの程度注力するかはG－2参謀の裁量だった。マイルズはもっぱら収集の取り組みを重視した。このことから、外交政策を評価するうえでの欠点のいくつかが明らかだろう。これは、真珠湾攻撃前の早い時期の警戒態勢について本書で検討した際、G－2の特徴として明らかになったものだ。

## ＭＩＤの直前の見積もり

奇襲攻撃を受ける直前に、ＭＩＤが日本と極東に関して集めた資料を調べ、それらがどのように活用されたかを見てみよう。言うまでもなく最初に取り上げるのは参謀総長のための一連の見積もりである。シャーマン・マイルズの署名で、一一月一日から一二月六日の間に作成された。政府の慣習からすれば、マイルズは作成にはかかわっていなかったかもしれない。見積もりのすべてに目を通していたかどうかも疑わしい。しかし、これらがＭＩＤによる文書であることは確かであり、当時のＭＩＤが持っていた主な仮説を示すものだ。

一一月前半の文書は、日本軍が中国に至るビルマロード補給線を切断するために雲南省に侵入する可能性について、証拠の検討を行っていた。蔣介石、その特使、国務省の中国支援派は、日本軍がこういった行動に出た場合には米政府として正式に抗議するとともに、米航空機を供与するなどして中国を直接支援するよう迫っていた。陸海軍省は当然ながら、こういった支援が、アメリカを即座に日本との戦争に巻き込みかねないと考えていた。それはまったく好

＊29 *Ibid.*, p.66.

ましくない状況だった。両省はまた、十分な軍備を整えないまま日本に警告を続けていればどうなるかを懸念していた。陸軍は、フィリピンでの戦備を整えるにはもっと時間が必要だと公言していたし、海軍も、太平洋艦隊は一九四一年には増強されるどころか縮小しているとホワイトハウスに訴えていた。

このような状況は、日本軍の雲南省への侵攻可能性に関する一一月一日と一三日の陸軍省見積もりの口調と内容におそらく影響を及ぼしていただろう。二つの文書では、地形上の障害についてかなり詳細に述べられ、日本がすでに中国で戦線を拡大しすぎていること、インドシナでの当時の軍備増強の度合いを踏まえれば、侵攻部隊編成に一カ月から三カ月はかかるだろうと述べていた。陸軍がもっと時間を求めるなら、少なくとも一カ月は必要だとも記している。しかし唯一明言されていたのは、おなじみの似たような言葉の繰り返しだった。「日本軍が昆明に向かって進む速度は……中国側の抵抗の強度によるだろう……」。同時に二つの文書は、日本軍が進撃するなら、こういった動きは嘆かわしいと認めている。「インドシナから雲南に日本軍が攻撃をかけるのは、きわめて困難な作戦となるだろう。しかし、ビルマからの補給路遮断に成功すれば、対抗しようとする中国の戦力と意欲は著しい打撃を被るだろう[*30]」。

一一月二日付のＭＩＤ見積もりはもっと包括的で、七月に施行された在米日本資産凍結令以後に記されたほとんどの覚書の焼き直しにすぎなかった。そこでは、アメリカの極東経済政策が、依然として日本との戦争回避の主な抑止力とみなされていた。日本はＡＢＤ（米英蘭）との武力衝突を避けたがっていると、自信を持って想定されていた。日本は「アジア大陸で軍事的に拡大しすぎ、経済的に弱体となり、心理的には、経済構造が崩壊しかかっていることに気づいていた」。したがって、日本が「最も取りそうな行動は……アメリカからの経済的圧迫の緩和を確保するための取り組みを継続する一方、計画を完成させ、すぐに最も実りある結果を得られる方向に進むため、兵力を整備することだろう」[31]。覚書では、具体的にどの方面であるかについては言及されなかったが、いくつかの可能性は明確に除外されていた。日本はシベリア、シンガポール、タイ、フィリピン、香港、蘭印、雲南は攻撃しないだろう――少なくとも「当面は」。

ただし、この言葉は遠い将来まで確約したものではなく、限定的なものだった。覚書は、ＭＩＤが一〇月に行った予測を特徴づけていた楽観主義にいまだに支配されていた。これは、前にも述べたとおり、輸出禁止によって戦争を抑止できるとの陸軍の考え方と、フィリピン増

＊30 *Ibid.*, Part 14, p.1362.
＊31 *Ibid.*, p.1363.

強計画に基づくものだった。この楽観的な姿勢は、一一月二七日の見積もりは別として、開戦前五週間の分析の中心にあった。一〇月と一一月の見積もりの主な相違は、シベリア戦線が重視されなくなったことだけだった。一一月の見積もりには、東南アジアでの日本軍の活動を示すかなりの証拠が挙げられていた。

一一月一三日付の雲南についての報告以降、一一月二五日、二六日まではなにも記録はない。この両日、オーストラリアへ向かう米船の航路に対する日本軍の航空偵察の増加、海南島とインドシナへの兵力移動の増加、東南アジア海域、パラオ諸島、マーシャル諸島での作戦準備に集結する強力な海軍兵力についてなど、断片的なシグナルが海軍情報部からMIDに入り始めた。上海から海軍情報部に届いた一一月二一日付電報は、次のように報告している。

一五日以来、呉淞《ウースン》での動きが活発化。一万トン乃至それ以上の商船改造型を含む尋常ではない数の艦艇が在泊。水曜、輸送船一〇隻出航、うち八隻は兵員搭載。同日、さらに三二隻の同型艦が黄浦江下流に投錨。出航準備済みの上陸用舟艇を含む……。*32

G－2のコメントは以下のとおり。「中支から移動した兵力は、海南島とインドシナに向かうものと思われる。台湾への大規模な兵力集結の確証はない」[*33]（スティムソン長官には、この報告が一一月二五日午後に送られた。彼はすぐにそれをルーズベルト大統領に送ったが、なぜか手元には届かなかった。スティムソンは翌日、電話でその内容を大統領に報告したが、大統領は「かなり立腹していた」。この報告は、国務省とホワイトハウスにおいて重要なシグナルとなるはずだった）。

一一月二七日、この情報の一部を極東情勢の全般的見積もりの中に組み込み、敷衍《ふえん》したうえで、MIDは次のように警告している。

……日本が、東南アジアでさらなる侵略行動を開始する計画を完成させたことは明らかに見える。来栖大使による交渉が完全に失敗したと軍部が認めれば、ただちにこれらの計画が実行されるだろう。十分な海空両部隊に支援された約五個師団の機動部隊が、計画実行のために集結している。この機動部隊は現在南下中であるが、集結地は未定である。機動部隊は、最初に南印を通って、海路、陸路からタイに対して行動を開始するものと思われる。また日本は、この動きに対するＡＢＤ（米英蘭）三国の反応に確信が持てない

*32 *Ibid.*, p.1365.
*33 *Ibid.*

ため、南シナ海でこれらの国が最初に示すと思われる抵抗を排除するために十分な兵力を編成していると考えられる。*[34]

最後の段落は、日本はどのような犠牲を払ってもABD三国との戦争を回避したがっているというその頃までの一般的な見方とは明らかに矛盾していた。日本対アメリカあるいはイギリス、オランダとの衝突が切迫しているというのが実感だった。この見積もりは、同日の戦域宛の警告の内容をある程度わかっていて書かれたのかもしれない。この見積もりに挙げられた証拠は、大きな危機が目前に迫っていることを示していた。

一一月二七日の覚書は、極東ソ連軍の一八〜二四個の歩兵師団と、八個の装甲師団が西部戦線で確認されたというほとんど驚くに足りない知らせで始まっていた。ロシア軍の縮小は、「そういった動きが目前に迫っているとは思えない」にせよ、「関東軍のシベリア攻勢の可能性*[35]」増大を意味しているのかもしれない。それ以外の日本軍の動静に関する証拠は以下のとおり。二万四〇〇〇の部隊が北・中支から撤収し、上海付近の港から輸送船で出発。台湾及び海南島で編成された海軍機動部隊が未確認の集結点に向かう。南洋委任統治領の陸上部隊は、過去半年の間に五〇〇〇から一万五〇〇〇に増加。太平洋上の英領諸島と北マレーに対する日本軍の航空偵察に関して、英国から確認の報告。バンコク及び北部仏印からの報告によれば、日本外務省職員は、近く戦闘行為が開始されることを想定している。インドシナ駐留日本軍は、兵員最低七万、航空機計一五七。現在の必要量を超える大量の機材搬入（報告には、戦車、砲、車両、防毒マスク、舟艇などの数と型式が記載）。海南島の兵力、五万。「一一月二五日付の信頼できる筋からの情報……日本は一二月一日頃、タイ侵攻を計画。これにはクラ地峡の奪取が含まれる……一一月二六日夕刻までの間、ワシントンの日本大使は、日本側の提案と要求に応じるよう国務長官を説得したが失敗。その結果、日本が希望するアメリカの譲歩による解決はきわめて困難」[*36]。そして最後には、日本が生物、化学兵器の使用準備をしている証拠があると記されていた。興味深いのは、国務省については、アメリカの姿勢を示す「譲歩」という言葉だけを用いて日本の立場からのコメントがされていることだ。これは、国務省の政策に関するＭＩＤの情報のほとんどが、ワシントンの日本大使が東京に送った通信を解読したものだったためだろう。

*34 *Ibid.*, p.1368.
*35 *Ibid.*, p.1366.
*36 *Ibid.*, p.1367.

一一月二九日、一二月五日の見積もりには、同じような緊迫感はなかった。戦場としては、大西洋、東部(ロシア)、中東、極東の四つが想定され、「枢軸側も反枢軸側も決断を下せない」ため、連合国側には四カ月の余裕があると結論づけた。つまり、「反枢軸側には少なくとも四カ月の余裕があるだろう。その間に四大戦場の一つまたは複数で有利な立場に立ち、ナチス打倒のために選んだ長期戦略に合致し、かつ一定の物量の制限を受けながら、兵力の再編を決定しうるだろう*37」。

こういった真珠湾攻撃直前の見積もりによれば、極東が戦場となる場合には主導権は日本にあった。日本には「多数の戦略目標がある。しかしさまざまな理由から、必要な兵力を集中させ、目標のいずれかを大規模に、しかも成功を確信して攻撃することはできない。例外として考えられるのは、東シベリアでのロシア軍激減という偶発事態だろう*38」。日本軍の目標として挙げられたものは以下である*39。

a　シベリア攻撃。
b　中国との戦争の早期終結のため、雲南地区を攻撃し、ビルマロードを遮断する。
c　タイ占領。

d　タイから、

(1)　ビルマとビルマロードを攻撃、

(2)　マレーを攻撃。

e　シンガポールまたは蘭印侵攻の準備として、フィリピンと香港を攻撃。

f　フィリピンと香港を牽制あるいは孤立させ、そして、

(1)　シンガポールを攻撃。

(a)　直接海路から。

(b)　タイとマレーの陸路からも同時に攻撃を行う。

(2)　蘭印を攻撃。

g　事態の好転を願いつつ、前述の行動のいずれかを遂行するための好機を待つ。

h　アメリカの調停による全般的な解決の模索。これには、東南アジアと南西太平洋地域への政治・経済的進出に関する米英の合意が含まれる。

*37　*Ibid.*, p.1374.
*38　*Ibid.*
*39　*Ibid.*, p.1371f.

i　枢軸側から脱退して、外交政策全般を新たに策定する。

これらの選択肢を検討したＭＩＤは、日本の支配的勢力を一掃しない限り、（h）と（i）は不可能だと判断し、「日本が最も取りそうな行動はタイ占領である」と結論づけた。アメリカの役割については、「極東戦域でのわが国の影響力は、海軍力の脅威と経済封鎖の取り組みによって示される。どちらも、日本が枢軸側の一員として全面戦争に突入するのを抑止する主たる要因である。もしわが国が日本との戦争に突入すれば、フィリピンやマレーシアの拠点に所在する海、空軍力によって、日本に本格的な攻撃を加えるだろう」*40と、今ではおなじみの士気を鼓舞するスローガンを繰り返した。

さらに一二月五日の補助的見積もりでは、ＭＩＤは日本に対する分析を深め、枢軸国側と連合国側との間で板挟みになっている日本の姿を示した。これは、アメリカと、あるいはイギリスとさえ、今にも戦争を始めようとしている国の姿には到底見えないものだった。この分析は、合同調査委員会で示された、真珠湾攻撃直前のＭＩＤの見解を示す重要な文書であるため、以下に詳しく引用しておく。

日本が一九四〇年九月、独伊両国とともに署名した三国間条約は、当時、ヨーロッパでの戦争に参加していなかったアメリカその他の国（ロシアを除く）が枢軸国の一国を攻撃した場合にはその国を攻撃するよう、日本に要求している。しかし、ナチスの攻撃に対するロシアの激しい抵抗は、枢軸国の一員として義務を遂行しようとする日本の熱意をそぐものだ。豊田外相の後任である東郷外相は、日本の外交政策に変更はなく、日本は三国同盟を遵守する旨を明言しているが、有利な立場を確保するためにその義務を放棄し、枢軸を脱退する兆候さえ見られる。日本は東アジアに途方もない野望を抱く一方で、極東での米英勢力の強化や中国での相変わらずの膠着《こうちゃく》状態を踏まえれば、こういった野望を実現するための戦略的立場がますます危うくなっていることを理解している。日本政府指導者は、これ以上の軍事的冒険を企てることは危険だと気づき、太平洋での全面戦争を避けたがっている。日本はあらゆる手段を駆使してアメリカを籠絡《ろうらく》し、「両国間のあらゆる未解決問題を平和裏に解決することを目指す」ことで合意しようとしている。これはつまり、東アジアにおける日本の領土的、経済的権益の承認を意味する。この矛盾する欲求は、ほ

＊40 *Ibid.*, p.1378.

とんど絶望的な優柔不断状態をもたらしている。来栖大使がアメリカとの交渉を平和的に進めようとしたときに日本の新聞が大言壮語をしてみせたことは、日本における調整の欠如、優柔不断、混沌とした政治情勢を如実に示すものだ。陸軍の激しやすい者たち、黒龍会、その他の強硬派は、現政府指導者によるいかなる大きな譲歩にも激しく反対するだろう。このように来栖大使や他の使節の交渉成功を主として妨げているのは、たとえ東條首相が陸軍軍人であっても、陸海軍や超国家主義的秘密結社を統制しているとは言えないという事実にあった。統制が保証されるまでは、交渉によって合意に達することはあり得ない。極東に関して日本が示しうると思われた譲歩にも、日本政府は過激な姿勢をとったため、来栖大使の交渉が今や失敗に終わったことは明らかである。

……

以前ほどの熱意も確たる指導力もない状態で、日本人は神が定めた運命と信じる道を歩き続けている。しかも、その運命が彼らをどこに導くのかは定かではない。事実、日本人がますます危機感や不安を深めている兆候がある。彼らが恐れているのは、現在の進路が、一国だけではなく複数の国を相手とする大戦争に向かうことだ。日本の現状では、仮に日本が戦争に向かうのなら、国民は自信を持ってではなく、やけっぱちで戦争に突入することになるだろう［傍点は著者による］[*41]。

一一月二七日と二九日の内容が大きく違っているのはなぜだろうか。おそらく二日という時間の経過によって、実際に緊張が緩んだためだろう。しかし、ＭＩＤの得ていた情報レベルを示すほかの記録と照らしてみると、執筆者が二組いた可能性が高い。一一月二九日の見積もりは、「定期情勢見積もり概要（一九四一年一二月一日〜一九四二年三月三一日）」と題されているが、一一月二七日の方は、「極東情勢の最近の進展」と題したシリーズの一部である。三カ月の見積もりでは、前回の見積もりの記述をそのままかなりの部分取り入れるのが常で、たまに削除したり、新しい記述を挿入したりするだけだ。このような構成では、いわば形が定まっていて、最新の資料が追加されにくい。特に新しい資料がまったく異質なもので、本文の基本的な前提を変えてしまうような場合にはなおさらだ。一一月二七日の記述内容は、本文全体に変更を迫るものだっただろう。なぜなら、来栖大使の交渉が失敗に終わったことが明確になれば日本はただちに太平洋で戦争を開始するとの推論が正しければ、そのときが来たのであり、

＊41 *Ibid.*, p.1381f.

日本が枢軸側から脱退したり、連合国側が動員に四カ月もの時間をかけることは、まったく考えられなかっただろう。

一一月二七日の見積もりは、ほとんど修正なしで極東課が出したものだったのかもしれない。マイルズが証言したように、極東課は「MIDや私自身に比べると、日本との戦争の公算が大きいと何カ月も前から考えていた。そういう見積もりができたからこそ、彼らは普通以上に高く評価され、有能だったのだろう」[*42]。しかし極東課の見積もりは、評価部門、そして情報担当部門のトップを経てマイルズの手元に届くまでに手加減されるのが普通だった。「さて、見積もりは極東課を離れるとすぐ、われわれが当時考察していたはるかに大きな状況図の一部として組み込まれてしまい、アメリカの安全と、南米諸国の活動全体に直接脅威を与えるかに見えたヨーロッパでの死に物狂いの戦争に目を向けた」[*43]。

どのような理由があったにせよ、最終報告時に一機関内でこういった不一致が存在すれば、助言者としての価値にいくらか疑念が生じるに違いない。

MIDの見積もり、特に極東に関するものには、一つの重要な秘密情報源として、東京からワシントンをはじめとする在外公館に宛てたマジック情報があった。マイルズは、自身の見積もりは常にマジック情報を考慮に入れていたと、再三証言している。MID内では、マイルズと極東課長ブラットン大佐だけがマジックを読む権限を持っていた。しかし見積もりそのものには、マジックの秘密情報が用いられていることを示す証拠はなかった。例外は一一月二七日の見積もりで、日本のタイに対する策略と日米交渉失敗の二点は、マジックを直接の情報源としていると思われる。ほかの見積もりには、マジック情報が示す緊急事態に相応する緊急警報はなかった。一一月二五日、二九日をデッドラインとする通知、日米関係断絶についての二八日の予告、主要全大使館における主要暗号破壊を命じる一二月三日の命令、気象暗号設定についての指示、隠語暗号の設定、駐ベルリン日本大使に宛てて、「なんらかの武力衝突によって、英米と日本との戦争が勃発する危険性が極めて高いこと……この戦争の発生時期は誰もが想定していたよりも早まる可能性があること」をヒトラーとリッベントロップに伝えるようにとの一二月一日付通信。これらはどれも、ＭＩＤの報告には盛り込まれていなかった。西部劇映画の中で「ウィリアム・テル序曲」が控えめに奏でられるように、マジックは表にはあらわれないまま不安をあおり続けていたように見える。その一方で、マジックという情報源の存在を知っていることで、マイルズは日本の実情を正確に把握しているとの安堵感を抱いていたの

*42 *Ibid.*, Part 2, p.817.
*43 *Ibid.*

である。

つまり、前提を覆すような新材料を、ただちに定期的な情報見積もりに盛り込むことは、ありそうもないということだ。あるいは、見積もりにかかわる分析者には、マジック情報を的確に評価する時間も能力もなかったとも考えられる。ブラットンの極東課を除けば、おそらくこの二つの結論はどちらも正しいだろう。すでに述べたように、ＭＩＤの誰もマジック情報を見たことはなく、見たとしても急いで目を通すだけだった。ＭＩＤの文書のほとんどは、マジック情報を見たこともない下級職員が作成していたのである。マイルズとブラットンはマジックを見ていたが、ブラットンは別として、陸軍部内でマジック情報配布先に指定されていた者は、日本人の心理をかなり単純な定式でとらえていた。言うまでもなく、日本人は狡猾《こうかつ》で、その言葉は信用できないとの認識である。そしてこのことは、日本人が出先機関にひそかに伝える言葉にも当てはまると考えられていた。このため、ワシントンでの交渉役に伝えられた戦争の恐れや警戒、交渉終結のデッドラインに関する通知は、マーシャルの言うように、常に「割り引いて」受け止められていたのだった。

日本のスパイ活動に対しても同じで、その情報は必要以上に詳細で、限りなく細部にまで及んでいたため、陸海軍の諜報専門家は、日本がホノルルのスパイに、真珠湾の米艦船の出入港や停泊の情報を求めていることも無視する結果になった。

しかし、マジックを十分に活用しなかったのは、なにより極東問題が、大西洋やヨーロッパ問題ほどには関心を引かないように見えたためだった。そのうえ陸軍G－2は、日本の海軍よりも陸軍に注目していた。その結果、日本陸軍が海軍の南進計画に同意したあとでさえ、日本陸軍はあいかわらずシベリアを目指していると考え、そのように報告していた。すでに見てきたようにＭＩＤは、一一月二九日になってもシベリアを日本の優先目標とみなし続けていた。七月三〇日以降、極東問題の背景には、対日禁輸政策とフィリピン防衛計画とが日本の侵略阻止に有効だとの楽観的見方があるように見えた。この楽観論は陸軍全体に浸透していた。ＭＩＤでは、外敵の攻撃よりも防諜活動に注力することによって、なおさら強化されていたのである。

こういった状況が、生の情報素材に対するマイルズの対処にどのように影響したかを見てみよう。たとえば「マジック」フォルダーで配布された、スパイ活動に関する一連の通信がある。この中には、真珠湾を五地区に分けるあの有名な九月二四日の通信が含まれていた。マイルズは最初、これらが日本海軍からのものであり、それゆえＭＩＤの関知するところではないと考えた。評価し、対応策を講じるのは海軍情報部の責任だと考えたのである。*44 マイルズは当然ながら、極東の蘭印などの地域における日本の動向よりも、「日本軍が米領海内、パナマ、ハワイ、フィリピンで米艦を追っているという事実の方に関心を持っていた」[*45]。とはいえ彼の関心は「全般的」なものであって、この情報を「特別扱い」したり、前述の本土外地域攻撃に対する予防措置を検討したりすることはなかった。マイルズによれば、マジックの内容を検討しようにも、書かれていることを読むしかなかった。マジック情報はどの対象地域についても同じことを言っていたため、緻密で有能な日本のスパイ像が強化されただけだったという。

ルーカス上院議員は合同調査委員会で次のようにマイルズに問いかけた。東京の東郷外相からホノルルに宛てた通信は、ホノルルの正体不明のスパイから東京に宛てた連絡よりも深い分析や注意を要したのではないか、東京からホノルル宛に多くの指令が送られたのに対して、パナマ運河地域宛には一通だけだったことから、日本政府はパナマよりも真珠湾に興味を持っていると考えられたのではないか。マイルズは、この種の分析に意味があるとは思えないと答えている[*46]。同様にマイルズは、傍受地点が連絡内容の解明に資するかもしれないとは考えなかった[*47]。

マイルズが海軍関係情報をシグナルとみなさなかったことは、よくある責任逃れだと説明できる。あるいは、陸海軍の諜報機関それぞれの関心領域や調査対象をめぐる敵対心によるとも言えるだろう。情報の中には、陸軍か海軍どちらかに属すると考えられるものもあった。そのためマイルズは、海軍の解釈との食い違いが生じることを恐れて、日本海軍に関する資料を積極的に活用することを控えたのかもしれない。いかなる理由であれ、マイルズはこれらの通信を、外敵からの攻撃という点から真剣に考慮したことは一度もなかった。そのうえ正式な分析もまったく行わなかったことから、当時の陸軍省の解釈を信じ切っていたことがわかる。目的が犯罪の解決であるか情報の見積もりであるかは別として、素材をさまざまな角度から見ようとすること、あまり一般的ではない前提からもとらえようとすることは、有能な捜査官に欠かせない姿勢である。妥当な判断かどうかを示す一つの指標は、省の現在の方針の基盤となっていた前提との一致である以上、この種の柔軟性を発揮すれば、信頼できる見積もり担当者という評価を得られないだろう。とはいえ諜報活動は、この選択、歓迎されるか警戒を促すかの選択に常に直面することになる。

*44 *Ibid.*, p.859ff.
*45 *Ibid.*
*46 *Ibid.*, p.891.
*47 *Ibid.*, p.962.

MIDでは、英諜報機関から入手した情報に対しても、おおむね同じような扱いをしていた。たとえばロンドンからG－2に宛てられた一一月九日付暗号無電は、次のように伝えた。

日本軍の攻撃可能性が最も高いのは、蘭印である。駐東京英国大使によれば、日本はすでに必要資源を仏印やタイで確保できるため、あらためてタイを攻撃することはないという。英領マレー攻撃は困難な作戦になるだろうし、噂のビルマロード攻撃もかなりの労力を要するだろう。蘭印は、南洋委任統治領からひそかに攻撃でき、日本が必要とする石油の供給源にもなるだろう。情報提供者は以前の見解を転換し、日本はアメリカとの戦争回避のためにあらゆる努力をしなくてはならないとはもはや考えていないという。この予想される作戦は米英両国に既成事実を突きつけるだろう。*48

G－2は、一一月の見積もりと少しも変わらず楽観的な見方をしていた。

G－2は、蘭印への攻撃可能性があるとしても、次の理由によって実現しないと考える。

一　たとえ奇襲攻撃が行われるとしても、その前に米英が行動を起こすと思われる。

二　フィリピンとシンガポールを迂回しようとするのは、日本にとって危険が大きい。

三　オランダがその石油関連施設を即刻破壊する準備をしていることを日本は知っているに違いない。したがって、日本が石油を入手するには一年以上かかる［傍点は著者による］。[49]

英大使がこれまでよりも悲観的な見方をするようになったことについて、「英大使が従来の見解を翻《ひるがえ》し、日本がわが国との戦争を阻止するためにあらゆる努力をすることはないと考えていることは重要である。こういった変化は想定外ではない」とG－2は述べている。[50] このコメントは謎めいていたが、なんらかの意味があるとすれば、「おもしろい。だが、イギリス人はどう考えるのかね」と言っているかのように見える。

合同調査委員会報告書には、英諜報機関の資料がほかにもう一つだけ記載されている。そ

*48 *Ibid.*, Part 16, p.2140f.
*49 *Ibid.*, p.2141.　日本は、「即刻破壊」を防ぐ落下傘部隊を投下することによって、この事態に対処した。
*50 *Ibid.*

れは一一月二一日の長文暗号電報で、「一一月一八日までに入手できたあらゆる情報に基づき、日本に関する英諜報機関全体のコンセンサス」[51]を提示していた。イギリスの見積もりの結論は、「大規模戦争の危険は極力避け、(日本が) 最初に選ぶと思われる目標[52]」としてタイを選んでいる点で、一一月二九日のMID見積もりにかなり合致しているように見えた。しかし、英情報部の見積もりの口調は、ブラットン大佐の極東課が作成した一一月二七日付報告書が訴えていた切迫感にかなり近かった。「日本が英米との武力衝突のリスクを冒す決断をしたかどうかは定かではない。しかし事態は、日本にすみやかな決定を促す方向で動いている。日本は、ワシントンでの現在の交渉が解決の糸口を与えてくれないかと期待している。来栖大使の到着によって交渉は山場を迎え、その結果次第で方針の基本的決定がなされるだろう[53]」。

G－2は、この電報に関してコメントを残していないが、イギリスの危機感は、ブラットンの場合と同じく、MIDという組織を通過するうちに緩和されたと考えられるだろう。インドシナでの日本軍増強に関する英米両情報部の意見を比較することによって、一一月下旬の両者の見積もりの違いを測ることができる。一一月二一日、マニラの米軍情報部は、ワシントンのMIDに対して、日本軍増強に関する見積もりを提出した。一方、英情報部は、同様の見積もりをホノルルの出先機関に送っている。[54]その結論は次のとおり。「日本は英米との早期開戦をもくろんでいる。現在、ソ連を攻撃する意図はなく、南方で行動を起こすだろう」[*55]。これに対してMIDの将校は、マニラと上海のシグナルを見て、「別の情報がない限り、これはおおむね通常の移動、すなわち、日本が以前、ヴィシー政府に送った通知と同一線上にあるものである」[*56]と考えた。G－2のこの意見は、一一月二六日付で陸軍長官から大統領に送られた覚書にも見られた。この日は、日本がデッドラインを通知した一一月二九日に不愉快なほど近かった。[*57]

極東情勢に対するブラットンの受け止め方は、MID全体を代表するものではなかったため、マジックにあらわれたほかのシグナル、たとえば暗号焼却などをMIDがどのように利用したかについては、主にマイルズの証言に頼らざるを得ない。ここで、一一月中旬と一二月一

＊51 *Ibid.*
＊52 *Ibid.*, p.2143.
＊53 *Ibid.*
＊54 *Ibid.*, Part 35, p.203.（クローセン供述書）と *Majority Report*, p.142.
＊55 *Majority Report*, p.142.
＊56 *Hearings*, Part 5, p.2081.
＊57 *Ibid.*, Part 20, p.4476. ルーズベルト大統領はこれについて聞いたとき、「癇癪を起こしそうだった」。スティムソンはルーズベルトに対して、イギリスの一一月二一日付見積もりを送っている。

日の見積もりについて、マイルズがどのように述べているかを見てみよう。それは、開戦直前のシグナルに対する自身の反応と、一二月の第一週にＭＩＤがどのような行動を取ったかを示すものだ。ここでも、ある危険な状態が起きる可能性があまりにも低いために誰も聞く耳を持たないとしたら、警戒を促すシグナルが耳に届く可能性は低いという事実が明らかだ。

マイルズは、一一月中旬の見積もりを次のように要約している。

われわれが確信したことの一つは、日本が自ら極端な行動に走らざるを得ないような危機にほぼ確実に直面しているということだった。一九三九年の対ソ軍事行動は失敗に終わり、中国との長期にわたる戦争も高くつき、まったくの不首尾に終わった。勢力を拡大していた軍閥は、面目を失いかけていた。わが国は禁輸などの措置によって日本を経済的に包囲していたが、日本の過激な行動は複数の形で具体化されるかもしれない。ソ連を攻撃することによって枢軸側を直接支援する可能性もある。南方にさらにはけ口を求め、蘭印をなんらかのカムフラージュによって掌中に収めるかもしれない。香港とマレー連合州、タイ、あるいはビルマの資源を狙うかもしれない。対中戦争を強化する可能性もある……。

……最後に、日本は世界の二大海軍力を同時に攻撃することによって、すでに圧迫されている軍事資源にさらに莫大な負担を加えるかもしれない。この選択肢をとった場合にだけ、わが国が巻き込まれることは明らかだろう。当時の私は、蘭領、タイ、あるいは極東の英領防衛のためであっても、ましてや中国やソ連の防衛のためにわれわれが戦争を始めてしまうだろうかと疑っていた。*58

マイルズは、一二月第一週の見積もりは次のようなものだったと振り返っている。

一一月二七日にマーシャル大将の戦域への打電を促した危機的状況は、日米開戦の可能性がきわめて大きくなっていたことを、確かに示すものだった。

一二月三日には、日本が暗号を焼却していたことを知り、戦争が十分予想される段階、あるいはそれ以上の可能性があると見積もられた。したがって一二月七日に私が質問を受

*58 *Ibid.*, Part 2, p.817.

けていたなら、日本との戦争が目前に迫っている、あるいはかなり近い将来勃発すると答えたはずだ。
一二月六日には、海軍の旧友キンケード提督に別れの挨拶をしたのを覚えている。提督は、巡洋艦戦隊指揮のために出発するところだった。そのとき私は、急いで出発した方がいいと伝えた。間に合うかどうかわからないと思ったからだ。*59

これらは、どちらも真珠湾攻撃後に振り返って作成されたものだ。あと知恵という利点がありながら、「日本との戦争が……かなり近い将来勃発する」との言葉は漠然としていた。日米のどちらが先制攻撃を仕掛けるかについては、マジック同様、明確に述べられてはいなかったし、日本が連合国の一つを攻撃したのちに徐々にアメリカとの開戦に持ち込むと考えていたのか、それとも直接アメリカを攻撃してくると考えていたのかも明らかではなかった。合同調査委員会より前に開かれた陸軍査問委員会でも、マイルズはどちらの立場にも立たなかった。

私は、日本がなんらかの行動、かなり極端な行動をほぼ同時に取るに違いないが、それが必ずしもアメリカに対する公然たる攻撃になるとは限らないだろうと考えていた……日本がワシントンでの交渉を打ち切ったなら、アメリカとの公然たる戦争に至らないとしても、日本がなしうることは多々あった。われわれはあらゆる可能性を考慮していた。[*60]

真珠湾攻撃前の一〇日間、マイルズには次のような情報が入っていた。スタークとマーシャルから大統領に宛てた一一月五日付あるいは二七日付の文書作成には加わっていなかったが、「特にフィリピンでの兵力増強のために可能な限り時間を稼ぐことが、陸軍参謀総長、陸軍長官の意図である」[*61]ことはおおむね承知していた。台湾沖の輸送船団に関する一一月二七日の警告にはかかわっていなかったが、およその背景は理解していた。極東課が一一月二七日付で作成した危険を伝えるシグナルには目を通していただろう。また、日米交渉の打ち切りについてもある程度知っていた。一一月二九日までには、マジックを通して、「日本政府筋は、一一月二六日付の米国政府からの通知を、ワシントンでの外交交渉の最後通牒とみなしている」[*62]

＊59 *Ibid.*, p.817f.
＊60 *Ibid.*, p.970.
＊61 *Ibid.*, p.805.
＊62 *Ibid.*, p.943..

ことを知っていた。一一月二八日に翻訳されたマジック情報には、一〇項目提案に対する日本大使の反応が記されていた。「……われわれは唖然とし、東京にこの内容を伝えることもはばかられるほどだと述べた」[*63]。マイルズは、マジック情報によって、大詰めの外交交渉の細部にも部分的には通じていた。

マイルズが、暫定協定案について一度も意見を求められなかったことは念頭に置いておく必要がある。暫定協定案についても一〇項目提案についても、ハルが決定を下すまで知らなかった[*64]。国務省所管事項については、マイルズに意見を求めたり、情報を伝えたりすることにはなっていなかった（ニューヨーク・タイムズ紙が、MIDよりも先に禁輸措置についてかぎつけたことからも明白だ）。しかし、マイルズは戦争計画部長ジェロー准将とは常に密接に接触していた。というのも、ジェローは情報評価に関してはマイルズに頼っていたからである。ハルが日米交渉の継続を断念したとマイルズが一一月二七日に知ったのは、戦域への警告に関連してジェローから教えられたのだろう。マイルズは国務省から知らせを受けていなかったし、二六日午前一〇時四〇分に開かれた陸軍参謀会議にも、一一時三五分の陸海軍統合委員会にも出席していない。

ジェローの言葉とは裏腹に、マイルズは一一月二七日の警告案作成には加わっていないと証言した。[65]ただし警告のおよその内容は知っていたし、海外のG－2に破壊活動の危険に対する警戒を求めるには不十分だと思ったと述べている。そのため彼は、一一月二七日、「対日交渉は事実上頓挫。敵対行動のおそれあり。破壊活動が予想される。司令官と参謀総長にのみ伝達のこと」との追加警告を海外のG－2に送った。これは同日付のマーシャルの陸軍警告に相応するものだったため、マイルズはこれを送信する許可をジェローから得ていた。一一月二八日には、アーノルド少将とともに、破壊活動に関する類似の、もっと詳しい続報の作成に加わった。

一一月二八日、「風」暗号設定の知らせがマジック情報によってマイルズのもとにもたらされた。彼とブラットンはこの通信を二四時間監視するための特別な体制を整えた。日本側の設定したデッドラインである一一月二九日が始まり、終わった。インドシナでの日本軍増強の知らせはその後もマニラから続々と入って来た。一二月二日のある報告書では、一一月一〇日以来、日本軍六個師団（兵力一〇万人）がインドシナ北部のハイフォン港に上陸したようだと

*63 *Ibid.*, Part 12, p.182.
*64 *Ibid.*, Part 2, p.801f.
*65 *Ibid.*, p.829.

記されていた。この数字は船舶の積荷目録によるものだった。G－2はこの数字を「一応は」認めたが、「日本の輸送船が……報告されているとおり確認されたかどうかは疑わしい」と述べ、兵力は「港の荷揚げ能力のほぼ三倍」だったと指摘している。しかしG－2は、日本軍がインドシナ南部に上陸した可能性を示唆し、インドシナの当時の日本軍総兵力を一〇万五〇〇〇と見積もった。[*66] この控えめな見積もり自体、憂慮すべきものだった。

マイルズの入手していた情報で次に重要なものは、暗号破壊を命じる一二月三日付の東京からのマジック情報だった。極東課長ブラットン大佐は、この知らせを受けるとすぐに若手将校の一人を日本大使館に向かわせ、「裏庭で書類を燃やしていないかを調べさせた。この将校は戻って来て……そのとおりだったと報告した」。[*67] この日、ブラットンとマイルズは、用心のため、極東の駐在武官と偵察員に対して、暗号の大半を破壊するよう命じた。[*68]

一二月五日、「風」暗号発動と思われる情報を受信した極東課は興奮に湧いていた。ブラットンはこのとき、この情報は本物であり、日英関係の断絶を示すものだと考えた。そして通信文を作成してホノルルのG－2に送り、東京の気象予報に関してロシュフォート少佐と接触するよう指示した。もともとの動機はともあれ、「ロシュフォート少佐は、ワシントンの海軍情報部の業務全般に通じている」[*69]と海軍のマッコラム中佐から聞かされていたため、フィールダーとロシュフォートとが連絡を取り合えるようにと考えたとブラットンは証言した。このことについてのマイルズの記憶は定かではなかった。

一二月五日には、パナマ運河地区に送るため、さらにもう一通の通信文がＭＩＤで作成された。「最優先」や「至急」の印は付けられなかったため、発送されたのは一二月七日になってからだ。この文書の内容はもとより、通常の配布として処理されていたことは、警告の緊迫度を和らげようとする陸軍のいつもの傾向が反映されているように見える。「日米関係緊迫。外交関係断絶の場合は追って知らせる」[*70]。これを読むと、確かにその時点では断絶が迫っていないように見えた。表向きは交渉を続けるという日本の策略が、部分的には成功していたようだ。

一二月六日、ＭＩＤは、インドシナの日本軍兵力について参謀総長のために見積もりを作成した[*71]。同地域に一二万五〇〇〇の日本軍（北部二万五〇〇〇、南部八万二〇〇〇、港内の船上、

＊66 *Ibid.*, Part 5, pp.2079-2081.
＊67 *Ibid.*, Part 9, p.4576.
＊68 *Ibid.*, Part 14, p.1409.
＊69 *Ibid.*, Part 9, p.4596.
＊70 *Ibid.*, p.4579.

具体的にはカムラン湾の二一隻の輸送船上には推計一万八〇〇〇）、海南島五万、台湾四万。他の兵力（数は不明）は、上海南方からインドシナに向かっているとも報じられていた。この見積もりは、ホワイトハウスに報告するために参謀総長が求めたものだった。

マイルズが土壇場のシグナルを受け取ったのは、こういった状況においてだった。クレーマーが、この日受け取った最後のマジック情報を持参した六日（土）午後一〇時三〇分頃には、マイルズは妻とともに招かれた海軍情報部長ウィルキンソン大佐の家で夕食を取っていた。このとき彼は、一四部構成の文書のうち第一三部までを読んだ。一四部構成の文書が届くことを伝えるパイロット通信には、その日の午後早い時間に目を通していた。合同調査委員会では、次のように証言している。「一三部までには軍事的重要性はほとんどなかった。一一月二六日の米側提案を、交渉の基礎として受け入れることを拒否するというもの、つまり、当時すでに予測し考慮に入れていた結論にすぎなかった[*72]」。後日、マイルズは次のようにつけ加えた。

われわれは準備を怠ることなく、一一月二六日の通信に対する日本からの否定的な回答を数日間待っていた……東京からワシントンにいる日本大使に宛てた通信を傍受し、解読した。この回答を受領次第保管し、米側への伝達に関してはその後の指示を待つように、というものだった。[*73]

そのためマイルズは特段警戒することもなかった。ブラットンに命じて、第一四部が届くまでは一三部までの送達を控え、全部揃ったところで日曜の朝にマーシャルに届けるようにした。「私が見る限り、一二月六日の夜に参謀総長……ましてやハル国務長官を起こして警戒を促す理由はなかった」[*74]。しかし、「第一四部を入手したとき、それまでのものとはまったく内容が違うことに気づいた。午後一時の通信は、まったく異なる様相を示していた……」[*75]。

日曜の朝、二通の最後のマジック情報を受け取ると、マイルズは戦争計画部長ジェロー准将にマーシャル大将と会ってもらうよう手筈を整えたり、自身で戦域に追加警告を発したりした。主にブラットンの切迫した様子に促されたように見える。

ブラットンは、日本からの長文通信の第一四部にとりたてて反応しなかった。この種の結

*71 *Ibid.*, Part 14, p.1384.
*72 *Ibid.*, Part 2, p.925.
*73 *Ibid.*, p.940.
*74 *Ibid.*, p.942.
*75 *Ibid.*

論は予想されたし、すでに一二月五日には、戦争計画部に対して、交渉決裂は日本のアメリカへの宣戦を意味するという自身の解釈を伝えるためにできる限りのことをしていた。ブラットンがきわめて正確に指摘したように、重要なのは、第一四部がようやく到着したこと、そこには日本からの新たな対案は含まれていないということだった。しかし「日本大使が自分の金庫に保管している限り、ワシントンにそれが存在していても、軍事的にはなんの意味もなかった」[*76]。これがパイロット通信の指示が意味するところだった。

日曜の午前九時頃か、その少し前、ブラットンは午後一時指定電報の写しを受け取り、すぐさま「激高した」。当該時刻、あるいはそれに近い時刻に「太平洋の米軍施設を攻撃すること」を意味していると確信したため、ほかの仕事はすべて放り出し、警告を発する権限を持つマーシャルとジェローに真っ先に連絡しようとした。そして次にマイルズに連絡を取った。マイルズに会えたのは午前一〇時頃だった。しかしその後たてこんでしまい、マーシャルに写しを渡せたのは、マーシャルが執務室に入った午前一一時二五分だった。その日曜日のきわめて悲惨な光景の一つは、マーシャルが一四部からなる報告書に読みふける一方で、ブラットンとマイルズは口をはさめずに机の横に立ち尽くしている、というものだった。ブラットンは、一度マーシャルの注意を引こうと試みるも失敗したようだ。マーシャルは、一四部の文書を読み終えると、ようやく午後一時指定電報に目を通した。その反応はブラットンと同じく敏速、的確であり、わずか数分で戦域への警告を作成し、発信した。誰もが知るように、この最後の警告は奇襲後数時間してから到着した。

ほかにも真珠湾攻撃直前にワシントンで入手できたシグナルがあったが、MIDに到達したのはそのうち一つだけだった。それは、一二月六日に海軍情報部からG－2防諜部のW・A・ホルブルック・Jr少佐宛に電話で次のように伝えられた。「信頼できる筋の情報では、ワシントンの日本大使館が昨夜、暗号書と暗号を焼却した」[*77]。この情報が防諜部内に留まり、極東課に回付されなかったのは明らかだった。

MIDに到達しなかったきわめて重要なシグナルは、クラ地峡に向かう二大輸送船団の動きを伝えるもので、一二月六日にロンドンのウィナント大使とハート海軍大将のそれぞれから国務省、陸海軍省に打電された。これらのシグナルを入手していたなら、MIDの見積もりがもっと違ったものになっていたかどうかは疑わしい。真珠湾攻撃後、マイルズとブラットンは、これらをすでに想定していたことの単なる確認とみなした。

*76 *Ibid.*, Part 9, p.4529.
*77 *Ibid.*, Part 8, p.4053.

マイルズの行動は、破壊活動に対する高度な警戒態勢という点では確かに賞賛に値するものだった。その一方で、外からの攻撃に関しては警戒心が薄かった。なぜなら、そういった警戒は彼が担う主な責任ではなかったからだ。マイルズは、陸軍のほかの者と同様、戦争が「迫っている」と確かに感じていた。「当時の陸軍は……増強、訓練、演習その他に余念がなかった。開戦前に戦備が整っていたとしても、陸軍としては、戦争がどこで起こるかに大きな関心を寄せていたとは言えないだろう」[*78]。マイルズもそう考えていたらしく、戦争の開始よりも、始まってから戦場に到着し、戦う能力の方を重視していた。彼の任務は、戦闘に注ぎ込まれるべき多くの装備品を破壊活動で失わないよう目を光らせることだった。

これに対してブラットンは、極東に関する専門知識と関心を持ち、マジック情報にも通じていたため、外からの攻撃を示すシグナルを警戒していた。午後一時指定通信に対する彼の解釈は、次の四点に基づいていた。第一に、一四部からなる不愉快な文書は金庫にいったん保管されたうえで届いている。第二に、その文書は、外交交渉にはきわめて異例な日曜日に届けられる予定になっていた。第三に、可能であれば、ハル長官に直接手渡すようにと指示されていた。第四に、その日の特定の時刻に手渡すことになっていた。特定の時刻に渡せという指示はこれまで一度もなかった。このときブラットンが、一二月五日にイギリスとの早期国交断絶を示唆する本物の「風」暗号を傍受したと考えていたこと、アメリカがオランダ、イギリスと軍事上の対話を行い、日英の国交断絶がアメリカとの関係断絶を意味するに違いないと確信していたことを忘れてはならない。ブラットン、通信情報部のサトラー大佐、海軍情報部のマッコラム中佐が、一二月五日に緊急と判断した情報を陸海軍戦争計画部長に直接伝えようと試みていたことを示す十分な証拠がある。しかし情報部に対する評判の悪さ、階級の低さ、スペシャリストであることや長髪への偏見によって不首尾に終わった。たとえばジェローは、「このような重大な状況での敵についての情報は……G－2部長が私に知らせるべきであって、通信部隊将校ではない」[*79]と感じていた。「通信部隊将校ごとき」と言わないだけのデリカシーは備えていたのだろうか。

ブラットン、サトラー、マッコラムが専門家だったというのはそのとおりだ。一般的には、専門家の意見を集めて比較し、より広い世界的な視点でそれを検討するのが健全なあり方だ。ブラットンにとって不運なことに、マイルズが自身が率いる組織の機能を思い描くときには、そういった視点は含まれていなかった。極東課から現実に立脚した意見が出されたとして

*78 *Ibid.*, Part 27, p.69.
*79 *Ibid.*, Part 35, p.92.

も、ヨーロッパの戦場、フィリピンに対する希望、破壊活動をめぐる主な不安の前にかすんでしまったのである。

## 海軍情報部

### 組織と人員

一九四一年一二月七日にワシントンで海軍情報部を率いていたのは、T・S・ウィルキンソン大佐だった。一九〇九年組（海軍兵学校の卒業年次）では最も優秀で、すでに優れた経歴を誇っていた。一九三九年一〇月から四一年五月まではハワイ沖で活動するハワイ分遣隊に所属していたため、ハワイ水域での艦隊の活動に通じていた。この時期にはアドルフス・アンドリュース中将の参謀長として、戦争計画に関していくらか経験を積んでいた。おそらくそのため、敵の意図を察知する心得を持っていた。それでも、海軍情報部長としての責務を果たすための経験はかなり限られたものだったとの指摘もあるかもしれない。自身の言葉によれば、諜報関連の業務では、一九三三年と三四年の二度、国際軍縮会議に出席したことがあったという。海軍情報部長への任命には驚いたと告白している。就任は一九四一年一〇月一五日、つまり自分がなにをなすべきかを知るための期間は、開戦までに二カ月もなかった。

一九四一年に海外情報部長に就任したのは、ウィルキンソンで三人目だった。前任者は、アラン・G・カーク大佐で三月一日から一〇月一五日まで、その前はジュールス・ジェームズ大佐で二カ月間、一九四〇年にはウォルター・S・アンダーソン少将がその職にあった。重要なポストにしては入れ替わりが激しい。後任候補に十分な準備をさせることで交代によるデメリットを補うための努力は、なされなかったようだ。ウィルキンソンは情報部の業務全般をわずか数日で学び、極東課では「数時間だったか、たぶん一日」を課長のマッコラムやカークと話しながら過ごしたにすぎなかった。[*80] 就任前には、傍受したマジック情報は一切読んでいなかった。七月に限らずどの月にも、マジック情報がハワイに送られていたとは聞かされなかったし、レイトンやキンメルが、傍受電報に基づいた情報やアメリカの外交政策に関する情報をもっと得たいと、それぞれ努力していることも知らされなかった。知っていたのは、マジック情報の配布がきわめて厳重に行われているということだけだった。ウィルキンソンの明らかに

*80 *Ibid.*, Part 4, p.1736.

明晰な頭脳と海軍軍人としての相応の経験をもってしても、一〇月一五日から一二月七日の間に極東についての専門的な資料をきちんと解釈できるようになり、作戦部隊の情報ニーズに十分精通していたとしたら、驚くしかないだろう。海軍情報部長の頻繁な交代とおざなりのブリーフィングは、一九四一年に情報部がどれほど軽視されていたかを示すものだ。[*81]

当時の海軍情報部は、主に総務、国内、対外の三部門に分かれていた（図4参照）。[*82] 国内情報部は主に諜報活動と防諜活動を扱う。対外情報部は地域別に七つの課に分かれ、その一つが極東課だった。部長はW・A・ハード大佐、極東課長はマッコラム中佐だった。マッコラムは日本語の専門家で、極東での勤務経験が長く、東京では海軍武官補佐を二年務めていた。一九三三年から三五年までは極東課長を務め、一九三九年九月にふたたび就任した。極東課長としてはきわめて優秀で、ウィルキンソンが暗に彼の判断を尊重し信頼していたのは確かだった。マッコラムを補佐していたのは二人の将校（日本語の専門家と中国語の専門家）と四人の文

＊81 ハリー・サンダース中将は、ブリーフィングの種類や長さは仕事の重要性とは無関係であり、海軍では慣例的に、この種の準備は必要とされていなかったと反論する。しかし海軍情報部の威信がきわめて低かったというのは、誰もが同意する意見のようだ。

＊82 海軍情報部は合同調査委員会に組織図と名簿を提出しなかった。海軍将校の指摘によれば、当時の組織は複雑なものではなかったため、組織図は作製されなかったという。図4は海軍関係者の証言に基づくものだ。

図4　海軍情報部の組織と担当者（1941年、ワシントン）

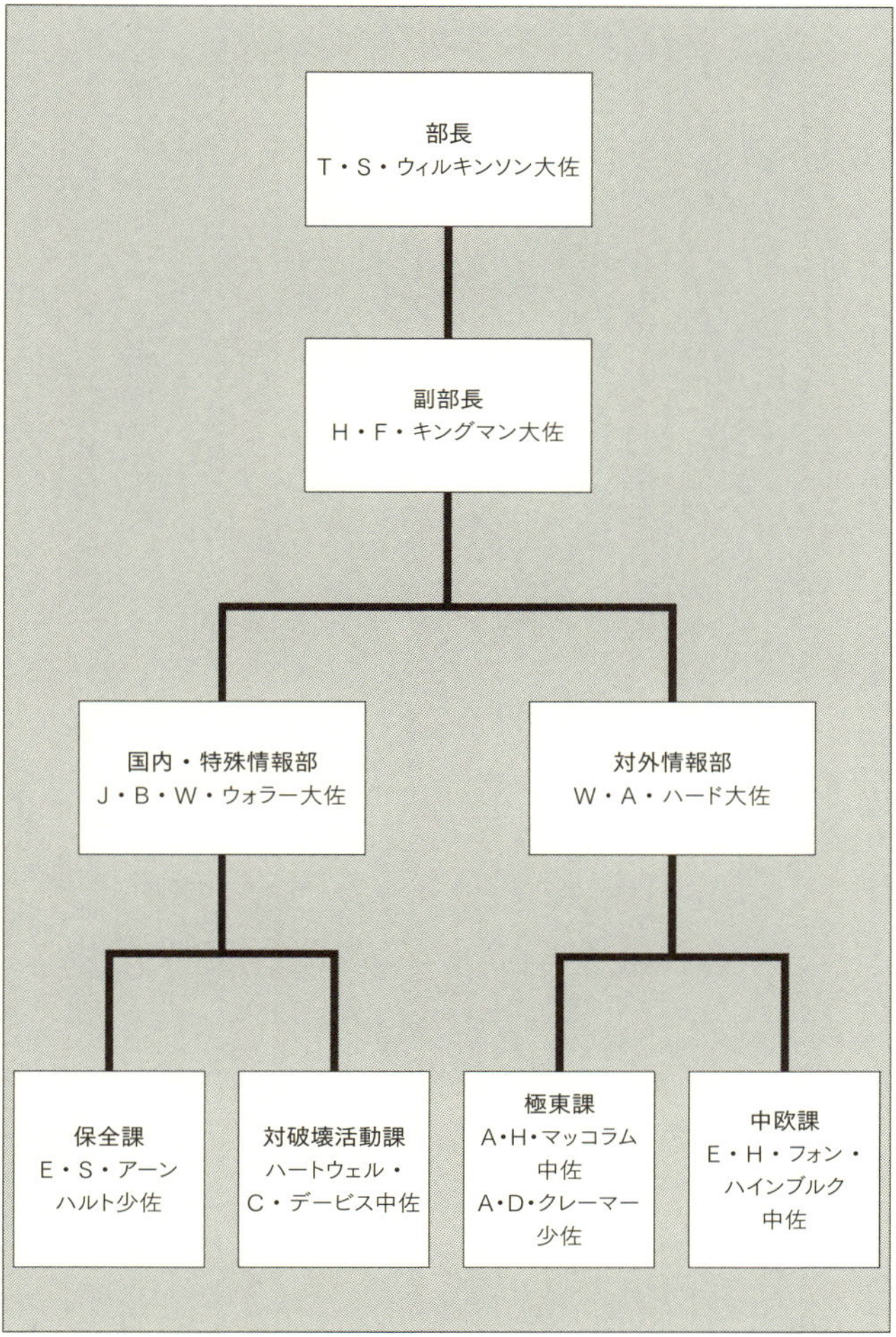

民（極東問題の専門家）だった。

一九四一年一二月はじめの海軍情報部には、将校二三〇人、下士官兵一七五人、文民三〇〇人が所属していた。海軍区には合計約一〇〇〇人の情報担当者がいたが、そのうち一〇パーセントは文民だった。海外の駐屯地では、海軍武官や偵察員として将校一三三人、下士官兵二〇〇人が勤務していた。海軍武官は当該国の首都、偵察員は主要港に配置された。極東の偵察員は一七人だった。[*83]

ウィルキンソンの証言によれば、彼が得ていた情報の「大部分」は海軍武官や偵察員からのものだったという。艦隊情報将校や海軍無電部隊の報告も、敵の能力や動静の見積もりに関連した情報を多く含んでいた。ホノルルの二将校、第一四海軍区無線通信部隊のロシュフォート少佐と太平洋艦隊情報将校レイトン少佐は、ワシントンの海軍省に報告書を提出していた。ウィルキンソンの情報部は、海軍通信部及び海軍作戦部長室を経由してそれを受領していた。

各海軍区に配属されている情報将校が集めた情報は、現地のスパイ活動のみにかかわるものであり、それをワシントンに報告することは、各海軍区情報将校の任務には含まれなかった。その任務は、「海軍区司令官の参謀を補佐することであり……指揮系統は司令官直属となっていた」。[*84]この指揮系統は、海軍情報部が海軍区将校を利用して居住外国人の活動に関する情報を確保するうえでは大きな妨げとはならなかったが、各区将校は、外からの攻撃可能性の判断に関連した情報収集に責任もなければ関心もなかった。ホノルルの第一四海軍区情報将校メイフィールド大佐の証言によれば、この種の問題については考えたこともなかったという。

ワシントンの海軍作戦本部では、ウィルキンソンは作戦本部長のスタークに簡単に接することができた。しかし最も頻繁に会っていたのは、スタークを補佐するインガソル少将だった。ウィルキンソンと海軍戦争計画部長ターナー少将との間柄は友好的とは言い難かったため、ウィルキンソンにとって米海軍の方針に関する主要情報源は、明らかにインガソルだった。MIDのマイルズは、陸軍戦争計画部長ジェロー准将の信頼が厚く、そのために陸軍の計画策定について十分情報を得ていたのに対して、ターナーがウィルキンソンに伝えていたのは最小限の事柄だった。これはウィルキンソン個人の問題ではない。ターナーは戦争計画部長として、誰が海軍情報部長であろうと海軍情報部には一貫して不信を抱いていた。

海軍情報部にとってもう一つの重要な情報源は、R・E・シュアマン大佐、海軍作戦本部

*83 *Hearings,* Part 4, p.1846.
*84 *Ibid.,* Part 26, p.304.

中央部長であり、国務省との連絡将校だった。シュアマンは、ハルの極東顧問と定期的に会い、「会議に呼ばれたときなどに知ったこと」[*85]をウィルキンソンに伝えた。ウィルキンソンと同じく部長職にあったことは、情報入手に役立った。もっともハル国務長官に簡単に会えるほど高い地位ではなかったが。シュアマンが国務長官と直接話せる機会はめったになかった。すでに述べたように、ハルは対日交渉に全責任を負っていたが、ハミルトン、ホーンベック、バランタインには常に進捗状況を知らせていた。

ウィルキンソンの部下、海軍予備役部隊のデラニー・ハンター少佐は、「毎日国務省に出向き、世界各国から送られてくる文書に目を通し、その何通かの写しを取るか、暗号保全のために写しが取れない場合には抜粋を作成し、持ち帰っていた」[*86]。これらの通信（受信のみ）は、毎日、海軍情報部と作戦本部長室で回覧された。

海軍情報部は、陸軍G－2、ＦＢＩとも情報を交換していた。ウィルキンソンは、イギリスやオランダの情報源には言及しなかったが、マイルズ同様、それらに目を通していたのは確かだった。彼にとって、極東に関する最も重要な情報源は、海軍通信保全部隊からの解読されたマジック情報だった。

戦争会議や国務長官室での会議については、ウィルキンソンが正式に情報を得るルートはなかった。極東でのアメリカの政策については、もっぱら新聞やマジック情報から学んでいた。*[87]「海軍情報部は、国内外からの資料の入手、接受を担当していた。われわれは、艦隊に向けての指令には関知しなかったし、実際、米軍の動静や作戦について聞かされることもなかった……開戦前に、米側でどんな議論をしているかも知らなかった」*[88]と証言している。

アメリカが発信するシグナルについてはまったく情報を持っていなかった状況について、ウィルキンソンは「ときおり問題が生じたことがある」*[89]と証言したが、一九四一年当時の海軍関係者の間では当たり前のこととして受け止められていたようだ。戦争が始まってから、ウィルキンソンは米艦隊の所在地を常に自身に連絡させることができた。しかし開戦前に海軍情報部が作成した危機を示すシグナルは、日本の活動を示すものであり、アメリカに関しては、日本が握っていた情報以上のシグナルは得られなかった。

*85 *Ibid.*, Part 4, p.1771.
*86 *Ibid.*
*87 *Ibid.*, p.1856f.
*88 *Ibid.*, p.1772f. cf. p.1778.
*89 *Ibid.*, p.1778.

## 機能

一九四〇年一〇月二三日付の規則によれば、対外情報部門の任務は次のとおりだった（海軍情報部第16号）。

㈠ 他国に直接関係するあらゆる種類の情報、特に海軍及び海洋にかかわる情報の入手。外国海軍の兵力、配置及び予想される意図に特に注意する。
㈡ 収集情報の評価、適切な配布。
㈢ 米海軍武官への活動指示。
㈣ 海外派遣部隊等との連絡維持。
㈤ 駐米外国武官との連絡維持。
㈥ 海外情報交換のための他省庁との連絡維持*90

㈡の「評価」については、一九四一年四月に明確な制限が課された。当時はカーク大佐が海軍情報部長だった。彼は海軍作戦本部でスタークを補佐するインガソル少将、戦争計画部長ターナー少将と、自身の任務の範囲について話し合った。カークは、自身の任務には「想定しうる敵の意図を解釈すること」が含まれるべきであり、海軍情報部は陸軍G－2に匹敵し、「敵の意図（Enemy Intentions）」と称する正式な評価を行う課を設置すべきだと強く感じていた。ターナーは、戦争計画部が見積もり担当課を持つべきであり、「情報源を問わず、予想しうる敵対国に関するあらゆる情報を解釈し、評価すべきである」と考えていた。ターナーの考えによれば、海軍情報部は「収集配布機関にすぎず、艦隊の一部あるいは複数に対し作戦を提案するような情報を送る責任はなかった」。三人はスタークに最終判断を仰ぎ、スタークは「ターナーの見解を支持した」[91]。規則は改定されなかったが、一九四一年四月から一二月の口頭での指示は、海軍情報部の行う「評価」が、情報源の信頼性と一貫性を格付けする意味合いしか持たないことが明確にされた。スタークのこの決定についてのカークの覚書はかなり控えめだ。しかし、ターナーとウィルキンソンの証言からは当時の対立の激しさがうかがえる。ターナーがこの方針に満足して従ったのに対して、ウィルキンソンは自身や部下に課せられた制限を苦々しく思っていた。

*90 *Ibid.*, p.1728.
*91 *Ibid.*, p.1926.

配布に関しては、情報部の管轄はいわゆる基礎的（静的）情報を対象としていた。

……たとえば当該国の防衛、経済、外交関係、陸海軍人の性格や活動、過去の経歴、艦隊の位置や移動状況、そのほか、予想しうる敵の意図以外のすべてのこと。こういった特定の情報はそれ自体として、わが艦隊あるいは海軍による行動を呼び起こしたり、要求する可能性がある。*92

静的情報は、主に歴史的、統計的なものだったが、情報の一片が加わることで、動的情報、すなわち作戦命令や指揮官の決断を必要とする情報にいつ変わるとも限らない。静的情報が動的情報へと変わる微妙な場面では、海軍戦争計画部が決定の責任と、その決定を作戦本部長の承認済み指令として戦域に送達する責任を負った。

誰がどのような情報を作戦部隊に送るかは、もちろん威信をめぐる問題でもあった。静的情報は新しいものではなく、退屈で無害で長期にわたる。主に公開された情報源に基づくものだ。一方、指令はたいてい政府あるいは敵の意図をめぐる機密情報源に基づくものであり、通常はらはらさせられることの多い最新の情報だった。誰が指令を送るかは、責任を明確にしようとする熱意というよりは送達元の威信によるものだった。ターナーは、合同調査委員会において、情報の送付を怠った責任を、実際に怠った戦争計画部ではなく情報部に押しつけようとしたときに、情報の種類を区分することが実に厄介だと気づいた。[*93] これはまた、一部には力の問題でもあった。海軍戦争計画部は、伝統的に情報部よりも力を持っていた。そのため部長であるターナーが、情報部が成果を収めるために必要な機能を独占することもむずかしくはなかった。

海軍情報部を単なる情報収集機関にする試みによって、一九四一年には戦争計画部が認めようとしない深刻な事態が生じた。というのも、情報収集業務が収集した情報の評価業務から切り離されてしまうと、情報を集めようとする基本的な動機やインセンティブが失われるからだ。シグナルとノイズの区別には無頓着に受信と伝達が行われることになる。ウィルキンソンが、開戦直前に日本から送られた重要な通信の外交用語の意味に気づかなかったとしても不思議ではないし、至極当たり前だった。その意味を理解し、必要な行動を取るのはウィルキンソ

*92 *Ibid.*, p.1730.
*93 米艦隊に対するあらゆる指令には、当然ながら海軍作戦部長あるいは次長の承認が必要だった。戦争計画部の役割は助言者的なものだったが、ターナーは指令を頻繁に作成していた。

ンではなくターナーの仕事だった。ウィルキンソンがなすべき仕事は、入手した情報を部下の誰かに命じてターナーに届けさせるだけだった。

戦争計画部と情報部との対立は、戦域にも聞こえるほど激しかったようだ。一九四一年二月一八日、スタークに宛てた手紙の追伸で、キンメルは次のようにつけ加えた。

最近、ワシントンから赴任したばかりの将校から、海軍情報部は、秘密情報を司令官に提出するのは戦争計画部の任務だと考えていると聞かされた。戦争計画部が、それは情報部の仕事だと考えていることも耳にしている。どうしてこのような状況が起きているのかはわからないが、艦隊にとって関心のある事項について、司令官に十分な情報を提示する責任の所在に疑問が生じているなら、誤解の生じないようにそれを明確にしていただきたいと考える。*94

スタークがこの要望に応えたのは三月二二日になってからだった。スタークは、入手しうる情報はすべてキンメルに送られてきたし、今も送られている、特にキンメルが以前言及した特定の項目に関するものは常に提供されていると述べた。「カークによれば、情報部は、外国に関して、また国内の反逆分子に関して、貴官に十分な情報を提供する責任を十分認識している」[95]とスタークは記した。この手紙では、アメリカの最新の政策に関するキンメルへの情報提供には言及されていない。おそらく海軍情報部自体、その情報を得ていなかったからだろう。キンメルのいう「秘密情報」は漠然としていたが、スタークの返事では明快であり、そのことがかえって誤解を招くことになった。情報部がキンメルに送信できる秘密情報もあったが、情勢に対するキンメルのその時点での判断を変える可能性のある情報は送れなかった。情報をどう定義しようと、これでは情報をまったく提供できないも同然だ。

しかしキンメルは引き下がらなかった。五月二六日にはスタークに宛ててかなり長文の覚書を送り、政府の政策に関する情報、それが海軍の決定に及ぼす影響、諸外国の活動との関係について問題を提起している。

太平洋艦隊司令長官は、きわめて困難な立場に置かれている。複雑で急速に変化する状況の中で、政治の中枢からは遠く離れている。現在の情勢や海軍の動向を反映した政策や

*94 *Hearings*, Part 16, p.2229.
*95 *Ibid.*, p.2160.

その変更については、原則として情報を得ていない。そのため、自身の置かれている状況に及びうる影響を評価することが困難である。いかなる兵力を行使しうるかも定かではなく、与えられた任務を遂行するために自己の能力に根本的に影響を及ぼす事柄についてもほとんど発言できない。この情報不足は懸念材料であり、不確かな状態につながる。そうなれば、軍事作戦遂行に必要な行動を取るうえで一貫した目的を掲げ、自信をもって行動することはできない。

外交、軍事両面での国際情勢の急激な変化、そしておそらくは軍当局の知識不足さえ、時宜を得た情報の提供を妨げることもある。しかし、この状況を大きく改善する余地は確かにある。たとえやむを得ず遅れることがあっても、現在の方針や目的について万全で信頼できる知識が得られるなら、太平洋艦隊司令長官は、今後の行動方針を現在の構想に従って修正、変更すること、あるいは新たに方向づけることさえ可能だろう。このことは、特に太平洋の現状に当てはまる。太平洋では、訓練の不十分な艦隊に集中的な訓練を施す必要性があるが、戦略上の配置によって、あるいは切迫した偶発時に備えるために訓練を中止しなければならない場合もあり、注意深く考慮しなくてはならない。そのうえ、この距離と時間という制約要因によって、海軍省自身、特に遠隔諸島の現在の動向に関しては十分な情報を持っていない。したがって、太平洋艦隊司令長官が明確な指示によって行動を制限されるのではなく、大局的な方針や目的に従って行動できることが、ますます必要になっている。

太平洋艦隊司令長官が、主要動向のすべてを、発生と同時にすみやかに、かつ最速の安全な手段で知らされることが、基本原則として望ましい。[*96]

キンメルの訴えは的確で説得力のあるものだった。まるで後世を念頭に置いて書かれた弁明のように聞こえるなら、一九四一年に海軍作戦部長だけに宛てて書かれたものであり、その主な動機は、ワシントンからもっと適切な指示を得ることだけだった点に留意しなくてはならない。歯に衣着せずものを言うハルゼーはキンメルに声高に同意し、艦隊は「なにも知らずに行動している」が、ワシントンは戦域以上に情報を持っているのだから、それを伝えるべきだと述べた。[*97]

合同調査委員会で公になった手紙の中には、キンメルの覚書への回答は見当たらなかっ

*96 *Ibid.*, p.2238.
*97 *Ibid.*, Part 26, p.325.

た。しかし、ウィルキンソンに対する反対尋問で引用された八月一九日付の手紙には、次のような一節がある。

私は、貴官が海軍省の方針、決定、さらには国際情勢の変化に応じて当然になされるそれらの変更について、常に情報を得ておきたいと考えておられることはよく承知している。こちらもその努力はしている。当然得るべきだとお考えの情報を得ていないとすれば、それは貴官が最優先だと考える情勢が流動的で、信頼できる情報をわれわれが提供できる状態にはないからだろう。[*98]

その後の数通の中でも、スタークは、キンメルの提示した厄介な問題のいくつかに答えようとした。たとえばイギリスが極東でなんらかの行動を起こした場合、米海軍はどう行動するのか。スタークが頻繁に記したのは、自分には答えられないという言葉だった。そして、「私は微笑むか、『ベティ、どうかそんな質問はやめてくれ』と言うしかないだろう。政策というのは決して固定したものではなく、常に流動的で変化するもののようだ」[*99]と述べた。

第4章で論じたように、わが国の方針が流動的だというスタークの言葉はまったく正しかった。ルーズベルトが明言したいと思うような明確な方針は存在しなかった。スタークも正直なところ、大統領側近の多くと同じように困惑していた。

とはいえ、スタークはワシントンにいた。議論や決定の中心にいたのだから、彼の言葉に見られる謙遜や過小評価は行き過ぎだった。なにも知らないという告白（「誰の見積もりも優れているのだし、この手紙に価値があるのかどうかは正直わからない」）は、キンメルが入手可能なあらゆる情報の送付を受けているはずだというそっけない請け合いとあいまって、一一月二七日の警告を受け取りながらも、艦隊の訓練を中止しないという決断をキンメルに促したに違いない。この状況は、現在の私たちをもためらわせるものだ。「流動的」という表現も、遠回しではあるが、わが国の現在の対外政策に当てはまる。わが国の戦域司令官のうちどれほど多くの者が、自身の得ている情報が十分かつ最新のものだという保証を現に得ているのか、その保証がどれほど厳密なものであるのかを問いかけてみるといいかもしれない。

カークが最初に海軍情報部長に就任してからウィルキンソンが引き継ぐまでには、戦争計画部と情報部との対立が目立つようになっていたが、戦争計画部の優位は既成事実だった。

*98 *Ibid.*, Part 4, p.1838.
*99 *Ibid.*, Part 16, p.2177.

ターナーは、評価の仕事を続けながらも、評価の結果については口外しなかった。戦争計画部では戦略見積もりを毎日作成していたが、彼はそれらを情報部には見せなかった。この見積もりは合同調査委員会報告書には掲載されなかったため、それらがどこまで正確だったかには疑問が残る。今私たちが置かれている立場はウィルキンソンとほとんど同じだ。戦争計画部でなにが行われていたか、彼が戦争計画部に送付した情報にどのような評価が下されたかは、主に下級職員を通して知るしかなかった。

だが、私たちの立場はウィルキンソンよりはいくらかましだ。というのも、日本軍がシベリアに向かう公算が大きいとターナーが思い込んでいたことは、合同調査委員会での質疑を通して何度も証言されたからである。南進の可能性が高いとはじめて公言したのは、一一月二六日だった。そのうえ、海軍の戦争計画全般に対する彼自身の分析によって、いずれにせよ関心がドイツ敗北に向けられていたのは明らかだった。

（戦争）計画は、当初、ドイツに対抗する主要連合勢力の主な行動について考察していた。海軍省内では、ドイツが介入しないまま、日本との戦争が始まる可能性があると思われていた。しかしある程度の議論を重ねた結果、このような場合には、アメリカは、ヨーロッパでイギリスに対して十分な支援を行なうため、可能であればドイツを対米戦に引き込むように努力するとの決定が下された。ドイツを敗北させるためにまず対独戦に注力し、中部太平洋では限定攻撃、アジアでは防衛に限定した取り組みを行うべきだとわれわれは考えていた。*[100]

ターナーは同時に、キンメルに関して次のように証言している。「戦争計画におけるキンメルの役割は防衛的なものではなかった。中部太平洋諸島での限定攻撃が求められていた。キンメルの手元には、ギルバート諸島やマーシャル諸島に対してすみやかに激しい攻撃を仕掛けるための資材も兵員も組織もないことは、認識されていた*[101]」。第4章で見てきたように、海軍はフィリピンでの戦備を完了させるためだけではなく、この攻撃準備のためにも時間稼ぎをしたがっていた。一一月二七日の戦争警告草案は、太平洋艦隊に対する敵の航空攻撃よりも、艦隊に対する限定攻撃を踏まえたものだった。

*100 *Ibid.*, Part 26, p.264f.
*101 *Ibid.*, p.265.

反証はないため、ターナーが、自身が好む仮説に情報部の資料を合わせたと考えるのが自然だろう。彼の仮説が情報部の専門家によって吟味され議論されることはなかったため、仮説に合わない資料は無視できた。スタークがどう請け合おうと、戦域に対する指令に主な責任を負っていたのは情報部ではなく戦争計画部であり、現地部隊はそれに従わざるを得なかった。そのうえ海軍情報部自身、戦争計画部の行う評価と政策決定からの除外に大きく影響されていた。独自の評価を下すことが認められていないという事実によって、情報部の活動はさらに制限された。海軍に対する情報部の有用性は、同部が生の情報をどれほど利用できたかに正比例していた。

## 海軍情報部の見積もり

真珠湾攻撃前の数週間に海軍情報部が出した見積もりで、合同調査委員会で公にされたものは、一一月一日、一五日、一二月一日付の三つだけだった。いずれも「わが国の現在の情勢についての隔週報告書」と題され、外交と軍事の両面を扱っていた。隔週報告書は一九四〇年一二月から発行が開始され、四一年一〇月二四日まではこれを補うものとして簡易な日報が作成されていた。日報は理由を明示せずに途中で中止されたが、おそらくは事務処理にかかわる人手が足りなかったのだろう。ターナーが打ち出した方針に従って、見積もりには予測と呼べるものはほとんどなかった。スタークの指令でも、「アメリカ、イギリス、オランダの陸海軍の配置と兵力に関する情報は含めないこと、アメリカの戦争計画や秘密外交交渉には言及しないこと」[*102]と定められていた。しかしこれらの制限にもかかわらず、情報部は一定の結論が容易に導けるようなやり方で、国際情勢に関する情報をなんとか集めていた。

日本の外交に対する見積もりの最初のもの（一一月一日付）は、一〇月一六日の近衛内閣失脚に始まり、新首相の現実的な評価に及んでいる。

東條中将は、近衛内閣の陸軍大臣で……首相、陸相、内相を兼務する。強力な枢密院のメンバーを交代させ、政府に協力させる体制を整えた。東條はこうして歴代のどの首相も持たなかった強大な権力をその手に握るようになった。彼は主戦論者で排外的、特に反ソである。親枢軸の傾向が強い。[*103]

*102 *Ibid.*, Part 4, p.1731.
*103 *Ibid.*, Part 15, p.1815.

この見積もりでは、日本の次の動きについての論評が続く。

日本は支那事変の解決を求め、枢軸国との結びつきを深め、大東亜共栄圏建設政策を推進すると、東條首相は述べた。シベリアの早期攻撃は多くの偵察員によって予測されている。タイ進駐を予測する者も多い。さらに、ビルマロードを遮断するため、雲南進駐が間近だと考える者もいる。だが、東條首相は日米交渉継続を言明した。このことは、一一月五日に五日間の特別国会が召集されたこととあいまって、日本が少なくとも一一月半ばを過ぎるまでは、新たな攻撃を始めない公算が大きくなっている。[*104]

すでに見てきたように、シベリア、タイ、雲南はこの時期の陸軍G-2の見積もりにおいて、頻繁に言及される目標だった。

一一月一五日の外交見積もりでは、日米関係はますます悪化しているとみなされ、来栖特命全権大使一向の派遣もほとんど役に立たないように見えた。

日米関係の危機が迫っていることは、現在の極東におけるあらゆる動向に影を投げかけている。

前駐独大使来栖三郎は、日本側の譲歩案を手にワシントンに向かっている。その成功を予測する者は誰もいないし、大使自身、きわめて悲観的である。ノックス海軍長官を含む米側スポークスマンは、アメリカは一歩も譲らないだろうと示唆した。チャーチル英首相は、もしも日米戦争が勃発すれば、イギリスは「一時間以内に」日本に宣戦布告するだろうと警告した。アメリカは、中国から海兵隊分遣隊を引き揚げる準備をしている。日本の報道機関は米英を非難し続けている。

日本は、在留邦人の処遇についてパナマに抗議した。パナマは抗議を拒絶した。日本はまた、朝鮮水域で日本客船を沈没に至らしめた日本海の浮遊機雷について、ソ連に抗議した。

日ソ両国は、ブイル湖付近の満蒙国境線について合意に達した。[105]

*104 *Ibid.*
*105 *Ibid.*, p.1796.

一二月一日の外交論評はかなり短い。日米交渉決裂と日ソ関係の「緊張」を次のように伝えている。

日本が交渉継続を希望しない限り、日米交渉は決裂したも同然である。日本政府と報道機関は、日本は大東亜共栄圏建設を断固として推進しなくてはならないと声高に宣言している。報道機関はまた、タイを厳しく批判している。日本の早期のタイ進駐を強く示唆するものだ。

日ソ関係は緊張が続いている。日本は一一月二五日、ドイツをはじめとする枢軸国との防共協定の五年延長を定めた条約に調印した。*106

この記述に基づけば、タイ進駐とシベリア攻撃のどちらの可能性が高いかは明白だった。

これらの短い外交見積もりの骨格となっていたのは、陸海軍の要約だった。一一月一日の兵力見積もりは、ソ連を攻撃した場合の日本軍の兵力配置に注目していた。

ソ連攻撃のため、満州、朝鮮、内蒙古に配置されている日本軍兵力は、信頼できる報告によれば、六八万四〇〇〇まで増加していた。同時に、インドシナには増援部隊が到着しようとしており、同地駐屯軍は五万からほぼ二倍になったと考えられる。北印には新たに大規模な航空基地が建設中で、広州の日本軍も強化されている。福州近郊のシャープピークにいた小部隊は撤退。シベリアと満州の国境近辺で小競り合いが行われ、両陣営に死傷者が出たとソ連側は報じているが、日本側は否定している。*107

一一月一五日付の陸海軍情報要約は、情勢の切迫を伝えるものではなく、この時期のMID見積もりにきわめて近かったが、インドシナでの危険拡大を指摘するのみだった。

インドシナの日本軍兵力は、四万三五〇〇から一二万の間であると報じられている。実際には約六万で、その数は徐々に増加していると考えられる。中国は雲南攻撃を恐れ、タイは攻撃に怯えている。両政府は、米英から軍事援助（特に航空支援）を得ようとしている。日本軍はインドシナではまだ、雲南あるいはタイを攻撃するほど強力ではないように

*106 *Ibid.*, p.1775.
*107 *Ibid.*, p.1825.

見える。*[108]

一二月一日の要約は、攻撃目標を具体的に示してはいないものの、インドシナ情勢を深刻にとらえていた。

ここ半月ほどの間に日本軍の兵員、補給品、装備がインドシナに流入している。ハイフォンに上陸した部隊は、鉄道でサイゴンまで南下し、サイゴンからすみやかに奥地に入り、タイ国境に向かった。増援部隊の到着は続いている。インドシナの日本軍兵力は、トンキン地区で約二万五〇〇〇、南印で七万から一〇万の間と考えられている。

海軍の艦艇、航空機も南下している。インドシナには日本軍航空機が約二〇〇、ほぼ同数が海南島にあると見積もられている。*[109]

日本海軍の状況については、当然ながらもっと詳細だった。一一月一日の見積もりでは、日本海軍省スポークスマンが、日本海軍は「いかなる事態にも対応できる」と宣言した旨を伝えている。見積もりによれば、通常中国沿岸にいる第三艦隊だけではなく、「本邦水域内」の連合艦隊が、所定の軍港に在泊していた。しかし、「艦隊航空隊は……相当数が南台湾に移動した」（これらは、真珠湾及びフィリピン攻撃のため訓練中のパイロットだった）。見積もりのこの部分は、「兵員輸送船と貨物船は、兵員や補給品をインドシナの港に運んでいるが、海軍艦艇による護衛はない」[*110]と締めくくられている。

一一月一五日、南台湾に派遣されている日本艦隊航空隊は、本邦水域内に帰還したとの報告があった（これは正しかった。日本艦隊は千島列島の集合基地に向かう途中だった）。見積もりは、連合艦隊が依然として本邦水域内にあり、「主要艦艇は……所定の軍港を離れていない」と述べている。兵員輸送船と貨物船が「インドシナの港に向け、護衛の小艦艇」とともに「移動を続けている」と伝える一方、「現在、いかなる地域にも海軍部隊の大規模な集結の兆しはない」と述べた。しかしインドシナの海軍航空機は、「海南島及び中国沿岸の基地からばかりでなく、おそらくは通常日本の陸上基地を拠点とする部隊からも」増強されていた。残念ながら「正確な数」はわからないという。[*111]

*108 *Ibid.*, p.1805.
*109 *Ibid.*, p.1783.
*110 *Ibid.*, p.1825.

海軍情勢に関する一二月一日の報告は、主要主力艦と「航空母艦の大部分」が依然として日本の本土水域内にあると信じつつも、警戒を強く促すものだった。

海軍部隊の南方展開は、戦闘のために大規模な準備が行われていることを明確に示すものだ。同時に、兵員輸送船と貨物船とは、日本及び中国北部沿岸から南方、仏印と台湾の港に向けて航行を続けている。現在の南方移動は小部隊単位で行われているように見えるが、おそらくここ数日中に大規模な機動部隊編成がもっと具体的な形であらわれるだろう。現在までのところ、この部隊は第二艦隊司令官の指揮下にあり、二つの大きな任務群、一つは東南アジア沿岸沖合に徐々に集結するもの、もう一つは南洋委任統治領に集結するものとに分けられるようである。それぞれ、重軽巡洋艦、連合航空隊の部隊、駆逐艦と潜水船の戦隊によって、強力な攻撃部隊を構成している。戦艦の一部隊も配置されるかもしれないが、主要主力艦は空母の大部分同様、日本本土水域内に留まっている。

南方向け装備品は大量に集積し、その中には相当数の上陸用舟艇が含まれている。南洋委任統治領での行動は海軍の管理下にあり、兵員、航空機、弾薬の増強だけではなく、造船所作業員、技師などとともに建設資材が運びこまれている。*112

陸軍及び外交関係の情報に加え、海軍情報を見れば、日本軍が南方のどこかを攻撃することは、シベリアへのどの動きよりもはっきりと示されていたように見える。幸いこの時期には、海軍情報部極東課長マッコラム中佐から海軍情報部長ウィルキンソン大佐宛の文書が残っている。これらの短い見積もりの根拠ともなるものだ。マッコラムは、日本が「最終的にタイを管理あるいは占領し、その直後におそらく英領ビルマかシンガポールを攻撃する計画を立てている」という仮説を詳しく述べている。[*113] この文書は一二月一日付で、一〇月一日から一一月三〇日までの日本の陸軍、海軍、政治面での戦争準備状況を要約している。またＭＩＤの同種の見積もりとは違って、マジック解読情報などの秘密情報がかなり掲載されている。

マッコラムは陸軍の戦争準備について、一一月一五日までの上海からの船積みは主に軍用補給品（多数の上陸用舟艇、迷彩戦車やトラック、かなりの量の鉄道用機材など）だったと記している。

*111 *Ibid.*, p.1805.
*112 *Ibid.*, p.1783.
*113 *Ibid.*, p.1839.

（しかしながら）一一月一五日頃から船荷の内容は大きく変化した。一一月一五日から二一日には大型輸送船が上海を出港しているが、それだけでも、完全装備の歴戦部隊約二万四〇〇〇にのぼる。その一方で、さらに三万の部隊が中国北部から引き揚げ、台湾に向かっているとの報告があった。一一月二一日から二六日には、二万の兵力がサイゴン、四〇〇〇がハイフォンに上陸した。すでにハイフォンにいた六〇〇〇は鉄道で南に送られ、サイゴンとカンボジアに向かっている。ハイフォンとサイゴンの波止場やドックはどこも、日本軍輸送船が補給品と兵員を降ろすために混雑しているという。以下の日本部隊がすでに仏印にあり、行動開始のために装備を整えていると推定される。

(a)　インドシナ南部と中央部　七万

(b)　インドシナ北部　二万五〇〇〇

増援部隊の上陸は続き、近くの海南島及び遠く離れた台湾には、後詰の兵員、補給品が控えていることは疑いない［傍点は著者による］[*114]。

日本海軍の戦備の中で、マッコラムが列挙した主要点は次のとおり。

(a) 艦船で可能なものはすべて日本に呼び戻され、すみやかにドック入りし、修理箇所の点検を受けた。修理はすでに完了している。

(b) 海軍航空戦力の一部を南洋委任統治領へ派遣。

(c) マーシャル、ギルバート諸島間に海空からの哨戒線を設定。グアム島は航空機と潜水艦によって監視。

(d) 第二艦隊司令官は二個の任務群を編成。どちらも結束の固い組織ではなく、第一グループは南シナ海域で行動、第二グループは南洋委任統治領諸島で行動。この編成はほぼ完了し、第二艦隊司令官は一二月三日か四日には台湾南部に到着予定。

(e) 連合航空隊司令官は、外地の全海軍航空隊、特に南洋委任統治領、南シナ、台湾所在部隊の点検を完了。

(f) 最近、多数の商船が海軍に徴用された。そのうち少なくとも三隻は対空火器を装備。[*115]

*114 *Ibid.*, p.1840.
*115 *Ibid.*, p.1840f.

政治面では、マッコラムは次の六地域からの日本人居住者の避難に言及している。

(a) 英領インドとシンガポール
(b) 蘭印
(c) フィリピン諸島
(d) 香港
(e) オーストラリア
(f) アメリカ、カナダ、南米

マッコラムが列挙する日本のスパイ活動は、かなりの数の重要なシグナルを示していた。南北アメリカをカバーする軍事情報収集とスパイ活動の拠点は、ワシントンDCからブラジルのリオデジャネイロに移ろうとしていて、リオデジャネイロの日本大使館は、最近、短波無線送信機を装備したと、彼は述べている。また、以下を含むタイ及びシンガポールのスパイ網設置にも言及している。

(a) シンゴラの日本領事館には陸軍情報将校四人配置。
(b) チェンマイ北部の鉄道終点に領事館設置。
(c) シンゴラ、バンコク、チェンマイに陸軍の通信担当員と機材配置。
(d) 陸海軍将校四人が偽名でバンコクの日本大使館に派遣。大使は彼らの任務を妨害しないよう指示を受ける。
(e) 諜報員を配置した薬局チェーン店を設置準備中。
(f) 日本陸軍医複数名、バンコクの病院に偽名で勤務。
(g) 一一月末、六万バーツ相当の金が、緊急の諜報活動に使用するようにとの指示を添え、バンコクの日本大使に送られた。
(h) 少なくとも二人の破壊工作員がシンガポールに派遣。*[116]

さらに次のようないくつかの指摘があった。

*116 *Ibid.*, p.1841.

仏印では、日本軍が警察機能を掌中に収めた。中国人、安南人多数が略式逮捕されている。一一月末、芳澤大使は、日本大使館が仏印の統治機能を引き継ぐべきか、従来通り、フランス総督を表に立てるべきかについて、日本政府に伺いを立てている。

上海総領事は、日本政府に対して、中国にある英、米、その他敵性国民所有の有形資産をすべて没収する準備が整った旨を報告している。*117

今、眺めてみて特に興味深いのは最後から二番目の項目である。

陸軍参謀本部員は……フィリピン、蘭印における米蘭両国の兵力、航空機勢力、及び配置について、情報の早急な送付を求めている。

マッコラムは最後に、交渉に臨むために来栖大使が到着したことを記している。海軍情報部の方針に従って、「それぞれについて結論を引き出すこと」は慎重に避けていた。そのため、この文書にある個々の項目のどれが重視されたのかがわからないのは残念だ。

一二月一日、マッコラムはこの文書の写しをスターク、インガソル、ターナー、ブレイナード、ノイエス、ウィルキンソンに見せた。それを読み上げ、「(自分の)考えでは、戦争、あるいは外交関係の断絶が差し迫っていると指摘し……太平洋の艦隊が適切な警戒態勢を取っているか否かについて情報を求めた」[*118]。スタークとターナーは、「万全の警戒態勢を取り、開戦に備えておくようにとの至急報を艦隊に送った」と「断言」[*119]した。その時点でマッコラムは、一一月二四日の電報も二七日の電報も読んでいなかった。合同調査委員会では、「艦隊にどのような通知がなされていたかを私自身知らないという、どちらかと言えば厄介な立場に置かれていた」[*120]と発言している。さらに、「それは私の職務の範囲外だっただろう」とつけ加えた。

しかし、暗号を破壊せよとの命令が東京、北京、バンコク、上海の米海軍武官宛に出されたとき、マッコラムは現地部隊宛文書の案文を作成し、一二月一日の文書の内容を簡潔にまとめ、「われわれは、すべてが日米開戦の切迫を示していると考える」と記した。マッコラムと上司のハード大佐は、これをウィルキンソンのもとに持参した。「われわれがそうしたのは、情報

*117 *Ibid.*, p.1842.
*118 *Ibid.*, Part 8, p.3385.
*119 *Ibid.*
*120 *Ibid.*, p.3388.

部の評価機能、そこから結論を導き出す機能が戦争計画部に移行していたという事実を考慮したためだった」[*121]。

ウィルキンソンは、その案文をターナーに届けるようマッコラムに命じた。ターナーは、「あちこち修正し、情報を含む部分以外はすべて削除した」（「情報を含む部分」は六四二ページで引用されている。この部分が、ここ数日中に日米が戦争に突入するという結論、もっと正確には、日本がクラ地峡に移動すると同時にアメリカを攻撃するという結論に当然のようにつながるのだろうか）。

そしてターナーが一一月二七日の警告をマッコラムに示すと、マッコラムは次のように反論した。「おやまあ、『戦争警告』ですか。確かにそのとおりかもしれません。しかし、私の作成した文書も採用していただきたいのです」[*122]。ターナーは答えた。「そう望むなら、私の修正に従うか、ウィルキンソンのところに持ち帰ってもらいたい。そのあとでもう一度議論しよう」。マッコラムは案文を持ち帰った。おそらくウィルキンソンの机からゴミ箱に直行したのだろう。

マッコラムは、ターナーと話したこのときまで、一一月二四日と二七日の警告のことをまったく知らなかった。上司のウィルキンソンも似たようなもので、これらの警告については送られてから数日後に「非公式ルートで」知らされている。「それらには直接関与していなかった」とウィルキンソンは証言した。彼の職務は、自身が考えていたように、情報を提供することだった。スタークやターナーには、その情報をどのように活用したかをウィルキンソンに知らせることは求められていなかった。ウィルキンソンは、一一月五日と二七日のスタークとマーシャルが作成した覚書についてはなにも知らなかった。しかし状況に対する彼の見積もりは、二人の見方とかなり近かったようだ。ウィルキンソンは、「あらゆる証拠が、南シナ海方面、シャム湾かクラ地峡への攻撃可能性を示している……他の地域、太平洋沿岸のパナマからハワイ、グアム、ウェーク、フィリピンに及ぶ地域が実際に攻撃される可能性もあった。われわれの考えでは、日本に近ければ近いほど、攻撃の可能性が高いと思われた」[*123]と述べていた。日本軍は南進し、全面戦争に突入することなく「潜入という手段」でどこまでやれるかを試すつもりだろうと考えていた。日本海軍艦艇の行動半径内にあるという意味では、ハワイへの攻撃可能性はあったが、そのことに言及した情報は「これっぽっちもなかった」という。

*121 *Ibid.*
*122 *Ibid.*
*123 *Ibid.*, Part 4, p.1754.

ウィルキンソンの考えでは、日本は政治上の理由からフィリピン攻撃は避けるだろうし、ハワイも攻撃しないだろう。なぜなら、「どのような部隊をそこに派遣するのであれ、大きな危険にさらされるばかりか、アメリカとの戦争を促すことになるからだ。日本はこれまで、そういった事態を避けようとしてきた」[*124]。空からの奇襲の危険を伝える警告を真珠湾に送るという考えは、ウィルキンソンには浮かばなかった。その理由は次のとおりである。

第一に、ハワイでの私の職務経験と、その年の手紙のやり取りから、ハワイでは空襲の可能性を想定していると私は考えていた。第二に、敵の動きを推測したり、なんらかの結論を導いたりすることにはもちろん興味はあったものの、それは私の職務範囲ではなかった。第三に、敵が接近してくれば、攻撃範囲内に到達する前に探知されるだろうと考えていた。[*125]

つまりウィルキンソンは、日本が米領を攻撃する危険を冒すなどとは、実際に攻撃が行われる直前まで、マッコラムほど懸念もしていなければ、確信も持っていなかった。

一一月二七日以降、海軍情報部に入ってきたシグナルに基づいて、ウィルキンソンは自身の見積もりを変える理由はないと考えたようだ。主な日本大使館に送られた暗号破壊命令を知り、そのことを電報でキンメルに伝えていた。*126 極東の海軍武官に対して暗号破壊の指示を送ることも認めている。「風」暗号設定の通信についても、それを傍受しようとしていることについても知っていた。オランダが、東インド諸島の属領について深刻な懸念を抱いていることを知り、同国からの警告にも目を通していた。これらは、ウィルキンソンに日本の南進を確信させただけだった。そのことは、情報部が一二月五日付で大統領のために作成したインドシナの地上部隊、カムラン湾、サイゴン、インドシナ沖、海南島、台湾の海軍部隊の動静を記した見積もりにも示されている。ウィルキンソンはハートが英軍とともにクラ地峡沖の哨戒に当たっていることも知っており、一二月六日には、カンボジアの半島部沖合での日本軍護衛船団の動きを伝えるウィナント駐英大使の報告のほか、同内容のハートの報告も読んでいた。ウィルキンソンは、この船団がクラ地峡ではなく、おそらくバンコクに向かうだろうと考えていた。日

*124 *Ibid.*, p.1758.
*125 *Ibid.*, p.1756f.
*126 電報の原案は次の言葉で終わっている。「したがって、東南アジアにおいてオレンジ計画は早期に実施されるだろう」。これは、インガソルかウィルキンソンによって削除された（*Ibid.*, p.1753.）。

本はイギリスを攻撃するよりもタイ占領を選ぶと確信していたからだ。しかし不思議なことだが、イギリスはタイを助けて日本との戦争に突入するとも考えていた。そのときにアメリカが参戦するかどうかについては、「北緯一〇度、東経一〇〇度の地点が決め手になるとは聞いていた……国民感情からして、わが国が参戦に踏み切れるかどうかは若干疑わしかった」[*127]と述べている。ウィルキンソンが奇襲直前のシグナルを入手したのは、このような状況においてだった。

一二月六日(土)、執務室を離れる前、ウィルキンソンは一〇項目提案に対してまもなく回答する旨を伝える日本からのパイロット通信に目を通していた。その日は自宅でささやかな夕食会を開くことになっていた。招待客には陸軍情報部長マイルズ准将、マジック解読情報を受け取り大統領に伝える海軍副官ジョン・R・ビアドール大佐がいた。クレーマー少佐が一四部構成の文書のうち第一三部までを持ってきたのは、夜の一〇時三〇分から一一時頃だった。ウィルキンソンはその文書を持って書斎に入り、マイルズ、ビアドールとともに検討した。このときクレーマーは、スタークとターナーに電話をかけたがつかまらないとウィルキンソンに伝えた。ウィルキンソンも試みたが、二人に連絡することはできなかった。日本が米側提案を受け入れるとは誰も予想していなかったし、第一三部まではこれまでの東京発の多くのメッセージと口調も内容も似ていたため、切迫感はなかった。ウィルキンソン宅に集まっていた者はみな、「この文書を外交文書だと……外交白書に似ていると思った。われわれがよく目にしていたもので、日本が自己の立場を正当化するためのものだと感じた」[*128]。つまり、現在行われている交渉は、誰もが予想しているとおり決裂するだろうが、それは必ずしも外交関係の断絶を意味するものではないと思われたのである。

ウィルキンソンは翌日曜日の朝八時半頃に出勤し、第一四部が届いているのを確認した。マッコラムは朝八時に当直と交代し、すでにそこにいた。第一四部に目を通したウィルキンソンは愕然とした。「挑戦的な言葉」が並び、「きわめて深刻」だと思った。二人は午前九時一五分頃、スタークのもとに赴き、「艦隊に知らせるよう進言した。ただし、ハワイ攻撃を念頭に置いていたのではなく、南シナ海での戦争が切迫していると考えていた」[*129]。

どのような内容の追加警告が出されるかは確認しないまま、二人はスタークの執務室を出て、午前一〇時四〇分頃、午後一時手交を求める日本側文書を手に情報部に戻った。ウィルキ

*127 *Hearings*, Part 4, p.1777.
*128 *Ibid.*, p.1763.
*129 *Ibid.*, p.1766.

ンソンの記憶では、その後話題になったのは、文書を手渡す時間がパイロット通信で示されたよりも早くなっている点だけだった。手交時間を厳密に指定していることと、外交官が日曜日だというのに仕事をしていることについて、ウィルキンソンは不吉には感じなかった。というのも、パイロット通信が、東京から大使に対して、何時に回答を提出するかを知らせると述べていたからである。「文書の提示に対する時間指定に意味があるとは、私には思えなかった……私は外交用語に馴染みがなかった。外交文書は通常、時間を決めて提示されることがなく、手交時間を定めることが最後通牒特有であることに気づかなかった……つまり、時間の指定、その文書が一定の時間に手渡されることになっていたという事実は、私には、日米交渉の都合で定められていたとしか思えなかったのだ」[*130]。となれば、それは国務省で扱われるべき事柄だった。

真珠湾攻撃間際のこのシグナルに対するウィルキンソンの解釈は、私たちには緊張感を欠くように見えるとしても、その文書をスタークの執務室に届けた時点で彼の責任は終わっていたことを忘れてはならない。厳密に言えば、午後一時指定の文書になんらかの新情報が含まれていたなら戦略は変更されたはずだし、ターナー、あるいは海軍作戦部長が新たな作戦指示を行わなくてはならなかっただろう。タイ、英領、蘭領への攻撃の可能性が高いという公算から、米領への同時攻撃が確実、あるいはかなり可能性が高いという公算に一一月二七日付警告の前提が変わるとしても、そのことを言い出すのはターナーかスタークの役目だった。

ターナーは、一一月二七日の海軍警告はこの不測の事態を考慮していたと、一貫して主張した。確かにこの警告には、フィリピンへの上陸作戦の可能性が最初に挙げられていた（ちなみにまったく言及されていなかったのは、キンメルが管轄する区域だった）。ターナーはさらに、一一月二七日以降に入手したあらゆる重要なシグナルは、以前のものの確認にすぎないか、さもなければ「純然たる情報」であったため、責任は情報部にあったと主張している。午後一時指定の文書については、「あの文書と、それが最後通牒らしいことが全般的な状況を少しでも変えるとはまったく考えなかった。なぜなら、日米戦争はすぐに始まると私は確信していたし、この文書はそのことの確認にすぎなかったからだ」[*131]と証言した。だが、その少し前にはこうも言っていた。「私は昼頃、スターク大将の執務室でこの文書を見た。きわめて重大だと認識し、これについてなんらかの措置を講じたのかと大将に尋ねてみた。すると、電報を送るところだと言われたので、私はそれ以上なにもしなかった。それで十分だと考えたからだ」[*132]。

*130 *Ibid.*, p.1874.
*131 *Ibid.*, p.1924f.

この二つの発言は、まったく矛盾しているとまでは言えない。しかしターナーが、この未曾有の危機を前に、戦略上重要な新たな情報を作戦部隊に送る責任を放棄しようとするのは、一九四一年にこの責任を自ら担おうとした熱意とは対照的に見えるだろう。合同調査委員会では、一四部構成の文書の第一三部までについて、次のようにも述べている。「私はそれを非常に重要なものだと考えたが、ウィルキンソン大佐、インガソル少将、ノックス海軍長官がすでに目を通している以上、なんらかの措置を講じるのは私の任務ではないと考えた[*133]」。

要するに、真珠湾攻撃間際のシグナルに対する海軍の反応は、極東の専門家、特にクレーマーとマッコラムに危機感を抱かせたものの、海軍を動転させはしなかった。第一四部を読み終えたウィルキンソンは、フィリピンが直接攻撃を受けると考えたようだ。しかしその瞬間まで、英領への直接攻撃すら予想してはいなかった。海軍情報部が、戦争計画部や海軍作戦部長にほとんど影響力を持っていなかったという事実、作戦部隊に対する責任をほとんど担っていなかったという事実は、警戒心の欠如の一因だった。どのような警報が鳴ったとしても、あるいは危機をどれほど明確に認識したとしても、同じ理由によって、それが警告という形で示されることは不可能であり、実際、示されなかった。ターナーは自身の権限に最後までこだわっていた。ターナーがのちに主張したように、洞察力のある者にとっては一一月二七日の通信は警告だったと言えるかもしれない。しかし、送信者にもっと危機感があったなら、警告自体、もっと警戒を促すものになったに違いないだろう。

## 見積もりと現実

ワシントンの諜報機関について論じたこの章を締めくくるにあたり、日本の能力についてのアメリカの見積もりと実際とを比べてみたい。アメリカが見積もった数字は、訓練実施兵力と予備兵力、それぞれの配置、艦船の数、型式、編成、航空機の数、型式、基地、訓練済み航空機乗員や技術者の人数などについてはおおむねかなり正確だった。海軍の数字は、陸軍のものよりも控えめになる傾向があった（数字に対しては、たいてい陸軍よりも海軍が強い警戒心を示していたことを考えると、これは興味深い）。たとえば、インドシナ駐留の日本軍兵力については、

＊132　*Ibid.*, p.1924.
＊133　同様に、ショートの警戒態勢が破壊活動に対してだけであり、スタークの返答が簡潔だったため、ターナーはこの文書についてジェローに話すことはなかった。「もしなにか問題があったなら、対処されるだろうと感じた」からだった（*Ibid.*, p.1960.）。

海軍情報部の一二月五日付見積もりでは一〇万五〇〇〇、陸軍の見積もりでは一二万五〇〇〇だった。[*134] 海軍の見積もりでは、台湾を基地とする日本軍航空機数は一五八、海南島では二〇〇、これに対して陸軍の見積もりは台湾が四〇〇、海南島が二〇〇だった（実際には、台湾に四七五、海南島に二〇〇）。[*135] 数字が誤っている場合には、ほとんど常に少なく見積もられていた。しかし数字の食い違いは、生産率や、さまざまな車両や備品の能力に対する過小評価ほど深刻な結果をもたらすことはなかった。

たとえば一二月一日付の陸軍G－2見積もりでは、日本の航空機生産能力は「陸海軍の各種戦闘用、合計月産二〇〇機」[*136] とされていたが、実際の生産率は月四二六機だった。[*137] また、日本のパイロット訓練はアメリカよりも劣っているとみなされることが多かったが、候補生の平均飛行時間はアメリカの二〇〇時間を上回る三〇〇時間、第一線のパイロットであれば約六〇〇時間、空母搭載機パイロットは約八〇〇時間だった。海軍の零式単発戦闘機の性能についても、航続距離八〇〇マイル（実際には九〇〇マイル）、時速二五〇マイル（実際には三〇〇マイル。高高度では米軍のP－40戦闘機よりも速かった）、操作性も低く見積られていた。米海軍将校の大多数は、日本海軍の駆逐艦装備ソナーは米軍のものよりも劣っていると考えていたが、実際には四、五倍強力だった。日本の軍艦は重心が上部にあると考えられていたが、実際にはそうではなかった。空母の搭載機数、方向探知ステーションの能力なども低く見積もられていた。日本人は視力が弱いなどという通念さえ、能力見積もりをする際に無意識の要因として作用していたように見える。*138

一九四一年当時ならではの軍の見方は別として、日本軍の威力や生産能力が一貫して低く評価されたのは、経済と科学技術ではアメリカが優位に立っているという前提に基づくものだった。この二つの前提は情報将校だけのものではなかった。一九四一年のアメリカ経済が、

*134 *Hearings*, Part 14, p.1384., Part 15, p.1838.

*135 現在入手可能な情報源によれば、「実際」の数字自体、信頼できない。というのもUSSBS（米国戦略爆撃調査団）や日本のさまざまな機関の推計は食い違っていて、日本の公式推計でさえ相互に違いがあるからだ。ここではUSSBSの数字を用いているが、マッコラムはこれらも疑問視している。

*136 *Hearings*, Part 14, p.1380.

*137 *USSBS, Japanese Air Power*, p.28.

*138 *USSBS, Japanese Air Power* のほか、Craven and Cate(eds.), *United States Air Force in World War II: Plans and Early Operations: January 1939 to August 1942*, pp.79-81. を参照されたい。一九五七年五月二〇日にスチュワート・S・マレー中佐（戦後、海軍中将）に対して行ったインタビューからも情報を得ている。当然ながら、よくある偏見に影響されなかった専門家や将校もいた。しかし彼らの見解は重視されなかったようだ。たとえば一九四一年半ばには、海軍情報部は零戦の航続距離を一五〇〇マイルと考えていた（サルウィン川と北部仏印との往復に必要な距離で、日本軍はこれを達成していた）。しかし海軍航空局も陸軍航空隊も諜報機関の報告を信じようとはしなかった（一九五八年八月二三日のマッコラムへのインタビューによる）。

日本よりも速いペースで軍事生産を拡大できる能力を持っていたのは確かだ。そのため、日本の航空機生産能力を実際の半分程度と過小評価していたとしても、深刻な結果には至らなかった。しかしアメリカの持つ「専門知識」に関するうぬぼれた態度は、一九四一年に危険をもたらした。今考えてみると、二つの前提のどちらも疑わしい。

アメリカは、日本の技能や創造力を正しく評価していなかったが、日本もまた、アメリカの戦力を評価するうえで深刻な誤りを犯していた。当時の日本は、広範囲に及ぶ有能なスパイ網を持っていた。官民の数量データをかなり正確に報告し、装備品の一覧表作成ではアメリカよりもはるかに精密なシステムを持っていた。事実、一九四一年一二月一日現在のフィリピンにおける米軍装備の算定は、アメリカの算定よりも正確だった。日本は、戦時のアメリカの生産能力についてもかなり正確に予測できた。しかし日本の計画策定者は、この情報、特に、戦争になった場合には最終的にはアメリカが勝利を手にすることを明白に示す生産能力予測を十分に活用しなかった。

次の章では、日本の戦争計画と、日本軍が極東におけるアメリカの役割をどのように考えていたかを論じる。

第６章

# シグナルの背後の現実

これまで、アメリカが手にしていたシグナルの全貌と、日本に対する見方について詳細に検討してきた。次に問うべきは、日本の現実はどうだったのか。戦後明らかになった日本のデータに基づけば、アメリカの描いていた日本像は、現実とどれほど近かったのか。

日本の真珠湾攻撃は、その劇的な性質ゆえに、第二次世界大戦の発端に関して歴史的議論を行う場合には、当然ながら最も注目され興味を引くものとなっている。アメリカでは、「裏切り」や奇襲の背信性をめぐってさまざまな説が主張されている。アメリカの非難に対する日本側の対応もまた、戦争計画のこの部分を正当化することが中心となっている。たとえば彼らは、秘密外交通信が、アメリカの解読者が正確に翻訳しなかったために誤って解釈された、ハル国務長官の一〇項目提案を暫定提案ではなく「最後通牒」にするため、日本の軍部が政府に渡る前に手を加えた、日本の最終文書の清書が予想外に遅れたために奇襲になってしまったなどと述べ、実際にはこの文書を正式の宣戦布告として提示するつもりだったと主張している。

　このような応酬での主張は、日本の戦争基本計画を全体として検討すれば、ほとんどが的外れになる。真珠湾攻撃は、日本がかねてから望んでいたことを実現したものだった。アメリカにとっては完全な奇襲だったのだが、計画では、極東の英、蘭領だけではなくフィリピン、グアム、ウェークに対しても、慎重に期日を定めたうえで一連の奇襲を行うことになっていた。どういう理由からか、太平洋上のこれらの前哨基地が被った損害は、真珠湾攻撃と同種の犯罪行為とはみなされていない。なぜなら、米政府は言葉の厳密な意味ではこれらを奇襲とは考えず、立派な戦争とみなしていたからである。フィリピンの方が真珠湾よりも攻撃目標となる可能性が高いと、軍は常に考えていたようだ。当然ながら真珠湾が攻撃されたことは、フィリピンや周辺の島には攻撃を受ける前にひそかに知らされていた。日本の計画にとってはこれは想定外だった。計画のうえでは、フィリピン攻撃は、真珠湾攻撃後、可能な限りすみやかに、フィリピン時間の早朝に行われるはずだったからだ。ちなみにフィリピンの夜明けは、ハワイよりも五時間半遅い。日本の大本営は、その間に無電妨害を行い、フィリピンへのすべての連絡を阻止しようとした。

日本の戦争計画は、真珠湾の太平洋艦隊を制圧するや、極東の連合国航空兵力撃破を主たる目的として、フィリピンとマレーを同時に空から激しく攻撃することを定めていた。フィリピンとマレーに上陸作戦を行う一方で、グアム、ウェーク、香港、英領ボルネオ、タイを占領し、ビスマーク諸島、蘭領ボルネオ、セレベス、モルッカ諸島、ティモールには前進基地を建設する予定だった。マレー、フィリピンを完全に掌握したのち、日本軍の一部はジャワ、ビルマの占領に注力することになっていた。戦争計画の第一段階は、これで完了する。

第一段階の準備は、連合艦隊司令長官が作戦命令を発した一一月五日から七日の間に始まった。南方軍は一一月六日に正式に編成された。陸、海、空の各部隊司令官は一一月一〇日までに共同で、統合作戦計画の細部を仕上げた。すべての統合作戦は、陸軍と海軍が協調できるかの問題だったが、必要な調整はきわめて複雑だった。

たとえば、開戦初日の早朝数時間のうちに、日本軍は二九の目標をそれぞれ攻撃することになっていた（次ページの表1参照）。内訳は、オアフ島六、フィリピン一〇、マレー沿岸九、香港、タイ、グアム、ウェークが各一。八つの目標には二波の空襲を行い、二波の間隔は約一時間と定められていた。マレー、真珠湾、フィリピン攻撃は、日米交渉が成功すれば攻撃開始

**表1　12月8日朝（日本時間）の攻撃予定目標**

| 地名 | 目標数 | 攻撃方法 |
|---|---|---|
| 真珠湾 | 6 | 空襲、二波攻撃 |
| フィリピン | 10 | 4目標に空襲、2目標に二波攻撃、6目標に上陸（実行されたのは5目標） |
| マレー | 9 | 5目標に空襲、3目標に上陸するとともに、タイから陸路侵攻 |
| タイ | 1 | 陸軍が越境侵入し、バンコク奪取 |
| グアム | 1 | 空襲、次いで上陸 |
| ウェーク | 1 | 同上 |
| 香港 | 1 | 同上 |
| 計 | 29 | |

日の二四時間前までに中止することになっていた。一連の攻撃は、日本の爆竹のように次々に炸裂する予定だった。つまり、香港攻撃はマレー侵攻の知らせを待って、グアム、フィリピン攻撃は真珠湾攻撃の知らせを待って行われる予定だった。

主要目標は数百キロメートル、場合によっては数千キロメートルも隔たっていて、この隔たりを速力一〇ノットの水上艦艇から二五〇ノットの航空機までさまざまな速度の兵器による攻撃で克服しなければならなかった。攻撃に参加した航空機は二〇〇〇機を超え、そのうち四分の一は空母搭載機、残りは陸上機だった。水上艦は一六九隻、潜水艦は六四隻。[*1] 最終出発前の艦隊や部隊の再編制と集結は、攻撃開始の三三日前、一一月五日から七日までに開始しなくてはならなかった。最終出発の一番手、真珠湾攻撃に向かう

**表2　真珠湾攻撃までに要した期間と艦艇等の数**

| | |
|---|---|
| 航空機（陸上基地用） | 1478 |
| 同上（空母搭載用） | 537 |
| 艦艇 | 169 |
| 潜水艦 | 64 |
| 計 | 2248 |
| 最初の決定から最初の爆弾投下までの所要日数 | 33日 |
| 最初の出港から最初の爆弾投下までの所要日数 | 20日 |
| 最終決定から最初の爆弾投下までの所要時間 | 24時間 |
| 航空機速力 | 150～250ノット |
| 艦艇速力 | 10～35ノット |
| 潜水艦速力 | 平均12ノット |
| 最大速力差 | 240ノット |

機動部隊は、一一月二五日に出発する必要があった（表2参照）。

戦争計画の第一段階は複雑だったにもかかわらず、日本の陸海軍指導者は一一月二〇日までに合意に達し、攻撃命令が出された。この命令は上層部にだけ伝えられた。たとえば一二月二二日予定のフィリピン本島上陸作戦にかかわる陸軍兵のほとんどは、任務の内容を知らされていなかった。リンガエン湾とラモン湾上陸作戦に参加する艦隊部隊は、一二月一七日の出発に備えて、一一月二五日にはすでに台湾とその近辺に集結し始めなくてはならなかった。出発日や目的地は明らかにされなかった。この

＊1　水上艦の水上航行時の平均速度は一二ノット、潜水艦の平均速度は三ノットだった（一ノットは毎時一八五二メートル）。

厳密な秘密保持が真珠湾奇襲を可能にしたものの、アメリカが宣戦布告してからは多大な混乱、遅れ、苛立ちを招いたのは疑いもなかった。

第一段階では、機動部隊は開戦から五〇日以内にマレー、フィリピンを占領し、九〇日以内に南方全域を確保しなくてはならなかった。この厳しい日程には、連合国側が前進基地を建設できず増援部隊を送り込めない、連合国側に揺るぎない既成事実を提示するなどの一定の戦術的利点があった。また第一段階は、シベリアが悪天候で、ソ連による攻撃を防げる時期に実施することになっていた。シベリアと東南アジアの気象条件を踏まえると、一一月一日前後の開戦が理想的だった。しかし日本政府は軍部の意向を認めなかったため、一二月八日まで延期せざるを得なかった。

戦争計画の第二、第三段階では、日本が戦略的防衛態勢に入り、新たな領土内の天然資源を活用し、千島列島から弧を描くようにマーシャル諸島、ビスマルク諸島に沿って南下し、ジャワ島、スマトラ島へ、そしてビルマに至る防衛前線を強化し（六七一ページの図5参照）、アメリカが戦意を喪失するような消耗戦を行うことになっていた。第三段階の目標は、連合国軍前方基地への攻撃によって達成されることになっていた。日本は、ヨーロッパでの戦争が緊迫し、第一段階の計画が急速に進展するのを当てにしていた。そうすれば、アメリカが極東の状況を受け入れるか、少なくとも介入してこなくなるからだ。

## 日本の政策立案と長期見積もり

戦争計画の第一段階では、軍がもっぱら戦術面の計画立案を担っていた。米内光政大将によれば、「大本営の活動は作戦上の問題に限られており」、こういった問題に関しては大本営が決定権を握っていた。しかし、「陸軍の作戦に関する限り、参謀総長がこうするといえばそれで決まりだ。海軍の作戦についても同じで、軍令部総長の一言で決まった」。「意見の一致を見られないなら、それは陸海軍内の不一致を意味している」[*2]と、米内は同じ意味の言葉を繰り返した。

長期的検討、たとえば最初から開戦の方向で行くのかどうかについては、政府と軍の指導者による合意を必要とした。双方のメンバーで構成された連絡会議で議論したのち、内閣の承認を得なくてはならなかった。この連絡会議は、アメリカの戦争会議に匹敵するもので、正規

＊2 *USSBS, Interrogations of Japanese Officials*, Vol.II (Pacific), Interrogation No.379, November 17, 1945, p.328.

メンバーは、首相、外相、陸相、海相、陸軍参謀総長、海軍軍令部総長の六人だった。そのほか参謀次長、軍令部次長もたいてい出席し、関係閣僚数人も求めに応じて出席した。とりわけ一九四一年一〇月一七日に東條英機大将が首相に就任してからは、軍が決定権を握っていたとしても驚くことではない。連絡会議での「満場一致」の決定は、今で言えば過半数の同意の婉曲表現にすぎず、当時は軍が過半数を占めていた。[*3] 天皇は、連絡会議の決定を、まったく同じメンバーによる御前会議で裁可した。[*4]

アメリカの諜報活動の観点から見ると、日本政府が下した最も重要な満場一致の決定は、七月二日、九月六日、一〇月一六日、一一月五日、二五日、二九日、一二月八日（いずれも東京時間）に行われていた。ここでこれらの決定について簡単に見てみよう。というのも、それぞれの決定が行われるたびに日本政府はアメリカとの戦争に近づいていったからだ。今、振り返ってみれば、当然の帰結のように見える。しかし一九四一年当時、一二月八日以外のすべて

*3 Maxon, *Control of Japanese Foreign Policy: A Study of Civil-Military Rivalry, 1930-1945*, pp.149-189.
*4 終戦時に内閣書記官長だった迫水久常は、御前会議はもっぱら儀礼的な位置づけだったと述べている。議題や最終決定はあらかじめ決められていたが、誰もが「会議の体裁を整えるために非常に苦労していた」という（*Ibid.*, p.157f.）

**図5　日本の戦略防衛の範囲（戦争計画第二、第三段階）**

の決定についての情報を得ることができたアメリカの専門家は、日本の穏健派指導者の影響力を実際以上に評価する傾向にあった。日本では、穏健派の発言が最終的な決定に影響することはほとんどないとしても、会議で頻繁に発言することは認められていた。

一九四一年七月二日、国策を再検討するため、天皇は御前会議を召集した。この会議が召集されたのは、六月二二日にドイツがソ連を攻撃し、日本に対してはシベリアを攻撃するよう圧力をかけたためである。出席者は近衛文麿首相、松岡洋右外相（その後すぐに更迭）、東條英機陸相（戦時内閣を率いることになる）、及川古志郎海相、杉山元参謀総長、永野修身軍令部総長、枢密院議長、内相の八人だった。この会議での決定は天皇の裁可を受け、日本がアメリカとの戦争に向かう道筋が定まった。

近衛首相はこの決定を次のように手記に記している。*5

一　大日本帝国は国際情勢がどのように変わろうとも、大東亜共栄圏を建設し、世界平和に寄与せんとする方針に従うことを固く決意する［大東亜共栄圏には、極東の英領、蘭領、ポルトガル領、さらにはフィリピン諸島、インド、オーストラリアが含まれていた。大東亜共栄圏建設は、一九四〇年七月に主な国家目標として定義された。マジック情報にあった第一項の翻訳文には、「大日本帝国は世界情勢の変転にかかわらず、大東亜共栄圏を建設することによって世界平和に寄与せんとする方針を堅持する」とある」[*6]。

二　帝国は支那事変の処理に邁進し、自存自衛の基礎を確立するための努力を続ける。このため南方に進出し、情勢の推移に応じて北方問題を解決する［マジック翻訳には、この第二項と第三項は含まれていない。傍受されなかったのか送信されなかったかだが、送信されなかった可能性が高い］。

三　帝国はいかなる障害があろうとも、右の目的を達成する。

「国際情勢がどのように変わろうとも」と「いかなる障害があろうとも」は、近衛が御前会議での決定後に書き留めた要約には、もっと明白に表現されていた。「前期計画の実施においては……米英両国と戦端を開くことがあろうとも思いとどまるものではない」。「あらゆる計画、なかんずく武力の行使を伴うものは、対英米戦の基礎的戦備に重大な支障を来さないよう配慮

*5 *Hearings*, Part 20, p.4018.
*6 *Ibid.*, Part 12, p.1.

しつつ実施に移すものとする」[*7]。その一方で、「帝国政府はあらゆる必要な外交的交渉を継続して行う」[*8]という。この最後の但し書きは近衛公に対する譲歩だった。近衛は、外交官の活動を妨げるだけのインドシナでの軍事行動を是認する一方で、外交交渉に対する信念を明言していたからである。この要約もワシントンには送られなかった。送られていたとしても、傍受はされなかった。

七月二日の国策決定に関しては、ワシントンの野村大使には、帝国国策要綱の方針一、二だけが伝えられた。七月八日には、米政府指導者は、解読されたマジック情報や南進に関するいくつかの詳報、以下のあいまいだが威嚇的な抜粋文を利用できる状態にあった。

> 独ソ戦に関して枢軸国の趣旨は貫徹を要するとはいえ、現在の諸般の準備および情勢への対処は、日本独自の流儀で行うものとする。その間、極力慎重に外交交渉を継続する。いかなる手段に訴えても、米国が参戦しないように努力するが、必要とあれば三国同盟の定めどおり行動し、武力行使の日時と方法を決定するものとする。[*9]

これに続いてインドシナ作戦の詳報が入ったため、すでに見て来たとおり、ハワイ諸島に一連の電報が送られることになった。しかしマジック情報の翻訳文は原文よりも口調が穏やかで、野村大使に伝えられた国策要綱の二項目さえ、安全だとみなされた。アメリカの指導者が帝国国策要綱すべての写しを入手していたなら、禁輸措置を講じたのちも、ハル国務長官があれほど忍耐強く交渉を再開したかどうかは疑わしい。

したがって七月二日は、真珠湾攻撃のシグナルにおいて重要な日だったと考えられる。

九月六日は次に重要な日だった。御前会議が開かれ、七月二日決定の方針が再確認され、近衛内閣が日米交渉をまとめるデッドラインが一〇月一五日に設定された。マジックには、このデッドラインについての情報はなかった。

一〇月一六日、近衛内閣の崩壊はワシントンにさらなる警戒を促すことになった。これについては第2章で論じたとおりである。近衛内閣総辞職と東条新内閣の誕生については、公開・非公開の情報源があった。

一〇月二三日から一一月二日までは、七月二日決定の国策要綱を再検討するため、ほぼ連

＊7 *Ibid.*, Part 20, p.4019.
＊8 *Ibid.*, p.4018.
＊9 *Ibid.*, Part 12, p.2.

日連絡会議が開かれた。マジックは、一一月三日以降のニュースを伝えている。

政府は新内閣組閣以来、連日にわたって大本営との連絡会議を開催している。われわれは日米関係を改善するための根本的方針を慎重に検討してきたが、五日午前中の会議で最終決定を下す予定であり、結果はすぐに貴大使に伝える。これは外交関係を改善するための政府の最後の取り組みになるだろう。[*10]

一〇月二三日以降の連絡会議では、以下の検討事項が提起された。

一　九月六日の決定事項をすみやかに米国に承諾させる見込みがあるか。

答えは「否」だった。

二　一〇月二日の米国覚書を受諾する場合、帝国に及ぼす影響はどのようなものか。

「(日本が) 受諾する場合には……満州事変以来の成果はすべて水泡に帰し、満州及び朝鮮において確立したわが国の地位にも影響し、結局大陸より撤退せざるを得ないだろう」との結論に達している。[*11]

三　日本は九月六日の決定をどの程度まで緩和できるか。

これに対する答えは甲案、乙案としてまとめられた。第3章で見たように、アメリカに提示されたが拒絶されている（乙案で示された日本の最大の譲歩は、南部仏印駐屯の日本軍を北部に移駐させ、これ以上東南アジア及び南太平洋地域に武力進出を行わないというものだった。その引き換えにアメリカに対しては、日本との通商関係を全面的に復活させ、「所要の石油」を供給し、日本政府が蘭印で必要とする物資を得られるようにし、中国へのあらゆる支援を中止することが期待されていた）。

四　欧州戦争の見透しはどうか。

外務大臣は、ドイツのイギリス上陸作戦はきわめて困難であり、長期戦となってドイツが苦境に立つかもしれないと考えていた。日本陸軍は、ドイツはソ連とイギリスに必ず勝利すると考えていた。

五　戦争に入る際には英米を切り離すことができるか。

*10 *Ibid.*, p.90.

*11 Togo, *The Course of Japan*, p.125f.（『時代の一面　東郷茂徳外交手記』普及版、東郷茂徳著、原書房、二〇〇五年）

答えは「否」だった。

六　米国の潜在的戦争遂行能力はどの程度か。

答えは、日本の七、八倍だった。「米国との戦争に入った場合、直接屈伏させる方法はないという意見に異論は出なかった」[*12]。

七　日本の潜在的戦争遂行能力をどのように増強できるか。

答えは、財政的措置の増強、鉄、石油、船舶、その他の軍需品の生産の増大にかかっていた。軍部は実際の数字が漏れないよう用心していたため、このやり取りについての記録は短くあいまいだった。

一一月五日、意見の対立を解消するというよりは互いに主張し合うだけという日本流の議論の結果、英、米、蘭との開戦という「満場一致」の決定がなされた。その一方で、日米交渉は継続されることになった。もっとも陸軍代表は日本の譲歩を厳しく限定したため、交渉が成功する見込みはなかったのだが。表向き交渉を継続することにしたのは、即時開戦を支持する者と、対米開戦をもう少し先送りしたい者との官僚主義的妥協にすぎなかった。ワシントンの大使らが任務を遂行できるようにと、交渉打ち切りのデッドラインは一一月二五日に、開戦は一二月八日に定められた。その後、デッドラインは一一月二五日から二九日に変更された。一〇項目提案に対する日本側の回答提示から最初の攻撃までにどれだけ時間を置くかについては、四五分から二時間半まで意見が分かれた。

真珠湾攻撃を開始するタイミングについての議論は、道義的責任を果たしながらその一方で奇襲をうまく実行しようとする日本の入念な配慮を示すものだ。日本は宣戦布告を意味し、それを正当化する文書をアメリカに受け取らせようとしていた。しかも実際に攻撃を開始する前に——ただし、奇襲が意味を失うほど早すぎてはならない。タイミングをめぐる日本側の議論で最も興味深いのは、彼らが国際世論を気にかけていたことだろう。

マジックについての章で見てきたように、一一月の警告には、二五日と二九日のデッドライン、日本の要求と譲歩のすべての内容が含まれていた。アメリカに足りなかったのは、一二月八日という日付、攻撃目標の正確なリスト、そしてこれがなにより重要だったのだが、日本が捨て鉢で大胆な行動に及ぼうとしていることを正確に評価する能力だった。豊富なシグナルを手にしていたにもかかわらず、日本のような小国が、アメリカのような大国に先制攻撃を仕

*12 *Ibid.*, p.126.（邦訳は前掲書）

掛けるなどとは考えもしなかった。振り返ってみても、日本がどれほど無謀だったのか、日本の無謀さがどのような特徴を持っていたのかを理解することは困難だ。

歴史家は、日本の短期計画が精密で明快であるのに比べて、長期的に物事を検討する際の驚くべき特徴、すなわちそのあいまいさを見落としてきた。日本政府や軍の記録の大半は降伏前に破棄されたため、一九四三年以降に向けた計画については記憶をたどるしかなく、当然ながら明瞭ではなく矛盾もあった。しかし同じように記憶をたどったとしても、短期計画はまったく異なる。

真珠湾攻撃を計画した山本五十六大将は、その任務の範囲は厳密に作戦部門に限られていたとはいえ、長期的展望に関してはきわめて興味深い証人だっただろう（山本は戦争中、米軍機に撃墜されて亡くなった）。伝えられるところでは、当初、対米戦には断固反対していたという。敗北は必至と考えたためだ。笹川良一宛の手紙では、「併し日米開戦に至らば、己が目ざすところは素よりグアム比律賓（フィリピン）にあらず、将又布哇（ハワイ）桑港（サンフランシスコ）にあらず、実に華府（ワシントン）関東百亜館（ホワイトハウス）上の盟ならざるべからず、当路の為政家果たして此本腰の覚悟と自信ありや」[*13]と警告している。

開戦が決まると、山本は近衛に次のように語ったと言われている。

ぜひやれといわれれば、初めの半年や一年の間は、ずいぶん暴れてご覧に入れる。しかしながら、二年、三年となれば確信がもてぬ。[*14]

開戦間際に山本が、日本は短期戦で勝てる、太平洋の兵力を失った米英は譲歩して和平を受け入れると考えていたのか、米経済が戦時生産型に移行し、米軍が反撃に出れば、戦争は長引き、日本の敗北は避けられないと考えていたのかは定かではない。

東條首相、杉山大将の証言でも長期構想は漠然としていた。二人とも、天皇と内閣に日本の勝利を断言したという。しかし常につけ加えたのは、日本が攻撃を行うチャンスは今しかないのだから、勝つか負けるかは問題ではないとの言葉だった。勝利が明言されるときには、現存兵力や一年間のタイム・スケジュールに基づいていた。アメリカの潜在的戦争遂行能力の脅

*13 Kato, *The Lost War*, p.89.

*14 Okumiya and Horikoshi, *Zero*, p.61.（『零戦』堀越二郎、奥宮正武著、学習研究社、二〇〇七年、学研M文庫）。以下を参照。Fuchida and Okumiya, *Midway: The Battle That Doomed Japan*, p.18.（『ミッドウェー』淵田美津雄、奥宮正武著、学習研究社、二〇〇八年、学研M文庫）

威については、日本の七、八倍だと適当な言葉が用いられたにすぎなかった。[15]

今後の米戦力に対する姿勢は、駐ワシントン日本大使宛の訓令で示されたものにきわめて近かった。大使は「一層の奮励」を求められ、ハル長官や側近の説得を精力的に試みなくてはならなかった。いかなる譲歩も要求の変更も許されず、説得という任務の遂行に心血を注がなくてはならなかったのである。陸海軍部隊も同様に、大日本帝国の栄光のためにかつてなかったほどの奮闘を求められることになる。だが、その牽引力となっていたのは、拡大する帝国のイメージであり、声高に喧伝された国家目標の実現だった。アメリカの潜在的戦争能力はかなたの脅威にすぎず、背景にかすんでしまっていた。

嶋田繁太郎海相は、一一月一日の連絡会議の席上で、開戦に至った場合と日米交渉を続けた場合に伴うリスクについて次のように詳しく述べている。

開戦に至れば、海軍の現在の戦力をもってすれば、初期段階での作戦と、敵艦隊に対する傍受作戦の両方において、海軍は勝利を収める可能性が高いと軍令部は考えている。しかし戦争が三年以上続けば……軍需物資や生産力の不足によって、海軍の戦力にも影響が及び始めるだろう。その場合には、海軍が勝利できるとの確信を持つことはむずかしいだろう。

一方、外交交渉の継続を決定した挙句、実を結ばなかったなら、敵との戦いにおいては遅滞によって、作戦上きわめて不利になる。それゆえ、今戦争を始めることには大きなリスクがあるものの、交渉の結果に自信が持てない限り、交渉に頼ることにも大きなリスクがある。このように、外交交渉を継続しようと戦争に踏み込もうと、多大なリスクや困難は避けがたい。いずれの場合にも生じるリスクは、情勢の見積もりによって比較考量する必要がある。*16

理にかなっているように聞こえるが、どのような尺度でリスクを測ったのか、実際に測ってみたのかどうかを示す証拠はない（残念ながら、外交上のリスクや軍事上の長期にわたるリスクについては測定がむずかしい）。一一月四日、五日に軍と政府が何度も議論を重ねた結果、米英蘭三国との開戦が決定した。どの数字からも武器や航空機の生産力ではアメリカに追いつくこ

*15 日本の企画院は、日本経済についての「慎重で控えめな見積もり」を明らかに妨害していた。「その責任を担う者は解雇されるか、昇進の機会を失った」(Kato, *The Lost War*, p.169f.)
*16 "Political Strategy prior to the Outbreak of War," Part V, p.1.

とは望めないことが示され、開戦の「一日の遅れ」が日本にとっては大きな不利になるとの再三の訴えとあいまって決定を後押しした。[*17]

日本には、関連した長期見積もりをするための材料があった。たとえば、戦略爆撃調査団(USSBS)が明らかにしたところによれば、航空機生産、造船、必要な乗組員の訓練度などアメリカの戦争遂行能力に対する評価は、一九四一年、四二年、四三年のアメリカ自身の評価よりもはるかに正確だった。[*18] こういった裏づけがあるにもかかわらず、なぜアメリカとの戦争を決断したのかは合理的に説明できるものではない。開戦前に外相として、日米交渉を実らせようと最後まで努力した東郷茂徳は、「日本の有する兵力量及作戦の実施に付ては統帥部より何等説明がなかった[*19]」と不満を述べている。「仮定の上に研究を進めて居る感がすることが少なくなかった[*20]」という。「(アメリカの)兵力に就いては殆ど全部公表せられているから問題はなく……[*21]」、「其戦争遂行能力の偉大なること[*22]」を十分認識していたのに対して、日本軍がどのような作戦行動をとっているかについては、まったく蚊帳の外だった。一一月一日の連絡会議の席上、東郷は、「戦争の全面的見透しに付き軍部大臣の意見を承知したしと述べた[*23]」。永野軍令部総長が緒戦での勝利を保証したのに対して、東郷は究極の勝利が得られるのかと問いただしている。「陸軍大臣は全局に就いても勝利を得るの見込確実であるから統帥部を信頼して安心していいと答え、海軍大臣は悲観を要せずと言明し、尚軍令部総長は重ねて遊撃作戦に自信あることを述べて米国艦隊が中部太平洋から委任統治地域に北上し来る際に之を撃破し得る旨を説明した」[*24]。そして最終的に東郷は「戦争の見透しに対する軍部の見解に就ては……之を信用するより仕方ない」[*25]との結論に達した。しかしこういった勝利を請け合う言葉は未解決の大問題——日本は長期戦となった場合には勝てない、かと言って戦争を短期間で確実に終わらせるための実現可能な計画もない——をあいまいにしていた。緒戦の勝利はアメリカを意気消沈させ、撤退を促すかもしれない。日本の指導者はそうなってほしいと願うばかりで、アメリカから戦争継続の手段と意思を奪い取る手立ては持たなかったのである。

＊17 *Ibid.*, p.3f.
＊18 USSBS, *Japanese Military and Naval Intelligence Division.*
＊19 Togo, *The Course of Japan*, p.127.（『時代の一面　東郷茂徳外交手記』東郷茂徳著）
＊20 *Ibid.*
＊21 *Ibid.*, p.126.
＊22 *Ibid.*
＊23 *Ibid.*, p.141.
＊24 *Ibid.*, p.142.
＊25 *Ibid.*, p.143.

言い換えれば、対米戦は選択の結果ではなかった。現在の地位を失うか、国としての目標を捨てるかという戦う以上に恐ろしい選択肢を避けたいという願望が、日本を戦争に踏み切らせた。日本が掲げていた目標は、つまるところ大日本帝国の拡張ということになるが、これは少なくとも一九三〇年代に入ってからずっと公言されていた。しかしその実現可能性や他国の目標との競合についてはめったに分析されず、問題視されることさえなかった。中国、朝鮮半島、インドシナで段階的に拡張計画を進めた結果、日本はその路線をさらに推進することになった。そのためどの段階であれ立ち止まることは、「国家的屈辱」や「二等国の立場」を受け入れることを常に意味していた。たとえば、ルーズベルト大統領が禁輸措置に先立ち、最後の手段としてインドシナやタイの中立を提案した七月には、事態はすでに深刻化していた。東郷外相は、「日本側も検討を重ねたが、南印進駐は七月二日の御前会議決定に基づくもので、南方進出を断念することにならない限り同地域からわが軍を撤退させることはできない」[*26]と述べている。

政府内の穏健派は、軍部によるこの軽率な動きに押し流されてしまった。海軍内部にはためらう声もあったが、東南アジアで得られる新たな資源の分配をめぐる陸海軍の取引で陸軍が寛大な姿勢を見せたために、その声は消えてしまった。内閣では、支那方面作戦の立案で活躍した聡明だが頑固な東條大将が、弱気な最後の穏健派近衛に代わって首相に就任した。東條はあらゆる議論を主導し、自身の主張を通した。長期的検討を必要とする問題が提起されると、具体的な、差し迫った戦略や、戦術上の問題へと議論の焦点を移すことによって相手をひるませてしまった。アメリカがイギリス同様に参戦するかどうかではなく、どこに第一撃を加えるのが最も効果的か、最初にマレーを攻撃し、フィリピン攻撃はあとにするのか、両方を同時に攻撃するのかが問題になっていた。こういった検討によって局地戦の結果は判断できるが、戦争自体の結果は判断できない。

興味深いことに、日本のリスクに対する日米の見積もりは、両者が計画していた大規模戦争の場合も、個々の局地戦の場合も、まったく同じだったことがわかる。アメリカの誤算は、日本がこういったリスクを取る能力も意思もないと判断したことだった。グルー大使はこう述べている。「わが国では国民の理性がそのような行為を命ずることはないだろうが、日本人の理性はわれわれの常識でははかることができない」[*27]。

軍や国務省の資料で見てきたように、日本人にとってそのリスクはあまりに大きいため、

*26 *Ibid.*, p.86.
*27 *Hearings*, Part 14, p.1056.

取ることはないだろうとアメリカは考えていた。それは大きすぎるリスクだった。それなのに日本人はそのリスクを取ろうとしていた。そしてアメリカは、この一見非論理的な帰結を見落としていた。なぜなら「段階的消耗」、包囲され、一撃も加えることなく敗退するという危険以外、どのような選択肢があるかを考慮しなかったからだ。日本は攻撃しやすい英領や蘭領に矛先を向けるはずだとアメリカは考えたが、日本は米英蘭の同盟は強固なものであり、弱い目標が攻撃されたなら、アメリカも参戦すると考えていた。米海軍は、一回の空襲に二隻以上の空母が使われるとは想定していなかった。米海軍自身の能力に基づいて考えていたからだ。一九四五年の合同調査委員会では、奇襲に加わった空母が六隻だったとの証拠が出されたが、このときでさえ、海軍側証人は空母は四隻だと何度も述べている。海軍が一度の作戦に全主力空母を投入するようなリスクを冒すなどとは、想像もしなかったからだ。米軍が、日本式の軍事演習を行ったとしても、日本軍の豪胆さと巧妙さを盛り込むことはできなかっただろう（第1章で言及したマーチンとベリンジャーの見積もりでは、「一隻以上の空母」としている）。

たいていの演習には、当然ながら、敵の心理や戦術までは予想できないという欠点がある。演習では戦略は参加者に左右され、全体としては、演習での役割よりも参加者の特色が反映される。アメリカの意思決定者は、日本の意図や価値観には疎かったようだ。日本人の方も、自分たちの行動に対するアメリカの反応を予測するのは、きわめて不得手だったと言わざるを得ない。あり得なかったのは、日本の一〇倍もの戦争遂行能力を持ち、絶対的な勝利をつかむまで戦うと評判のアメリカが[*28]、短期戦ののち空海部隊のかなりの部分と極東の総兵力の壊滅を受け入れるだろうと考えたことだ。

日本人がアメリカ人の心理を理解していなかった興味深い一例は、一九四一年八月に日本軍が行った総力戦机上演習だった[*29]。これは九月に行われた海軍演習ほど有名ではないが[*30]、長期的検討のための試みだった。陸軍、海軍、省庁から集められた参加者は、いずれも日本政府が一九四〇年一〇月、東京に設立した総力戦研究所のメンバーだった。演習では、ドイツとイタリア（一つとして扱う）、ソ連、アメリカ、イギリス、タイ、蘭印、中国、朝鮮、満州、仏印が関係国に含まれていた。演習では、現実の国内事情が忠実に反映され、日本は単一の利益を追

*28 第一次世界大戦中にはこういった評価が定着していた。Kennan, *American Diplomacy, 1900-1950*.（『アメリカ外交50年』ジョージ・F・ケナン著、近藤晋一、飯田藤次、有賀貞訳、岩波書店、二〇〇〇年、岩波現代文庫）を参照されたい。
*29 Exhibits 868 and 871 in "Tokyo War Crime Trial Documents," Vol.16.
*30 極東国際軍事裁判のための調査に携わった法律家は、もっぱら主催者である総力戦研究所の存在を明らかにすることに関心を持っていたため、この演習についての証拠は断片的である。

求する一つのチームとはみなされず、主要問題で合意に達する必要のある利害の錯綜した連合体とみなされた。たとえば、戦争の不可避性、戦争開始の時期と方法、対戦する敵国の数、戦争遂行に必要な経済統制などをめぐって意見は対立していた。

開戦前の一九四一年八月中旬から一二月一五日にかけて実施された机上演習では、軍は東南アジア進出計画を内閣に認めさせている。この演習では、日本が対米戦を仕掛けることはなかった。独伊が先にアメリカと戦い（現存資料では詳細は不明）、日本はあとから加わった。日本は、アメリカが極東に中立海域設定を宣言し、日本船を数隻沈めるまでは、外交上の引き延ばし戦術を用いた。アメリカのこの二つの行為は、フィリピンを含む東南アジア諸国すべてへの慎重に準備された奇襲の引き金となった。真珠湾については言及されていない。

一九四三年に想定されていた武力に訴える激しい戦争では、ドイツが徐々にロシアに勝利し、日本は一九四二年秋にシベリア侵攻に成功することになっていた。これは、当時の日本陸軍の予測に正確に合致していたため、陸軍のメンバーが糸を引いていたと考えられるだろう。一九四一年の実際の動きにも忠実で、陸軍は最も積極的で影響力の強いグループとして演習に参加していた。閣議でも陸軍はすべての議論を支配し、陸軍の前提が優勢だった。海軍が熱い議論を交わしていたそのときに真珠湾への言及がまったくなかったのは、演習参加者の誰もその計画を知らなかったことを示すものだろう。

この演習は、海軍大学校で九月に実施された戦術演習とは違って、代案を実際に試すものではなく、一連の確信をデモンストレーションし、議論するものだったようである。日本軍にとって好都合な予測は、米英との対立によってもたらされる結果のあいまいさとともに、天皇の質問に対する陸軍参謀総長杉山元大将の答えと密接に関連している。ドイツがイギリスとロシアに勝利すればアメリカは戦いから姿を消すというのだが、どのように姿を消すのかは問題ではなかった。

日本の対米開戦決定は、冷静な判断によるものというよりも二つの悪のうちでましな方を選んだ結果だと、あらゆる証拠が示しているように見える。アメリカとの戦争か、国家の崩壊か、という選択だったのである。戦争の目的や、妥協による和平や勢力均衡が太平洋地域になにをもたらすのかを、政策立案者も作戦の専門家も真剣に考えたことはなかった。

戦争計画の第一段階の予測は細部にわたり、軽率とは言わないまでも大胆なものだった。攻撃のタイミング、地理的範囲、日米現有兵力の厳密な照合などをふまえた途方もなく複雑なものだった。この予測は完璧に近い調整を必要とし、計画段階では、日本軍の能力を限界まで、場合によっては限界以上に用いることが求められていた。しかし第二あるいは第三段階で最終的にアメリカが日本に屈するという予想は、「予測」と呼ばれるにはおよそふさわしくないものだった。日本人は、熟慮することなくむしろ願望に基づいて、このリスクを取ったように見える。あるいは、英蘭を攻撃しながらアメリカに対してなにもしないというリスク、いわんや英蘭を攻撃しないというリスクを冒すことは、想像を絶したあるまじきことであり、劣等国の地位に甘んじることになると考えていたのだろう。

将来に対する見通しが、日本という侵略者の行動をほとんど抑制できなかったことには戸惑いを感じる。自国の敗北を予言するために必要な経済的、軍事的データが揃っていながら、日本は領土拡張を控えようと真剣に考えたことはなかった。領土拡張こそが、「国家の栄誉」とみなされていたのだ。昨今では、産業後進国にとって未来はそれほど脅威ではないはずだ。というのも最新兵器を用いて現存勢力との戦闘を繰り広げれば、戦いの結果はおのずと明らかだからだ。

## 日本の短期計画

ここで、日本の戦争計画における緒戦の二つ、フィリピン作戦と真珠湾攻撃とを詳しく見てみよう。第一段階での作戦の一部を検討すると、立案者の計算に大胆さと緻密さが備わっていることが見えてくるだろう。

## フィリピン攻撃

第二次世界大戦勃発時に第一一航空艦隊参謀で、戦後は航空自衛隊に勤務した島田航一空将補による初期のフィリピン作戦についての説明は、最も新しく、信頼できるものである。[*31] ここでは限られた側面についてだけ、要約する。

簡単に言えば、フィリピン作戦は、陸軍の第五飛行集団、海軍の第一一航空艦隊の攻撃で始まり、ついでバタン島[*32]、ルソン島、ミンダナオ島に上陸する予定だった。第五飛行集団は戦闘機七二、双発爆撃機二七、軽爆五四、偵察機二七、連絡機一二の計一九二機、海軍第一一航空艦隊は、真珠湾攻撃に参加しない零戦の大半である一〇八、旧式戦闘機一三、新型爆撃機八一、旧式爆撃機三六、偵察機一五、飛行艇二四、輸送機二七の計三〇四機を使用する予定だっ

*31 Shimada, "Japanese Naval Air Operations in the Philippine Invasion," pp.1-17.
*32 バターン半島ではない。

## 図6　フィリピン侵攻時の日本軍機攻撃予定地点
## 1941年12月8日（日本時間）

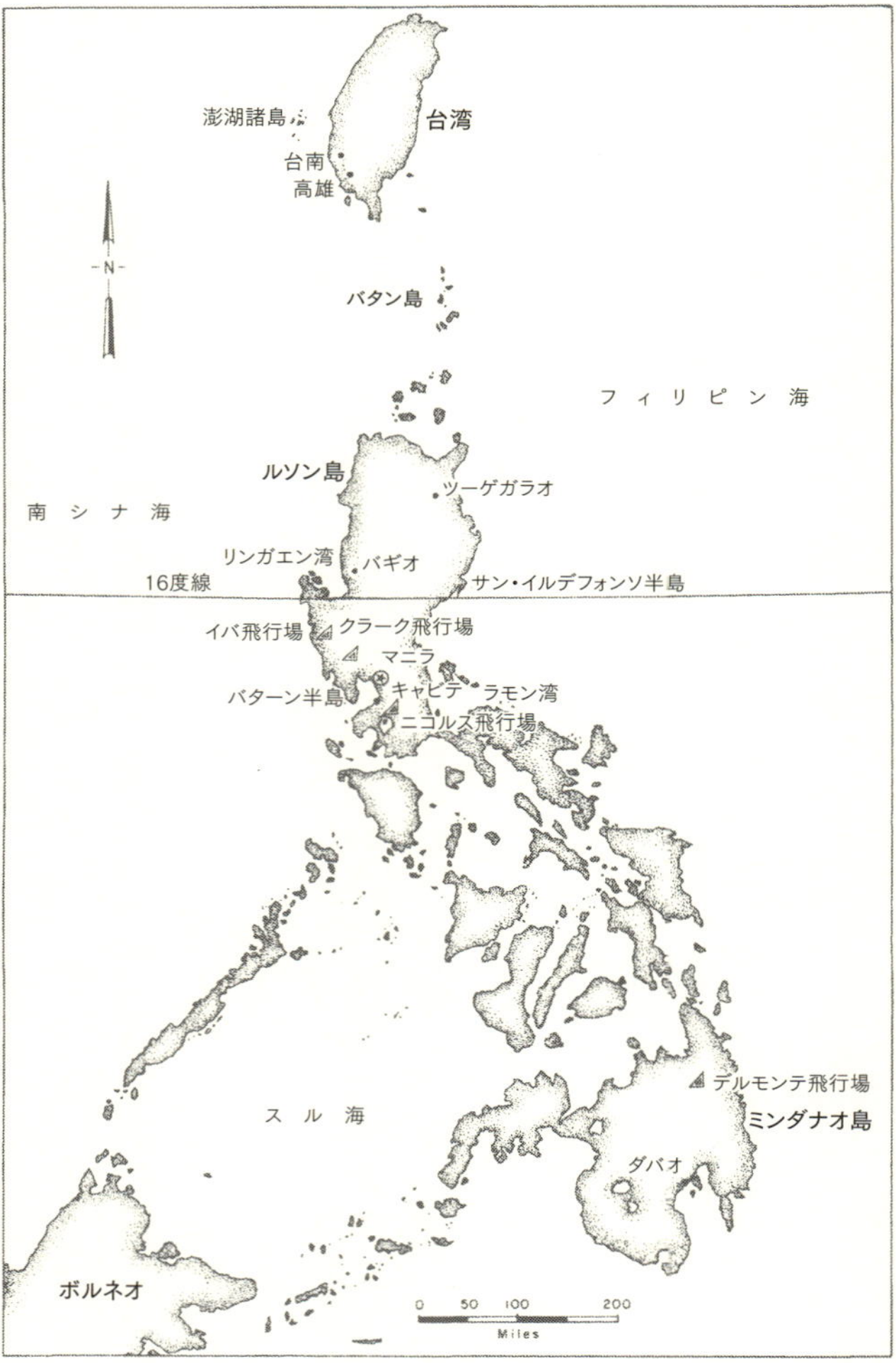

た。[33] 陸海軍機は、それぞれの航続距離によって任務を分担した。陸軍機は、主に大陸での対ソ戦を踏まえて設計され、満州国内の陸上基地からソ連の目標を攻撃することになっていた。当時の陸軍戦闘機の航続距離はわずか三〇〇マイル（約四八二キロメートル）で、爆撃機は通常爆弾を搭載すると、台湾の基地とリンガエン湾を往復できなかった。一方、海軍の零式戦闘機の航続距離は四二〇マイル（約六七六キロメートル）だった。そこで海軍航空隊は、北緯一六度線（リンガエン湾とサン・イルデフォンソ半島を結ぶ）以南、陸軍航空隊は以北で行動することになった。陸軍は、ツーゲガラオ、バギオ（フィリピンの夏の首都）、海軍はクラーク、ニコルス両飛行場に出撃することになった（図6参照）。

海軍空母部隊の大半は真珠湾攻撃の任務を与えられていた。そのためにフィリピン、マレー侵攻の上空援護のほとんどは、最初は台湾と南部仏印の陸上基地から行わなければならない。南へ進むたび、次の侵攻を支える前進航空基地の確保を合わせて行う必要があり、南進は一定の期間内に行うことになっていた。

台湾からマニラ地区の目標までの距離は約五五〇マイル（約八八〇キロメートル）、海軍の

*33 Shimada, "Japanese Naval Air Operations in the Philippine Invasion," p.3.

零戦でさえ往復するだけの燃料は積めなかった。小型空母は三隻あったものの、問題も多かった。龍驤《りゅうじょう》、瑞鳳《ずいほう》、春日丸の搭載能力はそれぞれ二四機、二八機、二三機、合計しても七五機にすぎなかった。しかもそのうちの何機かは攻撃時の偵察に使われなくてはならないだろう。三隻とも、甲板上からは搭載機の半数以上を発進させることはできない。そのうえ、海上の空母からの発進と台湾の基地からの発進を調整するという厄介な問題があった。奇襲のために必要となる厳重な無線封止を敷いている以上、攻撃直前に変更があっても連絡はできない。しかも零戦を攻撃開始に合わせて発進させるためには、空母を偵察可能な海域で行動させなくてはならないだろう。それは、アメリカに前もって警告するようなものだった。海軍航空隊の整備員を、陸上基地と空母の二グループに分けることで効率が悪くなるという懸念もあった。

海軍は、マニラ攻撃のために小型空母に全面的に頼ることはできなかったし、零戦を当てにもできなかったのは確かである。一九四一年九月には、零戦の航続距離を延長する手立てを見出すことが賢明であるように思われた。第一一航空艦隊は、主力を台湾に移し、パイロットに対して空中戦闘、機銃掃射、夜間飛行の訓練を行うとともに、この問題を検討し始めた。一〇月半ばに小型空母が台湾に到着すると、零戦のパイロットはそれぞれの飛行甲板からの離着陸訓練も開始した。零戦の航続距離が改善されなければ空母を使わざるを得ない可能性があるため、陸上基地と空母双方からの発進訓練が必要だった。この二重の訓練は、陸上基地を主に使用するという最終決定がなされた一一月上旬まで続いた。[*34] 零戦の航続距離を五〇〇マイルまで増やすことができたのは、ようやくこの頃になってからだった。その結果、目標上空に最長一五分留まれるようになった。それでもマニラの目標まで到達するには、五〇マイル足りなかった。航続距離の増加は、エンジンの巡航速度を一八五〇ｒｐｍ（毎分回転数）から一六五〇〜一七〇〇ｒｐｍに下げ、燃料混合割合を極力少なくすることで実現された。「航続距離をさらに五〇マイル延長するには、操縦者の技能を高め、特に夜間編隊飛行時は一定速度で飛べなくてはならない」[*35] と島田は述べた。

航続距離が改善されると、海軍の立案者は攻撃開始日の朝にバタン島を占領することも計画に含めたいと考えた。この島は台湾とルソン島の間に位置し、目標地点で滞空の長引いた零戦が帰還のために燃料を補給するのに格好の場所だっただろう。

*34 小型空母一隻は、南のダバオ上陸のための航空支援に用いられた。
*35 Shimada, "Japanese Naval Air Operations in the Philippine Invasion," p.5. フィリピン航空攻撃のための訓練をめぐる議論については、以下も参照されたい。Okumiya and Horikoshi, *Zero*, p.80ff.（『零戦』堀越二郎、奥宮正武著）零戦には帰投方向測定のための装置がなかったため、夜間編隊飛行が必要だった。

空母の問題によって、零戦の航続距離を延ばす必要が生じたのだが、そのほかにもフィリピン奇襲は真珠湾攻撃よりも実行が難しかっただろう。真珠湾攻撃は、ハワイ時間で一二月七日、夜明けとともに行う予定だったが、これはフィリピン時間では一二月八日の夜明けの数時間前だった。[*36] ハワイとフィリピンを同時に攻撃するためには、零戦のパイロットはフィリピンを夜間に攻撃しなくてはならない。しかし中国で行った夜間攻撃は、爆撃照準器が不備だったためにあまりうまくいかなかった。そこで計画立案者は、爆撃の成功を確実にするため、フィリピン攻撃を夜明けまで遅らせることにした。したがって、「一二月六日に発表されたルソン島第一回攻撃に関する最終計画は……台湾基地発進時間を一二月八日二時三〇分と定めた。六時一五分の日の出から一五分後、高雄からの爆撃機五四機と戦闘機五〇機からなる一隊でニコルス飛行場を、台南を発進した爆撃機五四機と戦闘機三六機でクラーク飛行場を攻撃することになった[*37]」。

つまり、すべてが計画どおりに行われ、調整も万全であれば、フィリピン防衛部隊には警報を受け、反撃するために少なくとも数時間あったことになる。大本営は、真珠湾攻撃の知らせが漏れないようにと通信妨害を当てにしていた。しかし海軍の航空攻撃立案者はそれを当てにはしなかった。彼らは、米軍には警戒態勢を取るための時間が数時間あると考えていた。しかしそれは、日本が取らなくてはならないリスクだった。

私たちも知っているとおり、日本の攻撃は計画どおりには運ばなかった。その日の朝は霧が出ていたため、パイロットの離陸は六時間遅れた。直前になって、目標がニコルス飛行場からイバ飛行場に変更された。ニコルスを爆撃しようとすれば反撃してくるはずの戦闘機を破壊するためだ。そのうえフィリピンの通信妨害はうまくいかず、真珠湾が攻撃されたという知らせは、攻撃から一時間後、フィリピン攻撃予定時刻の少なくとも三時間前、実際に攻撃を行う九時間ほど前にはマニラに届いていた。しかし遅延にもかかわらず、日本軍のパイロットはあたかもすべてが予定どおりに進んだかのように、目覚ましい奇襲を成し遂げた。考えようによっては、フィリピン奇襲は、広く知られている真珠湾攻撃以上に驚くべきものだ。

フィリピン作戦で日本海軍航空隊が直面した問題は、東南アジア戦争計画の膨大な準備過程で生じる多くの難題の一つにすぎなかった。たとえば日本陸軍の当初の作戦計画[*38]では、第一

*36 経度一八〇度の国際日付変更線によって、ハワイとフィリピンの日付は異なる。日付変更線の東に位置するすべての島はアメリカ大陸と同じ、西に位置するすべての島は日本やオーストラリアと同じ日付になる。
*37 Shimada, "Japanese Naval Air Operations in the Philippine Invasion," p.8.
*38 Morton, *The Fall of the Philippines*, p.59.

陣として六個大隊、上陸本隊として完全装備の二個師団、さらに支援部隊が予定されていた。しかし最終的には、第一四軍司令官本間雅晴中将は二個師団（第一五、第四八師団）で作戦を遂行しなくてはならなかった。構成は、戦車連隊二、中口径砲連隊二及び同大隊一、工兵連隊三、対空砲火大隊五、多数の後方業務隊だった。本間はルソン占領時に、蘭印、マレー両作戦で第四八師団ほか多くの部隊を失うことになる。陸海軍機約六〇〇機による支援を期待したが、最終的には五〇〇機を確保できただけだった。同時攻撃のためには膨大な兵力が必要であり、多数の部隊はすでに支那事変に投入されるか、満州、朝鮮、台湾、インドシナの治安維持を担っていたことをふまえれば、予定の兵力が得られなかった理由は簡単に理解できるだろう。

当時の日本には、想定外の遅延リスクは言うまでもなく、人的資源の不足、お粗末な兵器、真珠湾とルソン島の爆撃開始時間の数時間のずれといった難題があった。奇襲を成功させることはきわめて重要だったが、攻撃開始前の少なくとも六週間は相手方に発見されるリスクもある。海軍の場合には、数十隻の輸送船が南に向かっていた。島田によれば、一一月には台湾南部の高雄港や澎湖《ほうこ》諸島の馬公にかなりの兵力が集結していたという。当時の島田の目には、「南方への大規模な陸海軍の移動が迫っていることを、ほぼ間違いなく示すもの」[*39]に見えたらしい。

艦船や兵員の移動は、当然ながら何週間も前に行われなくてはならなかったが、航空偵察はぎりぎりまで延ばされていた。最初の偵察は一〇月二五日で、飛行場の有無を確認するためにバタン島に飛来しただけだった。ルソン島偵察は一一月二〇日になってようやく実施された。探知されないようにとできる限り用心し、数日ずつに分けて行われている。最後の偵察飛行は一二月五日で、敵兵力の配置に変化があったか否かを攻撃直前に確認するために実施された。気象観測機も一一月二五日以降、フィリピンの東西沿岸水域を飛行し、一二月八日に攻撃機が目標まで飛行するルートに関する気象データを入手した。米軍の飛行場所在地、航空機数、部隊配置などの詳細な情報は、もちろんあらかじめ収集されていた。その一方で攻撃直前の一二月六日にも、東京経由でマニラからのデータが入手されていた。これらの情報源をすべて合わせると、日本の攻撃部隊は十分すぎるほどの情報を持っていた。米軍がどの機材、輸送手段を実際に使える状態なのかは、ワシントンよりもよく知っていたほどだ。島田は、台湾の海軍航空隊の攻撃計画立案者が、一二月六日の時点で入手できた情報の概要について次のよう

*39 Shimada, "Japanese Naval Air Operations in the Philippine Invasion," p.7.

に述べている。

一一月下旬にマニラ湾で目撃された敵水上艦艇部隊と潜水艦の多くは、もはやそこにはいなかった。水上部隊はフィリピン南方海域に出動し、潜水艦は広範囲に分散しているようだ。潜水艦のうち数隻は無線傍受により、フィリピン東方及びパラオ諸島周辺にいることが判明、ほかの潜水艦はリンガエン湾付近ルソン島西方海域へ出動していると思われた。さらに一一月上旬から数回にわたって、米潜水艦が台湾の東西海域に出没しているとの報告も受けていた。

重爆撃機の大半はクラーク、ニコルス両飛行場を拠点とし、少数は両飛行場の周辺にあるニールソン、マーフィ、イバ、デルカルメンなどの小飛行場に分散している。一一月中旬以降、ルソン島西方海域に対して、毎日、定期哨戒飛行を行ってきた。一二月五日、フィリピンの敵航空部隊は、一五分の待機警戒態勢を敷くよう命じられた。*40

さらに日本の偵察機は、ルソン島北部のリンガエン湾（陸軍が上陸を予定）とバターン半島全体にわたる詳細な写真撮影を行っていた。バターン半島の写真は、本間中将の第一四軍司令部にすみやかに提出された。

しかし日本軍がきわめて豊富な情報を持つ一方で、表3（七〇四ページ）からもわかるように、その準備やスパイ活動は米側の探知するところとなった。米諜報機関は入手可能なシグナルを多数収集している。ワシントンでは、日本海軍が大部分南方に集結していることを知っていた。上陸用機材が船に積み込まれていることや、兵員が台湾と南印に送られていることも知っていた。国務省は日本政府に対して相応の抗議を正式に表明した。マッカーサー大将の部隊は、日本軍がフィリピン上空で偵察を行っていることを突き止め、ワシントンではマーシャル、カロリン両諸島の日本統治領の空中偵察及び写真撮影を行うための措置がとられた。フィリピンとワシントンの暗号解読担当者は、現地米軍の防衛兵力、種類、配置に関するデータを含むフィリピンから送られた日本の通信の写しを入手した。

米軍が入手していなかった情報は、大部分が、非常に重要な開戦直前のデータだった。目標に向かう部隊の動きから推測される敵の意図についてのデータ（通常、「動的」情報に含まれる）が欠けていたし、敵の能力についてのデータ（通常、「静的」情報に含まれる。「静的」とい

*40 *Ibid.*, p.9.

## 表3　1941年12月8日（東京時間）におけるフィリピン米軍の実態と日本側見積りとの比較[a]

| 実際の勢力 | 日本の見積もり |
|---|---|
| 艦艇　45 | 艦艇　33 |
| 重巡　1 | 重巡　1 |
| 軽巡　2 | 軽巡　2 |
| 駆逐艦　13 | 駆逐艦　15 |
| 潜水艦　29 | 潜水艦　15 |
| 可動航空機 | 可動航空機　250 ～ 300[b] |
| P-40　107 | P-40　108 |
| その他の戦闘機　68 | その他の戦闘機と哨戒機　79 |
| B-17　35 | 爆撃機　38 |
| その他の爆撃機　39 | PBY　18 |
| 各種航空機（偵察、輸送）　58 | 偵察機　13 |
| 米軍兵力　31,104 | 米軍兵力　20,000 ～ 25,000 |
| フィリピン偵察兵　11,988 | ………… |
| その他のアメリカ兵　19,116 | ………… |
| ルソンに配備された兵力の大半 | ルソンに配備された兵力の大半 |
| 1 師団 | 1 師団 |
| 1 航空隊 | 1 航空隊 |
| 1 要塞部隊 | 1 要塞部隊 |
| 戦車 54 台の 1 大隊 | 戦車 54 台の 1 大隊 |
| ………… | 1 対空大隊 |
| 4 沿岸砲兵連隊 | 4 沿岸砲兵連隊 |
| 1 対空連隊 | 1 対空連隊 |

a. 以下に基づいて作成。Morton, *The Fall of Philippines*, pp.42, 49 and 58; Shimada, "Japanese Naval Air Operations in the Philippine Invasion," passim: Craven and Cate (eds.), *United States Air Force in World War II: Plans and Early Operations: January 1939 to August 1942*, pp.201ff.; USSBS, *Japanese Air Power*, p.6.
b. 概数。

うのは皮肉なほど楽観的な呼び方だ）が欠けていた。というのも、「静的」能力でさえ変化していたのである。一一月上旬の見積もりは、一二月上旬にはもはや正しくはなかった。フィリピンにおいて、日本軍の能力のうち急激に変化した最も重要なものは零戦の航続距離の増加で、台湾の基地からフィリピンまでの往復飛行が可能になった。米軍は、一二月七日までこの情報を得ていなかった。そのうえ日本海軍の空母が日本近海のどこかにいるとの艦船移動分析による初期見積もりは、一一月中旬の時点では正しかったものの、一一月二五日に空母が千島列島を離れたとの「動的」情報は入手していなかった。マニラから発信された攻撃直前のスパイ情報も入手していなかった。なぜなら、これらはまだ解読も翻訳もされていなかったからだ。真珠湾攻撃に関連した直前のシグナルについては、もちろんほかにも見落とされたものがあった。しかし差し当たって注目すべきはフィリピン作戦である。空母のうちの二隻がもともとはマニラやフィリピン各地の空襲を担うことになっていたため、空母の出航に言及したシグナルはあった。

こういった最新のシグナルに接していれば、フィリピン防衛軍の驚きを最小限に食い止めるのに役立ったかもしれない。たとえば台湾からの、あるいは空母からの空襲に備えた本格的な準備を促した可能性がある。

だが、こういったシグナルを見落としたとしても、フィリピン防衛軍には、無線電信で真珠湾攻撃の知らせを受けた午前二時三〇分から、実際に日本軍がフィリピンを攻撃した午後零時三〇分まで、ゆうに九時間という警戒態勢を取るための時間があった。[*41] 警告に反応しなかったのは情報不足のためではなかった。むしろ、米軍には空からの奇襲に対する備えがなく、警告にすぐに応じる能力もなかった。通信や装備がお粗末だったことやフィリピン諸島に関する指揮調整が足りなかったこと、日本軍の攻撃は一九四二年の三月か四月になると誰もが信じていたことにもよる。三月か四月というのは、アメリカのフィリピン防衛態勢が完全に整う予定と軍が見積もった時期と一致していた。

そもそも日本軍による空襲は、机上でしか体系的に検討されてこなかった緊急事態だった。警告を受けて取られるべき行動は、実行しようもなかったし、いずれにしても実行されなかった。たとえば一一月二七日付の警告電報を受け取ったマッカーサーは、重爆撃機を全機ミンダナオ島デルモンテの新しい航空基地に移動させるよう命じたが、一二月七日までにブレルトンが移動させたのは、その半数にすぎなかった。当時、B-17爆撃機は高価な兵器だった。新しい航空基地は未完成でB-17が利用できる状態ではなく、設備も整っていなかった。一一月二七日以降、日本軍機のフィリピン偵察は確実に増加していた。しかし米軍機に対して、台湾に偵察範囲を拡大せよとの命令は出ていなかった。いくつかの報告によれば（もちろんここで挙げたそれぞれには、矛盾する証拠も多くある）、日本に先に公然たる行動を取らせよとのワシントンの指令に従い、米軍は偵察範囲をルソン島北部と台湾南端の間の距離の三分の二に抑えていたという。爆撃機を南部に移したり、台湾への偵察を行うことは、この時点ではそれほど緊急性はないように思われていたのだろう。なぜなら日本の零戦が、台湾の基地から飛来してクラーク飛行場を攻撃できるほどの航続距離を持つとは想定していなかったからだ。実際に攻撃されたときも、米軍は日本機が空母から飛び立ってきたと思い込んでいた。

真珠湾攻撃の知らせを受けたのちに台湾の基地への反撃が遅れたのは、正確な目標を確定するために必要な偵察写真がなかったためでもあった。クラーク、ニコルス両飛行場にいた航空兵部隊の幹部には、そういった反撃を主張する者もいたが、飛行許可が下りたのは一二月八日午後（フィリピン時間）になってからだった。そのときでさえ最初の飛行は偵察のためであり、反撃は翌九日午前に行うこととされた。その間にも次の行動、航空機の分散方法、攻撃回避のため航空機を離陸させておくか否かについて激しい議論が交わされ、意見の対立もあっ

＊41 モートンはこの一〇時間に何が起きていたかについての矛盾する報告書をうまく要約している（Morton, *The Fall of the Philippines*, pp.80-90.）以下も参照されたい。Edmonds, *They Fought with What They Had.*

た。そうこうするうちに日本機がクラーク飛行場上空に飛来した。B－17は一機を除く全機がの地上で燃料と爆弾を搭載中で、ことごとく破壊された。第二〇追撃機中隊も迎撃に失敗し、燃料補給のために戻ったところを撃墜された。ニコルス飛行場の爆撃機は開戦当日には攻撃されていない。日本軍機による最初の攻撃が、間際になってイバ飛行場の戦闘機攻撃へと変わったためだった。イバ飛行場での被害は、クラーク飛行場に劣らず大きかった。

フィリピン作戦の詳細についてざっと見てきたが、直近のリスクを見積もり、受け入れる日本人の能力には脱帽せざるを得ない。もちろんハワイ作戦は、フィリピン作戦以上に大胆なもので、日本海軍の計画立案者は少なくとも一年前からひそかに調査研究を進め、議論を戦わせていた。一九四一年秋までは、陸軍の立案者も閣僚も、誰一人としてこの作戦については知らされていなかった。

## 真珠湾攻撃

実際のところ、日本艦隊は一九〇九年以降何年にもわたって、米艦隊に対して行動を起こす準備をしていた。とはいえ、もっぱら重視されていたのは、アメリカが太平洋で行動を起こしたのちに日本近海で反撃して決戦を行うための訓練や兵器の調達だった。しかし一九三九年には、保守的な海軍軍令部でさえ、日本海軍が米英蘭三国と同時に戦わなくてはならないかもしれず、ハワイに常駐する大艦隊による脅威は、新たな観点で見直す必要のあるものになっていた。日本が最終的に採用した解決策を提唱したのは、大胆な勝負師で、空軍力の強力な支持者である連合艦隊司令長官山本五十六大将だった。

一九四〇年末にかけて、山本は真珠湾への航空攻撃について研究するため、「過去の経歴によって従来型の作戦の影響を受けていない航空兵」[*42]の助力を求めた。不思議なことに、この攻撃計画の情報は一九四一年一月に在日ペルー大使館からグルー駐日大使のもとに届いたが、大使も米諜報機関も根拠がないと退けている。彼らの判断は、日本の海軍軍令部と同じだった。山本は研究のために大西瀧治郎海軍少将を選び、もう一人の型破りの航空艦隊参謀源田実中佐とともに研究を行わせた。大西は一九四一年四月末頃、計画の概略を作成し、二つの主な問題点を指摘した。(一)「湾内で雷撃機により魚雷攻撃を行う際の技術的問題。湾は非常に浅く、通常の発射法では魚雷は海底に突き刺さってしまう」[*43]。(二)奇襲が作戦に不可欠であ

*42 Fukudome, "Hawaii Operation," p.1317.
*43 *Ibid.*, p.1318.

るという戦略的困難。大西は当時、この計画の成功率を六〇パーセントと見込んでいた。軍令部第一作戦部長福留繁少将はこの計画について内々に聞かされ、成功率をわずか四〇パーセントと見積もった。福留によれば、大西以上に作戦遂行が困難だと考えたからだという。大西自身、一九四一年九月上旬には、明らかにほぼ同意見だった。というのも一〇月には、この計画を断念するよう山本に再度進言しているからである。しかしそのときすでに山本は、真珠湾攻撃を戦争遂行計画に盛り込むことを唯一の条件として、対米開戦の決定を受け入れていた。

一九四一年五月に大西の概略案が完成してまもなく、日本海軍はハワイ作戦のための訓練を開始した。パイロットも乗組員も、訓練の究極の目標については無論なにも知らなかった。海軍幹部の間でさえ、この計画を知る者は限定されていた。軍令部総長永野修身が計画の内容を知らされたのが、五月だったのか、もっと遅い八月だったのかは定かではない。[*44] しかし山本は、いったん計画を提示すれば、訓練が不十分だからと反論が出ることはないと確信していた。山本の指示に従って、真珠湾に似た地形の鹿児島で急降下爆撃の訓練が行われた。最も安全に目的地に達することができる北方ルートを利用するため、洋上燃料補給の特別訓練が始められた。浅海発射用魚雷を開発するための研究が続けられ、源田は佐伯湾で部下に短距離浅深度魚雷発射訓練を実施させた。

目的にかなう魚雷が最終的にいつ開発されたのかは明らかではない。一九四一年の夏頃だとの証言もあった。しかし源田も、真珠湾攻撃隊を率いた淵田美津男中佐も、従来の魚雷に特殊な「ひれ」をつけることで最終的に問題が解決したのは、一一月に入ってからだったと述べている。「ひれ」はまた、一五インチ（三八㎝）と一六インチ（四〇㎝）の徹甲《てっこう》弾に合うように設計された。そうすれば、米艇の装甲甲板を貫通できるからだ。開戦直前のこれらの進歩は、フィリピン作戦のための零戦の航続距離延長に匹敵する。フィリピンの航空将校が零戦の航続距離や機動性の向上を知らなかったように、キンメルはこういった重要な進展に関して情報を得ていなかった。

一九四一年二月一五日付の手紙で、スタークはキンメルに次のように請け合っている。

> 航空機からの魚雷発射を成功させるには、最低でも水深が七五フィート（約二三m）必要だろう。一五〇フィート（約四六m）あることが望ましい。魚雷発射時の航空機高度は、現在のところ、実験上では最高二五〇フィート（約七六m）、発射時の航空機時速は一二

*44 永野は一〇月後半までは真珠湾攻撃について知らなかったという（"Tokyo War Crime Trial Documents," p.10187.)

〇〜一五〇ノットである。投下には高度六〇フィート（約一八m）以下であることが望ましい。魚雷は、爆発装置が作動するまでに約二〇〇ヤード（約一八三m）航行する必要があるが、これは改良可能だろう。*45

キンメルはまた、イタリアのターラントで雷撃が成功したときの水深は、八四〜九〇フィート（約二六〜二七m）であり、六六フィート（約二〇m）、七二フィート（約二二m）で成功した例も少数だがあったと聞かされていた。ちなみに真珠湾の水深は、三〇フィート弱（約九m）以下である（湾口は四〇フィート〈一二m〉）。

六月一三日付のインガソルからの手紙には再考の跡が見られた。

最近の技術開発によって、米英軍では高度三〇〇フィート（約九一m）の航空機からの魚雷投下も可能になっている。場合によっては、魚雷の水面突入深度が七五フィート（約二三m）よりかなり浅くてもうまく航行できる……攻撃が可能で、かつ魚雷が作動できるだけの水面面積があるなら、錨泊中の主力艦であっても他の有力艦であっても安全とは言えない。*46

さらに次のように検討を加えている。

海軍艦艇の錨泊しうる最浅深度は必ずしも雷撃機の攻撃を免れるものではないが、水深はいかなる攻撃部隊も考慮する要因の一つと言えるだろう。比較的深い深度（一〇尋《ヒロ》［六〇フィート（約一八ｍ）］以上の深度）を利用しての攻撃可能性が高い。*47

魚雷投下は、高度二五〇フィート（約七六ｍ）以下、あるいは水深七五フィート（二三ｍ）以下では実施不可能と断言していたものが、水深は敵の考慮要因の一つだというもう少し柔らかい表現に代わり、さらに幾分強い口調で、深深度攻撃の可能性が高いと述べている点に注目したい。

この情報は、魚雷防止装置に関する提案を求める際に関連して全艦隊司令官に示された。

*45 *Hearings*, Part 33, p.1283.
*46 *Ibid.*, p.1318.
*47 *Ibid.*

各司令官は、各艦に十分な操舵海面が必要であること、「一艦隊のような大部隊が在泊している場合は、混雑のために十分な防止装置の設置は困難になること」[48]に留意するよう指示された。一九四一年一二月の時点では、迅速かつ容易に設置でき、取り外しも可能な軽量の魚雷防御網はまだ開発されていなかった。海軍の技術者は、真珠湾ではこういった防御網以外は実用的ではなかったと考えていたようだ。キンメルとその部下、そしてブロックは、六月のやり取りを読み、「真珠湾の魚雷攻撃が成功する見込みはまずない」[49]と考えていた。彼らが得ていた情報に基づけば、その判断は正しかった。だが、ここでもまた、静的情報の対象が、動的に作用することになった。

山本は、兵器の重点的開発、パイロットや乗員の実践訓練に加え、九月二日から一三日までの間、東京の海軍大学校において、大規模な図上演習の一環として真珠湾攻撃計画の演習を行っている。山本は審判長となり、のちに真珠湾攻撃の機動部隊を指揮した南雲忠一中将は自身の立場で参加した。このとき、当然ながら大勢の海軍将校が攻撃計画を知ることになった。演習の主な目的は、マレー、ビルマ、蘭印、フィリピン諸島、ソロモン諸島、中部太平洋諸島を占領するために最適な作戦計画を策定し、真珠湾での海軍航空攻撃の詳細を詰めることだった。[50]この演習に基づき、マレー、フィリピンの同時攻撃が決定した。

真珠湾に関しては次のような結論が出された。

到達した結論は、米艦隊主力がハワイ水域に停泊し、絶好の攻撃目標となる見込みは五分五分だというものだった。しかし、米艦隊が十分警戒しているならば、その抵抗を打破する必要があるかもしれない。他方、ハワイ北方海域の哨戒は入念には行なっていない可能性があり、その海域からハワイに接近することが最善であるように思われた。奇襲が成功すれば、ハワイ在泊の米主力艦の三分の二は沈み、日本側の損害はおそらく空母二ないし三だろうと見積もられていた。[*51]

真珠湾攻撃のためのこれらの図上演習では空母六隻が用いられたため、大型空母部隊の三割から五割が失われることを意味していた。永野も海軍軍令部も、リスクがあまりにも大きすぎる

*48 *Ibid.*, p.1317.
*49 *Ibid.*, Part 6, p.2509.
*50 "Tokyo War Crime Trial Documents," p.10210.
*51 "Political Strategy prior to the Outbreak of War," Part V, p.12. 以下も参照されたい。 Hattori, "Complete History of the Greater East Asia War," Vol.I, pp.318ff.

と考えた。フィリピン、マレー両作戦の航空支援を台湾の基地から行えることがわかったのは、一一月上旬になってからだった。陸軍航空隊との一定の調整を終えたのち、軍令部は真珠湾攻撃に大型空母のすべてを投入し、機動部隊に給油に必要な油送船を加える意思を固めた。しかし成功する見込みがこのように高まっても、山本は永野から承認を得られなかった。永野は、軍令部として反対の理由を四つ挙げていた。

第一に、奇襲に欠かせない機密保持がきわめて困難であること。機動部隊は大規模で、六〇隻もの艦を抱えている。*52 攻撃予定日の遅くとも一カ月前には出動しなくてはならないだろう。軍令部は、目的地へ向かう途中で探知されることを恐れていた。敵に目撃される、計画にかかわった誰かが不注意で漏らす、無電送信が必要になるような事態が生じるなどの可能性があったからだ。そのうえ米軍機はオアフ島周辺海域、ときには同島から六〇〇マイル（約九六六キロメートル）の区域までも定期的に哨戒していると考えられていた。そのため、哨戒機が目標から二〇〇マイルの搭載機発進地点で空母を発見する公算はきわめて大きかった。この地点で発見されたなら、もはや引き返せないだろう。

第二に、軍令部は、正統的な軍事理論に従い、よく知っている日本近海に全兵力を集中して決戦を行う方が理にかなっていて、勝算も高いと主張した。奇襲の概念が奇抜だったわけでも、不快なものだったわけでもない。ただ奇襲は従来から、真珠湾口での潜水艦による奇襲として考えられてきた。湾口を閉鎖し、米艦を封鎖しながら破壊する。空母と戦艦とは本土付近で戦闘を行うものと想定されていた。新しい空中兵器に合わせて戦略を柔軟に変更できないのは、軍令部ばかりではなく、たいていの軍組織の特徴である。欧米諸国でも似たような例は多い。

第三に、北太平洋での給油はきわめて危険で、うまくいくかどうかわからなかった。駆逐艦は真珠湾に着くまでに一度だけではなく二度給油を受ける必要がある。しかも気象統計によれば、給油作業を実施できる日は、平均すると一カ月に七日しかなかった。[*53]

第四に、野村大使と親しかった永野軍令部総長は、ワシントンでの交渉に最後の瞬間まで望みをかけていた。デッドラインが来るまでは、大使の努力に水を差すようなことは避けたいと考えていたのである。山本が最後に上京した一二月一日でさえ、交渉がうまくいったなら真珠湾攻撃部隊をすべて引き揚げるという方針を永野は再確認している。

*52 機動部隊は重空母六隻、給油のためのタンカー八隻、重巡二隻、軽巡一隻、戦艦二隻、駆逐艦一一隻、潜水艦三隻、航空機四三二機、日本海軍航空隊の精鋭のほか、補給部隊や特殊潜航艇で構成されていた。

*53 スチュワート・S・マレー大将によれば、日本軍は給油のむずかしさを過大評価していた。

これらの反対はことごとく押し切られた。しかし今、振り返ってみると、軍令部を最終的に納得させたのは、理にかなった主張ではなく、山本の強引な人柄だったように思える。山本は、開戦に熱心ではなかったようだが、決断が下されるなら、太平洋艦隊を最初に叩かない限り、東南アジアを掌中に収める計画全体が危うくなるだろうと主張した。真珠湾攻撃が戦争計画に組み込まれなければ辞職すると山本が脅したことが、真珠湾攻撃を最終的に認めるきっかけになったようである。

読者はすでに気づいているかもしれないが、一九四一年九月に行われた前述の図上演習を含む海軍の航空作戦計画では、大型空母は真珠湾攻撃機動部隊に含まれるため、フィリピン作戦には用いないことになっていた。つまり少なくとも海軍の航空作戦立案者は、山本の計画に反対するどころか、軍令部と大本営は結局、彼の案を採用することになると確信していたように見える。そして言うまでもなく、この大きな試みのための訓練は一九四一年夏に始まっていた。

図上演習に続いて、攻撃のための情報が入念に集められた。一〇月末にかけては、大洋丸に乗船する軍偵察員二人によって詳細な気象データが集められた。この船は、ミッドウェーとアリューシャン列島の間を東に進み、ついで南に向きを変えるという攻撃部隊とまったく同じ航路を通ってホノルルに入港した。[*54] ホノルル到着後、二人の偵察員は港の航空写真を新たに撮影し、いくつかの有益な情報も入手した。たとえば、米艦隊はラハイナには集結しておらず、週末はいまだに休息と娯楽の時間として過ごしているというスパイ情報を確認している。東京から在ホノルル喜多総領事に対しては、艦船の動き、港内停泊状況、魚雷防御網、警戒態勢、米陸軍施設等に関するもっと詳しい情報をもっと頻繁に送るようにとの指示があった。喜多に対する訓令でよく知られているのは、あの有名な九月二四日付文書である。米軍の無線専門家が傍受し、ワシントンの軍と政府の指導者に送られた。

船舶について、以下に沿って可能な限り報告されたい。

(一) 真珠湾水域は主に五つに区分する（任意に省略記号を用いてよい）。

A区　海軍工廠、フォード島間

B区　フォード島南部・西部の同島に接する水域（A区からは島の反対側）

C区　東側入江

*54 Lord, *Day of Infamy*, p.15f.（『真珠湾攻撃』ウォルター・ロード著、宮下嶺夫訳、小学館、二〇〇〇年、小学館文庫）

D区　中央入江

E区　西側入江及び連絡水路

(二)　戦艦及び空母に関しては、錨泊（さして重要ならず）、埠頭係留、ブイ係留、ドック入りのものの情報（艦種と等級を簡潔に明記。可能であれば、同一埠頭に二隻ないしそれ以上が係留してあればその旨を明記）。*55

九月、一〇月、一一月の喜多総領事と東京との交信は、通常J－19暗号で行われた。しかし一二月二日、喜多は東京からの命令に基づき最も単純な暗号PA－K2以外の暗号を破棄した。*56 ホノルルでは誰もJ－19暗号を解読できなかったが、海軍情報部ロシュフォート少佐の通信分析スタッフはPA－K2を解読できた。そこで彼らは一二月第一週に日本側通信の一部を解読する作業を開始した。その頃まで、この種の通信はすべて暗号文のままワシントンに送られていた。真珠湾攻撃が近いことを示すシグナルを受けていても、残念ながらロシュフォートらはまだ経験不足で、望ましい速度で解読することはできなかった。このため喜多と東京との間で一二月五日と六日に交わされたPA－K2通信の翻訳を終えたのは、一二月七日のことだった。そこには以下のような、米軍の興味をそそる内容が含まれていたため、もっと早く翻訳されていたなら、どのように対処されたかを考えずにはいられない。

一二月五日　ホノルル発東京宛

㈠　五日（金）朝、第２３９号で報告した戦艦三隻が入港。八日間、海上にいた。

㈡　空母レキシントンと重巡五隻は同日出港。

㈢　以下は五日午後には在泊。

戦艦八隻、軽巡三隻、駆逐艦一六隻

ホノルル級四隻は［判読不能］ドック入りしていた。

一二月六日　東京発ホノルル宛　当電第１２３号後半部分関連

四日以降の艦隊の動きについて早急に返信を乞う。

一二月六日　ホノルル発東京宛　貴電第１２３号最終部分関連

*55 *Hearings*, Part 12, p.261.

*56「主要暗号をすべて破壊する」という意味の暗号「ハルナ」は、一二月二日に喜多から東京に送られた（*Ibid.*, Part 37, p.1003.）。ホノルルの日本領事館から「喜多」の署名で送られた通信は、福留と淵田が「機密情報」と述べたものと同じだ。

一〇月、米本土の陸軍は、ノースカロライナ州デービス駐屯地で飛行機の低空攻撃を防ぐ阻塞《そさい》気球部隊の訓練を開始した。気球四〇〇〜五〇〇を発注、ハワイ、パナマ防衛での利用を検討していると考えられる。ハワイに関しては、真珠湾周辺を調査したが、係留施設は未設置で、担当部隊も選ばれていない。さらに、気球整備訓練が行われている様子はない。現時点では、阻塞気球施設の形跡なし。さらに、なんらかの施設が存在するとの想定も困難。真珠湾、ヒッカム、フォード、エワ近辺の水域及び陸上滑走路上空警戒の必要上、実際に準備中だとしても、真珠湾の気球による防衛には限度あり。推察するに、ほぼ確実に、これらの地域に対する奇襲実施の好機あり、

(四) 私見では、戦艦には魚雷防御網なし。細部は不明［傍点は著者による］。

最後の通信は喜多総領事から東京に宛てたもので、一二月六日付である。

(一) 五日夕刻、入港せる戦艦には［判読不能］……潜水母艦一隻あり。六日、次の艦船の在泊を確認。

戦艦九隻、軽巡三隻、潜水母艦三隻、駆逐艦一七隻

その他、ドック入りのもの軽巡四隻、駆逐艦二隻（重巡、空母はすべて出港）

(二)　艦隊航空兵力による航空偵察は未実施の模様［傍点は著者による］[*57]。

福留によれば、これらの通信はすべて機動部隊に送られていたという。[*58] 前述の最後の通信（一二月六日付）は、機動部隊が入手した米艦隊に関する最終情報だった。東京から一二月七日午後六時に送信され、受信は東京時間で一二月七日午後八時五〇分、ワシントン時間で一二月六日午前六時五〇分だった。判読不明箇所は「ユタ」で、東京からの通信文には、「オアフ島は平静……大本営は成功を深く確信する」の一文が含まれていた。

こういった証拠があるにもかかわらず、日本政府と軍の高官は、戦後尋問を受けた際、日本の諜報機関の役割、特に真珠湾攻撃直前の外国人工作員のスパイ活動の重要性を一貫して軽視していた。彼らが強調したのは、主に海軍武官からの報告、外国の書籍、新聞、放送などから長期にわたって苦労して集められた歴史的、統計的データだった。公表データに基づくこういった基礎的調査は、人目につかない資料を利用するための裏づけとして重要であり、不可欠

＊57　*Hearings*, Part 12, pp.268-270.
＊58　Fukudome, "Hawaii Operation," p.1327.

でもあるだろう。しかしだからと言って、秘密情報源からのデータが重要な役割を果たしていないということにはならない。この点では、日本側の説明はいささか説得力に乏しく、信じがたいものだった。彼らは、陸海軍の間では、組織的な情報交換が行われていなかったと主張した。諜報機関は慢性的に人手不足だった、写真偵察は未熟で、解釈も不十分だった、パイロットへの指示は簡潔すぎた、地図が信頼できないものだったなどの理由を挙げている。さらに、海軍将校は諜報業務に関する特別訓練を受けておらず、諜報活動を専門とする将校は艦艇に配置されなかった。艦長が任務の一部として諜報業務を担い、旗艦では通信将校が評価を行うことになっていたと主張した。しかし、実際には日本の五つの艦隊それぞれに一人ずつ、情報将校が配置されていた。

日本側の説明では、陸軍の諜報組織は少なくとも南東方面作戦では海軍以上にひどい状態だった。満州、シベリアでの戦闘に対して、陸軍が秘密工作員、監視所、偵察隊を十分配していたことは明らかだが、一九四一年一二月の拡大南東方面作戦については、陸軍には訓練を受けていない小規模な諜報部門があったにすぎない。極東の米英領侵略に必要なデータの大部分は、海軍によって陸軍に提供された。

日本の諜報活動についてのこの説明は、一九四一年一二月の時点で、日本が米軍兵力や施設についてどれほどの情報を得ていたかについて、現在私たちが知っていることとは一致しない。戦争中に日本の偵察写真技術が未熟だったのは事実だが、一九四一年の見積もりはきわめて詳細で正確なものだった。そのデータは、たとえば固定施設の種類や埠頭、飛行場、格納庫、兵舎などの位置を示す情報のように時間をかけて集められる場合には、たいてい驚くほど完全で最新のものだった。兵力、兵器の型式、航空機や艦船の数など統計数字に関しては、見積もりが実際の数字とは少し離れることもあったが、米軍の戦闘隊形に関する調査記録は、米軍のものよりも正確な場合が多かった。

真珠湾攻撃間際の情報収集も優れていた。たとえば喜多総領事と吉川猛夫領事代理の努力によって、真珠湾に出入りする艦船の状況については非常に正確な情報を得ていた。吉川は港を見下ろせるレストランで何時間も過ごしていた。機動部隊が出発してからは、毎日東京に報告を送っていたと、のちに証言している。一二月七日朝、真珠湾内の艦艇実数は八六隻、うち戦艦は八、重巡三、軽巡六、駆逐艦二九、潜水艦五、空母はゼロ。喜多の最後の暗号通信では、戦艦九、重巡〇、軽巡七、駆逐艦一九、潜水母艦三、空母ゼロとなっていた。[*59] 真珠湾攻撃

*59 日本が米艦隊配置に関する最終データを得たのは、当初日本人が主張したように、一二月五日の米民間放送によってではなく、この通信によってだった。

直前のこういった観察結果を利用しなかったという日本側の主張は信じがたい。真珠湾内に空母が停泊していないという情報は、真珠湾攻撃を中止させかねなかった。攻撃を指揮した淵田美津雄中佐は、一二月六日（米国時間）、赤城艦上でこの通信を受領したときのやり取りをのちに振り返り、記録に留めている。*60

最初に、一一月二八日以降の特定艦の出入りを伝える前回の通信の数字が注意深く読まれ、再確認が行われた。機動部隊指揮官南雲中将は、情報将校小野少佐、参謀長草鹿龍之介少将、作戦主任源田中佐と、空母不在の真珠湾攻撃を遂行すべきか否かを検討した。小野はこのとき、自身の報告に基づき、週末にかけて空母が三隻入港するかもしれないと説明している。

一一月二九日……エンタープライズは戦艦二隻、重巡二隻、駆逐艦一二隻［実際には重巡三隻、駆逐艦九隻］を伴い出港した。戦艦二隻は一二月六日に戻って来たが、残りはまだ戻っていない。レキシントンは二九日に入港し、六日に重巡五隻とともに出港した［実際には重巡三隻と駆逐艦五隻］。したがってエンタープライズは本日戻るはずだ。サラトガはサンディエゴで修理中であり、ワスプは大西洋にいる。しかし太平洋艦隊に所属するヨークタウンとホーネットは真珠湾にいるはずだ。本日、エンタープライズとともに到着しているかもしれない。[61]

しかし、「統計に基づく分析が得意」な草鹿は、戦艦八隻は空母三隻に匹敵する獲物だと主張した。「空母が土曜日に入港する可能性はほとんどない。戦艦が土曜日か日曜日に出港することもないだろう。明日は、戦艦八隻すべてが港内にいると考えていいだろう……私は明日、真珠湾攻撃を実施すべきだと考える」[62]。南雲はこの考えに同意し、一二月六日夕刻、敵の状況に関する次の見積もりを発表した。

一　ハワイ方面の敵兵力は戦艦八隻、空母二隻、甲巡十席、乙巡六隻である。空母、甲巡はすべて出動中のようであるが、他は真珠湾にあり。出動部隊はマウイ島南方付近にて訓練中の可能性が高く、ラハイナには在泊していない。

二　今夜情況に特に変化のない限り、攻撃は真珠湾に集中して行う。

*60　Fuchida, "I Led the Air Attack on Pearl Harbor," p.944.
*61　*Ibid.*
*62　*Ibid.*, p.944f.

三　現在のところ、敵に警戒の兆候はないが、そのためにいささかも油断してはならない。[*63]

赤城艦上では、通信参謀の小野寛治郎少佐率いる敵信班が、ハワイの民間放送に耳を傾け、攻撃間際に役に立つ情報を集めていた。

南雲中将と参謀たちは、これらの放送を聞けば、オアフ島の米軍が目前に迫った攻撃に気づいているかどうかがわかると考えていた。事態の緊迫度がわかると思ったのである……KGUとDGMB［ホノルルの民間放送局］はいつもどおりだったため、攻撃部隊の接近には気づかれていないと南雲は考えた。[*64]

小野少佐の敵信班が果たしたもう一つの有益な役割は、攻撃前の数日間、米哨戒機が発する通信を傍受していたことだった。「日本軍は暗号を解読できなかったが、無電を傍受して……［米哨戒機の］位置を知ることができ、常時空中にある哨戒機数と、哨戒はオアフ島南西区域に限定されていることを知ったのである」。[*65] この種の情報は、機動部隊が通信を傍受できるほど真珠湾に接近してはじめて入手できた。

攻撃に先立ち、二機が偵察飛行を行った。午前五時三〇分、重巡洋艦利根と筑摩から各一機が飛び立った。米艦隊は予想どおり湾内に在泊しているが、空母はラハイナにはおらず、所在不明、との報告がなされた。五隻の特殊潜航艇が午前三時三〇分から五時三〇分の間に主力部隊の先遣潜水艦から発進し、米空母の所在についてのさらなる確認情報を送ることになっていた。

攻撃前の入念な情報収集に匹敵するのが、攻撃計画のこの段階での秘密保全と欺瞞《ぎまん》手段だった。機動部隊の集合地点は千島列島択捉《エトロフ》島単冠《ヒトカップ》湾で、本土からは遠く離れ、日本国民にすら気づかれそうもない北の島だった。北へ向かう航海や集合地点の気候に備えるための防寒具や資材の購入を隠すため、巧妙な手段が取られた。千島列島水域にゴミや残飯を投棄することとは厳しく禁じられ、どんなものも燃やすか陸で廃棄しなくてはならなかった。一一月一〇日

＊63 *Ibid.*, p.945.（『真珠湾攻撃総隊長の回想　淵田美津雄自叙伝』淵田美津雄著、中田整一編／解説、講談社、二〇一〇年、講談社文庫）
＊64 *Hearings*, Part 13, p.427.
＊65 *Ibid.*

以降は、機動部隊の艦相互の直接無線交信が禁止された。同時に、瀬戸内海と九州の主力部隊は偽の通信を行い、機動部隊が依然として九州で訓練中であるかのように見せかけている。さらに、横須賀鎮守府管内の下士官多数に東京や横浜への上陸許可を与え、機動部隊の動きを隠そうとした。

すでに述べたように、当初、真珠湾攻撃計画を知っていたのは、海軍軍令部の高官だけだった。陸軍でも、参謀総長、次長以外の者が一〇月までに噂以上のことを知っていたかどうか、陸海軍両大臣が一二月一日よりもかなり前に、攻撃計画について知っていたかどうかは疑わしい。*66 大蔵、農林、逓信、外務の各大臣は計画について一切知らされていなかった。攻撃に参加する者は目的地を知らず、出港後はじめて行く先を告げられたのである。

同じような警戒策は南方作戦でも実施された。兵員や船舶の移動は必然的に人目に触れるが、最終目的地がどこであるかは攻撃開始間際まで連合国側にはわからなかった。攻撃に向かう日本軍の部隊もまた、目的地を直前まで知らされない場合があった。たとえば北部仏印の陸軍司令官は、雲南省昆明の中国軍航空基地への大規模攻撃計画を実際に示されていたが、これはタイとマレー侵攻のカムフラージュだった。昆明攻撃計画が正式に撤回されたのは、一九四一年一二月三日になってからだ。*67 一一月二五日、外務省は、アメリカとパナマ在住の邦人引き揚げを行うため、ロサンゼルスとバルボアに向けて一二月二日に龍田丸を出港させると発表した。これによって日本本土にいる米国人や在京米大使館員の疑念は和らいだ。「この発表は安堵の気持ちで歓迎された。なぜなら、日本の豪華客船が海にいる間は最悪の事態は起きないだろうと考えられていたからだ[*68]」とトリシャスは記した。日本の新聞が日米交渉継続を伝え、煙幕を張ったことは先に見たとおりである。

フィリピンと真珠湾作戦の詳細にざっと目を通しただけでも、開戦当初の短期計画がきわめて巧みに練られていたことは明らかだ。広範囲に及ぶ攻撃目標に現有勢力で対抗しようというのは、大胆であり、見事だとさえ言えるほどだった。敵に関する情報は詳細で正確であり、数多くの安全対策は注意深く守られていた。これら両作戦が巧妙に、慎重に行われたからこそ、開戦後の半年間に日本は目覚ましい成果をあげることができたのである。

アメリカ側から見れば、これらの作戦に兵力、航空機、艦船、補給品が大量に、大胆に注

＊66 この点に関する日本人の証言は一致していない。最近の研究者の評価については以下を参照されたい。Butow, *Tojo and the Coming of the War*, p.375.
＊67 USSBS, *Japanese Air Power*, p.8.
＊68 Tolishus, *Tokyo Record*, p.304.（『トーキョー・レコード　軍国日本特派員日記』オットー・D・トリシャス著、中央公論新社、二〇一七年、中公文庫）

ぎ込まれたことは明白だ。日本の動員態勢は簡単に探知された。事実、米諜報機関によってそのほとんどが探知されていた。言うまでもなく、日本の本当の姿を正確に把握していたわけではない。日本という敵の、途方もない大胆さと巧妙さをアメリカは評価していなかった。真珠湾攻撃直前のきわめて重要なシグナルのいくつかを見落としていた。それでもアメリカの情報システムは、日本の戦争計画に対する貴重な手がかりを提供していた。

ここで、本書の冒頭で提示した問いに立ち返ることになる。さまざまな情報を入手しながら、アメリカの軍や政府の指導者は、なぜ一二月七日に奇襲を受けることになったのか。もっと厳密に言えば、なぜ米領へのあの攻撃に驚かされたのか。というのも、不意打ちを食らったとばかりは言えないからだ。彼らは極東でまもなく戦争が勃発することを予期していた。一二月一週目の週末に、日本軍が一カ所あるいは複数の地点で——おそらくタイで、おそらく連合国のどれかに対して——、侵攻を開始することを予期していた。

この問いに対する答えは、本書の中でいくつも示唆されてきた。次にそれらを整理し、現代の諜報活動の問題に当てはめてみよう。

# Pearl Harbor
## Warning and Decision

第7章
# 奇襲

わが国の諜報組織やあらゆる経路での情報収集によって日本の意図や能力を正確に把握できなかったとしても、それは関連した情報が不足していたためではなかった。それ以前も、敵についての情報が完全に揃っていたことは一度もなかった。真珠湾攻撃前のように豊富な情報源を自由に使える機会は、今後二度と来ないだろう。

## 振り返り

アメリカにとっての情報源を簡単に振り返ってみると、陸軍通信情報部の暗号解読官ウィリアム・F・フリードマン大佐は、日本の最高機密暗号を解読していた。その結果わが国は、東京と、主要在外公館との極秘通信のかなりの部分を知ることができた。ワシントンの日本大使がどのような助言を受けていたか、発言内容をどの程度指示されていたのかをあらかじめ知っていたのみならず、東京とベルリン、東京とローマ間の極秘通信も入手していたため、大西洋やヨーロッパでの戦争遂行に不可欠な情報を得ることができた。極東では、この情報源が、日本の東南アジア進出計画に関連した動きを詳細に教えてくれた。

暗号解読者は、厳密な意味での外交暗号以外にも、アメリカや他の主要港湾都市で日本の諜報員が使用していた暗号の解読にもある程度成功していた。マジック情報の配布先になっていた者は、諜報員が東京へなにを報告していたか、フィリピンとハワイ諸島を含む極東の港湾都市のほかパナマ運河地域、カナダ北部からアメリカ大陸東西沿岸、さらに南のブラジルの都市にいる諜報員に対して東京がなにを求めているかを知っていた。東京が各地でのどのような配備、軍や艦船の動き、警戒措置や防衛態勢に関心を持っているのか、諜報員からどれほど正確な情報が送られているのかを把握できた。

海軍指導者も、無線交信分析の結果を自由に利用できた。海軍無線技師は、開戦前には日本の陸海軍暗号通信の内容を理解できなかったものの、傍受した艦船のコールサインをもとに日本艦隊の構成や位置を推定できた。コールサインの変更後は位置を把握できない部隊もあっただろう。日本の港では、艦が米軍の無線では傍受できない周波数を用いたため、港に入った部隊を見失うこともあった。しかしたいていの場合、米軍の分析者は、さまざまな日本艦隊の位置を海図に正確に示すことができた。

東京のグルー大使と大使館員からは、経済や政治に対する現地ならではの非常に有益な分析が提供された。国務省への公電が示すように、グルー自身、きわめて敏感で緻密な偵察員だった。軍事面については、極東の主要港に駐在する海軍武官や偵察員による頻繁な報告がグルーの観察を補った。海軍情報部は、中国沿岸に無線操作員を配し、インドシナへの護送船団の動きなどの報告を受けていた。タイやインドシナでも、緊張の高まった複数の地域に海軍の偵察員が置かれ、現地での日本軍による政治的陰謀や軍事計画の概要が報告された。一九四一年には、東京をはじめとする日本の各都市で検閲が一層厳しくなっていたのは本当だ。その頃にはグルー大使も、近々戦争が起こることを示す軍事上の明白な証拠を察知し報告する責任を放棄せざるを得ないと感じていた。日本の徹底した検閲によって、当然ながら暗号解読情報の視認はできなくなったが、それでものちのソ連の鉄のカーテンほどの力はなかっただろう。

この時期、アメリカとイギリスは互いの極秘情報を信用しない傾向があったけれど、ワシントンや極東の政府や軍の関係者は、英諜報部の持つデータや解釈を利用できた。

秘密情報源に加え、公開情報にもきわめて有益なものがあった。ニューヨーク・タイムズ、ヘラルド・トリビューン、ワシントン・ポスト紙の海外特派員は、東京、上海、オーストラリアのキャンベラに駐在していた。日本の政治情勢に関する報告や予測はかなりレベルの高いものだった。情報機関よりも迅速に情報にアクセスすることも頻繁にあったし、情報の重要性に対する判断も、情報将校の判断に劣らず信頼できるものだった。一九四〇年から四一年末にかけては、確かにこのような状況だったのだが、真珠湾攻撃の数週間前には、新聞記事はあまり役に立たなくなっていた。なにが起きているのかを知るためには、秘密情報が欠かせなかった。日米政府は、この重大な時期の機密漏洩《ろうえい》に厳しい統制を敷いていたため、記者たちは外交会議の開催を伝えるだけで、その内容には触れずに推測に留めるしかなかった。

日本の新聞も重要な公開情報源だった。一九四一年には、日本政府が東南アジア進出計画の遂行を決断したこと、軍部が米英による植民地支配から極東を解放したいと願っていることが、ますます声高に報じられるようになった。この情報源には、好戦的な意図を示す明確なシグナルがあふれていた。

結局のところ、一九四一年当時の諜報活動の重要な部分となっていたのは、極東でのアメリカの政策と活動についての公開情報と極秘情報の両方だった。この年、日米政府の行動と駆け引きはますます複雑になっていた。日本が次にどう出るかを推測することはもちろん大事だが、日本の次の一手は米政府の動きに呼応する面もあるため、警戒態勢を敷く責任を負う者にとっては政府が次にどのように動くかを知ることが、この時期には特に重要になっていた。残念ながら、アメリカの軍指導者、特に情報将校は、ホワイトハウスや国務省の動きに日本側と同じように驚かされることがあった。彼らはたいていの場合、自国についてよりも日本の政策や行動について、きちんとした見通しを持っていた。一方、国務省やホワイトハウスの高官は、自国の軍事力の弱点を十分把握していなかったために、日本の意図やリスク見積もりの判断が万全でなかったのは確かだった。

アメリカの政府と軍の指導者は、一九四一年にはここで言及したような公開情報と機密情報のすべてを入手できた。しかし、この年のどの時期にも、この巨大情報網に存在するシグナルのすべてを手に入れていた者は、個人か機関かを問わず、皆無だったことも述べておかなくてはならない。シグナルはさまざまな機関に散在していた。解読されたものもあれば、されないものもあった。すぐに伝達されたものもあれば、技術的な問題や手続き上の問題に阻まれたものもあった。政策決定の中枢まで到達しないものもあった。しかし、入手可能だったシグナルから浮かび上がる一二月第一週の全体的な状況を、ここでもう一度振り返っておくことには意味があるだろう。ルーズベルト大統領の側近はみな、次のような重要な情報を大統領よりも前に断片的に把握していたようだ。

まず、中国沿岸を下ってインドシナへ向かう日本軍と艦船の動き。南方に向かう大規模な動きは、船のコールサインの分析のほか、公開情報と視認から明らかだった。日本海軍の二度にわたるコールサインの変更（一一月一日と一二月一日）はきわめて異例であり、なんらかの攻撃のための重要な準備を示唆するものと米海軍情報部は判断した。二度の変更は、アメリカの無線交信分析の速度にも影響を及ぼした。新しいコールサインを解読できるようになるまでには、一二月一日以降の無数の傍受が必要だった。そのせいもあって、日本空母の位置についてのアメリカの無線解読者の間でも意見の不一致があった。一一月中旬以降、空母のコールサインが特定できなくなっていたため、すべての空母が日本近海にあるという意見もあれば、一空母部隊がマーシャル諸島海域にいるとの意見もあった。空母の位置がどこであれ、空母は無線封止をしている可能性があった。無線解読者は過去の経験から、空母はアメリカが傍受できない周波数で互いに交信できる日本近海にいると考えるようになった。しかし、二度のコールサインの変更もあって空母の正確な位置を確認できなくなったことは、それ自体、危険なシグナルだった。

一〇月一七日に最後の穏健な内閣に取って代わった新内閣の好戦的な姿勢は、最高の秘密情報源であるマジック情報から明らかだった。とりわけマジックは、東南アジア侵攻のための準備の一部を詳細に伝えていた。ところがこれと矛盾していたのは、一〇月に満州国境地帯に向けて部隊が次々に送られていたことだった（諜報活動によって得られた情報は決してすべてを明快に示してはいない）。それなのに一〇月末にかけて、撤兵が始まっていた。マジック情報は、ワシントンの大使たちに向けて、アメリカとの外交交渉をもっと積極的に進めるようにとの明確な指示を送る一方で、一一月二五日（のちに二九日に延期）を交渉締結のデッドラインとして提示していた。その日までに外交交渉が実らなければ、日本の忍耐もそこまでであり、日本は大東亜共栄圏設立計画を推進するために立ち上がる、一一月二九日には、「その後の情勢」が自動的に進展する手筈であると、大使らに伝えていた。

一一月二六日、ハル長官は中国とインドシナでの政策を容認するようにとの日本の最新の申し出を拒んだ。マジックはこの提案が「最終的」なものであることを重ねて強調していた。大使らがアメリカ側の拒絶に仰天し失望したことや、日本がアメリカの「一〇項目提案」を「最後通牒」と考えていたことも、マジックによって明らかになった。

これらのシグナルをもとに、ワシントンの陸海軍情報部は、「日本の東南アジア侵略作戦」開始日を、一一月最終週の週末である三〇日、これが実現しなかった場合には翌週末の一二月七日と想定していた。両情報部では、英領と蘭領で標的となる可能性のある場所の正確なリストも作成し、米領の候補としてフィリピンとグアムを含めていた。

一九四一年一月にグルー大使が報告した噂も、この膨大な情報に含まれていたのだが、長い間、忘れられていた。情報源は、たいして信頼できないとみなされていたペルー大使館で、日本が真珠湾奇襲を準備しているという。奇妙なことに、この報告の日付は山本五十六長官の計画が開始された日とほぼ一致している。だがこの一致はまったくの偶然だ。噂のもとをたどると、大使館の日本人コックが、真珠湾攻撃から始まる小説を読んでいたことがわかった。その結果、グルー大使をはじめ関係者はみな、この噂をまったく根も葉もないものと考え、真珠湾攻撃計画をばかげたあり得ないものと決めつけてしまった。山本の計画は、日本海軍の戦術原則とは正反対だったため、この時点では、アメリカの判断は日本の判断と一致していた。

## シグナルに対する視点

このように、シグナルの全体像から重要なものを抽出してざっと眺めてみただけでも、アメリカの意思決定者が敵に関して驚くべき量の情報を持っていたことは明らかである。ただし、土壇場の見積もりには真珠湾が含まれていなかったため、日本の攻撃目標についての完全なリストは揃っていなかった。攻撃開始の正確な日時も知らなかったし、きわめて高いリスクを受け入れるだけの軍事力や能力が日本にあるかどうかも厳密にはわからなかった。だとすれば、ふたたび次の重要な疑問が生じる。英領や蘭領の標的を正確に列挙し、一一月三〇日か一二月七日のどちらかに日本がそれらを攻撃すると考えていたのなら、なぜわが国に危険が及ぶことを予想しなかったのか。「予想しなかったのか」というのは、陸から、海から、あるいは空からの攻撃に備えて、具体的な警戒態勢を敷こうとしなかったのか、という意味だ。

　この問いに対するいくつかの答えは、本書での検討を通して明らかになっている。第一に、事が起きてしまったあとになって振り返れば、関係のあるシグナルと無関係なシグナルを見分けるのはずっと簡単だ。当然ながら事が起きたあとでは、シグナルは常にきわめて明瞭だ。実際に惨事が起きているのだから、そのシグナルがどのような災厄を示唆していたのかがわかる。しかし事が起きる前には、シグナルはあいまいで矛盾する意味を持つ。それは「ノイズ」として、特定の災厄とは無関係で無意味なあらゆる情報の集まりとして、観察者の前にあらわれる。たとえばワシントンでは、真珠湾攻撃を示唆するシグナルは、ヨーロッパ戦線からの膨大な数のシグナルと競合していた。後者は、極東からのどのシグナルよりも頻繁に、具体的に、危機を告げるものだった。極東のシグナルも意思決定の中枢に届いていたが、そこでは、真珠湾の無防備な艦隊は抑止力として働き、攻撃の標的となることはないという先入観が行き渡っていた。ホノルルでは、シグナルがヨーロッパ方面からのシグナルと競合することはなかったものの、日本は南へ向かうのではなくソ連攻撃を企て、準備していると告げる大量のシグナルがあった。また、以前から警戒が必要だった現地での破壊活動を示唆するシグナルもあった。

つまりアメリカは、関連情報が不足していたからではなく、無関係な情報が氾濫していたために、真珠湾攻撃を予測できなかったのである。真珠湾攻撃について行われたさまざまな調査からは度を超えた無頓着さがうかがえるが、その多くが真珠湾以外のあらゆる方向を示す膨大な兆候が知らず知らずに集積された結果だった。これらの兆候がなにかにつながることはなかったのだから、あとになって思い出すのは困難だった。今見れば真珠湾奇襲を明らかに警告しているとみなされるシグナルも、一九四一年一二月の状況を踏まえて分析すると、不明瞭なだけではなく、そういった攻撃とは結びつかない場合もある。最もよく知られ、論議の的となっている「風」暗号についても、ショートとキンメルは、もしこの情報を入手していたなら、一二月七日朝の空襲に備えていただろうと証言した。「風」暗号の電文は、真珠湾攻撃関係の文献では、日本政府によるアメリカに対する宣戦布告として論じられることが多い。「風」暗号が本当に宣戦布告だったのなら、この重大ニュースをホノルルに伝えなかったのは、刑事責任を問われる過失だっただろう。しかし調べてみると、「風」暗号通信は、通常の通信回路が断たれた際の暗号交信の指示であることがわかった。別の通信では、それを受け取ったならすぐに手持ちの暗号機を破壊せよと命じていた。日本とほかの三国間の「関係が悪化したとき」の破壊を命じたものもあった。イギリス、アメリカ、ソ連のそれぞれに対して、暗号で用いられる用語は異なっていた。

各通信の命令が確実に遂行されたことを示す情報が、一二月七日以前にアメリカによって傍受されたことを示す証拠はない。いずれにせよ暗号破壊を命じる通信は、一二月二日に傍受され、三日に翻訳された東京からのもっと明快な暗号破壊命令に取って代わられた。一二月二日以降、「風」暗号による暗号破壊命令が出されたとしても、アメリカにとっては新しい情報ではなかったし、暗号破壊自体、正式な宣戦布告の明確な代替とみなされるはずもない。一二月の第一週に米政府は、極東の全領事館に対して、暗号機をすべて破壊するよう命じた。だが、これがアメリカの日本に対する宣戦布告を意味するとは誰も考えもしなかった。別の「風」暗号通信によって、日米関係が危険だとの警告を受けていたとしても、このシグナルだけに基づいて、日本政府がアメリカを攻撃する意図を示しているのか、アメリカの奇襲（極東の米同盟国に対する日本の侵攻への報復として）に対する日本の恐れを示しているのかは判断できなかっただろう。真珠湾攻撃が起きてはじめて、「危険な関係」は「真珠湾奇襲」と解釈されることになった。

このように、無関係な情報の山のどこかにシグナルが存在することと、それを警告として認識することとの間には違いがある。さらに、それを警告として認識することと、それに基づいて行動を起こすこととは違う。これらの違いは明確で、真珠湾奇襲という歴史上の出来事を覆うあいまいさに光を当てるものだ。

本書では、これらの違いを示す多くの事例を検証してきた。ここで最も印象的な例をいくつか振り返ってみよう。シグナルが存在することと、それを警告として認識することの違いを説明するため、第1章で紹介したフィールダー大佐のことを考えてみよう。彼は、情報将校としての訓練も受けず、経験もないまま、真珠湾攻撃当時、ホノルルの陸軍G－2を率いていた。就任してまだ四カ月だったが、自身の情報源に関しても、現地海軍やワシントンの陸軍G－2との連絡に関しても、なんら問題はないと考えていた。ワシントンの陸軍G－2から、「動的」情報や政策にかかわる情報をまったく送られていないことには気づいていなかったようだ。そのため、目の前にある与えられた情報を表面的にしか読もうとしなかった。ワシントンの陸軍情報部極東課長ブラットン大佐は、フィールダーの認識の浅さに対してもっと現実的な見方をしていた。一一月末には、ブラットンは「風」暗号が設定されたことを知っていて、ホノルルの海軍通信情報部がロシュフォート少佐のもとで終日監視していることも知っていた。彼は当然ながら、この部隊とフィールダーとの間でやり取りがないことを懸念し、一二月五日には、事態は急を要していて、「風」暗号についてフィールダーに直接情報が送られるようにしなくてはならないと感じていた。しかし「風」暗号をめぐる情報はどのようなものであれ最高機密情報であり、自動的に「動的」情報として評価されるため、G－2の通常の経路を通して送ることはできなかった。ブラットンは、フィールダーが情報を得られるよう別の方法を見出さなくてはならなかった。彼は、次のように打電した。「東京の気象放送に関し、即刻第一四海軍区司令官を通じて、ロシュフォート少佐と連絡を取られたい」。通信部隊の記録によれば、フィールダーはこの電報を受け取っている。そのときどのような対応を取ったのかと言えば、その電報をファイルに仕舞っただけだった。一九四五年に本人が証言したところでは、まったく印象には残らず、ロシュフォートと会おうとはしなかったという。差し迫った事態を予測していなかったため、電文から緊急性を察することができなかった。フィールダーは自身の想定に基づいてこの電報を読んだ。警告のシグナルは手元に届いていたが、その意味を理解することはなかった。

この事例は、フィールダーの経験不足がもたらした例外的な出来事に思えるかもしれない。ここで、ウィルキンソン大佐のことを思い出してみよう。彼は一九四一年秋には、ワシントンで海軍情報部を率いていた。その輝かしいキャリアは誰もが認めるところだ。今ではよく知られる真珠湾攻撃のシグナルへの対処は、伝わるところとそれほど変わりはないように思われる。真珠湾攻撃後、問題のシグナルは「爆撃計画通信」として分類された。東京から九月二四日に発信されたもので、ホノルルの諜報員に送られた。真珠湾水域を五つに区分し、それぞれに停泊中の船舶について報告するように求めている。東京では特に戦艦、駆逐艦、空母の位置に関心を示し、一つの埠頭に二隻以上停泊している場合にも知らせるよう求めていた。

この通信は一〇月九日に解読され翻訳されると、すぐに陸軍、海軍、国務省の関係者に配られた。海軍でマジック情報に詳しいクレーマーは、特に関心を持ったという意味で「＊」印をつけた。さて、なにに「関心」を持ったのか。彼もウィルキンソンも、この電報が日本軍の諜報活動の「緻密さ」、細部についての情報を集める際の驚くほどの熱意と効率性を示すものと考えた。五つに分けたのは、報告を簡潔にするための工夫とみなされた。海軍作戦部長スターク大将も、日本軍の効率性に驚いた。しかし誰も、この情報をキンメルに流す必要があるとは感じなかった。これを読んだ誰も、真珠湾に停泊中の艦に危険が及んでいるとは考えなかったのだ。当時は、パナマ、バンクーバー、ポートランド、サンディエゴ、サンフランシスコなどの日本の諜報員にも似たような指示が出されていたため、この判断は妥当だった。ただし、東京とこれらの港との間でやり取りがあったことをおおざっぱに確認しただけでの判断だったことには留意しなくてはならない。情報部の極東担当者の誰も、通信の内容をもっと詳しく分析しようとはしなかった。その役割を担う者であれば、開戦前の最後の数週間に、マニラと真珠湾に関する東京からの要求の頻度と具体性が増してきたことを記録できただろう。そして、日本政府がアメリカのほかの港には同様の関心を示していないと気づいたはずだ。こういった観察は、個別に見れば重要ではないとしても、シグナルの全体像を見るうえでは有益だったかもしれない。

しかし、ここでは軍の情報部だけに注目する必要はない。実のところ、シグナルが警告の伝達につながらなかったのは、軍の作戦部門でも同じだった。日本が極東やロンドン、ワシントンの主要大使館、領事館において暗号の大半を破棄していたという情報に対するキンメルの反応を見てみよう。真珠湾攻撃時にホノルルにいなかった軍の専門家は、真珠湾攻撃以降この情報を「紛れもない警報」とみなすことが多かった。インガソルは、合同調査委員会において、事後ならではの明快さで次のように述べた。

外交交渉を決裂させるつもりなら、必ずしも暗号書を焼却する必要はない。外交官は帰国することになるのだから、暗号書を人形とともに梱包して持ち帰るだろう。外交交渉を決裂させるとしても、領事関係まで決裂するわけではない。領事は現地に留まる。

さて、この一連の通信は、外交交渉の決裂を意味していたのではなかった。これが意味していたのは戦争だった。この情報は、われわれが受け取るや艦隊に通知された……。*1

「これが意味していたのは戦争だった」という表現も、もちろんかなり漠然としていた。マニラや香港、シンガポール、バタビアでの戦争は、八〇〇〇キロメートルも離れた真珠湾での戦争とは違う。キンメルにとって、極東の主要領事館での暗号焼却は「戦争を意味していた」かもしれないが、真珠湾への空襲の危険を告げるシグナルではなかった。そもそもキンメルが受け取った情報は、マジック情報そのものではない。彼はワシントンから、日本領事館が暗号書の「大部分」(すべてではない)を焼却していると知らされた。ホノルルの領事館はその中に含まれてはいなかった。彼は現地の情報源を通して、ホノルルの日本領事館が秘密文書を焼却していることを知った。しかし、それが暗号書であるかどうかはわからなかったし、こうした裏庭での文書焼却は、その年には三、四回行われていた。キンメルは、一九四一年七月にはインドシナ近辺の日本領事館が暗号書を廃棄したという情報を得ていたため、一二月の焼却も類似の行動であり、アメリカやその同盟国であるイギリスやオランダが、日本の南方進出への報復として領事館を占拠しようとした場合に備えて暗号を守るためだと解釈していた。とりたてて鋭い見方とは言えないまでも、当時としては妥当な解釈だった。

実際のところ、当時入手可能だった相当数の証拠を見れば、土壇場のシグナルに対する誤った解釈もやむを得なかった。解釈が間違っていたように見えたのは、真珠湾が攻撃された

*1 *Hearings*, Part 9, p.4226.

あとのことだ。たとえばソ連軍が西に主力を注いでいる間に、日本は東からソ連軍を攻撃するという仮説を裏づける証拠はふんだんにあった。ワシントンで海軍戦争計画部を率いていたターナー少将はこの説を強く支持し、日本軍の兵士や補給品の大半が南に向かっていると認めざるを得なくなった一一月の最終週まで、日本はソ連を攻撃する可能性が高いと主張していた。一方、日本の内閣に直接接触していたソ連のスパイ、ゾルゲは、一九四一年七月にはすでに日本の南方進出を正確に予言していた。しかしそのゾルゲでさえ、九月から一〇月にかけての満州国境への大量の兵力投入にはひどく驚かされている。彼は、ソ連に対して七月に行った報告が誤っていたのではないかと不安を抱き、そのことが一〇月一八日の逮捕につながった。というのも、この頃モスクワへの無線送信を増やしたために、日本の警察に発信源を突き止められたのである。

ウィルキンソン、ターナー、キンメルなど、ここで名前を挙げた人たち、真珠湾奇襲に巻き込まれた人たちが、このうえなく有能で、忠誠心あふれる人たちであったことを、ここで強調しておきたい。並外れた能力を持つ献身的な者もいた。彼らが個々にあるいは集団で、陰謀にかかわった、怠慢だった、愚かだったと糾弾しても、真珠湾攻撃が奇襲だったという事実に対する説得力のある説明には決してならない。彼らの対応を見れば、敵の行動に対する期待を裏づけるシグナルに注意を払うのが、きわめて人間的な傾向であることがわかる。ありそうもない標的への攻撃のシグナルには誰も耳を傾けないとしたら、そういったシグナルが届くのは非常にむずかしい。

というのも、一九四一年に情報網に入り込んだどのシグナルにも、たいてい複数のもっともらしい説明が存在した。アメリカの偵察員や分析者が、一般に流布している仮説に合う説明を選びがちであったとしても不思議ではない。場合によっては、既存の仮説と矛盾するにもかかわらず新しい証拠を並べたり、二つの対立する考え方を同時に持つこともあった。すでに見てきたように、一九四一年秋のG－2見積もりはその一例だ。どうやら人間というものは、古い考え方に頑固にこだわり、それを覆すような新しい材料には同じように頑固に抵抗するようだ。

それがなんであろうと自身の期待に合致するものを選ぶ傾向のほかにも、分析者の正しい解釈を妨害するブロックはいくつもあった。先ほど述べたとおり、矛盾する証拠は多数存在し、それらは別の、同じように妥当な仮説を支持していた。これが「ノイズ」の現象で、ノイズの中には本物のシグナルが埋め込まれている。通常の状態であっても、ノイズというものは問題から注意をそらしてしまう。無駄な情報や矛盾するシグナルの騒々しさに加えて、一九四一年にはさまざまな要因が結びつき、ノイズレベルは通常よりも高まっていた。第一に、特にホノルルでは、以前からの警戒態勢と誤った警報によって、ノイズレベルは上昇していた。すでに見てきたように、それまでに出ていた警報によって、現地での破壊活動や、日本がソ連を攻撃する可能性があるという仮説を支持するシグナルに注意が向けられていた。第二に、国際情勢は緊迫する一方だったため、ホノルルでもワシントンでも、関係者の危機に対する反応は麻痺するか、多少鈍っていた。

第三に、関連したシグナルに気づかれないようにと、敵は積極的に取り組んでいた。日本の秘密保持システムは、相手に気づかれるのを防ぐために重要な、優れたブロックだった。その結果、真珠湾攻撃計画は厳重に秘められ、これを知る者は陸海軍で作戦の立案に密接にかかわった者だけだった。内閣の中でも、機動部隊が最後の港を出発する前に計画を知っていたのは、海軍大臣と陸軍大臣（首相の兼務）だけだった。

第四に、特定のシグナルを隠し続けたほか、敵はノイズを作り出そうとし、巧妙な「欺瞞策」を継続することによって、アメリカの情報システムに偽のシグナルを送り込んだ。アメリカは、偽の無線通信によって、日本の本土周辺で一定数の艦艇が活動していると信じ込まされた。日本はまた、中国を標的とした偽りの戦争計画を個々の司令官に送っている。これらは東南方面進出に合わせて最後の瞬間に変更された。

第五に、正確な認知を邪魔するために、関連したシグナルがよく変更された。しかも突然に。これは、兵力構成や能力に関するデータを含むいわゆる静的情報にさえ当てはまった。一九四一年のアメリカの見積もりでは、真珠湾は浅いために水雷攻撃は不可能だと考えていたほか、零戦の航続距離や性能を過小評価していた。ところがあまりにも短期間のうちに改善されたため、アメリカの情報見積もりにはこの変更が反映されなかったほどだ。

第六に、アメリカの安全保障システム自体がシグナルの伝達を阻む場合があった。敵から情報を隠そうとすれば、味方同士でも隠し続けることになる。マジック情報の場合には、これが必ずしもうまくいかなかった。すでに述べたように、ごく少数の高官だけがマジックなどの秘密情報に目を通していた。しかし熟読していたわけではない。その情報について十分検討するだけの時間も機会も与えられなかった。そして誰もが、ほかに目を通している者も同じような解釈をしていると思い込んでいた。「ほかに目を通した者」が誰であるかも、マジック情報を受け取った者にはわかっていなかった。たとえばスタークは、キンメルがマジックの全情報に目を通していると考えていた。配布先リストに名前のなかった者で、解読情報の存在をなんらかの形で知っていた者は、マジックには外交情報だけではなく軍事情報が含まれていると確信し、その内容は実際にそうである以上に完全で正確なものだと考えていた。マジックを読んで議論する者を慎重に限定することは、アメリカが暗号を解読していることを隠すためには確かに必要だったが、結果としてマジックに基づくシグナルはめったに聞こえないものになってしまった。

ノイズや秘密保持などの要因に加えて、諜報や予測がそもそも当てにならないことは、行動を指示する際の言葉づかいにも反映されていた。警告はいくぶんあいまいで漠然としていた。敵の動きというものは、間際になって逆の方向に転じることが多い。日本の場合も同じだった。攻撃予定時刻の二四時間前までは、太平洋の米領への攻撃を中止できる計画になっていた。たとえばハワイ諸島が厳重警戒態勢にあれば、真珠湾攻撃部隊は一二月五日か六日に日本に戻っていたかもしれない。情報部の見積もりは、いつ撤回されるとも限らない敵の動きに基づいて行なわれなくてはならないため、分析担当者が大胆な主張を控えるのも納得できる。たとえ自身の評価が損なわれるリスクも恐れず攻撃の場所や時間を明言したとしても、司令官はみな、厳重警戒態勢によるコストや予測がはずれたときのペナルティを恐れ、軽率に行動しようとはしないだろう。一九四一年一二月には、厳重警戒態勢はハワイ諸島上空の国籍不明機を撃ち落とすことを求めるものだった。しかしこれは日本からは、最初の公然たる行動と解釈されていたかもしれない。ショートが最低レベルの警戒態勢を命じたのは、少なくともこれを考慮してのものだった。戦域へのメッセージが慎重な言い回しになるのは確かに理解できるものの、それはシグナルの認知を妨げるもう一つのブロックになっていた。「どの方面にも奇襲の可能性がある」「日本の今後の行動は予測できないが、いつでも敵対行動に出る可能性がある」という最終警告の文面は、米軍の置かれた戦略的状況の変化をいささかも現地司令官に知らせるものではなかった。

最後に、と言っても大事なことだが、大規模な官僚機構につきものの、認知とコミュニケーションに対するブロックについて述べておかなくてはならない。これは組織内部での、また組織相互の対抗意識によるものだ。真珠湾の場合、敵対関係が最も目立ったのは海軍戦争計画部と海軍情報部の間だった。残念なことにアメリカでは、知識人や専門家に対する幅広い偏見が軍に限らず広く見受けられる。そのために、諜報専門家の意見はなかなか耳に届かなかった。マッコラム、ブラットン、サトラーのほか少数の者が、シグナルが示す状況はもっと差し迫った警告の発令を必要とするほど不吉なものだと感じていたが、彼らには決定に影響を与える力がなかった。たとえば極東の暗号分析者には、「東洋的な物の見方」が染みついていると思われていた。諜報機関に割り当てられる予算の少なさは、諜報活動に対する軽視を反映していた。これに対してイギリス、ドイツ、日本では、一九四一年の予算は米議会があり得ないとみなすほどの額になっていた。

＊＊＊＊＊

認知とコミュニケーションに対するこれらすべての制限を踏まえると、真珠湾攻撃は果たして本当にこれほどの驚きをもたらすものだったのだろうか。これらの制限を明確に認識したとしても、認識と行動は一直線ではない。最初のハードルを飛び越えたと仮定しよう。入手したシグナルによって、危険が差し迫っていることが認識されたとして、その次に私たちは、このシグナルが伝えようとしているのは具体的にどのような危険なのか、どのような行動や準備を行うべきなのか、という問いにどう答えるのか。

一一月二七日、マッカーサーは、ホノルルでショートが受け取ったのとほぼ同内容の戦争警告を受け取った。そして即座に、自身の部隊の爆撃機が、台湾の陸上基地からの急襲に備えられるように命令を出した。しかしこれが実行されるまでには時間がかかった。フィリピン時間の一二月八日、南方への発進を命じられていた爆撃機の半数だけがマニラ地区を離れていたが、台湾への偵察は行われなかった。日本の航空機の航続距離では、台湾からマニラを攻撃できないと情報部が計算していたこともあって、日本軍の空襲に備える緊迫感はなかった。

真珠湾が攻撃されたという情報は、一二月八日の早朝マニラに届いた。フィリピン軍には攻撃に備える時間が九〜一〇時間ほどあった。しかし真珠湾への攻撃は、日本軍がフィリピンをも攻撃することを必ずしも意味していたのか。日本軍は、真珠湾とフィリピンの両方に対する空襲を成功させるだけの装備を備えていたのか。日本軍は、台湾からやって来るのか、それとも空母からか。情報部は空母からだと考えていたが、空母がハワイ沖にいることは明らかだった。マッカーサーの極東陸軍は、アメリカは日本に対して正式に宣戦布告をしていなかったと指摘した。そのため、台湾基地への反撃は許可されなかった。さらに、事前に写真偵察を行わずに反撃を開始すべきかどうかについては、航空兵の間で技術面での意見の不一致があった。ブレルトンが写真偵察の許可を得ようと調整している一方で、航空機をどうするかについてさらに意見が対立した。日本軍が飛行場に近づいた場合、上空に飛び上がるのか、攻撃を避けて分散するのか。日本軍の爆撃機が昼過ぎに到着したときには、アメリカの航空機は地上で翼を並べていた。真珠湾が実際に攻撃されたというシグナルでさえ、フィリピン攻撃に対する紛れもないシグナルにはならなかった。このシグナルは、どのような対応が最善であるのかを明確にはしなかった。

過去には、おそらくは怠慢や愚かさ、裏切りによってさまざまな悲惨な出来事がもたらされてきたが、真珠湾攻撃をめぐる物語には、そのどれにも勝る重要性がある。というのも私たちには、この奇襲の根源が、誠実で献身的で知性あふれる人間に影響を与える環境にあったことがわかってきたからだ。いつの時代であれ、こういった奇襲の可能性は人間の認知のあり方に左右され、あまりにも基本的であるために減らせるかもしれないが根絶することはできそうもない不確かさから生じる。

　関連したシグナルも、事が起きたあとになればはっきり聞き取れるが、起きる前はノイズに囲まれて部分的にしか聞き取れないだろう。過去の適切な配慮さえも、偽の警報という形でノイズの背景を構成する。そのため、実際に事が起こったときには警報が本来の役割を果たしにくい。「オオカミ少年」の物語は永遠の真実なのだ。全体主義国家の侵略者は、自身の行動については秘密主義のカーテンをぴったり閉め、攻撃のシグナルを隠すことができる。欧米の民主主義国家は、そういったシグナルを責任を持って慎重に解釈しなくてはならない。というのも、非常事態を除けば、戦争への関与のプロセスには合議という要件によって制限がかかるからだ。機密保持のための予防措置は、民主主義国家においてさえ極秘情報源を活用するために必要だが、そのためにその情報が利用できなかったり、決定権を持つ者への伝達が遅れたりする。そのうえ、人間の注意は、起こりそうだと考える方向に向けられるため、いつも正しい音に耳を傾けていられるとは限らない。西側国家に全面的熱核攻撃が仕掛けられるとすれば、それは前代未聞の出来事であり、その国の同盟国がその出来事の性質を理解し、適切な行動を取るまでには、少し時間がかかるに違いない（その少しの時間が命取りになりかねない）。

人間というものは、きわめて不確かな状況においては、実際に起きてほしいと願っていることが実際に起こるだろうと予想する傾向にあり、このことを示す証拠は量的なものを含め豊富にある。不確かな状況においては、それを願うのは自然なことであり、単に戒めるだけで、あるいは願うだけで、不確かさを払いのけることはむずかしい。さらに、敵が下した攻撃の決断は変わるやもしれず、攻撃方向が変更される可能性もあるため、戦略的警告があいまいなものになるのは避けがたい。そのうえ防衛行動にはいくらかコストがかかる（たとえば真珠湾では、全方位の偵察飛行は、訓練を犠牲にすることを意味し、優先度の高いフィリピンへの輸送計画を妨害し、数週間ですべての人員を疲弊させ、機材を消耗させただろう）。一般的に、警戒度の高い警報によって一時的に万全の警戒態勢を敷いたとしても、その後必ず反動が訪れる。場合によっては、防衛行動のコストは計り知れず、それが適切かどうかもはっきりしない。その結果、戦略的警告に応じて選択された行動もまた、不確かなものになるに違いない。最終的には、技術的要因と軍事的要因のバランスによって攻撃が不可能になったかと思うと、唐突に可能になったりする。現在では、両者のバランスは前例のない速さで変化している。

真珠湾攻撃は、類のない大惨事ではない。奇襲が成功した例はほかにもたくさんある。一九四一年夏のドイツによるソ連攻撃は、事前にシグナルが殺到し、軍隊が大集結し、米英両政府は直接ソ連に警告まで出した。米英は、猛攻撃が迫っているという正確な情報を持っていた。それでも攻撃は、完全な奇襲となった。[*2] スターリンと参謀長ジューコフ元帥は、知っていたのに行動しなかったという昨今のソ連での議論は、ルーズベルト大統領が真珠湾攻撃を黙殺したという非難に明らかに匹敵する。ソ連による歴史の再解釈は、スターリンの評価を下げるだけではなく、一九四一年のドイツによる攻撃が本当の意味でソ連指導者を驚かせたわけではないこと、ソ連は今後いかなる紛争に際しても、適切な警告を出せることを示す目的をも持っている。[*3] しかし、自国への奇襲を見極めるむずかしさは、全体主義国家にも民主主義国家にも共通する。

日本がシンガポールで英軍を攻撃し、圧倒的な戦術的成功を収めたのは、イギリスがこの要塞は難攻不落だと思い込んでいたためだった。グレンフェル大佐が記したように、新聞も政治家も、自分たちの要塞は難攻不落であってほしいのだ。「古くは、旅順、青島、今次大戦ではマジノ線等の大防衛施設も、それらが攻取される前には、難攻不落だとしきりに書かれていたものだ……シンガポールは、英帝国防衛の為の難攻不落の保塁であるということが、いつの間にやら、国民の間に既成事実の如く、信じ込まれるようになっていた」[*4]。しかし、北方からの予期せぬ攻撃という形での奇襲によって、シンガポール防衛は無駄になった。

最近では、朝鮮戦争でいくつか印象的な奇襲が行われた。北朝鮮による最初の攻撃は、毎週のように実施されていた国境への偵察活動ののちに行われた。毎週末の侵入によってノイズが高まっていたため、一九五〇年六月二五日に交戦状態に入っても、その前の演習や偽の警報

*2 MIT国際問題研究所のウィリアム・W・カウフマンには、ドイツによる奇襲の背景を論じた未発表論文"Operation Barbarossa"を読ませてもらった。

*3 真珠湾攻撃と、「帝国主義国家による侵略行為の開始」に関する教訓についての最近のロシア人の見解については、以下を参照されたい。Maj. Gen. N. Pavlenko, "Documents on Pearl Harbor," *Voenno-Istoricheskii Zhurnal* (*Military-Historical Journal*), No.1, January 1961, pp.85-105. この文献は、防衛分析研究所のジョン・トーマス、ランド研究所のソ連分析家アーノルド・ホアリックの教示による。

*4 Grenfell, *Main Fleet to Singapore*, p.64.（『主力艦隊シンガポールへ　プリンスオブウエルスの最期　日本勝利の記録』ラッセル・グレンフェル著、田中啓眞訳、錦正社、二〇〇八年、啓明社一九五三年刊の復刊）

との区別がつかなかった。朝鮮戦争終盤には中国が介入したが、中国はまず大量の軍隊を動かし、インドを介して米政府に公然と警告してきた。それは、米軍が三八度線を越えた場合の想定どおりの行動だった。にもかかわらず、一九五〇年一一月の共産軍の侵攻に、アメリカは驚かされたのである。*5

今後、全体主義国家によって熱核攻撃が行われた場合には、どうなるのだろうか。そういった攻撃を隠すのは、真珠湾への日本の攻撃を隠すよりもむずかしいだろうか、簡単だろうか。最近では、水爆が通常戦争を時代遅れにしてしまったために、この問いが重要ではなくなったと思われている。しかしそう考えて自分を安心させたとしても、実際には答えをはぐらかしているだけだ。問うべきは、今後、全体主義の大国が、わが国が報復のために配備している兵力への差し迫った攻撃を隠し、兵士らが警告を受ける前に、あるいは警告を受けて対応する前に実質的に撃退することは可能か、である。この意味では、気休めには大義がないと気づくことが重要である。諜報活動によるデータ収集や分析に多大な費用をかけるようになったにもかかわらず、機械による暗号解読や翻訳の技術が進歩したにもかかわらず、真珠湾攻撃以降、情勢は明らかに奇襲を仕掛ける方に有利になるように進んでいるように見える。奇襲を仕掛けることで得られる利益はとてつもなく大きくなり、全面戦争で緒戦に勝てないことのペナルティも同じように拡大している。実際、仕掛けた方は、報復を防ぐためには徹底的な奇襲しかなく、大国から別の大国へのなんらかの攻撃を想定すれば、中途半端な奇襲は自殺行為となるだろう。

今日の大国であれば、奇襲を行えば、一九四一年の日本よりもはるかに優位に立てるだろう。爆撃機やミサイルの際限のない増加によって、戦略的警告の実施がますますむずかしくなっていることは周知の事実である。また、大量破壊兵器を短時間で運べるようになった結果、戦術的警告を発する時間は、週単位から分単位になっている。侵略者は、日本の戦争計画がそうであったように、全面戦争の直前に何週間もかけて大量の兵力や艦船を動かす必要はない。日本人が夢見た何倍もの破壊力を持った一撃を加えることができる有人爆撃機は、敵に十分な情報を与えることなく本土内陸部の基地から飛び立つかもしれない。彼らはレーダー網に探知されずに、あるいは少なくとも友好国の航空機や国籍不明の航空機に紛れることによって、なんらかの重要な戦術的警告さえ敵に与えることはないだろう。潜水艦は平時に沖合数百マイル地点に配備され、あらかじめ打ち合わせておいたシグナルを受けて弾道ミサイルを発射

*5 以下では簡潔にわかりやすく述べられている。Harvey DeWeed's "Strategic Surprise in the Korean War," *Orbis*, Vol.6, Fall 1962, pp.435-452.

するかもしれない。最終的に、大陸間弾道ミサイルが時間をかけて整備され十分な数が揃えば、それ以上の目に見える準備が整わなくても「カウントダウン」だけで発射されるかもしれない。こういったミサイルの大陸間飛翔時間は一五分にも満たず、レーダー警戒はさらに短い。なにより大事なことは、日本による真珠湾攻撃とは違って、こういった一撃が一つの戦闘だけではなく、戦争そのものの結果を左右しかねないことだ。つまるところ、「奇襲」というテーマは今後も重要な関心事であり続ける。この事実は、奇襲を防ぐために軍縮や、制限や査察の協定を設ける可能性について、大国間で大々的に議論してきた中で示唆されている。本書で述べてきたことからだけでも、こういった調整がどれほど困難であるかがわかるだろう。

本書は、諜報に関する「ハウツー」本を意図したものではないが、ここから一つの実践的で重要な教訓が浮かび上がるだろう。私たちは戦略的警告に頼ることはできない。戦略的警告を受けることはあるかもしれないし、その結果、それなしではあり得ないような有益な準備行動を行えるかもしれない。もしそういった機会が生じれば、その可能性を活かせるように計画しておくべきだ。しかしながら私たちは戦略的警告に頼ることはできないのだから、防御に自信を持つつもりなら警告なしでも機能するようにしておかなくてはならない。差し迫った攻撃を示すシグナルは、ほぼ確実にあいまいなものになるという事実を受け入れるなら、あいまいなシグナル、攻撃を示唆する偽りかもしれない兆候などを含むシグナルに応じて適切で実現可能な行動を取らなくてはならない。わが国は熱核戦争に巻き込まれることなく、敵を巻き込むこともなく、偽りの警報に何度でも対応できなくてはならない。

誰もが、確たる意味を持つ唯一無二のシグナルを求め、諜報活動による保証、すなわち正式な宣戦布告に代わりうる明確ななにかを求めようとする。真珠湾攻撃の歴史を書き直すというあらゆる試みの背景には、確かにこういった無意識の動機があり、「風」暗号や、多くの議論が行われてきたさまざまなマジック情報のような流動的で不確かな情報源の中に日本の意図が明確に示されていることは明らかである。しかし私たちは、そういった解釈が、アナリストや意思決定者の仕事をあまりにも単純化していることも見てきた。真珠湾奇襲についてのこの研究が未来になにかしら役立つのであれば、次のことを置いてほかはない。私たちは不確実性という事実を受け入れ、それと共存することを学ばなくてはならない。暗号であろうとなかろうと、確証を与えてくれるマジックは存在しない。私たちの計画は、マジックなしで機能するものでなくてはならない。

# 補遺

陸軍ハワイ軍管区司令官ショート中将は、一九四一年に警戒態勢を敷く際の手順を改定した。暫定版は七月一四日に印刷され、意見を求めるためにワシントンの陸軍省に送付された。陸軍参謀総長マーシャル大将は一〇月一〇日に、これに対する最初の意見を口述している。[*1] 一一月五日には最終手順が確定され、再度印刷された。いわゆる「標準実施要領」のコピーが各部署に配布され、ワシントンにも送付された。

以下に、合同調査委員会で示された一一月五日の最終手順書全文を掲載する。このときの

*1 *Hearings*, Part 3, p.1080.

改定によって、一二月七日には混乱が生じたため、若干のコメントを記しておく。

ショートが作成した暫定版では、警戒態勢は、第一号、第二号、第三号の三段階に分かれていた。第一号は厳重警戒態勢を意味し、「全部隊があらゆる配置に就き、オアフ島と周辺諸島の陸軍基地において最大限の防衛態勢を取る」[2]よう求めた。第二号は「破壊活動と暴動」に加え、「敵の水面下、地上、空からの攻撃」[3]に対する警戒態勢、第三号は「諸島外からの脅威はなく、諸島内での破壊活動や暴動行為」[4]に対する警戒態勢だった。ショートは最終版において順序を逆にしたため、厳重警戒態勢は第三号に、諸島内での破壊活動警戒態勢は第一号になった。海軍では第一号が厳重警戒態勢だったため、ショートの三区分は海軍の区分には対応しなくなった。海軍の警戒態勢は、攻撃の危険度に応じて第一号から第二号、第三号、解除へと移行する。一方、ショートの手順では、示唆される危機に見合った警戒態勢を選ぶことになる。

ショートの前任者のヘロン中将は、この変更を不要な修正だと考えていた。

(この修正は)ショート中将が就任したときに、訓練兵からの圧力で行ったものだった。自分ならそんなことはしないと私は彼に言った。従来の警戒態勢は一種類、厳重警戒態勢しかなく、状況に応じて敷いていた。しかし訓練兵は細かく区別することを望み、三段階に分けることを提案した。というのも、海軍が三種類の警戒態勢を取っていたからだ。しかし彼らは大事なことを見落としていた。海軍は三種類の警戒態勢を敷いているが、厳重警戒態勢は常に第一号だ。第二号、第三号と進むにつれ緩和される。しかし若い訓練兵たちはそれを知らなかった。そしてショートが就任すると、第三号を厳重警戒態勢とするよう求め、順序を逆にしてしまった。そのため、ショートは破壊活動に対する警戒態勢を第一号とした。彼にはそれほど重要な変更には思えなかったのだろうが、結果的にはきわめて重大な変更となった。[*5]

警戒態勢の順序の変更は、真珠湾攻撃前の一一月二八日に警戒態勢を敷いた際、ハワイで混乱を招いた。しかし警戒態勢区分についてのヘロンの反対にもかかわらず、一九四一年のよ

*2 *Ibid.*, Part 15, p.1655.
*3 *Ibid.*, p.1441.; cf. p.1657.
*4 *Ibid.*, p.1657.
*5 *Ibid.*, Part 27, p.125f.

うに、また冷戦時代によくあるように、頻繁に警報が出される状況では、柔軟な警戒態勢を取るのは当然に見える。しかしこの柔軟性が活かされるためには、司令部と戦域の両方が詳細な手順を知らされていなくてはならない。特に、警戒態勢が全戦域で一律ではない場合にはなおさらだ。三段階に区分されたショートの警戒態勢は、当時の陸軍では明らかに独特のものだった。一二月七日の攻撃前には、最終版は陸軍省に到着していなかったと主張されている。マーシャルが最終警告電報を送ったときには、それを見ていなかった。しかし、ショートが三段階の警戒態勢を検討中であることは知っていた。ショートは、マーシャルの一一月二七日の警告に対して、破壊活動に対する警戒態勢を敷いていると返答した。第何号であるかには言及しなかったため、その時点では混乱はなかっただろう。この返答は、ショートの警戒態勢区分をよく知る者にとっては、最も低い警戒態勢が敷かれていること、その対象は破壊活動のみであることを意味していただろう。

標準実施要領*6
ハワイ軍管区
［一九四一年一一月五日］

第二部——警戒態勢

一三　あらゆる防衛措置は以下の三つの警戒態勢のいずれかに区分される。敵からの奇襲（一五f(八)参照）を除けば、どの警戒態勢においても作戦は陸軍の命令によって進められる。

一四　警戒態勢第一号

a　ハワイ諸島内での破壊活動や暴動に対する防衛。外部からの脅威はない。

b　陸軍省では、一般参謀、特別参謀のすべてにおいて、現在の持ち場で通常の任務を遂行し、後続の命令を待つ。

c　軍管区部隊は通常の訓練を遂行し、司令部からの指示を待つ。

d　各歩兵部隊は

(一)　担当区域での破壊活動を含むあらゆる市民暴動を鎮圧する。

(二)　自動車輸送手段を備えた一歩兵大隊を維持し、通知から一時間以内に移動でき

＊6　*Ibid.*, Part 15, pp.1440-1444.

るよう準備する。

㈢　スコフィールドバラックスと担当区域で、ハワイ地区防衛軍の管轄に入らないあらゆる重要な軍事施設を守る（陸海軍の守備隊配備施設は除く）。

＊＊＊＊＊

e　ハワイ沿岸砲兵隊は

㈠　沿岸と対空の軍備、サーチライト、偵察と防火のための設備、沿岸・対空防衛に関連したその他の施設を守る。

㈡　砲兵隊の駐屯地と軍用地のあらゆる重要な施設を守る。

＊＊＊＊＊

f　ハワイ航空軍は

㈠　オアフ島の航空軍駐屯地のあらゆる重要施設を守る。

㈡　周辺諸島の飛行場防衛において、現地分遣隊と協力することによって軍管区司令官を支える。一四g参照。

g　軍管区司令官は、管区の航空隊分遣隊の支援を得て、破壊活動の脅威から飛行場と重要施設を守り、地域の秩序を維持する。

i　ヒッカム、ウィーラー、ベローズ飛行場の駐屯地運営要員は、ハワイ航空軍の指揮の下、各駐屯地の重要施設の防衛を支援する。

＊＊＊＊＊

一五　警戒態勢　第二号

a　警戒態勢第一号よりも深刻な事態に適用する。破壊活動や暴動などの行為に対する防衛に加え、敵の水面下、地上、空からの攻撃に対して安全を確保する。

b　陸軍省ではG－2とG－3のみが二四時間態勢での活動を求められる。一般参謀と特別参謀の他のすべての部署は通常どおりの活動に従事する。

c　軍管区部隊は通常の訓練を行い、司令部からの指示を待つ。

d　各歩兵部隊は

(一)　担当区域での破壊活動を含むあらゆる市民暴動を鎮圧する。

(二)　(三)、(四)、(五)で求められる場合を除き、現状の五〇パーセントで各部隊の活動を維持する。

㈢　自動車輸送手段を備えた一歩兵大隊を維持し、通知から一時間以内に移動できるよう準備する。

㈣　スコフィールドバラックスと担当区域で、ハワイ地区防衛軍の管轄に入らないあらゆる重要な軍事施設を守る（陸海軍の守備隊配備施設は除く）。

＊＊＊＊＊

㈥　240ミリ榴弾砲を配備し、必要な監視をつけ、指示に応じて弾薬を装備する。

㈦　沿岸を防御するために155ミリ銃を配備されている野戦砲部隊をハワイ沿岸砲兵隊に組み込む。一五eを参照。

＊＊＊＊＊

e　ハワイ沿岸砲兵隊と付属の野戦砲部隊は

㈠　当初の沿岸と対空防衛の配置を守る。ただし、鉄道車両用バッテリーがカメハメハ駐屯地に残る場合、あるいは据えつけられている場合は除く。

㈡　第五三高射砲部隊を作戦統制のために防空司令部に組み込む。

㈢　沿岸と対空の軍備、サーチライト、偵察と防火のための設備、沿岸・対空防衛に関連したその他の施設を守る。

㈣　砲兵隊の駐屯地と軍用地のあらゆる重要な施設を守る。フォート・シャフターは除く。一五k㈠参照。

㈤　沿岸装備の範囲内で海軍を支援する。

㈥　敵の艦艇からのアプローチや上陸を防ぐ。

㈦　沿岸のあらゆる諜報機関の調整を行う。

㈧　沿岸警備隊とともに沿岸防衛を行う。

㈨　サンド島の無線標識施設を守る。

㈩　港湾防衛統制所の活動に必要な陸軍兵を提供する。

f　ハワイ航空軍は

㈠　司令部の指示どおり、航空機と乗務員を維持する。一七参照。

㈡　あらゆる追撃機を遅滞なく防空司令部に組み込む。

(三) 周辺諸島の戦場に急行させるための航空機を準備し、到着時には戦場に分散させる。

(四) 爆撃機を乗務員とともに分散させる。

(五) 追撃機を乗務員とともに掩蔽壕《えんぺいごう》に分散させる。

(六) オアフ島の航空軍駐屯地のあらゆる重要施設を守る。

(七) 周辺諸島の飛行場防衛において、現地分遣隊と協力することによって軍管区司令官を支える。一五g参照。

(八) 敵による奇襲の場合

(a) 出撃可能な「A」態勢のあらゆる爆撃機を出動させるために海軍に組み込む。爆撃機指揮官は第二哨戒航空団に報告する。

(b) 海軍、海兵隊の海岸基地所属の戦闘機で準備の整ったものを作戦統制のため、防空司令部に組み込む。

g 軍管区司令官は、管区の航空隊分遣隊の支援を得て、破壊活動の脅威から飛行場と重要施設を守り、地域の秩序を維持する。

＊＊＊＊＊

i　通信将校は

㈠　対空警戒部隊によるあらゆる戦闘基地の占有を確保し、防空司令部に組み込む。

㈡　陸海軍統合通信が即座に利用できるよう保証する。

j　防空司令部は

追撃機、対空砲（海軍と海兵隊の活動可能な高射砲部隊を含む）、対空警戒部隊、付属部隊の作戦を調整し統制する。軍の統制下にない対空部隊の調整には以下が含まれる。

㈠　すべての友軍航空機の離着陸。

㈡　真珠湾、ホノルル湾の両方またはいずれかにおける海軍艦艇の対空射撃の調整。

㈢　あらゆる関係機関に対する適切な警告の伝達。

k　駐屯地運営要員は

㈠　フォート・シャフターでは、憲兵隊長の監督下、フォート・シャフターのあらゆる重要施設を守り、陸軍司令部とトリプラー陸軍病院の後方支援のための警戒を行なう。

㈡ ヒッカム、ウィーラー、ベローズ飛行場の駐屯地運営要員は、ハワイ航空軍の指揮の下、破壊活動、航空・地上攻撃に対する各駐屯地の防衛を支援する。

*****

一六 警戒態勢第三号

a すべての部隊によるあらゆる野外陣地の占有を必要とし、オアフ島と周辺諸島の陸軍施設の最大限の防衛の準備をする。

b 陸軍省司令本部では、

㈠ 前方群***のあらゆる小隊は、前方指揮所の定位置につき、二四時間態勢に備える。

㈡ 後方群***のあらゆる小隊は、現在の位置で通常の任務を継続する。灯火管制指示が実施される。

c 軍管区部隊は、移動能力に応じて常駐位置に留まり、司令部からの指示を待つ。

d　各歩兵部隊は

㈠　オアフ島の担当区域を防衛する。

㈡　担当区域で、ハワイ地区防衛軍の管轄に入らないあらゆる重要な軍事施設を守る（陸海軍の守備隊配備施設は除く）。

＊＊＊＊＊

㈤　240mm榴弾砲を配備する。

㈥　沿岸を防御するために155mm銃を配備されている野戦砲部隊をハワイ沿岸砲兵隊に組み込む。一六eを参照。

＊＊＊＊＊

e　ハワイ沿岸砲兵隊と付属の野戦砲部隊は

㈠　当初の沿岸と対空防衛の配置を守る。

㈡　沿岸装備の範囲内で海軍を支援する。

㈢　敵の艦艇からのアプローチや上陸を防ぐ。

(四) 歩兵師団を支援する。
(五) 沿岸のあらゆる諜報機関の調整を行う。
(六) 沿岸警備隊とともに沿岸防衛を行う。
(七) 港湾防衛統制所の活動に必要な陸軍兵を提供する。
(八) 第五三高射砲部隊を作戦統制のために防空司令部に組み込む。
(九) 砲兵隊の駐屯地と軍用地のあらゆる重要な施設を守る。フォート・シャフターは除く(一六1(二)参照)。
(一〇) 沿岸と対空の軍備、サーチライト、偵察と防火のための設備、沿岸・対空防衛に関連したその他の施設を守る。

f ハワイ航空軍は
(一) 敵機を破壊する。
(二) 指示に従って爆撃任務を遂行する。
(三) 海軍航空軍と協力する
(四) オアフ島では、破壊活動、空襲、地上攻撃に対する航空戦力が駐屯するあらゆる駐屯地を守る。

㈤ 周辺諸島の飛行場防衛において、現地分遣隊と協力することによって軍管区司令官を支える（一六h参照）。

㈥ あらゆる航空機を着装する。ただし、通常、周辺諸島に派遣される船舶には爆弾は装備されない。

㈦ 周辺諸島の戦場に急行させるための航空機を準備し、到着時には戦場に分散させる。

㈧ 爆撃機を乗務員とともに分散させる。

㈨ 追撃機を掩蔽壕に分散させる。

㈩ 偵察、指揮、写真撮影の任務を遂行する。

(一一) あらゆる追撃機を遅滞なく防空司令部に組み込む。

＊＊＊＊＊

h ハワイ、マウイ（モロカイを含む）、カウアイ軍管区の司令官は、軍管区内の航空隊分遣隊の支援を得て、破壊活動、敵の攻撃の脅威から飛行場を守り、地域の秩序を維持する。

＊＊＊＊＊

j　防空司令部は

追撃機、対空砲（海軍と海兵隊の活動可能な高射砲部隊を含む）、対空警戒部隊、付属部隊の作戦を調整し統制する。軍の統制下にない対空部隊の調整には以下が含まれる。

(一) すべての友軍航空機の離着陸。

(二) 真珠湾、ホノルル湾の両方またはいずれかにおける海軍艦艇の対空射撃の調整。

(三) あらゆる関係機関に対する適切な警告の伝達。

k　通信将校は

(一) 対空警戒部隊によるあらゆる戦闘基地の占有を確保し、防空司令部に組み込む。

(二) 陸海軍統合通信が即座に利用できるよう保証する。

(三) 不可欠な文民連絡への統制に備える。

l　駐屯地運営要員は

㈠　スコフィールドバラックスと担当区域のあらゆる重要な軍事施設を守る。

㈡　フォート・シャフターでは、憲兵隊長の監督下、フォート・シャフターのあらゆる重要施設を守り、陸軍司令部とトリプラー陸軍病院の後方支援のための警戒を行なう。

㈢　ヒッカム、ウィーラー、ベローズ飛行場の駐屯地運営要員は、ハワイ航空軍の指揮の下、破壊活動、航空・地上攻撃に対する各駐屯地の防衛を支援する。

参考文献

## 書籍、原稿、政府刊行物


- Beard, Charles A., *American Foreign Policy in the Making, 1932-1940*, Yale University Press, New Haven, 1946.(『1932年から1940年にいたる米国対外政策の形成』防衛研修所、一九七七年、研究資料；77RO－11R)
- ——, *President Roosevelt and the Coming of the War, 1941*, Yale University Press, New Haven, 1948.(『ルーズベルトの責任　日米戦争はなぜ始まったか』上・下、チャールズ・A・ビーアド著、開米潤監訳、阿部直哉、丸茂恭訳、藤原書店、二〇一一～二〇一二年)
- Berle, Adolf A., Jr., "Diaries"(未刊行。日記の執筆者所蔵)
- Brereton, Lewis H., *The Brereton Diaries*, W. Morrow & Co., Inc., New York, 1946.
- Bryant, Arthur, *The Turn of the Tide: A History of the War Years, 1939-1943, Based on the Diaries of Field-Marshal Lord Alanbrooke, Chief of the Imperial General Staff*, Doubleday and Co., Garden City, New York, 1957.(『参謀総長の日記　英帝国陸軍参謀総長アランブルック元帥　1939～1943』アランブルック原著、アーサー・ブライアント著、新庄宗雅訳、フジ出版社、一九八〇年)
- Butow, Robert J. C., *Tojo and the Coming of the War*, Princeton University Press, Princeton, 1961.(『歴代総理大臣伝記叢書　第28巻(東条英機 上)、第29巻(東条英機 下)』御厨貴監修、ゆまに書房、二〇〇六年)
- Byas, Hugh, *Government by Assassination*, Alfred A. Knopf, New York, 1942.(『昭和帝国の暗殺政治　テロとクーデタの時代』ヒュー・バイアス著、内山秀夫、増田修代訳、刀水書房、二〇〇四年、刀水歴史全書；69)
- Churchill, Winston S., *The Grand Alliance*, Houghton Mifflin Co., Boston, 1950.
- Cline, Ray S., *Washington Command Post: The Operations Division*, in the series *United States Army in World War II*, Washington, D. C., 1951.
- Conn, Stetson, and Byron Fairchild, *The Framework of Hemisphere Defense*, in the series *United States Army in World War II*, Washington, D, C., 1960.
- Craigie, Sir Robert Leslie, *Behind the Japanese Mask*, Hutchinson & Co., Ltd, London, 1945.

- Craven, Wesley F., and James L. Cate (eds.), *United States Air Force in World War II: Plans and Early Operations: January 1939 to August 1942,* University of Chicago Press, Chicago, 1948.
- Davis, Forrest, and Ernest K. Lindley, *How War Came,* Simon and Schuster, New York, 1942.
- Edmonds, Walter D., *They Fought with What They Had,* Little, Brown & Co., Boston, 1951.
- Feis, Herbert, *The Road to Pearl Harbor,* Princeton University Press, Princeton, 1950.（『第二次世界大戦　真珠湾への道　第2』（現代史大系　第7）、ハーバート・ファイス著、大窪愿二訳、みすず書房、一九五六年）
- Foote, Alexander, *Handbook for Spies,* Doubleday and Co., Garden City, New York, 1949.
- *Foreign Relations of the United States: Japan, 1931-1941,* Department of State Publication No. 2016, United States Government Printing Office, Washington, D. C., 1943. 2 vols.
- Fuchida, M., and M. Okumiya, *Midway: The Battle That Doomed Japan,* Naval Institute Publication, Annapolis, Maryland, 1955.（『ミッドウェー』淵田美津雄、奥宮正武著、学習研究社、二〇〇八年、学研M文庫）
- Grenfell, Russell, *Main Fleet to Singapore,* Faber & Faber, Ltd., London, 1951.（『主力艦隊シンガポールへ　プリンスオブウエルスの最期　日本勝利の記録』ラッセル・グレンフェル著、田中啓眞訳、錦正社、二〇〇八年、啓明社昭和二八年刊の復刊）
- Grew, Joseph C., *Ten Years in Japan,* Simon and Schuster, New York, 1944.（『滞日十年』上・下、ジョセフ・C・グルー著、石川欣一訳、筑摩書房、二〇一一年、ちくま学芸文庫）
- ——, *Turbulent Era: A Diplomatic Record of Forty Years, 1904-1945,* ed. by Walter Johnson, Vol. II, Houghton Mifflin Co., Boston, 1952.
- Hart, Thomas, “Narrative of Events Leading up to War”（陸軍戦史総監部所蔵資料の写真複写）.
- Hattori, Takushiro, “Complete History of the Greater East Asia War,” Vol. I（陸軍戦史総監部所蔵のタイプ原稿）.
- *Hearings before the Joint Committee on the Investigation of the Pearl Harbor Attack,* 79th Congress, United States Government Printing Office, Washington, D. C., 1946. 39 vols.
- *Hearings on American Aspects of the Richard Sorge Spy Case,* based on testimony of M. Yoshikawa and Maj. Gen. C. A. Willoughby, Hearings before the Committee on Un-American Activities, August 9, 22, and 23, 1951, Washington, D. C., 1951.

- Huie, William Bradford, *The Case against the Admirals*, E. P. Dutton and Co., New York, 1946.
- Hull, Cordell, *The Memoires of Cordell Hull*, The Macmillan Company, New York, 1948. 2 vols. (『ハル回顧録』コーデル・ハル著、中央公論新社、二〇一四年、中公文庫)
- Ickes, Harold L., *The Lowering Clouds*, Vol. III of *The Secret Diary of Harold L. Ickes*, Simon and Schuster, New York, 1954.
- Ind, Allison, *Bataan, the Judgment Seat: The Saga of the Philippine Command of the United States Army Air Force, May, 1941, to May, 1942*, The Macmillan Company, New York, 1944.
- "Judgment," Judge Advocate, Department of the Army, International Military Tribunal for the Far East, November, 1948 (mimeo.).
- Karig, Walter, and Welbourn Kelley, *Battle Report: Pearl Harbor to Coral Sea*, Farrar and Rinehart, New York, 1944.
- Kase, Toshikazu, *Journey to the Missouri*, Yale Univerisity Press, New Haven, 1950.
- Kato, Masuo, *The Lost War*, Alfred A. Knopf, New York, 1946.
- Kaufmann, William W., "Operation Barbarossa" (未発表原稿、著者所蔵).
- Kennan, George F., *American Diplomacy, 1900-1950*, University of Chicago Press, Chicago, 1951. (『アメリカ外交50年』増補版、G・ケナン著、近藤晋一ほか訳、岩波書店、一九八六年)
- Kimmel, Husband E., *Admiral Kimmel's Story*, Henry Regnery Co., Chicago, 1955.
- King, Ernest J., and Walter Muir Whitehill, *Fleet Admiral King: A Naval Record*, W. W. Norton and Co., New York, 1952.
- Koehler, Hansjuergen, *Inside the Gestapo: Hitler's Shadow over the World*, Pallas Publishing Co., Ltd., London, 1940.
- Langer, William L., and Everett S. Gleason, *The Challenge to Isolation*, Harper, New York, 1952.
- ——, *The Undelcared War, 1940-1941*, Harper, New York, 1953.
- Lord, Walter, *Day of Infamy*, Henry Holt and Co., New York, 1957. (『真珠湾攻撃』ウォルター・ロード著、宮下嶺夫訳、小学館、二〇〇〇年、小学館文庫)
- Mashbir, Sidney Forrester, *I was an American Spy*, Vantage Press, Inc., New York, 1953.
- Matloff, Maurice, and Edwin M. Snell, *Strategic Planning for Coalition Warfare, 1941-1942*, in the series *United*

*States Army in World War II*, Washington, D. C., 1953.

- Maxon, Yale Candee, *Control of Japanese Foreign Policy: A Study of Civil-Military Rivalry, 1930-1945*, University of California Press, Berkeley, 1957.
- Meissner, Hans-Otto, *The Man with Three Faces*, Rinehart and Co., New York, 1956.
- Millis, Walter, *This Is Pearl!* W. Morrow & Co., Inc., New York, 1947.
- Morgenstern, George, *Pearl Harbor: The Story of the Secret War*, Devin-Adair Co., New York, 1947. (『真珠湾　日米開戦の真相とルーズベルトの責任』ジョージ・モーゲンスターン著、渡邉明訳、錦正社、一九九九年)
- Morison, Elting, *Turmoil and Tradition: A Study of the Life and Times of Henry L. Stimson*, Houghton Mifflin Co., Boston, 1960. (「太平洋の旭日　一九三一年－一九四二年四月」『太平洋戦争アメリカ海軍作戦史　第1巻』サミュエル・E・モリソン著、中野五郎訳、改造社、一九五〇年)
- Morrison, Samuel Eliot, *The Rising Sun in the Pacific: 1931-April 1942*, Vol. III of *History of United States Naval Operations in World War II*, Little, Brown & Co., Boston, 1950.
- Morton, Louis, *The Fall of the Philippines*, in the series *United States Army in World War II*, Washington, D. C., 1953.
- Nomura, Kichisaburo, "Diary of Admiral Kichisaburo Nomura, 1 June-31 December, 1941," trans. by K. Kurosawa, July 18, 1946 (mimeo.).
- Okumiya, Masatake, and Jiro Horikoshi, with Martin Caidin, *Zero*, E. P. Dutton and Co., New York, 1956. (『零戦　設計者が語る傑作機の誕生』堀越二郎、奥宮正武著、学研パブリッシング、二〇一三年、学研M文庫)
- Payne, Robert, *The Marshall Story: A Biography of General George C. Marshall*, Prentice-Hall, Inc., New York, 1951.
- "Political Strategy prior to the Outbreak of War," Part V, Document No. 152, Office of the Chief of Military History (mimeo.).
- Rauch, Basil, *Roosevelt: from Munich to Pearl Harbor*, Creative Age Press, New York, 1950.
- *Report of the Joint Committee on the Investigation of the Pearl Harbor Attack, and Additional Views of Mr. Keefe Together with Minority Views of Mr. Ferguson and Mr. Brewster*, United States Government Printing Office,

Washington, D. C., 1946.
- Roosevelt, Elliott, and Joseph P. Lash (eds.), *F. D. R.: His Personal Letters: 1928-1945*, Vol. II, Duell, Sloan and Pearce, New York, 1950.
- Sakai, Saburo, with Martin Caidin and Fred Saito, *Samurai: The Personal Story of Japan's Greatest Living Fighter Pilot*, E. P. Dutton and Co., New York, 1957.
- Seth, Ronald, *Secret Servants: A History of Japanese Espionage*, Farrar, Strauss, and Cudahy, New York, 1957. (『日本からきたスパイ　日本の秘密諜報組織』ロナルド・セス著、村石利夫訳、荒地出版社、一九六五年)
- Sherwood, Robert E., *Roosevelt and Hopkins: An Intimate History*, Harper, New York, 1948. (『ルーズヴェルトとホプキンズ』ロバート・シャーウッド著、村上光彦訳、未知谷、二〇一五年、みすず書房一九五七年刊の再刊)
- Shigemitsu, Mamoru, *Japan and Her Destiny*, trans. by Oswald White, Hutchinson & Co., Ltd., London, 1958.
- Tansill, Charles C., *Back Door to War: The Roosevelt Foreign Policy, 1933-1941*, Henry Regnery Co., Chicago, 1952. (『裏口からの参戦　ルーズベルト外交の正体１９３３－１９４１』チャールズ・カラン・タンシル著、渡辺惣樹訳、草思社、二〇一八年)
- Terret, Dulany, *The Emergency*, Vol. I of *The Signal Corps*, in the series *United States Army in World War II*, Washington, D. C., 1956.
- Theobald, Robert A., *The Final Secret of Pearl Harbor*, Devin-Adair Co., New York, 1954. (『真珠湾の審判』ロバート・A・シオボールド著、中野五郎訳、講談社、一九八三年、新版（初版：大日本雄弁会講談社昭和二九年刊))
- Togo, Shigenori, *The Cause of Japan*, Simon and Schuster, New York, 1956. (『時代の一面　東郷茂徳外交手記』普及版、東郷茂徳著、原書房、二〇〇五年)
- "Tokyo War Crime Trial Documents," International Military Tribunal for the Far East, Harvard Law School Treasure Room Collection (mimeo.).
- Tolischus, Otto D., *Tokyo Record*, Reynal and Hitchcock, New York, 1943. (『トーキョー・レコード　軍国日本特派員日記』上・下、オットー・D・トリシャス著、鈴木廣之、洲之内啓子訳、中央公論新社、二〇一七年、中公文庫)
- *United States Strategic Bombing Survey: Interrogations of Japanese Officials*, Reports, Pacific War, No. 72, Vols. I and

II, Naval Analysis Division, Washington, D. C., 1946; *Japanese Air Power*, Military Analysis Division, Washington, D. C., July, 1946; *Japanese Military and Naval Intelligence Division*, Japanese Intelligence Section, G-2, Washington, D. C., 1946; *Summary Report* (Pacific War), Washington, D. C., 1946.

- *The War with Japan*, Part I (December, 1941, to August, 1942), Department of Military Art and Engineering, United States Military Academy, West Point, New York, 1950.
- Watson, Mark S., *Chief of Staff: Prewar Plans and Preparations*, in the series *United States Army in World War II*, Washington, D. C., 1950.
- Willoughby, C. A., *Shanghai Conspiracy*, E. P. Dutton ad Co., New York, 1952.

## 書籍に収録された論文、新聞記事、雑誌論文

- Ballantine, Joseph W., “Mukden to Pearl Harbor,” *Foreign Affairs*, Vol. 27, July, 1949, pp.651-664.
- Burtness, Paul S., and Warren U. Ober, “Research Methodology: Problem of Pearl Harbor Intelligence Reports,” *Military Affairs*, Vol. 25, Fall, 1961, pp.132-145.
- Current, Richard N., “How Stimson Meant To ‘Maneuver’ the Japanese,” *Mississippi Valley Historical Review*, Vol. 40, June, 1953, pp.67-74.
- DeWeerd, Harvey, “Strategic Surprise in the Korean War,” *Orbis*, Vol. 6, Fall, 1962, pp.435-452.
- Ellsberg, Daniel, “Uncalculated Risks and Wishful Thinking”（未刊行論文、著者所蔵）.
- Fioravanza, Giuseppe, “The Japanese Military Mission to Italy in 1941,” *U. S. Naval Institute Proceedings*, Vol. 82, January, 1956, pp.24-31.
- Fuchida, Mitsuo, “I Led the Air Attack on Pearl Harbor,” *U. S. Naval Institute Proceedings*, Vol. 78, September, 1952, pp.939-952.
- Fukudome, Shigeru, “Hawaii Operation,” *U. S. Naval Institute Proceedings*, Vol. 81, December, 1955, pp.1315-1332.
- Higgins, Trumbull, “ ‘East Wind Rain,’” *U. S. Naval Institute Proceedings*, Vol. 81, November, 1955, pp.1198-1205.
- “Japanese Naval Intelligence,” *The ONI Review*, Vol. 1, July, 1946, pp.36-40.

- Kiralfy, Alexander, “Japanese Naval Strategy,” in *Makers of Modern Strategy*, ed. by Edward Mead Earle, with the collaboration of Gordon A. Craig and Felix Gilbert, Princeton University Press, Princeton, 1943, pp.457-484. (『新戦略の創始者　マキアヴェリからヒトラーまで』エドワード・ミード・アール編著、山田積昭、石塚栄、伊藤博邦訳、原書房、二〇一一年、一九七八年刊の新版)
- Kittredge, Tracy B., “United States Defense Policy and Strategy, 1941,” *U. S. News and World Report*, December 3, 1954, pp.53-63 and 110-139.
- May, Ernest R., “The Development of Political-Military Consultations in the United States,” *Political Science Quarterly*, Vol. 70, June, 1955, pp.161-180.
- Miles, Sherman, “Pearl Harbor in Retrospect,” *Atlantic Monthly*, Vol. 182, July, 1948, pp.65-62.
- Morton, Louis, “The Japanese Decision for War,” *U. S. Naval Institute Proceedings*, Vol. 80, December, 1954, pp.1325-1337.
- ——, “Pearl Harbor in Perspective,” *U. S. Naval Institute Proceedings*, Vol. 81, April, 1955, pp.461-468.
- Pavlenko, N., “Documents on Pearl Harbor,” *Voenno-Istoricheskii Zhurnal* (*Military-Historical Journal*), No. 1, January, 1961, pp.85-105.
- Sansom, Sir George, “Japan’s Fatal Blunder,” *International Affairs*, Vol. 24, October, 1948, pp.543-554.
- Shimada, Koichi, “Japanese Naval Air Operations in the Philippine Invasion,” *U. S. Naval Institute Proceedings*, Vol. 81, January, 1955, pp.1-17.
- Ward, Robert E., “The Inside Story of the Pearl Harbor Plan,” *U. S. Naval Institute Proceedings*, Vol. 77, December, 1951, pp.1272-1281.
- Welles, Sumner, “Far Eastern Policy Before Pearl Harbor,” Chap. 3 of *Seven Decisions That Shaped History*, Harper, New York, 1950 and 1951.
- Wilds, Thomas, “How Japan Fortified the Mandated Islands,” *U. S. Naval Institute Proceedings*, Vol. 81, April, 1955, pp.401-408.
- Yoshida, Shigeru, “Memoirs,” *Asahi* (*Asahi Evening News*), August, 1955, particularly August 2, 1955, trans. by A. M. Halpern.

▪ Yoshikawa, Takeo, "Top Secret Assignment," *U. S. Naval Institute Proceedings*, Vol. 86, December, 1960, pp.27-39.

文献についての追記

一九六二年春以降、真珠湾攻撃に関心を持つ読者の参考になる文献が2点刊行されている。Chalmers Johnson, *An Instance of Treason: Ozaki Hotsumi and the Sorge Spy Ring* (Stanford, University Press, Stanford, California, 1964).（『ゾルゲ事件とは何か』チャルマーズ・ジョンソン著、篠﨑務訳、岩波書店、二〇一三年、岩波現代文庫）主に日本語文献に基づく興味深い研究である。ソ連は最近、ゾルゲが貴重な諜報員の一人だったことを認めた。名誉回復によって、ゾルゲを含むスパイ組織の役割に関する資料公開が進むだろう。真珠湾攻撃前の数カ月間の日本とドイツの外交関係については、以下に詳しい。*Documents on German Foreign Policy: 1918-1945*, Ser. D, Vol.13 (June 23-December 11, 1941), State Department Publication No. 7682, United States Government Printing Office, Washington, D. C., 1964.

一九六五年八月

カリフォルニア州　ロサンゼルスにて

ロバータ・ウォルステッター

解説

# 「米中新冷戦」時代にも示唆を与えるインテリジェンス・軍事戦略の名著

笹川平和財団上席研究員 **渡部恒雄**

本書は、一九四一年の真珠湾攻撃に至るまでに、米国政府、主に陸海軍と国務省が、どのように関連の情報を扱って、実際の攻撃のシグナルを見落としてしまったのかを、一九五九年から発刊の一九六三年までの期間に検証した名著だ。著書が最終章の第7章で、執筆の意図を明確に示しているとおり、この本の目的は、インテリジェンス（諜報・情報）についての「ハウツー」本ではなく、国家安全保障戦略に実践的で重要な教訓を示すことにある。つまり本書は真珠湾攻撃を予知できなかったインテリジェンスの闇を検証し、冷戦下における向き合い方を示唆し、効果的な戦略策定を促す著作なのである。

本書が検証したように、米国が一九四一年一二月七日の日本の奇襲攻撃を、事前に予知できなかったことは、担当者の怠惰や、ルーズベルト大統領の陰謀などではなく、大量のノイズの中から、的確な情報を読み取り、複雑な官僚機構をすり抜けて、しかるべき政策決定者に正確な予測を伝えることの困難さであり不確実性を示すものだ。

著者の結論と提言は米国のインテリジェンス機構改革のようなものではない。もちろん、彼女は真珠湾攻撃のような米国の安全保障に致命的な「戦略的な警告」を知ることができるのならば、それを活かせるように準備しておくべきだとは考えている。しかし彼女が「真珠湾攻撃」から得た結論は、「私たちは戦略的警告に頼ることはできない」というものなのである。これは何を意味しているのか？（第7章766頁参照）

それを知るためには、まず、この本が書かれた時代背景を知る必要がある。本書が出版されたのは一九六二年四月である。米ソ冷戦の緊張が高まっている時代で、米国人はソ連からの核兵器の奇襲攻撃に常に怯えていた。（おそらくロシア人も同様だった）。したがって、著者が想定する「戦略的警告」とは、ソ連からのものであり、彼女の教訓は「私たちは、あいまいなシグナル、攻撃を示唆する偽りかもしれない兆候などを含むシグナルに応じて適切で実効可能な行動を取らなくてはならない」し、それにより「熱核戦争に巻き込まれることなく、敵を巻き込むこともなく、偽りの警報に何度でも対応できなくてはならない」というものだった。（第

7章767頁）

この部分は、本文を読んだだけではピンとこない読者も多いと思うので、若干の補足が必要だろう。この時代、アメリカとソ連は、自由主義陣営とそれに対抗する社会主義陣営の二大ブロックの対立の真っただ中にあった。この冷戦の本質の一つは、自由主義か社会主義か、というイデオロギー対立であったが、もう一つは、米国と西欧諸国の同盟であるＮＡＴＯ（北大西洋条約機構）対ソ連と東欧諸国の同盟であるＷＴＯ（ワルシャワ条約機構）との軍事対立であり、当時、この軍事バランスは拮抗しており、一触即発の危機にあった。その危機をかろうじて安定させて全面戦争の悪夢を防いでいたのが、米国とソ連のそれぞれが大量の核ミサイルを保持し、それをお互いに向けあい、相手の報復を恐れるが故に自国の攻撃が抑止されるという相互確証破壊（MAD, Mutual Assured Destruction）という恐怖の均衡だったのである。

つまり、もし当時のアメリカ人が、敵の奇襲を示すような重要なメッセージを読み誤った場合、彼らを待ち受けるのはアメリカ本土から遠くはなれたハワイの軍事施設への爆撃などではなく、一般市民を大量に巻き込む核攻撃かもしれなかったのだ。そうなれば、米国はソ連に対して核の報復を行う可能性は高いため、全人類を破滅させかねない米ソ全面核戦争の悪夢が現実のものになりかねなかった。より深刻なことは、実際はそれほどでもない相手の動きを、自国への核攻撃と誤解する場合もあり得たということだ。ソ連にその気がなくとも、米国側がシグナルを読み違えて、ソ連に先制攻撃を行えば、結果は同じ全面核戦争である。東西冷戦は、インテリジェンスの不備あるいは誤解が、即、自国への核攻撃や全面核戦争につながるリスクがとても大きい時代であったということができる。

実際に、この本が出版された数か月後に、アメリカ人はそのような悪夢を経験することになる。キューバミサイル危機である。この時には、アメリカ本土の目と鼻の先にあるキューバにソ連がミサイル基地を建設していることが発覚し、ケネディ政権はこれにどう対処するか、という死活的な判断を、ソ連の意図および実際にそこに核兵器が運ばれているのかどうか、というインテリジェンス（情報）が十分に得られないまま、「危機の一三日」を経験する。結果的に、若いケネディ大統領とそれを補佐する弟のロバート・ケネディ司法長官らの政治指導者の判断により、キューバ基地への空爆を回避して、全面核戦争の悪夢を避けることができた。しかし、後のソ連崩壊による情報開示で明らかになったことは、当時、ソ連はキューバに核兵器を持ち込んでおり、もし、ケネディ政権が自国の軍の指導者のアドバイスに従ってミサイル基地に対する空爆を行っていていたら、キューバとソ連は核兵器でアメリカに報復をした可能性があったというものであった。このキューバ危機で、お互いに死の淵をのぞき込むという経験をした米ソ両国は、緊張緩和（デタント）の方向に舵をきることになる。

このような時代背景に加えて、著者ロバータ・ウォルステッターのバックグラウンドを知ることも重要だ。彼女は、インテリジェンス関係者ではなく、米国の軍事戦略の研究の中心的存在であるシンクタンク、ランド研究所に勤務する軍事史家だったのである。そして、本書の執筆は、当時、彼女のランド研究所での同僚で、友人だったアンドリュー・マーシャルの示唆によるのであることが、本書に記されている。（はしがき、14頁）

マーシャルは、一九七三年から二〇一五年まで、四〇年以上の長きに渡り、国防総省のネットアセスメント室長を務めた米国の軍事戦略研究者のゴッドファーザー的存在であり、冷戦そして冷戦後を通じて、余人を持って代えがたい「帝国の参謀」であった。彼の影響力については、日経BPから刊行されているマーシャルの評伝『帝国の参謀　アンドリュー・マーシャルと米国の軍事戦略』（アンドリュー・クレピネヴィッチ他著、北川知子訳。原著タイトルは *The Last Warrior*）では、冷戦下、ソ連との核戦争の恐怖の下で、マーシャルと関係者たちが繰り広げた知的格闘の様子が生々しく描かれている。

その『帝国の参謀』には、本書の生まれた背景とその意義が明確に書かれている（89–92頁）。本書は一九八七年に『パールハーバー　トップは情報洪水の中でいかに決断すべきか』

(読売新聞社)として刊行されているが、今回新訳で刊行されたのは、『帝国の参謀』から派生したものなのである。この中で、著者ロバータ・ウォルステッターは夫のアルバートとともに、仕事以外でもマーシャルと親しく付き合っていた友人であることが示され、「一九五七年に彼女が有望な研究テーマを探していたときに、助言を求めたのも当然だった」。そして、マーシャルが彼女に真珠湾攻撃における「戦略的警告」というテーマを提案したのは、「中央ヨーロッパでNATOが直面していた戦略的警告について、五二年に類似の研究を行っていたからだった」。この時代、マーシャルは、「意思決定においては組織の役割が重要であり、不確実性を無視した、分析的には便利だが根拠のない前提を避ける必要があると考えていた」。

上記のマーシャルの言葉はかなり抽象的な表現なので、本書の真珠湾攻撃のケースに即して考えてみよう。「分析的には便利だが根拠のない前提」というのは、当時の米軍の関係者が考えていた「日本は米国との戦争をできるだけ避けたいと考えている」「日本はソ連への侵攻を第一に考えている」などの事実とは異なる思い込みだ。著者は、これらを「ノイズ」と呼び、日本の外交暗号解読で得られた「マジック」などの日本の真珠湾攻撃を示す計一五のシグナルとの区分を困難にさせたことを、本書において詳細に描きだしている。その理由は、「極端な機密保持が政府関係者の情報共有を妨げた」という組織的欠陥と、「根拠のない前提により重要なシグナルを見落とす」という人間の欠陥が複雑に入り組んだ不確実性だ。だからこそマーシャルは、「意思決定における組織の役割」の重要さを指摘し、「不確実性を無視」すべきではないと語っているのである。

そして本書は刊行後、米国のインテリジェンスおよび軍事戦略の関係者に大きな反響を呼び起こしたことが、『帝国の参謀』に示されている。特に、暗号解読を含む電子情報の収集と分析を行う米軍のインテリジェンス機関の一つである国家安全保障局（ＮＳＡ）は、本書を「このテーマに関する研究の中で最も明快な解説書」として必読書リストに加えて、「戦争をもたらす出来事についての非常に綿密な分析研究の一つであり、真珠湾奇襲攻撃という論議を呼ぶ問題に関する決定的文献になるだろう（強調部分は原文どおり）」と絶賛している。（『帝国の参謀』90－91頁）

そして、著者が掲げる助言者の中にアルバート・ウォルステッターの名前があることも見逃せない。彼女はアルバートを自らの夫としてではなく、「奇襲と偶発戦争に関する分析を長らく行ってきた」研究者として謝辞を送っている。アルバートは、冷戦中の米国の戦略に最も影響力を与えた軍事戦略家の一人である。彼は、ニクソン政権がソ連へのデタントに踏み出した際には、ソ連との軍縮協定や妥協に反対を表明する強硬策を唱え、レーガン政権の戦略に大きな影響を与え、ソ連に膨大なコスト負担を強いて、その崩壊を引き起こすことに貢献する。

本書がアルバートの戦略思考に影響を与えたとすれば、おそらく、著書の最後のメッセージ「私たちは不確実性という事実を受け入れ、それと共存することを学ばなくてはならない」「私たちの計画は、マジックなしで機能するものでなくてはならない」というものだろう。当時、デタントに動いていたソ連の意図と事情については、様々な解釈が成り立ったが、その意図と能力についての判断については不確実性が常にあるため、むしろ米国側の能力を下げるような軍縮ではなく、自らの能力を維持・誇示することで、ソ連の奇襲攻撃などを抑止するという方向を選んだと解釈することができる。

本書は「中国との新冷戦」と呼ばれている現在の米中対立においても、米国人や我々日本人に貴重な示唆をに与え続けるだろう。『帝国の参謀』に続き、本書を新訳刊行した日経ＢＰの見識に敬意を表したい。

著者略歴
**ロバータ・ウォルステッター**（Roberta Wohlstetter）
一九一二〜二〇〇七。軍事史家。ヴァッサー大学卒業後、コロンビア大学、ラドクリフ大学大学院で修士号取得。一九四八年から六五年までランド研究所に所属。シカゴ大学で教鞭を取るかたわら、二〇〇二年までランド研究所でコンサルタントを務める。八五年に民間人では最高の大統領自由勲章を授与される。本書でバンクロフト賞を受賞。夫は核戦略専門家のアルバート・ウォルステッター。著書に *Cuba and Pearl Harbor*(1965)、*International Terrorism* (1974) など。

訳者略歴
**北川知子**（きたがわ・ともこ）
翻訳家。主な訳書に『海の地政学　海軍提督が語る歴史と戦略』（ハヤカワ・ノンフィクション文庫）、『帝国の参謀　アンドリュー・マーシャルと米国の軍事戦略』、『スイスの凄い競争力』（以上、日経ＢＰ）、『道徳感情論』（共訳、日経ＢＰクラシックス）、『マクニール世界史講義』（ちくま学芸文庫）、『人類５万年　文明の興亡』（筑摩書房）ほか。

パールハーバー――警告と決定

二〇一九年七月三一日　第一版第一刷発行

著　者　ロバータ・ウォルステッター
訳　者　北川知子
発行者　村上広樹
発　行　日経BP
発　売　日経BPマーケティング
〒一〇五-八三〇八
東京都港区虎ノ門四-三-一二
https://www.nikkeibp.co.jp/books
装丁・造本設計　祖父江慎＋福島よし恵（cozfish）
製　作　アーティザンカンパニー
印刷・製本　中央精版印刷

ISBN978-4-8222-8978-2
本書籍に関するお問い合わせ、ご連絡は左記にて承ります。
https://nkbp.jp/booksQA

## 『日経BPクラシックス』発刊にあたって

グローバル化、金融危機、新興国の台頭など、今日の世界にはこれまで通用してきた標準的な認識を揺がす出来事が次々と起っている。しかしそもそもそうした認識はなぜ標準として確立したのか、その源流を辿れば、それは古典に行き着く。古典自体は当時の新しい認識の結晶である。著者は新しい時代が生んだ新たな問題を先鋭に捉え、その問題の解決法を模索して古典を誕生させた。解決法が発見できたかどうかは重要ではない。重要なのは彼らの問題の捉え方が卓抜であったために、それに続く伝統が生まれたことである。

世界が変革に直面し、わが国の知的風土が衰亡の危機にある今、古典のもつ発見の精神は、われわれにとりますます大切である。もはや標準とされてきた認識をマニュアルによって学ぶだけでは変革についていけない。ハウツーものは「思考の枠組み（パラダイム）」の転換によってすぐ時代遅れになる。自ら問題を捉え、自ら解決を模索する者。答えを暗記するのではなく、答えを自分の頭で捻り出す者。古典は彼らに貴重なヒントを与えるだろう。新たな問題と格闘した精神の軌跡に触れることこそが、現在、真に求められているのである。

一般教養としての古典ではなく、現実の問題に直面し、その解決を求めるための武器としての古典。それを提供することが本シリーズの目的である。原文に忠実であろうとするあまり、心に迫るものがない無国籍の文体。過去の権威にすがり、何十年にもわたり改められることのなかった翻訳。それをわれわれは一掃しようと考える。著者の精神が直接訴えかけてくる瞬間を読者がページに感じ取られたとしたら、それはわれわれにとり無上の喜びである。